工商管理经典译丛·旅游管理系列
Business Administration Classics

饭店前厅管理

（第 5 版）

HOTEL FRONT OFFICE MANAGEMENT

(Fifth Edition)

詹姆斯·A·巴尔迪（James A. Bardi） 著
曾国军　赵永秋　主译

中国人民大学出版社
·北京·

献给 Linda

因为有你的爱、耐心和鼓励，才使得本书的出版成为可能。

此书也献给 Maria 和 Rob，Ryan 和 Jenni，以及 David，与你们分享此书的喜悦，将使此书的出版更有价值。而且，现在与 Ben，Sophia 等孙辈分享此书，将使我这个祖父更加快乐。

译者序

2000 年后的中国饭店业面临着全新的发展态势。由于服务提供商、中间机构和消费者在空间上分离，在规模经济和范围经济方面迥异，旅游市场呈现经营高度分散化的态势。从需求方的角度看，有些旅游者偏好分散购买旅游产品和服务（如交通、住宿、餐饮、娱乐、保险等），另一些旅游者则偏好购买旅游产品服务包。旅游者既需要个性化、创新的旅游产品和服务，又需要大众、高性价比的旅游消费品。饭店集团及其成员企业要求通过统一服务质量和形象保持标准化，同时又需要保持个性以满足顾客差异化的需求。在这一背景下，如何通过提升内部管理水平使饭店获得可持续性竞争优势成为饭店集团及单体饭店不可回避的话题。

前厅作为饭店整体运营过程中一个非常重要的环节，往往在饭店构建可持续性竞争优势的过程中扮演着不可替代的角色。有鉴于此，前厅经理往往是通往总经理这一职业生涯路径中最为重要的职位之一。因此，以这一职位为基础，学习与前厅相关的管理理论，讨论与前厅相关的实践经验，显得尤为重要。

在众多饭店前厅管理的专著与教材中，我们选择了翻译詹姆斯·A·巴尔迪（James A. Bardi）博士的著作《饭店前厅管理（第 5 版）》。选择该书是因为它不仅从前厅管理者的角度全面介绍了前厅运营的相关理论、概念以及实践经验，还从饭店业未来领导者，以及以饭店前厅经理和总经理为职业目标的专业人才的角度，全面阐述了饭店经营管理理论，不仅关注了饭店管理中的传统问题，还深入探讨了饭店管理中的新趋势、新理念和新视角，例如收益管理、绿色饭店、新技术的应用（如无线射频识别技术）、危机事件的处理等，同时关注了部门间的合作，这种合作的理念贯穿了全书。另外，本书还根据产业实践发展的情况，引入相关的理论予以阐释与说明。因此，本书以独特的视角阐释了饭店经营管理理论与技术、前厅管理理论与实践，内容丰富，与时俱进。

中国饭店业已经有了较快的发展，不断受到业界与学术界的关注，但在产业蓬勃发展的背后，理论研究尚显不足，缺乏系统的理论研究，缺乏全面的实践思考。综观现有著作、教材，部分是对饭店管理理论的总括性研究，缺乏系统性，同时操作性不强；部分是实践性研究，但主要探讨各个部门单独的管理工作及一线员工的工作，而事实上，饭店任何一个部门都不是孤立存在的，饭店总体的工作表现是这些部门共同合作的结果，而不是各个部门表现的简单相加。对管理职能的理解，对管理者角色的研究，以及对饭店运营理论与实践的系统性的研究，是中国饭店业发展急需补充的内容。

作为饭店业未来的领导者，需要适应经营、技术、培训及国际应用的各种挑战，本书鼓励学生将书中的概念积极运用到饭店管理的精彩世界中。本书按饭店经营所涉及的内容来安排篇章结构，使得读者能理解饭店前厅经理的角色，每章除理论概念内容，还包含开篇困境、国际集锦及案例分析等，有利于学生获取实践信息，展现了产业发展的当前趋势。因而，本书不仅是本科院校教师、学生有用的参考书，也是中国饭店业职业经理的必读教材之一。

本书翻译由中山大学旅游学院曾国军副教授和多位旅游管理专业的教师、研究生共同努力完成。其中，曾国军翻译了前言、致谢及第1章；吴艳芳翻译了第2章及词汇总表；李静君翻译了第12章；关惠贞翻译了第15章；赵永秋翻译了第6，13，14章；崔媛媛翻译了第5，7章；李晓辰翻译了第8，10章；孙树芝翻译了第3，9章；刘梅翻译了第4，11章。以此为基础，各位参与翻译的教师和研究生互相校订。在中国人民大学出版社的大力配合下，曾国军及赵永秋完成了全书统稿及后期修改工作。感谢上述所有对本书翻译工作作出贡献的人，感谢他们为饭店业发展作出的努力。几位译者真诚希望，本书能为中国饭店业前厅管理的理论教育提供帮助。囿于水平和精力，译稿中一定存有诸多不当之处，欢迎各位专家和读者指正。

曾国军

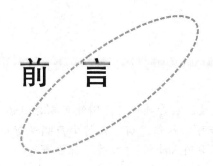

前　言

就对于饭店产业未来领导者的指导意义而言，《饭店前厅管理（第 5 版）》（*Hotel Front Office Management，Fifth Edition*）① 无疑仍是领先教材之一。那些以饭店前厅经理和总经理为职业目标的专业人才，需要适应经营、技术、培训、灌能以及国际应用的挑战。本书最新版仍鼓励学生将书中的概念积极地运用到饭店管理的精彩现实世界中。

关于学生

本书仍然强调管理所扮演的中心角色。本书的内容将有助于你成为一个基层的管理者。本书按饭店经营所涉及的内容来安排篇章结构——住宿产业概述、前厅概览、顾客住宿的整个环节回顾、顾客服务分析——这使得读者能洞悉饭店前厅经理的角色。当然，本书也涉及与前厅相关的客房和安保等饭店其他部门的管理。

关于教师

教师会发现，本书的内容是按课程计划的逻辑有序呈现的。每章开头的本章重点和开篇困境有利于学生获取实践信息；图、表等展现了产业发展的当前趋势；国际集锦强调了差异性；本章思考题呼应正文中的内容，而且每章还设计了三个案例，便于学生分析讨论。

每章结尾都会给出关键词列表，方便教师在课堂和考试中使用。教师还可以通过网上注册获得相关教学材料，以及教师手册和试题库。

本书特色

本书仍然保持着高水平的教学特征，包括：

● 开篇困境为学生提供一个小的案例，应用该章所学知识可以有效解决这一案例所呈现的问题。与前面对应，在每章结尾都包括一个开篇困境解决方案。

---

① 本书中，饭店、酒店具有相同的含义，不作区分。

开篇困境示例

旅游团领队带着一车顾客到达酒店前台，办理入住手续。前台接待首先问候了旅游团领队，同时开始办理入住登记，这时她发现没有干净的客房可供入住。前台接待小声嘀咕道："都下午4点了，客房部现在早该把房间腾出来了。"旅游团领队询问："发生了什么事？"

● 接待业人物简介选择一些前厅经理、总经理，或者饭店其他部门的经理进行介绍。这有助于读者理解课本中的人物关系要素。

接待业人物简介示例

艾瑞克·O·龙（Eric O. Long）是纽约华尔道夫阿斯托利亚酒店的总经理，在希尔顿集团已经任职30年。他曾经在肖特山希尔顿（Hilton Short Hills）、芝加哥希尔顿城堡酒店（Chicago Hilton and Towers）、希尔顿迪士尼度假村（Hilton Walt Disney Village）、枫丹白露希尔顿度假村（Fontainebleau Hilton Resort）、希尔顿帕尔玛度假别墅等酒店担任不同的管理岗位。

● 国际集锦包括一些有意思的短文，让接待管理领域的毕业生了解国际劳动力状况及国际职业生涯。而且，这一部分也为教师和学生提供了一个讨论饭店管理相关问题的论坛。

国际集锦示例

国际翻译卡能帮助外国游客将他们母语中的旅游词汇翻译成当地语言，在前台桌面上经常放有这些卡片。国际游客和前台接待均发现这些卡片十分有用。

● 一线问题展现的是出人意料但却十分现实的问题。学生需要通过讨论，获得处理这些问题的办法。

一线问题示例

一位预订客人致电饭店，想要饭店在他朋友到达首日为其安排一个小型晚宴聚会。营销办公室的人那天已经下班，而且宴会部经理也离开饭店好几个小时了。你觉得前台接待应该如何帮助这位预订客人？

● 在每章的结束都有三个案例供分析。

第5版内容更新

第1章　饭店管理导论

● 使用选择型服务饭店（select-service lodging）一词，以反映当前趋势。此前，使用有限服务住宿设施（limited-service lodging）。

● 受技术进步的影响，包括社交媒体、客房技术、IT 基础设施、经济复苏、Web 2.0 等方面得到改善。这些列入了住宿业技术进步的词汇之中。

● 互联网在营销方面的重要性得到了强化。

● 设立专门一节讨论近年来的经济萧条，鼓励学生应对这一挑战，正视自己的职业生涯，拓宽管理视野。

● 介绍平均可出租客房经营毛利（gross operating profit per available room，GOPPAR）这种新的计量指标，使学生认识到如何维持现金。

第 2 章　饭店组织与前厅经理

● 对大型全服务饭店、中型饭店和选择型服务饭店的组织结构图进行了更新。

第 3 章　有效的部门间沟通

● 介绍和讨论有关社交媒体的新信息，以及营销部门对该信息的使用。

第 4 章　物业管理系统

● 更新社交媒体词汇（Facebook，Twitter，LinkedIn，YouTube），强调这些词汇在预订和营销过程中的作用。

● 列表介绍物业管理系统的提供商，鼓励学生超出课本范围搜索有关这些供应商的信息，这对他们未来的职业生涯十分有益。

第 5 章　系统预订

● 贯穿整章，整合了有关 Facebook，Twitter，LinkedIn 等新兴社交媒体的现实情况。

● 增加了有关精选国际（Choice Hotels®）、希尔顿（Hilton Hotels®）、万豪（Marriott International）等国际酒店品牌使用的中央预订系统的相关信息。

● 更新了有关互联网影响客房定价的相关内容。

● 讨论了全球分销系统及其附属功能、客户关系管理等。

第 6 章　收益管理

● 增加了对 STAR 报告的讨论。

● 有关渠道管理的部分囊括了更多的现行技术，使得使用者可以便捷地改变房价、存货及预订，并实时与第三方网站关联。

● 增加了多语言、国际货币流通等方面的其他问题。

第 7 章　客人入住登记

● 更新了有关自助入住手续的内容。

第 9 章　退房

● 有关外币交易的示例，原来使用欧元，现改为使用美元。

第 10 章　夜审的准备和检查

● 更新了有关夜审的案例分析图表。

第 11 章　接待管理

● 更新了有关社交媒体的信息，以及技术对接待管理之影响的相关内容。

第 13 章　促进在店销售

● 更新了规划零售终端前厅的销售预算表。

第 14 章　安保

● 讨论了国际恐怖主义对饭店安保的影响。

● 原来对电子门锁的讨论扩展至非接触式电子门锁，例如使用无线射频识别技术（RFID）的手环、密钥卡、钥匙卡等。

第15章 行政管家

● 强调了分配客房服务员工作的新技术。

● 介绍了外包客房服务工作的管理活动。

● 新增一节讨论总工程师的责任，包括其在饭店管理、维修保养、部门间沟通、能源管理及饭店节能等方面的作用。

其他资源

相关教师可以获得与本教材配套的教师手册，可以从 www. wiley. com/college /bardi 网站下载。教师手册包括一些可以在课堂上使用的辅助材料。同时，作者也更新了考试题库。

有关本门课程的考试题库已经按照 Respondus 软件的格式录入，Respondus 是一款用来出题和管理考试的软件，能够打印成书面文件，也能与 Blackboard，WebCT，Desire2Learn，Ecollege，ANGEL 等其他网上教学系统兼容，十分方便使用。使用本书的教师可以免费从 Respondus 考试题库中下载试题。师生们也可以将其他的学习资源免费上传至学习管理系统（LMS）。

在本书相关的网站 www. Wiley. co/college/bardi 上，可以下载电子教案（PPT）。每章的幻灯片都包括了有关这一章的重点内容，以及有关本章主题的一些讨论。

我希望读者能喜欢本书的第5版。作者也一直希望能收到您的相关评论（jxb21@psu. edu 或者 james _ bardi@yahoo. com）。

希望接待业的明天更美好！

致 谢

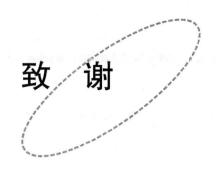

我要感谢下列教授，他们为本版和先前版本的某些章节提供了有洞见的评论和建议。没有他们的关心和建议，我们为学生所做的尝试将不可能实现。这些教授包括：米德尔塞克斯社区学院（Middlesex Community College）的 Barbara Dexter-Smith、俄亥俄州立大学（Ohio State Univeristy）的 Raphael Thomas George、安妮·阿伦德尔社区学院（Anne Arundel Community College）的 Danna Gildersleeve、丹弗都市州立学院（Metropolitan State College of Denvor）的 Chad M. Gruhl、南内华达社区学院（Community College of Southern Nevada）的 Terry Jones、东斯特拉斯堡州立大学（East Stroudsburg State University）的 Robert McMullin，以及纽约城市技术学院（New York City Technical College）的 James Reid。

我也要感谢以下接待业的专业人士，他们为本书第 5 版中的接待业人物简介作出了贡献。这些专业人士包括：纽约阿尔冈昆酒店（Algonquin Hotel）的 Gary Budge、宾夕法尼亚州喜来登雷丁酒店（Sheraton Reading Hotel）的前任行政管家 Marti Cannon、迈耶贾巴拉酒店（Meyer Jabara Hotels）的财务总监 James Heale、马里兰州巴尔的摩 5 号码头酒店（Pier 5 Hotel）及布鲁克希尔套房酒店（Brookshire Suites）的市场营销总监 Lee Johnson、马萨诸塞州剑桥皇家颂乃斯塔酒店（Royal Sonesta Hotel）的保安部总监 John Juliano、新泽西州帕西帕尼喜来登酒店的收益管理经理 Debra Kelly、堪萨斯州欧弗兰帕克万豪酒店的行政管家 Kevin Corprew、纽约华尔道夫阿斯托里亚酒店的总经理 Eric Long、弗吉尼亚州里士满杰弗逊酒店（The Jefferson）的总经理 Joseph Longo，以及丽思卡尔顿酒店（Ritz-Carlton Company，LLC）的前任质量管理副总裁 Patrick Mene。

我们也要特别感谢 Gary Budge 和 Debra Kelly 参与客房预订和收益管理的讨论，以及 Marti Cannon 对客房部的工程进行的详尽的解释。他们的洞见将为饭店管理的年轻一代理解本行业提供一个框架。

还要感谢南伊利诺伊州立大学（Southern Illinois University）的 Trish Welch 博士，她在本书出版第 1 版时发挥了重要作用。她向范·诺斯特兰德·瑞因霍德出版社（Van Nostrand Reinhold）推荐了本书的内容说明和样章，这一点特别感谢。

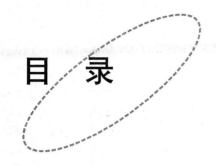

目 录

饭店管理导论

本章重点

饭店业的历史回顾

饭店分类体系

促进饭店业增长和就业的趋势

职业发展

开篇困境

本周末你所在的学校安排了一场接待业职业宣讲会。阅读本章将激发你探索选择型服务饭店和全服务饭店的职业生涯机会。你的老师让你准备一些问题询问招聘人员。这些问题应该包括哪些内容？

提起饭店（酒店）一词，人们头脑里会出现如下让人兴奋的场景：在一个繁忙的大堂中，处处是贵族、名流、地方领导、大型事件和宴会的参与者、商人，以及家庭度假客人。饭店大堂的这种激动人心，可能会成为你职业生涯中永恒的一部分。尽情享受这种感觉吧！这是理解对客服务概念的第一步。一旦你试图掌握成功经营饭店的原理，你就会发现前厅对于维持这种激动人心的时刻的重要性。

前厅（front office）是饭店物业的神经中枢。沟通和会计工作是前厅运营两个最重要的职能。与顾客、员工和饭店其他部门的有效沟通，对树立饭店的接待形象起着十分重要的作用。顾客对有关饭店服务和其他客人的问询、营销部门对有关剩余客房信息的问询、客房部（housekeeping department）对有关顾客预订信息的问询，前厅都要回答，而回答这些问题是前厅作为信息沟通集散中心的重要工作。

对入住和非入住饭店的客人收费也是接待功能的重要一环。逐条记录对客人的各项收费十分重要，在客人需要时可以为客人提供分类收费清单。

饭店的收费服务都是每天 24 小时开放的。而且，由于客人可能会要求在一天的任何时间结账（退房），因此不管什么时候，客人账单都应当是清楚的、即时的。保持这些数据井然有序，是前厅工作的重中之重。

1.1 饭店业的奠基者

对饭店业奠基者的历史回顾可以反映我们这个行业的悠久历史。了解诸如斯塔特勒（E. M. Statler）、康纳德·希尔顿（Conard Hilton）、马里奥特（J. W. Marriott）、凯蒙斯·威尔逊（Kemmons Wilson）、瑞·舒尔茨（Ray Schultz）等一些酒店集团巨擘，有助于本行业的学生发现饭店业从业世家的有趣血统。研究改变现代饭店产业的创新者的工作，将有助于饭店业未来的从业人员完成他们自身的职业生涯规划。

1.1.1 斯塔特勒

在开始讨论现代饭店业的历史之前，让我们了解一下本行业的先驱者。他们受到财富和荣誉的激励。[1]斯塔特勒（1863—1928），以一家位于纽约布法罗、为 1901 年泛美博览会（Pan-American Exposition）而建的饭店为基础，建立了一家名为斯塔特勒（Statlers）的酒店集团。最终，斯塔特勒酒店在波士顿、克利夫兰、底特律、纽约、圣路易斯，以及其他地区都开设了分店。1954 年，斯塔特勒将他的酒店集团出售给了康拉德·希尔顿。[2]

斯塔特勒设计了一个双层矩形木质结构的建筑，有 2 084 间房，能住 5 000 位客人，这十分令人难以置信。这是一个临时建筑，以薄石膏面做顶以显得结实，在博览会结束后又十分易于拆卸。[3]

1.1.2 康拉德·希尔顿

第一次世界大战后，康拉德·希尔顿（1887—1979）在石油繁荣时期购买了位于得克萨斯州的好几家酒店，一举成为成功的酒店集团的拥有者。1919 年，他买下了位于得克萨斯州思科市的莫布雷酒店（Mobley）。1925 年，他又在得克萨斯州达拉斯市开办了希尔顿酒店（Hilton Hotel）。[4]他在第二次世界大战期间和战后所并购的酒店包括：拥有 3 000 间客房的斯蒂文斯酒店（Stavens Hotel）（现在名为芝加哥希尔顿（Chicago Hilton））、芝加哥帕尔玛度假别墅（Palmer House）、纽约的假日广场酒店（Plaza），以及华尔道夫阿斯托利亚酒店（Waldorf＝Astoria）。1946 年，他组建了希尔顿酒店公司（Hilton Hotels Coporation），1948 年，他又组建了希尔顿国际公司（Hilton International Company），拥有的酒店数量达到了 125 家。[5]在 1954 年并购斯塔特勒酒店之后，希尔顿创立了美国第一家真正意义的连锁酒店集团，也就是说，在营销、预订、服务质量、餐饮经营、客房及会计职能方面实施标准化运营程序的酒店集团。现在，希尔顿酒店集团（Hilton Hotels）包括希尔顿花园旅馆（Hilton Garden Inns）、希尔顿逸林（Doubletree）、大使套房酒店（Embassy Suites）、汉普敦酒店（Hampton Inns）、哈里森会议中心（Harrison Conference Centers）、希尔顿家木套房（Homewood Suites by Hilton）、红狮酒店（Red Lion Hotels and Inns）、康纳德国际（Conard International）等品牌。

1.1.3　恺撒·丽兹

恺撒·丽兹（Cesar Ritz）是瑞士卢塞恩国家大酒店（Grand National Hotel）的所有者。由于他杰出的管理能力，"这家酒店成为欧洲最受欢迎的酒店，恺撒·丽兹也成为欧洲最受尊敬的业主"[6]。

1.1.4　威廉姆·华尔道夫·阿斯托与约翰·雅各布·阿斯托四世

1893 年，威廉姆·华尔道夫·阿斯托（William Waldorf Astor）在纽约市第 34 街的第五大道建设了一家 13 层的华尔道夫酒店（Waldorf Hotel）。华尔道夫酒店承载着阿斯托对纽约接待业的梦想和期望，通过热情的、管家式的服务吸引了一些富人朋友。

4 年后，华尔道夫家族又新建了一幢 17 层楼的阿斯托利亚酒店（Astoria Hotel），它由阿斯托的堂兄约翰·雅各布·阿斯托四世（John Jacob Astor Ⅳ）所建，毗邻华尔道夫酒店。随后，两兄弟又在两幢楼之间建了一个连接走廊。现在两家酒店变成了一家众所周知的华尔道夫阿斯托利亚酒店。1929 年，在接待全球旅客数十年后，为了给帝国大厦腾出地方，华尔道夫阿斯托利亚酒店关门歇业。

现在，拥有 42 层楼、2 200 间客房的华尔道夫阿斯托利亚酒店建在第 49 街和第 50 街之间的帕克和莱克辛顿大道。酒店开业时，总统赫伯特·胡佛先生（Herbert Hoover）发来贺信。胡佛后来成了华道夫塔（Waldorf Towers）的常客，华道夫塔位于酒店的 28 楼至 42 楼，以"酒店中的酒店"著称。1949 年，希尔顿收购了华尔道夫阿斯托利亚酒店，接着又在 1977 年收购了酒店所在的地块。1988 年，这家酒店花了 1.5 亿美元进行修复。1993 年 1 月，该酒店成为纽约市的地标。[7]

1.1.5　凯蒙斯·威尔逊

20 世纪 50 年代早期，凯蒙斯·威尔逊在田纳西州孟菲斯开始经营酒店业务，并由此形成一家连锁酒店集团。一开始，威尔逊主要为旅游家庭提供服务，后来，他又将目标市场扩展至商务客人。房地产的成功投资和酒店管理技能的提升，促成了他在酒店管理领域的迅速成功。

威尔逊主张酒店要有舒适的设施、高耸的大楼、功能齐全的圆形空间配套，只有这样，酒店才能获得成功。威尔逊为饭店业引入了 in-house Holidex 中央预订系统，由于使用这一中央预订系统的饭店数量巨大，而且为饭店业带了重要的副产品（例如，这些数据为新饭店的选址决策提供了精准依据），该系统成为了一个行业标准。[8]

威尔逊于 2003 年 2 月逝世，享年 90 岁。他为住宿业留下的精神遗产既为旅游大众提供了舒适、安全的住宿，也为投资者赚取合理的利润提供了帮助。

1.1.6　马里奥特和小马里奥特

马里奥特（1900—1985）于 1957 年在华盛顿特区弗吉尼亚市设立了一家双子桥

马里奥特汽车旅馆（Twin Bridges Marriott Motor Hotel），从此建立起他的酒店帝国。到1985年他生命结束之时，万豪酒店与度假村（Marriott Hotels and Resorts）成长为具有万怡酒店（Courtyard by Marriott）和美国度假村（American Resorts Group）两个品牌的集团。此时，小马里奥特（J. W. Marriott Jr.）兼并了霍华德约翰逊公司（Howard Johnson Company）。小马里奥特将其中的酒店业务出售给了首要汽车旅馆（Prime Motor Inns），仅保留了350间餐厅和68个高速公路收费站。1987年，万豪集团（Marriott Company）在内布拉斯加州奥马哈市建立起全球预订中心，这是美国历史上规模最大的预订中心。同样也是在1987年，万豪集团兼并了住宅客栈公司（Residence Inn Company），这是一家以套房为主，面向长住旅客的酒店集团。随着有限服务住宿业态的兴起，万豪集团开始进入经济型住宿行业。经济型（有限服务）住宿是指为顾客提供客房及有限的餐饮和会议服务。1987年，万豪集团在佐治亚州州亚特兰大市开设了第一家费尔菲尔德旅馆（Fairfield Inn）。[9]

1.1.7 欧内斯特·亨德森和罗伯特·摩尔

欧内斯特·亨德森（Ernest Henderson）和罗伯特·摩尔（Robert Moore）于1937年开办喜来登连锁酒店（Sheraton chain），他们在这一年兼并了位于马萨诸塞州斯普林菲尔德市的斯通海文酒店（Stonehaven）。在两年中，他们在波士顿购买了三家酒店，并迅速对位于缅因州和佛罗里达州的产业增持股份。到1940年，喜来登成为纽约证券交易所第一家连锁酒店上市公司。1968年，喜来登被ITT集团并购，成为其全资子公司，ITT集团实施了一项野心勃勃的计划，要将喜来登打造为一家在全球拥有酒店的世界性酒店集团。20世纪80年代，在喜来登主席、董事长、首席执行官约翰·卡皮奥尔塔斯（John Kapioltas）的领导下，企业作为现代酒店服务业的行业创新者受到全球范围内的认可。[10]喜来登集团现在被喜达屋酒店与度假村集团（Starwood Hotels & Resorts Worldwide）持有。

1.1.8 瑞·舒尔茨

在20世纪80年代早期，瑞·舒尔茨建立了汉普敦酒店，这是假日酒店集团（Holiday Inn Corporation）的前身。汉普敦酒店的门店以**有限服务**（limited service），现在称为**选择型服务**（select service），满足成本敏感型商务和度假旅行者的需求而著称。舒尔茨为这一特定细分市场开发特定产品和服务的开创性工作，为饭店产业的发展作出了杰出的贡献。

1998年，当汉普敦酒店庆祝其第800家门店开张时，舒尔茨说道："我们在1984年汉普敦酒店开业之时，为顾客提供恰当的客房服务和其他特别服务，例如，免费的欧式早餐、免费的当地电话，所有这些服务都物超所值。这家饭店的开张告诉我们，我们理解了顾客的需求，而且直至15年后，性价比依然是一种可行的概念。汉普敦酒店一直是，也努力保持着作为中等价格、有限服务的饭店品牌形象。"[11]

1.2 饭店业的发展史

饭店业的发展史就是饭店产业和服务概念不断发展的历史。

中庭概念设计、有限服务酒店，以及技术都是饭店业显著的革新。诸如营销、全面质量管理之类的管理理念为管理者经营饭店业务提供了一条全新的路径。20世纪 80 年代末期，美国的经济重组改变了饭店业的盈利模式。而且，在 20 世纪 90 年代，房地产信托投资这样一种新的财务方法改变了饭店的财务结构和经营方法。

2001 年的"9·11"恐怖袭击事件至今仍继续影响着饭店业产品和服务的提供，以及品牌的传播。2008 年前后的全球经济衰退也改变了饭店业的营销和运营实践。

1.2.1 天井大堂/中庭概念

过去这些年中，饭店业经历了许多显著的变革。**中庭概念**（atrium concept）是一种建筑艺术设计，顾客在从一楼至顶楼的所有客房中都可以俯瞰门庭大堂。这一概念最早在 20 年纪 60 年代由凯悦集团（Hyatt Hotels）采用。

位于亚特兰大的凯悦酒店（Hyatt Regency）将这种门庭设计发挥到了极致。经由建筑师约翰·波特曼（John Portman）设计，它将门庭高耸至酒店的 21 楼，这种酒店一改以往高档酒店的设计风格。结果，酒店不仅成为供客人休息的场所，更成为为客人提供惊喜和欢乐的地方。[12]

这家有 1 260 间客房的酒店"舞厅、展览、会议和接待营业面积达 18 万平方英尺，如今成为了美国最为重要的会议和贸易展览场所"[13]。

1.2.2 选择型服务饭店

20 世纪 50 年代，美国饭店业从城市中心向城郊迁移，这与美国的高速公路发展同步。有限服务酒店是指为顾客提供客房、有限的餐饮和会议服务的酒店。这种类型的酒店在 20 世纪 80 年代成为主流，此时许多大的连锁酒店集团采用这一方式服务商务客人和预算有限的旅行者。汉普敦酒店创造性地使用这一方式满足有限服务细分市场的需求，成为美国采用有限服务的首要酒店品牌。这类酒店为顾客提供宽敞、舒适的客房，但尽力减少甚至不提供普通酒店提供的其他服务，例如，餐饮、洗衣、会议和大堂，通过这种方式节约成本，并向客人收取较低的房价。

这家饭店在好几个领域都成为了酒店业的先行者，例如，它还是第一个可以在互联网上登录预订的酒店品牌。1989 年，汉普敦成为美国首家承诺无条件百分之百满意保证的酒店，如今，这已成为饭店承诺服务质量的里程碑。[14]

1.2.3 技术进步

技术在开发为客人提供的产品和服务上扮演着十分重要的角色。客房预订系统、物业管理系统、远程退房系统都是其中的典型例子。图 1—1 中记录了饭店业发展历史中许多令人印象深刻的第一次。请注意其中有多项技术是最近才发展起来的。

最近对这张表的补充包括广泛使用的无线技术，通过这项技术，前厅的员工可以提醒服务贵宾的其他员工，客房部的员工可用之报告客房清扫和空房情况，营销部的员工可用之查阅客房状态，行李员可将之用于行李处置。顾客也会发现，2000 年之后有些技术可以让他们在工作好的同时，玩得更开心。他们可以在所谓的无线热点、无线网络覆盖区，或者酒店前台自由查阅邮件、打印文件。

1846 年	中央供暖系统
1859 年	升降机
1881 年	电灯
1907 年	客房电话
1927 年	客房收音机
1940 年	空调
1950 年	电梯
1958 年	免费电视
1964 年	带有中央计算机的假日客房预订系统
1965 年	电话的信息提示灯
	在房态系统之后，引入了最早的前厅计算机管理系统
20 世纪 70 年代	电子点钞机
	销售点（POS）系统、无钥匙门锁
	彩色电视
1973 年	免费的客房电影（喜来登）
20 世纪 80 年代	物业管理系统
	远程退房
1983 年	客房计算机
	电话（自动）计费系统
20 世纪 90 年代	视像点播
	互动游戏
	互动客房购物，互动导游，电视传真，互动的酒店设施和活动介绍，在客房内对所属本集团的其他酒店预订，互动天气预报
	网络预订
	通过了房地产信托投资管理酒店所有权的立法
21 世纪	无线技术——贵宾入住登记无线技术、客房清洁和客房状态发布、营销部的顾客档案、行李员包裹处理、无线热点区域的邮件收发和文件处理。由于使用 Web 2.0 等手段，社交媒体、客房技术、IT 技术等使经济开始复苏

图 1—1 饭店业的技术进步

资料来源：American Hotel & Motel Association；Madelin Schneider, "20th Anniversary," *Hotels & Restaurants International* 20, no. 8 (August 1986)：40 (copyright *Hotels* magazine, a division of Reed USA)；Larry Chervenak, "Top 10 Tech Trends：1975—1995," *Hotel & Motel Management* 210, no. 14 (August 14, 1995)：45；www. hotel-online. com/News/PR2009 _ 2nd /Apr09 _ HITECTechTrends. html.

1.2.4　营销重点

20 世纪 70 年代，饭店业开始了对特定利基市场的关注。这项技术需要调查潜在的客户市场，并围绕所识别的潜在市场的需要，提供产品和服务。

大型连锁酒店管理集团也发现了建立强大预订和营销系统的好处。对顾客而言，这意味着，一个电话就可以预订所需要的饭店，并得到所需要的服务。[15]

2000 年以后，饭店的营销重点一直围绕着如何使用互联网促进销售预订等问题。

有调查表明，美国超过 84％的旅游研究和计划通过互联网完成（电子营销/TIA）。互联网已经成为接待业最为重要的旅游计划和分销渠道。2009 年，接待业有超过 40％的销售收入通过互联网获得，另有 1/3 的饭店预订受互联网影响，但在线下完成。2004 年，通过互联网进行的饭店预订量首次超过了饭店集团全球分销系统预订量的总和。[16]

1.2.5　全面质量管理

全面质量管理（total quality management，TQM）作为帮助管理者改善产品和服务质量的一种工具，如今已在饭店业中得到了广泛的运用。这一概念强调对产品和服务分销的分析，根据一线的实际情况进行决策。全面质量管理开始于 20 世纪 90 年代，在服务业中**质量保证**（quality assurance）或**服务质量**（service quality）的概念被广泛运用。我们在第 11 章中会对这些概念进行详细讨论。

1.2.6　大规模重组：1987—1988 年

1987—1988 年间，饭店业发生了一次大规模的重组。1986 年，美国国会对 1981 年曾经强制组合的税收法案进行分解。《税法（修订案）》决定，房地产的被动损失不再在税前扣除。这时，大量的日本投资者试图以高价在美国购买饭店或者高尔夫球场。结果，美国饭店的价格持续上涨。在 1990—1995 年间，美国经济经历了衰退和复苏，1986 年的法案和过量酒店建设也在此期间产生了影响。一些在 20 世纪 80 年代早期建造饭店的投资者发现，酒店的收益或者重置价值降至原始成本的 50％，甚至更低。一些持有者因为借贷危机将饭店转交给抵押方，而抵押方往往就是山姆大叔①。[17]

1.2.7　饭店投资

房地产信托投资（real estate investment trusts，REIT）为饭店业主提供了一个投资机会。2000 年春天，由安达信公司（Arthur Andersen）的安索尼·布朗（P. Anthony Brown）撰写的《弗吉尼亚接待业和休闲经理人报告》，对 1999 年的《美国减税延期法案》进行了如下描述。这些信息应该可以对你的饭店业职业生涯提供一些帮助。

这一法案最重要的贡献在于———创造一种新型的企业———一种可纳税的房地产信托投资子公司（2001 年 1 月 1 日开始生效）———这可以让房地产信托投资公司获得新的利润来源。伴随着这一新的增长机会，股东可以得到更大的股票价格回报，因为拥有较高增长率的公司往往可以获得更大的收益空间。

基于 1999 年法案的基本条款，可纳税的房地产信托投资子公司可以向租客

---

① 山姆大叔是美国政府的俗称。——译者注

提供非惯常服务。这项法案允许房地产依托投资子公司为顾客提供更好的服务，创造强烈的顾客忠诚，并向租客销售新的、非惯常的服务。而且，这些新型子公司能够从房地产信托投资公司处租赁资产。然而，必须由独立的第三方管理这些承租饭店，这些独立的第三方可以为任意他人（除了房地产信托投资公司）提供接管饭店的服务。

伴随着这些变化，饭店信托投资公司可以通过重组来获得更多的饭店收入。例如，位于得克萨斯州欧文市的费尔可住宿业信托投资公司（FelCor Lodging Trust Inc.）于 2000 年将其饭店租赁给两家企业：一家是由其高层管理人员和主管持股的公司；另一家是布里斯通酒店与度假村集团（Bristol Hotels and Resorts），这是一家上市公司。根据这项新法案，费尔可公司能够设立新的房地产信托投资子公司，并且将饭店的租赁业务转移到这些公司中去。同时，来源于这些承租企业的租赁收入也转移至这些新的子公司中。然而，必须由一家管理公司（独立于费尔可）管理或经营这些饭店，而这些饭店的利益主体是信托投资公司之外的任意第三方。[18]

1.2.8 "9·11"事件

发生于 2001 年的"9·11"事件，将对饭店产品和服务的营销及提供产生持久的影响。恐怖主义袭击对饭店行业的直接影响即是，愿意通过飞机出行的人数减少，进而影响到饭店客户的需求。饭店设施（包括餐馆、旅游吸引物、政府机构等）及不同层次的旅游协会不断就此问题进行协作，以解决与旅游相关的安全问题。

饭店从业人员评估其营销计划，并对如何吸引后"9·11"时代的商务旅行客人进行决策。大的企业客户市场不能再想当然了。企业高层管理人员、旅游规划人员、交通管理人员希望受到饭店员工的款待，也需要在公司提出要求时饭店有快捷的反应。旅游企业开发了吸引当地及区域市场顾客的方法，例如提供强调当地历史和文化、企业经济、运动赛事、自然景观等元素的旅游产品服务包，其中包括对饭店产品和服务的供应。不过这又谈何容易？然而，饭店投资者和经营者为了获得成功，不得不竭尽全力做到这一点。

在由美国 PKF 咨询和接待业研究集团（PKF Consulting and the Hospitality Research Group，PKF-HR）出版的《酒店业趋势》一书中，马克·伍德沃兹（Mark Woodworth）报告说，这项任务其实十分艰巨。2003 版的报告称："继 2001 年利润下降 19.4％之后，2002 年美国饭店业的平均利润下降了 9.6％"。[19]

RSBA 联盟①（RSBA & Associates）的瑞克·斯威格（Rick Swig）指出，尽管从 2001 年 6 月起饭店客房的供应增长了 4.4％，平均销售客房的数量也增长了 3％，但 2003—2004 年间，饭店业利润仅增长了 2％。他宣称："饭店管理者应当运用价格杠杆关注未来两年的饭店经营，直至入住率回归至 2001 年之前的水平，信心开始建立……直至 2005 年国有财团及高端旅游合同签订。通过这些渠道，饭店房价将显著上升。而在过去两年中，考虑经营费用后的房价几乎没有上涨。"[20]

饭店从业人员应该如何应对这一挑战，《费城问询报》上由汤姆·贝尔登（Tom Belden）所撰的一篇文章进行了很好的说明。有 112 家公司接受了宾夕法尼亚州拉德

---

① 美国一家著名的酒店业咨询公司。——译者注

诺市商务旅行联盟公司（Business Travel Coalition）的调查，其中 94％的企业在过去三年中削减了旅行开支。他的报告指出，过去一年中，公司网络会议软件的销售增长了 50％。[21]

饭店接待服务的安全问题也提上了日程。例如，饭店总经理要重新制定涉及前台、餐厅、休闲区域，以及与顾客服务相关的公共场所的安全问题，这些部门的员工需要对所观察到的现象产生快速的反应。一线员工看到异常情况时需明确向其主管汇报。对员工如何在公共区域与顾客互动进行培训，将使得一线员工变得更积极主动。

饭店高层管理者也必须关注如何为社区提供服务，成为负责任的社区成员。饭店总经理应当设立紧急预案，在灾难发生时为医疗人员和遇难者提供公共空间。从短期看，可以为受灾者和医护人员提供补给；从长期看，可以为整个社区受灾后无家可归的居民提供住宿。这些都是饭店业应该积极面对的问题。

遭受恐怖袭击后，饭店业主、管理公司和承租方在设施修缮方面都应该承当责任。在《酒店》杂志中，安德鲁·马克季奇（Andrew MacGeoch）如此写道：

> 在管理合同中，业主对饭店的修缮责任往往取决于损坏的程度。一般来讲，如果修缮的成本不超出管理合同中设定的某个门槛（通常是饭店重置成本的特定百分比），饭店业主有义务将饭店修缮至毁坏前的状态。然而，如果修缮成本超出这一特定门槛，饭店业主有权利选择不承担修缮责任，或直接终止管理合同。

马克季奇继续论述了在恐怖主义行动中有关顾客伤亡的责任。

> 一般来讲，对于恐怖主义造成的伤害或死亡，经营者和业主都不应该承当责任。除非经营者或业主对他们顾客的安全问题没有采取足够、合理的行动。因此，确保合理水平的关怀标准十分重要。对于经营者和业主而言，采取合理的、必要的措施保护顾客安全十分重要，例如，实施合适的安全政策和措施，为员工提供危机管理培训。[22]

1.2.9 最近几年的经济衰退

PKF-HP 于 2009 年 6 月就经济衰退对美国饭店业的影响发布了研究报告。

> 假定 2009 年平均可出租客房收入（RevPAR）下降 17.5％，PKF-HP 预测，2009 年饭店的收入将下降 16.0％。如往常一样，美国的饭店管理者会削减大概 7.5％的成本，但这也无法完全避免美国饭店经营净收入（net operating income, NOI）的下降（经营净收入是指未扣除资产准备金、租金、利息、所得税、折旧和分期付款的净收入）。PKF-HR 预测，2009 年，美国饭店业的经营净收入将下降 37.8％，而 2010 年将再下降 9.2％。需要注意的是，随后美国饭店业将获得持续增长。然而，由于 NOI 的下降，美国饭店业的利润率会低于长期的平均水平 25.7％。

该文接下来引用了康奈尔大学罗伯特·C·贝克荣誉教授（Professor Robert C. Baker of Cornell University）的话。

> "更少的顾客，支付更低的价格，这是饭店利润蒸发的原因，"康奈尔大学酒店管理学院的房地产专家，罗伯特·C·贝克荣誉教授获得者约翰·B·考吉

（John B. Corgel）如此阐述，考吉也是 PKF-HR 的高级咨询顾问。"加之诸如公共设施成本、保险、物业税等固定费用的增加，情况会更加糟糕。现在行业的参与者不像 72 年前了，PKF-HR 过去也曾有企业利润下降超出 20% 的记录。毫无疑问，饭店利润下降 30% 以上将对饭店价值、举债能力、合同违约、偿债能力等产生广泛的影响。"

然而，引自同一篇论文的叙述让前途看起来十分光明。

尽管这一次产业衰退造成的收入和利润累积下降比之前产业所经历的情况都严重，然而，对经济复苏的预测结果也十分稳健。2011 年和 2012 年，PKF-HR 预测，平均可出租客房收入将以年均 9.2% 的速度增长，而利润将以每年 17.85% 的速度增长。"若所有者、投资者或者出租方能够经受 2009 年、2010 年危机的涤荡，繁荣将会如期而至。"伍德沃兹这样说道。[23]

近年来的经济衰退对饭店的经营和营销活动产生了深远的影响。营销是饭店选择顾客群体、判断顾客需求，并进而从中获利的重要计划工具。与营销相关的业务活动包括广告（报纸、收音机、电视、网络）、公共关系、促销（折扣）等。对饭店经营成本的关注包括劳动力成本和产品成本。

卡罗尔·维里特（Carol Verret）在《在恶劣市场中销售：克服恐惧和攫取市场份额》一文中，讲述了饭店销售活动如何度过经济困难时期。

为避免使用昂贵的纸质广告，建议大家尝试使用基于网络的广告战略。回想一下你自己是如何购买的，你如何看待自己的购买选择？消费者的购买行为已经发生了变化，这也可以运用到商务和度假旅游的购买者——通过网络获取信息。考虑到风险评估——尽力尝试之前尚未使用的平台，增加之前已经投放过广告的平台上的频次。所有这些都可以称为"电子布告牌"，消费者在购买决策之前会使用这些信息进行研究。[24]

第八届美洲住宿业投资峰会（Americas Lodging Investment Summit，ALIS）的主题是"2009：产业长期展望、领导者与创新"。在这次会议上，喜达屋酒店与度假村集团的总裁和首席执行官弗里兹·范·帕斯钦（Frits van Passchen）如此评论："关注经营、监控成本，并为即将到来的转折和增长做准备。你需要有强大的意志，来审视我们如何能让组织内部更有效率，并以此对我们的顾客和利益相关者进行回报。"[25]

营销、服务提供、可能的恐怖主义袭击，以及近年来经济衰退等这些问题，不断受到饭店业主和高层管理者的关注和讨论。他们必须专注目标并设定实施计划，为顾客和员工提供一个安定的环境。

1.3　饭店业概览

饭店业的分类知识对理解饭店组织类型十分重要。物业类型、市场导向和区位、销售指标、出租率和收入都与服务层次和业务归属类型有关，也都成为了饭店业分类的依据。图 1—2 可以用作全书对饭店业进行分析的参考。

一、饭店类型

 （一）饭店

 （二）汽车旅馆

 （三）全套房饭店

 （四）选择型服务饭店

 （五）常住型饭店（extended-stay hotel）

二、市场导向/区位

 （一）民用

 1. 城市中心区

 （1）饭店

 （2）全套房饭店

 （3）选择型服务饭店

 （4）常住型饭店

 2. 城市近郊

 （1）全套房饭店

 （2）选择型服务饭店

 （二）商用

 1. 城市中心区

 （1）饭店

 （2）全套房饭店

 （3）选择型服务饭店

 （4）常住型饭店

 2. 城市近郊

 （1）饭店

 （2）汽车旅馆

 （3）全套房饭店

 （4）选择型服务饭店

 （5）常住型饭店

 3. 机场

 （1）饭店

 （2）汽车旅馆

 （3）全套房饭店

 （4）选择型服务饭店

 4. 高速公路

 （1）汽车旅馆

 （2）全套房饭店

 （3）选择型服务饭店

 （4）常住型饭店

三、销售指标

 （一）出租率

 （二）平均每日房价

 （三）收益率

 （四）平均可出租客房收入

 （五）平均可出租客房经营毛利

 （六）平均顾客收入

四、服务层次

 （一）全服务饭店

 （二）全套房饭店

 （三）选择型服务饭店

 （四）常住型饭店

五、从属关系

 （一）连锁集团

 1. 特许经营饭店

 2. 公司自有饭店

 3. 咨询饭店（referral property）

 4. 管理合同饭店

 （二）单体饭店

图 1—2　饭店业概览

1.4　饭店的类型

  对饭店的分类并不严格依据某种标准。由于市场力量、法律标准、区位、功能，甚至是个人偏好的差异，定义也会发生改变。以下给出的定义是相对公认的概念，贯穿本书的全文使用。

1.4.1　饭店

  饭店通常为顾客提供全方位的服务，一般包括预订、套房、公共餐饮和宴会设施、酒吧和娱乐设施、客房服务、有线电视、计算机、商务服务、会议室、特产店、个人服务、用车服务、洗衣服务、头发护理服务、游泳池，以及其他娱乐、博彩经营、机场接送、行李生服务等。饭店的规模从 20～2 000 间客房不等。饭店也可能位于城市中心区、城市近郊或者机场附近。客人可能仅在饭店过夜，也有可能租住长达数周。饭店有时仅对特定的顾客市场服务，例如会议或者博彩市场。相对于赌场的经营，赌场饭店的经营往往居于次要地位，因为赌场的经营利润更为可观。万豪酒店集团（Marriott's Hotels）经营万豪酒店与度假村（JW Marriott Hotels & Resorts）品牌以及万丽酒店与度假村（Renaissance Hotels & Resorts）品牌。凯悦酒店集团也经营凯悦酒店、君悦酒店（Grand Hyatt Hotels）、柏悦酒店（Park Hyatt Hotels）等几个品牌。这些都是关于这一问题不错的例子。

1.4.2　汽车旅馆

汽车旅馆为顾客提供有限范围的服务，通常包括预订服务、自动售货机、游泳池、有线电视。这些饭店的规模一般在 10～50 间客房之间。汽车旅馆往往在城市近郊、高速公路或者机场旁边。客人一般在此停留一晚或者数晚。汽车旅馆旁边一般可能挨着一家非附属的餐馆。

1.4.3　全套房饭店

20 世纪 80 年代，饭店业开发了全套房饭店这种新产品，作为一种独立的概念向市场推出。这种类型的饭店为客人提供包括预订、起居室和卧室分离的套房、厨房、可选的公共餐厅和客户服务、有线电视、录像与播放、特产商店、个人服务、用车与洗衣、游泳池、机场接送等范围广泛的服务。这类饭店的规模大概在 50～100 套客房之间，通常位于城市中心区、城市近郊或机场附近。顾客停留期限可能是一晚、数晚或者更长时间。

尽管这类饭店看起来相对较新，但事实上，许多城市中心区的饭店从 20 世纪初期就开始为客人提供带有厨房和起居室的套房。如今，随着**大众营销**（mass marketing）的出现，企业通过电视、收音机、互联网为产品和服务做广告，这类饭店被认为是"新型饭店"。全套房饭店的例子包括希尔顿的大使套房酒店，以及洲际酒店集团（InterContinental Hotels）的蜡木套房酒店（Candlewood Suites）。

接待业人物简介

约瑟夫·朗格（Joseph Longo）是杰弗逊酒店（Jefferson Hotel）的总经理，杰弗逊酒店是位于弗吉尼亚州里士满市的一家拥有 265 间客房的饭店。作为北美拥有汽车五星酒店和 AAA 五钻双重认证的 17 家饭店之一，杰弗逊酒店为顾客提供高水平的产品和服务，力求使顾客感受到热情、真诚和亲切。

朗格先生从纽约圣约翰大学的企业管理和沟通专业获得学士学位。当他还在校念书之时，就在纽约的圣里吉斯酒店（The Saint Regis Hotel）前台开始了职业生涯，并且在华盛顿特区的喜来登-卡尔顿酒店（Sheraton-Carlton Hotel）担任过客户部经理。后来，他又担任华盛顿特区河滨酒店（The River Inn Hotel）的总经理，以及波多马克河酒店集团（Potomac Hotel Group.）的区域运营总监。在成为杰弗逊酒店的总经理之前，朗格先生担任过宾夕法尼亚州福吉谷费尔德饭店协会（Field Hotel Association）的区域运营总监。

这一单体饭店的营销和销售工作需要有闯劲的销售和公共关系战略，不仅要把精力放在客房管理方面，而且运营好 26 000 平方英尺的功能区域和 2 个餐厅也十分重要，其中一家餐厅还曾获得 AAA 五钻认证。

朗格先生提醒接待业管理专业的学生要牢记：作为饭店的主人，饭店就是你的家，你所有的客人都要有宾至如归的感觉。这意味着要为客人提供基本的接待：舒适的客房、超常的食物、友善的员工服务，等等。他还补充，接待业是一项多样化的工作，每天都会有不同的工作经历。

1.4.4　选择型服务饭店

选择型服务饭店在 20 世纪 80 年代中期出现。汉普敦酒店和万豪酒店是使用选择型服务饭店概念的开创者。

选择型服务的概念是为应对特定细分市场而开发的，这一细分市场主要是商务旅客和成本关注型旅客。对这一市场提供的产品和服务主要包括：预订服务、最少的公共餐饮服务、会议设施、有线电视、个人电脑、个人服务（用车和洗衣）、机场接送服务。这类饭店的规模通常在 100～200 间客房之间。选择型服务饭店可以位于城市中心区、城市近郊或机场。为便于客人用餐，这类饭店往往周围配套有餐馆。客人可以只住一晚，也可以长期租住。这些饭店有时会专门为商务旅行者提供饮食，还可能会特别准备商务技术中心。由洲际酒店集团运营的假日快捷酒店（Holiday Inn Express）、由精选国际酒店集团（Choice Hotels International）运营的舒适旅馆（Comfort Inn），以及由万豪酒店集团运营的费尔菲尔德旅馆，都是选择型服务饭店的典型代表。

1.4.5　常住型饭店

常住型饭店（extended-stay）主要为由于商务、休闲或个人原因离家时间较长的客人提供相对较长时间的住宿服务。例如，某人需要花好几天或者好几周参加一个商务项目；又如，另一个人想要去探望他的亲戚，而亲戚家又不能提供足够的住宿空间；再如，还有一个人陪着亲戚或朋友在某个医疗中心治病，并且需要在当地过夜，病人可能会喜欢常住型饭店中的家庭氛围，这有利于病情的恢复。

《亚特兰大宪政报》的利昂·斯坦福（Leon Stafford）如此写道："大型、精致的饭店……自 2001 年以来力图将出租率保持在 60%。与此同时，常住型饭店……至少保持了 70% 以上的出租率。"对于职业生涯发展，他还补充道："2001—2004 年间，大约每建造一个传统饭店，就会同时建设三个常住型饭店。"[26]

在希尔顿家木套房中，客房中一般会包括以下设施：卧室中有一个特大号床或者两个双人床，客厅中有沙发，两台遥控彩电，带有微波炉、冷冻冰箱、咖啡机、双灶炉等厨房用具的全功能厨房，宽敞、装修精美的餐厅，吊扇，电熨斗和熨衣板。饭店提供的服务包括商务中心、健身房、游泳池等。这种饭店也将其房价结构定在对长期居住客人有吸引力的水平之上。

1.5　市场导向

通过市场导向指标可以将饭店产品分为两个细分市场：（1）**公寓式饭店**（residential hotels），为客人提供长期的租住服务；（2）**商务型饭店**（commercial hotels），为旅行客人提供相对短期的租住服务。公寓式饭店包括普通饭店、全套房饭店、选择型服务饭店、常住型饭店。提供的服务包括（但不限于）公共餐饮、娱乐设施、社交活动空间，以及个人服务。这类饭店往往位于城市中心区或者城市近郊，这些地方可以为客人提供便利的其他生活配套设施（购物、艺术与娱乐、商务服务、公共交通）。

商务型饭店为短期停留的客人提供服务。服务包括（但不限于）计算机预订系统、公共餐饮、宴会服务、酒吧和娱乐区域、个人服务、机场穿梭巴士等。这类饭店可以位于城市的任何位置。

值得注意的是，这两类饭店有所重叠。商务型饭店可能会有一定比例的常住型客人。同样，公寓式饭店也可能为短租客人提供服务。业主和总经理要为所有可能的市场提供灵活的服务空间。

1.6　销售指标

包括出租率、平均每日房价等在内的**销售指标**（sales indicators）是描述饭店的另一种方式。这些信息对于企业投资者评估企业的利润空间十分重要。

以下六个指标可以用于衡量饭店的财务成功程度：

1.　**出租率**（occupancy percentage）是所出租客房数除以可出租客房数的结果。

2.　**平均每日房价**（average daily rate，ADR）是客房销售总收入除以所出租客房数量的结果。

3.　**收益率**（yield percentage）是指饭店以最高价格向高利润空间客人出售客房的有效程度，它展现了饭店每天出售客房的成功程度。

4.　**平均可出租客房收入**（revenue per available room，RevPAR）用于衡量每间客房所创造的利润。一旦每日销售量确定，就不可能重新获得收入（不包括将客房另外出售获得半天房费的可能性）。（注：请参考以下关于平均可出租客房收入的计算。）

5.　平均可出租客房经营毛利（gross operating profit per available room，GOPPAR）是经营利润（gross operating profit，GOP）除以每日可出租客房数量的结果。这里 GOP 等于收入减去总的部门费用和总的经营费用。平均可出租客房经营毛利指的不是饭店总收入，因此并不是对客房收益的精确评价。然而，这一指标的确可以清楚说明饭店的利润空间。它可以从整体上衡量饭店的盈利能力、管理效率和潜在价值。[27]

6.　平均顾客收入（revenue per available customer，RevPAC）反映出顾客是接待业价值增长的根本驱动力。克莱因（Cline）的研究说明，住宿业的企业家应该视顾客需求为根本的推动力,这对推动饭店的利润增长十分重要。在客房使用新技术、在商务中心设置交流区域,以及收集对于主题餐厅外包的意见,这些措施都非常必要。[28]

1.6.1 出租率

出租率衡量的是市场营销部门的效率,以及前厅在饭店内外部的营销努力程度。投资者往往也使用出租率指标衡量饭店的**潜在毛收入**(potential gross income),或者在给定的饭店出租率水平、平均每日房价、预计收益率水平下,饭店可能获得的销售收入。然而,每天的出租率并不稳定,理解这一点很重要。出租率在每个季节,甚至每天都会发生改变。

$$\frac{实际出租客房数}{饭店可出租客房数} \times 100 = 出租率\%$$

1.6.2 平均每日房价

平均每日房价(有时也称平均房价(average room rate,ADR))也用来说明饭店的**房费收入**(room revenues)——由于出租客房而获得的收入。然而,这一指标也影响顾客对饭店消费体验的期望。客人总是希望,高房价与高服务层次关联。房价为 175 美元/房/晚的饭店所提供的服务,应该比同样地理区位中 85 美元/房/晚的饭店要好。大型饭店集团将顾客期望也视为饭店价值的一部分,这些饭店集团为不同的细分市场开发不同的饭店,以适应不同细分市场的需求。

$$\frac{已出租客房总收入}{已出租客房总数} = 平均每日房价$$

1.6.3 收益率

收益率衡量的是饭店经理以可能的最高房价获得最高出租率的程度。在本书的第 6 章中,我们还会详细讨论这一问题。需要注意的是,这一概念在饭店业中相对较新。在 20 世纪 90 年代之前,饭店管理者依赖出租率和平均每日房价判断饭店的财务目标是否达成。收益率指标要求饭店管理者更为积极地思考问题。

$$收益率 = \frac{实现的收益(出租客房数 \times 实际房价)}{潜在收益(可出租客房数 \times 门市价)}$$

1.6.4 平均可出租客房收入

平均可出租客房收入是将某天的房费收入所得除以当天饭店可出租客房数量的结果。决定平均可出租客房收入的公式如下:

$$平均可出租客房收入 = \frac{客房总收入}{可出租客房数}$$

或者,

$$平均可出租客房收入 = 饭店出租率 \times 平均每日房价$$

例如,某个饭店 9 月 15 日晚上拥有 200 间可出租客房,共取得 10 000 美元的客房收入，则该饭店的平均可出租客房收入为 50 美元（10 000 美元÷200＝50 美元）。

如果我们继续考虑同一家饭店 9 月 15 日的其他统计指标，共有 200 间客房，客房总收入为 10 000 美元，其中出租客房数量为 125 间，平均每日房价为 80 美元（10 000 美元÷125＝80 美元），饭店出租率为 62.5%（125 间已出租客房÷200 间可出租客房×100%＝62.5%）。按以下方式计算也能产生平均可出租客房收入的相同结果（0.625×80 美元＝50 美元）。

平均可出租客房收入用于衡量每间客房在饭店整体财务绩效中的贡献。饭店客房销售所产生的利润要远高于相同规模餐饮收入所产生的利润。然而，饭店的餐饮部门对于那种需要会议服务的顾客群体显得特别重要。第 6 章将会讨论客房和餐饮部门潜在收入的重要性。

研读下面 PKF-HR 总裁马克·伍德沃兹所撰的论文，这篇论文讨论了饭店的财务专家如何看待平均可出租客房收入指标。

PKF-HR 于 2009 年 6 月 11 日在亚特兰大发布《酒店视野》® 报告，美国饭店的平均可出租客房收入将在 2009 年第 3 季度达到本轮经济周期的低点。这将使开始于 2008 年第 3 季度的平均可出租客房收入加速下滑的趋势（根据斯密斯旅游研究公司（STR））的数据得以终止。2009 年 5 月，穆迪公司①的网站 E-conomy.com 将 2.9% 的全美国失业率水平修正为 3.8%，这让 PKF-HR 修正了对今年平均可出租客房收入的预测。假定就业水平和住宿需求存在某种关系，2009 年平均可出租客房收入将下降 17.5%，而在 2010 年，将继续下降 3.5%。[29]

1.7 服务层次

通常在饭店业使用的四种**市场细分**（market segments）——具有相似的产品和服务需求的顾客群体——包括全服务饭店、全套房饭店、选择型服务饭店、常住型饭店。这些分类存在大量重叠，也很容易混淆。一些术语的存在，甚至仅仅是因为饭店的管理者不同意使用某个其他词汇。

一些饭店行业的领导者不愿意使用经济型（budget）这样的词汇，因为这意味着廉价和质量欠佳。另外一些领导者喜欢使用这一词汇，因为这对于那些寻求物美价廉饭店产品的旅行者具有较好的吸引力。尽管如此，以下定义为不同层次的服务提供了一个大概的说明。**全服务**（full service）饭店为顾客提供最高的便利程度。这些服务包括（但不限于）预订、餐厅用餐、宴会与会议设施、娱乐设施等。有关全服务饭店的例子包括万豪酒店与度假村、万丽酒店与度假村、希尔顿。

如前所述，**全套房饭店**（all-suites）指的是为需要家庭式服务的客人提供的一类中等价格的饭店设施。服务包括分离的卧室与客厅或办公区域、厨房设备、小酒吧，及其他服务设计。这一类饭店产品的主要服务对象既包括商务旅行者，也包括家庭旅游者。万豪酒店和希尔顿的大使套房酒店是全套房饭店的典型代表。有意思的是，这一概念在很早以前也曾运用于城市中心区的商务饭店，一些挨着卧室和卫浴间的房间

---

① 一家调查企业声誉、品牌的公司。——译者注

被改造为客厅和厨房，以便形成套房。

选择型服务（select service）强调的是基本的客房设施、客服设施，以及最小的公共区域。通常房费中包含了一份欧式早餐或者一杯晚间鸡尾酒。客人有机会免费使用公共会议室、看室内电影，还可以使用餐厅免费打本地电话。汉普敦和雅乐轩（a-loft）是选择型服务饭店的典型例子。在一篇描述雅乐轩酒店的文章中，讨论了多个新创意以应对这一细分市场。

● 色彩绚丽、倾斜的车库顶棚，彩色的射光照耀着建筑外立面，这些与旅游者的心情交相辉映。

● 综合的大堂功能，灵活设置的空间，让白天和夜晚都适合交流，下沉的客厅、双面玻璃壁炉朝向露台、定制的台球桌、一家由纽约熟食店经营的风味餐厅（使用饭店能源）。

● 两种客房选择，其中一种是面积为 275 平方英尺的超大床房，另一种为面积为 325 平方英尺的双床房。两种房型都有高达 9 英尺的诺富特空间，以及大尺寸的窗户。房间使用蓝色、紫色两种冷色调，采光很好。选用了定制化的家具，如多功能床头柜作为隔墙、内置的储藏空间、床头柜、艺术品陈列等。卫浴间简洁、明朗、设计清新，有独立的玻璃浴房。

● 圆形的前台位于大堂中心，显得十分时尚，这与传统的接待前台明显不同。这也为顾客带来了全新的体验。办理入住手续时，一位员工协助理解顾客需要，另一位员工办理入住和支付手续。此处充分体现了设计和功能的匹配。接待前台正前方有面镜子，由无数的小石块整齐拼接而成，展示出万花筒的效果，这些指引顾客进入大堂。客人也可以通过自动柜员机选择楼层和房间，并办理入住，就像选择飞机舱位一样。[30]

常住型饭店（extended stay）为在外停留较长时间的公司高层管理者、旅游者和家庭提供一个像家一样的空间。设施完善的厨房可以让国际游客在新的环境下自己做饭。宽敞的卧室和客厅为工作和休闲提供了空间。通常饭店还为客人提供早餐和晚餐。希尔顿家木套房、洲际酒店集团的驻桥套房（Staybridge Suites）、精选国际酒店的门斯特套房（MainStay Suites）都是其中的典型个案。

1.8 企业从属关系

企业从属关系（business affiliations）一般指企业从属于某个集团公司，抑或独立经营，这也可以用于对饭店进行分类。这一分类最容易通过品牌名、建筑结构和外观、氛围等被顾客识别。长期的营销活动所培育出来的顾客忠诚感和接受度是饭店长期利润最重要的影响因素。

1.8.1 连锁饭店集团

如果让你给出几家**连锁饭店集团**（chain）（在营销、预订、服务质量、餐饮、客房和会计等方面遵循某些标准化程序的饭店集团）的名字，大多数人会提到假日、万豪、喜来登、戴斯（Days Inn）、凯悦、希尔顿，或者艾康诺（Econo

Lodge）。通过查阅资料你还会发现有关收购、重构，以及组织的一些其他变革。这些是对你职业生涯决策十分重要的信息，可以从诸如《酒店》这样的行业杂志（由里德爱思唯尔（Reed Elsevier Inc.）的子公司里德商务咨询公司（Reed Business Information）出版）中获得，这本杂志每年 7 月会收集饭店集团名称、地址、客房数等信息进入这一名录。《华尔街日报》，以及其他一些报纸、杂志和网站也会提供类似信息。

从某个公司购买经营和营销服务的饭店都可以称之为**连锁饭店集团成员**（chain affiliations）。饭店集团可以进一步划分为特许经营饭店、咨询饭店、公司自有饭店，以及管理合同饭店。特许经营饭店为连锁成员（土地和建筑的拥有者）提供预订系统、广告、经营管理、管理培训等方面的支持。作为这些服务的报酬，加盟饭店向集团公司支付开业费、品牌和设备租赁费、预订咨询系统使用费、广告费等。[31]

任何将个人资金投入饭店业的人都希望确定地分析饭店业的利润。但由于缺乏在饭店或汽车旅馆行业的从业经验，缺乏对饭店业的洞察力，信用等级不良，或者对房地产开发的知识有限，这类投资者往往需要来自第三方的支持。他们往往可以通过与戴斯、喜来登、希尔顿等集团合作，达到土地、建筑和管理开发方面的要求。

1.8.2　咨询饭店

有时候，饭店企业会选择成为某个集团的**咨询饭店**（referral property），也就是说，与某个集团有关联，但又独立经营。由于实体的建筑已经存在，企业主可能只需要在管理、营销、广告和预订咨询等方面得到帮助。相应地，咨询费用也与所需提供的服务相关。然而，咨询饭店必须满足饭店集团的质量保证标准。

1.8.3　公司自有饭店

公司自有饭店（company-owned property）是指由饭店集团自有自营的饭店，这使饭店与其管理公司是一个共同的经营实体。管理公司在本地区经营该饭店，并与当地的其他饭店展开竞争。管理公司运用自身的专长进行饭店选址决策、资产开发、营销与广告，以及经营管理。管理公司招聘专业员工管理这些自有饭店。同时，公司自有饭店使用饭店集团的预订系统。饭店集团可能会设定特许经营门店的最大限量，以保证多数饭店由自身经营。

1.8.4　管理合同饭店

管理合同饭店（management contract property）是指饭店由一家提供经营、营销及员工专业服务的饭店业咨询公司管理，这一点与咨询饭店相似。多家合同管理公司与已有饭店开展业务合作，并且像经营公司自有饭店一样进行业务拓展。这种业务关系对财务责任和利润水平提出了要求。管理合同公司可以有选择性地将饭店视作集团成员或者独立经营。

1.8.5 品牌

饭店品牌已成为饭店业，特别是消费者营销中最重要的一部分。饭店管理公司通过品牌营销在消费者心目中构建产品和服务形象。这种构建的品牌形象让消费者区分饭店所提供的业务。例如，我们可以假想一个"花儿饭店集团"，它可能提供三种截然不同的饭店产品组合：紫丁香常住酒店、玫瑰旅馆、紫罗兰套房酒店。另一家假想的"原木酒店集团"拥有七个不同的子品牌，例如，松木套房酒店、枫木套房酒店、黎明长租酒店、原木快捷酒店、原木大饭店、原木瀑布酒店，以及松木精选服务酒店。这些品牌都配备相似的设备，每个品牌都提供不同的产品和服务，例如网络沟通、预订服务、预订返点计划、客房服务、餐饮服务、个人健身、商务设施、会议设施等。因此，当客人有商务、休闲等旅行需要时，可以很容易将需求与饭店的某个品牌关联起来。

布赖恩·E·杨格（Bryan E. Young）曾经写过一篇有意思的文章，阐述了多品牌战略可作为饭店集团应对经济困难的良方。

> 根据伊利诺伊州芝加哥酒店与度假村战略咨询公司（Strategic Hotels & Resorts）高级资产经理格雷格·肯尼利（Greg Kennealey）所述："大多数情况下，大型饭店集团的品牌为业主提供比单体酒店品牌更多的好处，在经济萧条时期尤为如此。大型饭店集团拥有大量的营销和销售资源，有助于为成员饭店提供销售机会。而且，公司对管理系统可以综合利用，并可根据需求进行灵活调整。这使得所有者可以在经济下滑时迅速削减成本以确保利润额"。

然而，一项由美国西北大学凯洛格管理学院完成的研究试图说明，相对于无品牌企业而言，品牌营销在帮助企业渡过经济危机时具有重要作用。其中一些结果如下：

> 无论是否是名牌，高端饭店市场在遭遇经济衰退时，其平均可出租客房收入的变动均会更大。
>
> 这一结果表明，相对于其他细分市场，高端市场的需求会暂时下降更大百分比。尽管不同参与者都有感触，但并无统计证据表明：与非品牌饭店或者小型精品饭店相比，品牌饭店集团在应对经济衰退时有更好的表现。
>
> 这一研究说明，品牌对于经济绩效而言并不一定总是能奏效。本研究中所发现的这种不奏效难道是由于在线预订扩散了吗？因为如今在线预订对于品牌饭店或者非品牌饭店并不作区分。又或者，相对于竞争者品牌饭店而言，消费者对奢侈型精品饭店所提供的价值的认知改善了？
>
> 不管竞争计划如何，也不管形态、规模、色彩，或者是否加盟，有一点毫无疑问，饭店业主不能简单使用加盟连锁品牌作为应对经济困难时期的对策，或者将经营责任推卸给连锁饭店集团，而不是正确管理好自己的饭店。
>
> 最为重要的是，我们不能低估提升饭店服务质量本身的作用，这是饭店应对经济危机的重中之重。[32]

下面是一些大型饭店集团品牌的列表。你可以从这些饭店集团网站上找到更多有关这些饭店集团的信息。

万豪集团

万豪酒店与度假村
JW 万豪酒店与度假村
万丽酒店与度假村
万怡酒店
万豪居家酒店（Residence Inn）
费尔菲尔德旅馆
万豪会议中心（Marriott Conference Centers）
唐普雷斯套房酒店（TownePlace Suites）
春山套房酒店（SpringHill Suites）
万豪国际度假俱乐部（Marriott Vacation Club International）
丽思卡尔顿酒店（The Ritz-Carlton）
万豪行政酒店（Marriott ExecuStay）
万豪行政公寓（Marriott Executive Apartments）

喜达屋集团

喜来登酒店
威斯汀酒店（Westin）
福朋酒店（Four Points）
瑞吉酒店（St. Regis）
豪华精选酒店（The Luxury Collection）
W 酒店（W Hotels）
艾美酒店（Le Méridien）
雅乐轩
元素酒店（Element）

凯悦集团

柏悦连锁酒店（Park Hyatt Hotels Regency）
安达兹酒店（Andaz）
君悦酒店
凯悦酒店
凯悦度假村（Hyatt Resorts）
凯悦居所（Hyatt Place）
凯悦山姆菲尔德套房酒店（Hyatt Summerfield Suites）
凯悦度假俱乐部（Hyatt Vacation Club）
柏悦酒店

洲际酒店集团

洲际酒店与度假村（InterContinental Hotels & Resorts）
皇冠酒店与度假村（Crowne Plaza Hotels & Resorts）
英迪格酒店（Hotel Indigo）
假日酒店与度假村（Holiday Inn Hotels & Resorts）
假日精选酒店（Holiday Inn Select）
假日阳光度假村（Holiday Inn SunSpree Resorts）
假日花园酒店（Holiday Inn Garden Court）
假日快捷酒店
驻桥套房
蜡木套房酒店
论坛酒店与度假村（Forum Hotels & Resorts）
皇家公园酒店与度假村（Parkroyal Hotels & Resorts）
中央酒店与度假村（Centra Hotels & Resorts）

卡尔森公司 (Carlson Companies)

公园旅馆 (Park Inn)

卡尔森乡村旅馆和套房酒店 (Country Inns & Suites by Carlson)

广场饭店与度假村 (Plaza Hotels & Resorts)

丽晶酒店与度假村 (Regent Hotels & Resorts)

雷迪森酒店与度假村 (Radisson Hotels & Resorts)

精选国际酒店集团

舒适客栈

舒适套房 (Comfort Suites)

高品饭店 (Quality)

斯利普旅馆 (Sleep Inn)

坎布里亚套房 (Cambria Suites)

门斯特套房

城郊饭店 (Suburban)

艾康诺旅馆 (Acono Lodge)

罗德威旅馆 (Rodeway Inn)

希尔顿集团

希尔顿酒店

康拉德酒店与度假村 (Conrad Hotels & Resorts)

双树酒店 (Doubletree)

大使套房酒店

汉普敦酒店

希尔顿度假村酒店 (Hilton Grand Vacations)

希尔顿第 2 居所套房 (Home2 Suites by Hilton)

希尔顿花园酒店 (Hilton Garden Inn)

希尔顿家木套房

华尔道夫阿斯托利亚度假村 (Waldorf＝Astoria Collection)

温德姆酒店与度假村集团 (Wyndham Hotels & Resorts)

温德姆酒店 (Wyndham Hotels)

温德姆至尊精选 (Wyndham Grand Collection)

温德姆度假村 (Wyndham Resorts)

威瓦温德姆度假村 (Viva Wyndham Resorts)

温德姆历史酒店 (Wyndham Historic Hotels)

温德姆花园酒店 (Wyndham Garden Hotels)

温德姆温盖特酒店 (Wingate by Wyndham)

温德姆玛雅度假村 (Wyndham Mayan Resorts)

温德姆度假酒店 (Wyndham Vacation Resorts)

1.8.6 单体饭店

单体饭店 (Independent Hotel) 与任何饭店集团无关。相对饭店集团而言，单体饭店可以提供更为热诚、更加个性化的服务。单体饭店的特征包括：所有者就是总经理、房价与集团饭店相似、客房装修风格迥异、个性化餐厅等。这些饭店既可能是居住型饭店，也有可能是商务饭店；其位置可能位于城市中心区、城市近郊、高速公路沿线或者机场附近。客房数量在 50～1 000 间之间。它们可能为顾客提供包括套房、餐厅、客房服务、宴会、礼品店、美容院、运动设施、游泳池、剧院、用车、礼宾、机场接送等在内的完全服务。一些老式的单体饭店正在改造其客房，以争取全套房饭店的市场份额。

既然这么有优势，那为何并非所有的饭店都是单体饭店呢？答案就在于美国的经济。小饭店的集团化发展经常可能为投资者带来税收方面的好处，并改善投资者的利润空间。开发一个 2 000 间客房的全服务饭店需要投资上千万美元。在一个汇聚各方面能手的大公司中，容易找到业务、财务和管理方面的专业能手。大型企业集团在某些财务年度，可以在不同子公司之间，或者通过多元化投资组合抵销财务损失。

单体饭店的所有者在经营过程中没有咨询队伍的协助。但这个所有者需要在本行业的大饭店集团中工作过，或者获得了本行业大量的经营和开发经验。投资者可能通过购买一个饭店来平衡其投资组合。就财务投资而言，业主需要寻求专业的职业经理人打理这家饭店。这位职业经理人需要掌管这家饭店的各个方面：客房、餐饮、房务、安保、保养、停车、财务、办公室、营销与销售等。所有的业务决策都要与损益表和资产负债表挂钩。每一次客房销售、每一次顾客餐饮等购买行为的产生，都是由饭店管理者对市场的有效把握和对饭店的有效管理带来的。管理单体饭店的挑战很大。然而，它也能为管理者提供巨大的满意感和财务独立性。

1.9　促进增长的趋势

饭店业更为专业的问题是"谁会是我们的顾客，这些顾客为何存在"。营销课程告诉我们如何判断特定产品的购买者——谁会是某个特定饭店的潜在顾客。这类课程告诉我们如何评估潜在市场的**人口统计数据**（demographic data，规模、密度、分布，以及年龄、性别、婚姻状况、职业类型等重要人口指标）和**心理特征**（psychographic data，对服务、产品产生影响的情感和动机方面的力量）。

第二个问题"顾客为何存在"也很重要。学生们在接待业职业生涯发展过程中会多次讨论这一问题。管理者必须对其企业的利润结果进行计划。这种计划就需要对顾客购买其产品的理由进行思考。哪些趋势会增加或者减少对饭店产品的需求？诸如休闲时间增加、自我休闲观念的发展、可支配收入的增长、家庭规模小型化、商务旅游市场的变化、旅游经验的扩展等，都会对饭店产品的市场需求产生影响。诸如公众责任、保险费、过度建设、美元汇率、燃油价格、旅行中的偶发性因素，以及立法等其他经济和政策趋势也会影响旅游市场。劳动力和航空业的状况也会对住宿业目前的市场销售和未来的增长潜力产生重要影响。

1.9.1　休闲时间

新近出现的每周休息三天、带薪个人假期、每周工作 40 小时或者更少、提前退休等现象让休闲时间呈现增加的趋势，这些都有利于住宿业大发展。随着越来越多的人有更多的时间探索新的地理区域，体验新的爱好，体验烹饪趋势，参与运动事件，或者仅仅是放松心情，饭店业大发展的顾客基础就出现了。

劳动者提前退休越来越流行，这样劳动者可以在工作方面花较少的时间。"婴儿潮"时期出生的人口慢慢变老，退休人群也随之膨胀。他们中的许多人可能会从事第二职业，但是，兼职工作可能会变得更为普遍。饭店设施的使用需要两个主要元素——时间和金钱。这两个因素这类群体兼而有之。因此，这些人群可能会成为饭店业的主要销售市场。

1.9.2 休闲观念

将娱乐从工作中分离，以恢复精神状态和改善工作态度的思想已经逐步发生了变化。18 世纪和 19 世纪的工作伦理强烈地影响着美国人的行为方式。这种工作伦理认为，休闲和娱乐是富人阶层的特权。如今，大多数员工都能享受抛却倦态的假期。21 世纪以后，这种通过休闲假期让人充电的方式变得更为普遍。

许多工作分工越来越细，这使得暂时的休息变得十分必要。越来越多的人发现，他们不断地通过计算机或者其他机器，而不是面对面地进行沟通，人的社交需要开始增加。劳动者需要暂时离开其工作场所，以平衡其日常工作生活和社交需求、精神需求。旅行可以满足这一需求，饭店业则会从这一过程中得益。

1.9.3 可支配收入

可支配收入（discretionary income）是指工资中扣除食品、衣物、住房等费用后的剩余部分，这一指标对于支持饭店增长的趋势最为重要。美国家庭可支配收入增长的主要原因之一是双职工家庭的出现。近年来，随着越来越多的女性加入且停留在就业队伍之中，美国双职工家庭的规模越来越大。而且，这种趋势必将延续。更多的收入用于生活必需品之后，用于休闲时间和服务产品的可支配收入也将越来越多。

可支配收入并不固定，它受到经济因素的强烈影响。例如，经济萧条引起的失业率增加会减少可支配收入。不同的经济条件往往会产生不同的可支配收入花销结构。例如，低利率会引起大额消费项目（如住房、汽车、游艇和私人飞机）增加，这会影响可支配收入在短期休闲或短期旅行中的分配。学生们只需要分析美国经济衰退、20 世纪 70 年代能源危机、2001 年 "9·11" 事件等对旅游的影响，就会发现影响接待业发展的可支配收入是如何瞬间蒸发的。

1.9.4 家庭规模

现在家庭规模越来越小，这也会促进接待业的增长。若总收入不变，拥有两个孩子的家庭会比拥有五个孩子的家庭有更多的可支配收入。家庭规模，也就是家庭成员的数量，在近年来已经减少。与家庭规模变小一样，小家庭数量的增加也意味着可支配收入更多了。一个人或者两个人组成的家庭，其生活成本要远小于四人或者更多人口的家庭。而且，小规模家庭的人口更倾向于在外就餐、旅行，或参与休闲活动。

1.9.5 商务旅行

由于能源价格上涨、沟通日益频繁，饭店管理者再不能对公司的商务旅行想当然了。石油价格显著影响了商务旅行。因为石油价格上涨，机票和其他交通方式的价格也会上涨。而企业并不总是愿意或者能够提高旅行预算。随着旅行成本的增加，旅行次数可能会减少，旅行的必要性也会重新评估。如果工作可以通过电话（**电话会议**（conference call），即三个或者更多的个体通过电话或可视电话沟通。**可视电话**（PictureTel）是指通过电话线传送声音和视频信号达到沟通的目标）完成，高层管理者不再需要坐飞机到现场谈生意。**在线社交网络**（social networking），或者拥有共同兴趣的个人或者专业群体，为日益频繁的非正式会议提供了机会，减少了正式会议的需求，例如，Facebook，Twitter 和 LinkedIn。缩短行程（当天往返或者停留一晚）是应对旅行成本增加的另一种策略。

1.9.6　女性商务旅行

女性商务旅行是公司商务旅行中增长的一个细分市场。如前所述，她们的旅行受到能源价格和沟通加速的影响。我们要更多关注这一特定细分市场，以满足这一市场的特别需求。女性旅游者要求特别的饭店设施，也对安全有更高的需要。营销和销售部门的管理者需要开发新产品、新服务，以获得这一日益增长的细分市场。

安德里亚·纽厄尔（Andrea Newell）对女性顾客的特别需求进行了分析：

> 全球范围内 43％的商务旅行者是女性。2010 年，全球的女性商务旅游者大约开支了 1 250 亿美元。女性在商务旅行过程中有着与男性不同的需求：客房只有地板（亚洲饭店更为普遍）、将钥匙塞到叠好的纸内交给顾客以便不泄露顾客姓名等。通过这些方式，可以满足女性顾客的要求。将门栓和窥视孔连接起来，走廊和停车场有更好的灯光，钥匙与楼层和走道灯光关联等，这些都成为可能影响客房服务安全的事项。[33]

1.9.7　旅行体验

曾几何时，人们出于某些需要而旅行，商务和探亲是旅行的主要原因。如今，人们因为更多原因而旅行，例如，教育、文化和个人发展。人们学习了美国历史，就想到他们曾经读过的历史地点去看看。对艺术、电影、音乐、戏剧、芭蕾和博物馆的文化追求，会吸引游客不断流动。希望享受更多户外活动的游客会被大自然吸引，希望看到自己喜欢的球队的游客也会被赛事吸引。无论出于更新职业技能，抑或增长个人知识的需要，终生学习的推动力都让人们更多地参与职业发展和教育活动。希望研究某个特定区域文化和环境的**生态旅游者**（ecotourist）也希望享受更为真实的自然。

1.10　职业生涯发展

如果不关注职业生涯发展，本章作为饭店管理的引言章节就会显得并不完整。打算从事饭店这一行的个体往往需要了解职业生涯发展的基础。这些基础包括以下五个重要方面：教育准备、工作经验、专业协会组织成员、入职部门，以及研究接待业增长的领域。

1.10.1　教育准备

你现在打好的教育基础会随着时间的推移给你带来好处。你现在需要修习的课程包括管理与监督、成本控制、人力资源管理、食品生产、饭店管理、采购、环境卫生、布局设计、会计和营销管理等，这些会对你将来的职业发展大有裨益。专业之外的课程，包括英语、语言与沟通、计算机培训、艺术、经济学、心理学、社会学、营养学、自然科学和数学将有益于你培养未来的专业技能。你在课程中所受的正式教育会与你参加的俱乐部、学生会、运动会或者其他方面的活动相得益彰。这些活动是你运用技术、人文学科和科学类课程的实验场所。特别地，与你专业相关的俱乐部可以让你将学到的理论概念运用到真实的企业环境中去。

你的教育经历会为你打开职业之门。你要应用所学到的知识和技能成为饭店业有效的、成功的劳动者。将你的学位当作进入饭店业的敲门砖。

现在你完成学业所做的努力，在毕业之后一定会有所回报。同时，毕业之后也还有许多**在职教育**（inservice education）的机会。在职教育一般由职业培训机构、行业赞助商、社区大学、技术学校、函授学校、行业杂志或其他行业机构提供，主要目的是更新员工的专业知识和教育背景。在职教育让行业内的专业人员保持与时俱进的状态。

正如其他行业的员工会定期参加培训班，更新知识、学习新理念和新程序一样，饭店业的专业技术人员也必须时刻关注本行业的新进展，其中要特别关注的是计算机培训领域。在 20 世纪 80 年代早期念书的那批专业人员对计算机及不断变化的新技术缺乏了解，即使新近毕业的本科生，有些也对计算机领域的新趋势和新进展缺乏把握。饭店业的专业技术人员要么忽略这一趋势，要么选择参加一些培训课程。更进一步，专业技术人员还应当判断，是否应当把这些新技术应用到饭店行业中。

诸如**美国酒店与住宿行业协会**（American Hotel & Lodging Association）、国际接待业销售与营销协会（Hospitality Sales & Marketing Association International）、全国餐馆协会（National Restaurant Association）这样的专业组织，通过系列课程和研讨会为专业技术人员提供继续教育培训。美国酒店与住宿行业协会为饭店员工提供注册酒店管理师（Certified Hotel Administrator，CHA）和注册客房管理师（Certified Rooms Division Executive，CRDE）等认证。由这些组织赞助的行业展览促进新技术、新产品和新供应商在饭店行业的应用，并举办有关人力资源管理、食品生产、营销和一般管理方面的新技术应用的微型研讨会。社区大学和技术学校为推进管理和技术应用，提供针对性培训，以便让本行业的技术人员回顾基础概念，认识新领域。参加这些课程能够为解决经营问题提供新思路。每一个专业组织都会设立一个网站，为业内人士提供相应的信息。

函授课程是学习新技术、了解新领域的另一种方法。高等院校和专业机构可以通过卫星广播、电缆、可视电话或在线计算机互动，展开**远程学习**（distance learning）和教育。

行业杂志在让专业人员更新管理理念、技术应用、营销原理、设备革新等方面也极有帮助。通过阅读专业杂志，可以消除饭店管理者对某些设备的陌生感。这类杂志帮助管理者与饭店专业人士的团体产生联系，也会为管理者在解决技术问题、激发士气上提供帮助。一些行业杂志可以在网上免费获得。

教育是一项终身事业。它并不因为从学校获得学位而终止，学位仅仅是你进入职业生涯的一个新起点。

1.10.2　工作经验

无论你是前台接待、服务生、礼宾员、客房服务员、行李员，还是保洁员，你从饭店一线部门所获得的工作经验，对你未来在饭店业中从事高层管理职位来说，都是无价之宝。这些经验让你了解饭店员工的工作内容和部门之间如何互动。它们也让你习惯这个行业的工作方式——对客服务的时间框架、管理应用、服务概念应用，等等。

你的工作经验也能让你重新审视在课堂上所学到的理论。你也因此有机会将你的经验和同学的经验进行比较。你还可能形成自己的信仰和行动准则，这些都会让你在饭店业的从业生涯中受益一生。时不时地，你还需要停下来思考如何解决顾客抱怨、评估设备方案、重组工作空间以获取效率，或者进行更有效的成本控制。你的工作经验为你未来的成功发展提供了可靠的基础。

1.10.3　专业协会组织成员

专业协会组织是一些自愿加入某个团体以达到共同目标的同行组成的团体。这些目标可能含有某种政治意图，例如，进行立法游说，或者提供资格或成就认证。

饭店业的专业协会组织可以通过多种途径为成员服务。首先，也是最重要的，它们要向政府表达行业的声音。通过使用成员会费，协会组织能够游说当地、州，以及国家层面的议员，以确保饭店业企业家的问题得到反映。（成员们可以拒绝向那些不为本行业政治诉求提供帮助的议员提供经费支持。）这些组织也可以通过赞助研讨会或者行业展览，为本行业的继续教育提供机会。它们也为行业保险和其他项目提供计划，以便业主可以获得最有效率的解决方案。行业协会还能让协会成员双向或者多向互动，这种互动通常可以产生成员间的友谊或者有价值的成果。

1.10.4　入职部门

对饭店组织结构的研究发现，在饭店这样一个大型组织中，存在许多部门经理。那么，为了实现你的职业理想，应该把哪个部门作为入职部门是最好的呢？这里有四个可能的入职部门：营销与销售部门、前厅管理部门、餐饮部门和财务部门。很难讲哪个部门最好，可以这么说，四个部门都是从事饭店职业生涯发展的林荫大道。

饭店业需要大量的专业技能。所有的员工都要具备不同领域的广泛知识，也必须掌握各部门的整体职能。对这些问题的理解要反映到个人的职业生涯发展计划中。员工需要掌握良好的沟通和人际关系技能。这一行业也需要对排班以及个人生活时间的灵活安排。而且，员工也要考虑到经营资源预算约束下的公司所有者的创业角色。

刚进入接待业的学生会发现，在其中任何一个领域的良好职业背景都有益于他们今后担任饭店总经理的职位。如果要考虑从哪个部门入手，可以先看看这些部门管理者的责任，并从中学习每个职位的工作内容和工作要求。

在当总经理之前，要尽力在多个部门工作。只有这样，在你成为总经理之后，才能如鱼得水，得心应手。不管对这些领域多么熟悉，你都有可能犯错误。然而，如果有多个部门工作的经验，你的成功概率将大大提高。

1.10.5　研究饭店业增长的领域

在饭店业中，我们一定要讨论那些最有增长潜力的领域。由于这些领域变化非常迅速，因此，将这些领域列在教科书中并不可行。然而，在 PKF-HP 的年度报告《趋势》中，往往会提及一些支持持续增长和业务范围扩张的要素。涉及饭店业未来趋势预测的出版物往往会涵盖以下主题：饭店开发，筹建中的饭店，会议活动与旅游局，当地经济的支持，业务、休闲娱乐和艺术活动的发展，办公空间的需求，饭店出租率和饭店平均房价等。有关美国和国际范围内重要城市的这些信息都会列在出版物中。

在饭店业的职业生涯研究中，互联网的运用也越来越重要。通过搜索引擎搜索以下关键词，可以找到许多与饭店业相关的工作机会，这些关键词包括饭店经理（hotel manager）、前厅经理（front office manager）、饭店职业生涯（hotel career）。同时，专业的接待业组织往往通过其网站发布相关的招聘信息。

互联网让毕业新生有机会考察驱动产业发展的趋势，同时考察那些塑造他们饭店职业生涯的新技术。这些信息可以协助职位申请人探索在不同地域就业的可能性及其前景。

对职业生涯可能性的调查，也应该包括对潜在雇主的资产负债表和损益表中所记录的经济绩效和其他相关指标的考查。这些资料可以通过企业信息数据库获得。要花点时间研究你可能就职的企业的经济潜力，面试时可能需要对当地的经济前景和公司的经济绩效进行评价。花时间作这个研究可能会为你未来多年甚至一生的投资铺好台阶。

国际集锦

饭店管理专业的学生应当多考虑国际就业机会。如今的行业杂志上有许多信息可以让已经做好准备的你们去审视饭店业的职业生涯机会。国际就业要求应聘者不仅懂得经营，还要懂得如何在跨文化的环境中学习和工作。这种选择会让你激动不已，也会为你未来的职业生涯添色不少。

一线问题

纽约时代长租酒店（Times Extended-Stay Hotel）的前厅经理埃丝特接到母公司（时代酒店管理公司（Times Hotel Management Company））办公室的一个电话，让她参加一个讨论长住顾客新趋势的会议。母公司想改造一些客房以吸引居住期在 5～15 天的客人。埃丝特应该为这次会议准备点什么呢？

1.11　开篇困境解决方案

为了对饭店业的从业机会和职业前景有更清楚的了解，准备并参加一个人才交流会十分必要。你可以问一个选择型服务饭店的人力资源管理者以下问题："在你们企业中，助理总经理要承担哪些责任？工作日和周末，贵酒店一般都接待什么样的客人？贵酒店的员工队伍规模有多大？在所有酒店中，有没有会议型酒店？贵酒店通常为客人提供哪些服务？"这些问题可以为你们之间的沟通提供话题，并为你未来的职业生涯提供机会。

□ 本章概述

　　本章介绍了饭店业可能的未来。从饭店业的历史回顾开始，首先介绍了饭店业的奠基者——斯塔特勒、希尔顿、里兹、阿斯托、华尔道夫、威尔逊、马里奥特父子、亨德森、摩尔，以及舒尔茨。接着又讨论了形成饭店业现有产品和服务格局的历史发展、管理趋势和经济因素，社交媒体和网络也囊括其中。然后又分别讨论了天井大堂概念、营销和经营重点、地理区位重构、选择型服务饭店的出现、1987—1988年间出现的重大重组、全面质量管理的采用、技术进步、"9·11"事件的持续影响、饭店业中的无线技术、2008年后的经济衰退等。本章也对饭店类型进行了概述，包括市场导向/区位（常住型饭店、商务型饭店、机场饭店、高速公路饭店），出租率、平均每日房价、平均可出租客房收入等销售指标，服务层次（全服务饭店、全套房饭店、选择型服务饭店、长租饭店），连锁饭店与非连锁饭店（特许经营饭店、咨询饭店、公司自有饭店、管理合同饭店、单体饭店）。为了理解饭店的概貌，本章也讨论了品牌营销的问题。本书还就促进饭店业增长的趋势进行了讨论（休闲时间、休闲观念、可支配收入、家庭规模和人数、商务旅行、女性商务旅游者、体验旅游）。最后，本章分析了影响学生职业生涯的若干因素：教育准备、工作经验、行业协会成员、入职部门，以及饭店业增长的领域。

□ 关键词

全套房饭店（all-suites）

美国酒店与住宿行业协会（American Hotel & Lodging Association）

中庭概念（atrium concept）

平均每日房价（average daily rate，ADR）

企业从属关系（business affiliations）

连锁饭店集团（chain）

连锁饭店集团成员（chain affiliations）

商务型饭店（commercial hotels）

公司自有饭店（company-owned property）

电话会议（conference call）

人口统计数据（demographic data）

可支配收入（discretionary income）

远程学习（distance learning）

生态旅游者（ecotourists）

常住型饭店（extended stay）

前厅（front office）

全服务（full service）

单体饭店（independent hotel）

在职教育（inservice education）

有限服务（limited service）

管理合同饭店（management contract prop-erty）

市场细分（market segments）

大众营销（mass marketing）

出租率（occupancy percentage）

可视电话（PictureTel）

潜在毛收入（potential gross income）

心理特征（psychographic data）

质量保证（quality assurance）

房地产信托投资（real estate investment trusts，REIT）

咨询饭店（referral property）

公寓式饭店（residential hotels）

平均可出租客房收入（revenue per available room，RevPAR）

房费收入（room revenues）

销售指标（sales indicators）

选择型服务（select service）

服务质量（service quality）

社交网络（social networking）

全面质量管理（total quality management，TQM）

收益率（yield percentage）

□ 本章思考题

1. 给出几个你曾经入住过的饭店的名字。作为客人，你观察到的让你最为心动的事情是什么？

2. 在你入住前、入住过程中和入住第 1 题所提到的饭店之后，你要分别跟饭店的哪些部门取得联系？

3. 调查一些你所在地区的饭店。它们是什么时候建成的？它们面临哪些竞争？它们为你所在的社区引入了哪些服务或者设施？

4. 公寓式饭店和商务型饭店如何区分？

5. 饭店最常见的地理区位有哪四种？什么决定了客人的目的地？

6. 界定销售指标。请举例说明。

7. 如何利用社交媒体促进饭店预订？

8. 定义服务的四个层次。将这些与房价和顾客期望关联起来。

9. 举例说明大型连锁饭店集团如何通过市场细分满足市场需求。

10. 区分饭店集团中的特许经营和公司自有饭店。特许经营和咨询的区别是什么？

11. 连锁饭店集团和单体饭店的主要区别是什么？

12. 给出一些你熟悉的饭店品牌，在网上查阅这些饭店。你发现了哪些异同？

13. 查阅一篇载于《华尔街日报》上的文章，这篇文章需要报道美国产业工人的休闲时间、休闲观念、可支配收入、商务旅行者的旅游习惯等问题。

14. 列举一些在你所在地区可能吸引游客的吸引物。这些吸引物能提供教育、文化和个人发展吗？什么让它们成为了旅游吸引物？

15. 对比本书所列和你自己的职业生涯计划。你觉得本书所列出的这些步骤对你找寻第一份工作有帮助吗？对以后的工作机会呢？

16. 访问一个与饭店业相关的网站，例如 hotel-online.com，并研究饭店业的一种发展趋势，例如房地产信托投资、常住型饭店，或者平均可出租客房收入。这些概念如何影响你的职业生涯计划？

17. 访问美国酒店与住宿行业协会的网站（ahla.com），并判断这一专业的行业协会（以前名为美国酒店与汽车旅馆协会（American Hotel & Motel Association））对你的职业生涯有何帮助。

□ 案例分析

1. 凯瑟琳·维森特（Catherine Vicente）教授在本学期"饭店前厅管理导论"的课堂上，计划安排一堂实地调查课。在上完几堂课后，她想将全班带到城市学院附近去看一看饭店设施。这一地区因旅游吸引物而知名，也是好几家美国大企业的总部所在地。

她组织了一组学生协助安排这一行程。

其中一个学生玛丽亚从小在此地长大，建议他们去看看城郊古老的圣托马斯酒店（St. Thomas Hotel）。她也觉得应该去看看位于国际机场旁边的另一家饭店。另一个学生瑞安曾在家乡的一家选择型服务饭店工作过，他知道那家饭店所在的集团公司有另外一家饭店位于这座城市的市郊。戴维正在申请一家本地饭店的工作，希望了解一些全套房饭店的信息。琳达听说在城里有家新建的常住型饭店，她想要知道这家饭店与选择型服务饭店的区别。

这组学生筛选了所有同学的需求，决定组成五个团队完成这次调查。每个团队安排一个发言人参与最后的讨论。每个发言人可以陈词 5 分钟，介绍他们在此次调查中的所学所获。

你认为各个发言人会在他们的总结报告中讲述哪些内容？

2. 最近的一项调查表明，城郊的社区里汇聚了许多新居民。好几家计算机企业会在这里重新选址，并且企业雇用的全部员工数可能达到 25 000 人。其中一家计算机企业会将其总部放在此地，这会让本地在不久的将来增加 500 名左右的高层管理者。

当地的酒店协会联系到主管城市学院人力资源管理项目的凯瑟琳·维森特教授，希望她能协助判断新增居民对本地饭店出租率和设施使用情况的影响。

如果你是维森特教授，你应当采取什么行动？从饭店运营和发展的角度来论证你的观点。若你居住在这一社区，这种发展对你的职业生涯发展有何影响？

3. 你所在社区的旅游主任最近与你的接待业管理教授进行了会谈，并要求志愿者为国际团体观光游客开发一些旅游项目。旅游主任指出，一个 25 人的德国旅游团将在此地停留 7 天 6 晚，另一个 100 人的英国旅游团将在本社区停留 4 晚 3 天，第三个从邻近城市来的 80 人的旅游团将在此停留一晚。旅游主任希望为这些旅游团的旅游者提供包括住宿、餐厅和旅游吸引物等产品的服务包。旅游主任也答应为旅游线路最佳设计学生团队提供有价值的实习机会。

□ 注　释

1. Madelin Schneider, "20th Anniversary," *Hotels & Restaurants International* 20, no. 8 (August 1986): 35–36.

2. 1993, Grolier Electronic Publishing, Inc.

3. Paul R. Dittmer and Gerald G. Griffin, *The Dimensions of the Hospitality Industry: An Introduction* (New York: Van Nostrand Reinhold, 1993), 87.

4. 1993, Grolier Electronic Publishing, Inc.

5. Ibid.

6. Dittmer and Griffin, *Dimensions,* 52–53.

7. John Meyjes, Lou Hammond & Associates, 39 E. 51st Street, New York, NY 10022. Public relations flier.

8. Ray Sawyer, "Pivotal Era Was Exciting," *Hotel & Motel Management* 210, no. 14 (August 14, 1995): 28.

9. Marriott Corporate Relations, Marriott Drive, Dept. 977.01, Washington, DC 20058.

10. ITT Sheraton Corporation, Public Relations Department, 60 State Street, Boston, MA 02109.

11. Cathy Planchard, "Limited Service Pioneer Hampton Inns Now Has 800 Properties," www.hotel-online.com/News/PressReleases1998_4th/Oct98_HamptonPromus.html.

12. Saul F. Leonard, "Laws of Supply, Demand Control Industry," *Hotel & Motel Management* 210, no. 14 (August 14, 1995): 74.

13. Carol Peacher, "Joe M. Hindsley Named General Manager at Hyatt Regency Atlanta on Peachtree Street and Scott B. VandenBerg Named General Manager at Grand Hyatt Atlanta in Buckhead," www.hotel-online.com/News/PR2004_2nd/Apr04_AtlantaHyatts.html. April 20, 2004.

14. Planchard, "Limited Service Pioneer Hampton Inns."

15. Leonard, 74, 80.

16. Max Starkov and Marina Mechoso, "Local Internet Market Strategies for Franchised Hotels," September 2008, www.hotel-online.com/News/PR2008_3rd/Sept08_InternetStrategies.html.

17. Leonard, 80.
18. P. Anthony Brown, "Hotel REITs—Legislation Heralds a New Era," *Virginia Hospitality and Leisure Executive Report* (Spring 2000), as reported for Arthur Andersen in Hotel-Online.com, www.hotel-online.com:80/Neo/Trends/Andersen/2000_HotelReits.html.
19. R. Mark Woodworth, "More Insights into the Realities of the Post 9/11 Period," as reported in Hotel-Online.com, PKF Consulting, www.hotelonline.com/News/PR2003_3rd/Sep03_MoreInsights.html. Sept. 2003.
20. Rick Swig, "Recent Occupancy, ADR Growth Still Do Not Spell Post-9/11 Relief," RSBA & Associates, San Francisco, CA 94105, as reported in Hotel-Online.com, www.hotel-online.com/News/PR2004_4th/Nov04_Inflation.html. Nov. 2004.
21. Tom Belden, "Business Cut Back on Travel Budgets, Shop for Better Airfares," *Philadelphia Inquirer*, Knight Ridder/Tribune Business News, as reported in Hotel-Online.com, www.hotelonline.com/News/2004_Oct_26/k.PHB.1098815827.html. Oct. 2004.
22. Andrew MacGeoch, "Terrorism: Who's Liable? The Legal Status of Hotel Owners and Management Companies," *Hotel Asia Pacific Legal Correspondent* (October 2003), as reported in Hotel-Online.com, www.hotelonline.com/News/PR2003_4th/Oct03_TerrorismLiability.html.
23. Mark Woodworth, "U.S. Lodging Turning Point Arrives But Growth Remains on Distant Horizon," June11, 2009, as reported in Hotel On-line.com, www.hotelonline.com/News/PR2009_2nd/Jun09_LodgingTurningPoint.html.
24. Carol Verret, "Selling Into a Bad Economy: Overcoming Fear and Stealing Share," October 4, 2008, as reported in Hotel On-line.com, www.hotel-online.com/News/PR2008_4th/Oct08_VerretSelling.html.
25. Julie-Keyser Squires, "ALIS:2009 Industry Looks to the Long-term, Leaders, and Innovation," February 1, 2009, as reported in Hotel On-line.com, www.hotel-online.com/News/PR2009_1st/Feb09_ALIS2009.htm.
26. Leon Stafford, "Extended-Stay Hotels Driven by Customers with Long-Term Assignments and an Interest in Frugality; About × Extended-Stay Properties Built for Every Traditional Hotel Between 2001 and 2004," *Atlanta Journal-Constitution*, Knight Ridder/Tribune Business News, November 14, 2004, as reported in Hotel-Online.com.
27. Younes & Kett, GOPPAR, a Derivative of RevPAR! March 7, 2003.
28. Cline, Roger S. "Hospitality 2000: A View to the Next Millennium Global Study Yield Insights about the Future," Summer 2000. Arthur Andersen, New York.
29. Woodworth, "U.S. Lodging Turning Point Arrives."
30. Joan MacKeith and Angela Bliss, "aloft Brand Expected to Reinvent the Select Service Market," July 7, 2008, as reported in Hotel On-line.com, www.hotel-online.com/News/PR2008_3rd/Jul08_aloftdesign.html.
31. Tony Lima, "Chains vs. Independents," Lodging Hospitality 43, no. 8 (July 1987): 82.
32. Bryan E. Young, "The Role of Hotel Brands in the War of Survival," April 2, 2009, as reported in Hotel, On-line.com, www.hotel-online.com/News/PR2009_2nd/Apr09_BrandBattle.html.
33. Andrea Newell, "Do Female Business Travelers Have Different Needs? Survey Says: Yes," June 5, 2009, as reported in Hotel On-line.com, www.theglasshammer.com/news/2009/06/05/do-female-travelers-have-different-needs-survey-says-yes/.

第 **2** 章

饭店组织与前厅经理

本章重点

> 饭店的组织结构
> 前厅的组织结构
> 前厅员工
> 前厅经理的职能

开篇困境

在最近的一次员工会议上，时代酒店（The Times Hotel）的总经理问道，有没有人对咱们这个团体有什么要说的？客房部经理指出，自己在与前台接待人员的衔接过程中出现了问题。他已经于上周二多次提醒前台接待，在周三早上会对第七层和第八层进行全面的房间清洁，所以让他们别在周二晚上将这两层的房间售出。可是周三早上清洁人员来开工的时候，第七层 14 个房间以及第八层 12 个房间都已经住了人。清洁人员来自外包合同公司，而如果没有照合同所说的做，他们将会收取基本费用，这让酒店损失了好几百美元。前厅经理则反驳道：在两周以前，有一个巴士团就电话预订了，并且说什么样的房间都行，因为这个巴士团之前所入住酒店的房间非常混乱。前厅经理说，电脑系统可能出错了，但是不管怎么说，这确实给酒店带来了 26 间客房的收益。

2.1 饭店的组织结构

饭店的目标是获得利润，为了达到这个目标，目前的经济情况、营销计划、竞争态势、员工的数量和能力等因素是经常需要考虑的。

总经理（general manager），这个指挥和领导饭店员工，对饭店的财物、环境，以及社区等方面负全面责任的人，需要设计饭店的组织结构，以适应、匹配他的计划，从而达成目标。本章所包含的**组织结构图**（organization charts）（描绘出组织中各种管理职位的示意图），只是一个用来作为说明的例子。组织结构图反映了总经理的控制范围，并不是所有饭店都将每一个职位列示在组织结构图中。在饭店业谋求发展的人会多次被要求开发和重构一个组织。那些参与运营计划的人将会对开发中或重构中的结构类型有直接的影响。组织的目标在决策过程中是极为重要的。不过，组织的弹性对计划的运行也非常重要。本节概述了住宿业的主要组织特征，以及组织中人员的典型管理职责。

饭店总经理将员工从饭店的一个部门调到另一个部门这种事情并不多见，这样做有很多原因。**前厅经理**（front office manager），这位负责领导前厅员工提供接待的人，可能对**财务总监**（controller），即饭店内部会计（管理会计）这一职位，或者市场营销部的职位比较关注。总经理知道，一个候选人在被放到任何一个新职位之前必须拥有过硬的技能。为了培养能够胜任财务部工作的人，总经理可能会给他一些财务方面的工作。前厅经理也会花一些闲散的时间和**市场营销总监**（director of marketing and sales）一起工作，这样会对该部门的情况渐渐熟悉。市场营销总监是那些分析辨别有效市场，以出售产品和服务获得利润的人。

总经理也会在每周员工例会时阐述饭店的财务情况和市场营销计划。这种策略会巩固团队观念。通过发掘对其他部门感兴趣的员工，并且让员工了解饭店当前的情况，总经理能够让员工在组织中实现他们的职业目标。

灵活性是服务性组织中的一个关键，在操作层面上，熟悉员工的长处和短处是满足某些需求所必不可少的。当饭店正经历一个预期的缓慢发展时期时，重组对维持全职职位来说是必不可少的。在一个特定的周末，前厅经理可能要在宣传和招待参观人员方面协助市场营销部门。餐饮部总监可能要花一定时间在财务部的工作上，比如，完成报告并建立预算。这种跨部门协作将为一个平稳运行的组织提供支持。另外，这种灵活性预防了部门之间的妒忌和沟通障碍。

总经理会从保安部总监得到额外的运营支持，保安部总监是为宾客和员工提供和维持一个安全环境的人。因为预防措施在传递服务中是必不可少的，所以保安部总监对饭店住宿业也是非常重要的。

2.2　组织结构图

大型全服务饭店和度假村中的重要职位都罗列在图 2—1 中，该住宿资产的特征有：

- 在其商业资产中拥有 500 间客房
- 位于城市中心区或城市近郊
- **平均每日房价**（average daily rate，ADR）为 142 美元——客房总收入/出租的客房数
- 60％的**入住率**（percent occupancy）——已出租客房数/可出租客房数
- 36％的**收益率**（percent yield）——以平均每日房价出租的客房数/以**门市价**（rack rate）为准的可出租客房数，门市价指的是饭店中的最高的房价类别
- 平均可出租客房收入达 84.93 美元——客房总收入/可出租客房数或酒店入住率×平均每日房价
- 门市价为 235.91 美元

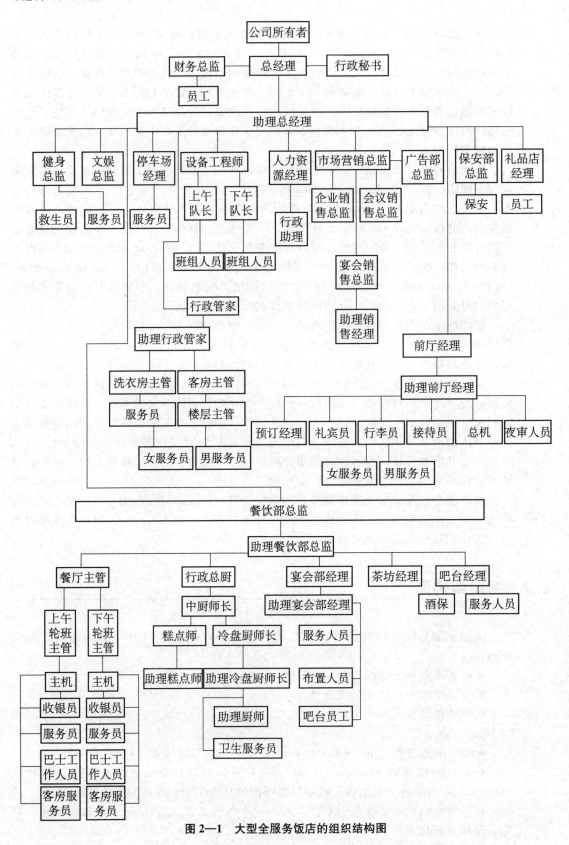

图 2—1　大型全服务饭店的组织结构图

- 收入为 15 500 000 美元
- 全方位服务
- 连锁经营——公司的所有权
- **公司客人**（corporate guests）——受雇于一个公司并且得到一个特定房价的常客
- **会议客人**（convention guests）——参加一个大型会议并得到一个特定房价的客人
- 会议和宴会厅
- 餐厅
- 文娱行政酒廊
- 带有室内游泳池的健身设施
- 礼品店
- 商务办公室和零售出租
- 附带的停车场
- **内部洗衣间**（in-house laundry）——饭店为客人提供洗衣服务的部门
- **转介预订服务**（referral reservation service）——由连锁饭店的管理公司为特许加盟店提供的服务

为了提供良好的服务设施，该饭店需要以下的部门主管：

- 总经理
- 助理总经理
- 财务总监
- 设备工程师
- 行政管家
- 人力资源经理
- 保安部总监
- 文娱总监
- 市场营销总监
- 礼品店经理
- 前厅经理
- 餐饮部总监
- 停车场经理

公司所有者将公司的财务收益委托给总经理管理，总经理必须组织各部门提供最佳服务给客人。每个部门都要进行组织和安排员工，以使部门监管者有时间来计划和开发产生收入的主要模块。市场营销总监、礼品店经理、前厅经理、餐饮部总监以及停车场经理负责开发一些能够增加销售和利润的项目，并且完善成本控制的方法。其他的部门管理者——财务总监、设备工程师、行政管家、保安部总监、人力资源经理、文娱总监以及健身总监，不直接对收入负责，主要在幕后给宾客提供服务。

比如，财务总监制作清楚和简洁的、反映预算目标的业绩报告。**设备工程师**（plant engineer）对机械设备的运行与维修负责，建立一个有效的预防性维护程序。**行政管家**（executive housekeeper）负责客房和饭店公共区域的保养以及客房库存物品的保管，他最关注的事情是成本控制和有效利用人力。保安部总监训练员工保障宾客安全。**人力资源经理**（human resources manager）协助各部门经理设计人事职能和培养员工，负责招收新员工，并在利用人员方面保持一个稳定而且渐进的方式。**文娱**

总监（recreation director）为客人开发和组织文娱活动。**健身总监**（athletics director）的职责是监管宾客所用的体育锻炼设施，为宾客提供直接的接待服务，在确保安全的同时，也让他们体会到乐趣。

图 2—2 描绘出了一个相对较小的饭店的组织结构图。这家饭店有以下特征：

- 在其商业资产中拥有 200 间客房
- 位于城市郊区
- 58% 的入住率
- 40% 的收益率
- 收入为 4 000 000 美元
- 平均每日房价为 94 美元
- 平均可出租客房收入为 54 美元
- 门市价为 135 美元
- 全方位服务
- 连锁——特许经营
- 公司客人
- 本地社区客人
- 餐厅
- 室外游泳池
- 转介预订服务

部门主管包括：

- 总经理
- 维修部经理
- 前厅经理
- 财务总监
- 餐厅经理
- 客房部经理

这家小型饭店的管理层结构相对那家较大的饭店或度假村来说，看上去"骨瘦如柴"。这种组织结构图是可能存在的，因为提供给宾客的服务水平是较低层次的。在这家饭店中，宾客停留大概一到两个晚上，为了宾客方便，饭店提供了餐厅和休息厅。许多部门领导人充当着**监控者**（working supervisors）的角色，这意味着他们在从事实际工作的同时也监督员工。洗衣服务和其他服务是外包出去的。财务总监承担会计服务以及人力资源管理职能。维修部经理负责检查室内和室外的设施。前厅经理和员工负责预订、登记、过账、结账等诸多事宜。餐厅经理与厨师和服务员紧密地工作在一起，以保证质量和控制成本，确保服务水平。行政管家检查和清理客房，保证布草供给和清洁用品的库存，同时也领导客房部的员工。安保服务由总经理负责或在必要时将其外包出去。

图 2—3 显示的是一家典型的选择型服务饭店的组织结构图，相对大饭店来说，选择型服务饭店规模要小很多，该饭店的特征如下：

- 在其商业资产中有 150 间客房
- 位于高速公路附近
- 55% 的入住率
- 44% 的收益率
- 平均可出租客房收入为 40.18 美元

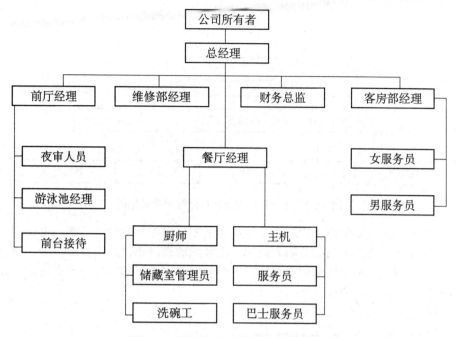

图 2—2　相对较小的饭店的组织结构图

● 收入为 2 200 000 美元
● 平均每日房价为 73 美元
● 门市价为 90 美元
● 客房收入为 2 200 000 美元
● 可供选择的服务
● 连锁——特许经营
● 内部洗衣服务
● 度假旅行者
● 商务旅行者
● 免费赠送的**欧式早餐**（continental breakfast）——果汁、水果、甜甜圈、麦片粥
● 转介预订服务
● **商务中心**（business services and communications center）——包括复印、计算机和传真等服务

部门主管包括：
● 总经理
● 前厅经理
● 客房部经理
● 维修部经理

　　总经理是一个工作监督者，他在监控前台工作的同时，也会参与到实际工作中。这类饭店的总经理还辅助市场营销计划、预订、维修、园艺服务，保持财务记录，以及实施成本控制等工作。前厅经理与夜审人员和前台接待一起轮岗值班，客房部经理也是一个工作监督者，其职责是协助那些清理和维护客房与公共区域的**客房服务员**（room attendants）。

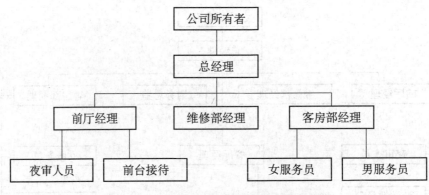

图 2—3　小型选择型服务饭店的组织结构图

这里所显示的组织结构图都是通过评估客人需求而设计的，部门机构和后续的人员编制都受到现在可用的劳动力资源、该区域的经济条件，以及该组织的财政目标的影响。每一个组织结构图的变化取决于影响该特定饭店的因素，灵活性是为客人提供服务和领导员工的关键。

2.3　部门经理的典型工作职责

当你在住宿业开始职业生涯时，毫无疑问，你会与饭店的部门经理接触，有些职位看上去很神秘，而有些职位则很清晰明了。比如，财务总监是在幕后工作的，他的角色/作用就不是很明显；保安部总监看似在饭店哪个地方都能看见，但是，这个职位的人到底都做些什么、他的职责是什么并不清楚。餐饮部总监则是一个职责清晰的职位，包括很多工作内容。总经理必须事无巨细，他在关注一些小细节的同时，也需要纵观全局。如何让这些职位协调一致，以便为客人提供良好的接待服务，以及为投资者带来收益呢？

2.3.1　总经理

几年以前，我邀请了一位演讲嘉宾来到我的课堂上，这位嘉宾是我们社区里一个饭店的总经理。对于此次演讲，他准备得非常充分，并且给大家描述了他所开发的组织结构图以及培养的员工队伍。在他解释完各个部门的工作以及每个部门的管理者的职责之后，一位学生问道："所有的工作都让你的员工做完了，那么你作为一个总经理都做了些什么呢？"这个实在的问题一下让我意识到总经理的角色/作用是不容易解释的。确实，详细说明这个管理角色要具备很多知识，需要数十年的经验，然而，这个合乎情理的问题迫使我必须将组织结构图中的这一基本工作进行明确描述。

总经理所具有的领导能力无疑是他坐上这个职位最需要的品质。总经理指挥各个部门经理，通过他们领导各部门的员工，努力达到组织的财务目标。总经理必须用以下一系列管理技能——计划、决策、组织、人员配备、控制、指挥以及沟通，来打造一支强有力的员工队伍。而其绩效则是通过指挥其下级监管者达到组织目标的效率来衡量的，效率并不取决于工作完成得有多出色，而是取决于员工在激励和指挥下，如何出色地达成由总经理和员工共同构想的计划与目标。

由总经理和各部门的管理者一起制定的计划展现了企业的愿景，该愿景是企业在争夺市场时所必需的。职位候选者的评估基于一个良好的分工结构，是实现规划阶段目标的过程的开始。将选择谁来运营该饭店？哪些技能和能力是获得这份工作所必需的？这个人应该具有何种商业敏锐度？这份工作应该有什么样的愿景？新聘任的员工是否能与老员工很好地磨合？这些都是总经理需要考虑并采取行动的几个问题。

总经理审查的**营运报告**（operational reports）包含财务方面的关键业务数据，这些数据数量庞大，内容复杂。然而，精明的总经理知道哪些关键性的业务数据反映了利润和经营效率的情况。食品成本比重、人力资源成本比重、酒精饮料成本比重和销售项目分析为说明餐饮部门的运营是否成功提供了足够的信息吗？每日入住率、平均每日房价、每天的总销售额足以说明饭店的盈利能力如何吗？每位总经理都有一套关键指标，用来衡量财务绩效以及各部门管理者在运营上的绩效。这些指标是灵活的，并且是根据公司所有者的目标制定的。

沟通想法与目标，以及提供绩效反馈是总经理必须培养的技能。总经理是沟通过程中的关键环节，每个部门管理者都通过交流（从总经理那里得到的或者不是从总经理得到的）来工作。每周员工例会是共享信息的一个重要媒介。每个部门管理者开展的个别会议则支持着沟通过程，在一些一对一的会议上，总经理帮助部门管理者将组织目标转化为营运职能。

总经理对他的员工提供实际的监管培训。比如，市场营销总监可能将下一季度的客房销售目标设定为增加10％，在与总经理单独会谈后，市场营销总监确定在未来3个月要达到这一目标。

总经理到底都做些什么？他领导组织达成利润和服务目标所需的领导技能，从管理理论和其他经理的行为以及实际运用领导权力中学习获得，还从接受上级的建设性的批评中学习获得。总经理是一个专业职位，完成这一职位的目标需要一定的运营经验和教育背景。

总经理的职责，无论是在全服务还是选择型服务饭店中，都必须包括先前所讨论的内容。选择型服务饭店的总经理可以有其他责任，但是他仍然需要领导管理团队中的其他成员。为了了解操作过程以及开发改善该过程的方法而使用的**全面质量管理**（total quality management，TQM）及运用的其他管理理念，允许全服务饭店和选择型服务饭店的总经理将其领导能力扩展延伸到一线监管人员和员工中。在边际利润基于精益部门预算的全服务饭店和选择型服务饭店中，提倡运用全面质量管理。

2.3.2 助理总经理

饭店**助理总经理**（assistant general manager）的主要责任是发展和执行由企业所有者、总经理以及管理层的其他成员一起制定的计划。总经理和助理总经理之间的关系，是建立在信任、技能以及良好沟通的基础上的。助理总经理与各部门经理一起通过有效的运营工作，达到各自的目标和目的。通常地，他是管理层和运营层的纽带。助理总经理对管理决策理解得越好，就能越好地将计划传达给运营管理者。助理总经理有些时候指房务部经理（rooms division manager），他对整个前厅工作的运营负责，包括前台接待、客房管理、行李员、礼宾员以及停车场。助理总经理也称为运营经理（operations manager）。

助理总经理经常必须监管一项任务的开始，并确保其他人完成它。他也必须完成、检查以及总结数据报告，并将此内容告知总经理。助理总经理会工作在饭店的任何领域，比如检查运营状况、提供反馈，以及提供需要的协助。这份工作需要多方面的运营技能，比如前厅、餐饮、市场营销、销售以及会计等相关方面的技能；大型饭店可能将助理总经理的责任分配到房务部经理和运营经理身上。

选择型服务饭店在组织结构图中通常没有助理总经理这个职位，部门管理者直接向总经理报告，形成了流线型的顾客服务和运营预算程序。同样，选择型服务饭店的总经理可能还会有其他任务，但是他仍然需要直接领导管理团队中的其他成员。

2.3.3   餐饮部总监

餐饮部总监（food and beverage director）负责厨房、餐厅、宴会服务、客房服务以及行政酒廊的有效运营，包括与这些部门的监督者一起管理一系列的细节性工作。比如食物质量、卫生设施、存货、成本控制、培训、客房布置、现金控制，以及宾客服务等，这些只是九牛之一毛。餐饮部总监要对餐饮存货的变动、餐饮物资准备过程中的成本控制因素，以及厨房设施等方面保持敏锐的观察力。餐饮部总监与助理餐饮部总监、具有高级技能的行政总厨、餐厅的监管者、宴会部经理，以及吧台经理一起工作。团队的目标是每时每刻都能提供高质量的产品和服务。对产品、员工和服务的持续性监控是确保投资能够获得理想的回报所必不可少的。

在选择型服务饭店中，尽管也提供欧式早餐和鸡尾酒会，但是却没有餐饮部总监这一职位；在这样的饭店中，餐饮服务是由前厅经理负责的。尽管如此，这里的卫生设施、食品采购和存储、市场营销以及服务标准等都按照相同的准则来实施，以便为宾客提供良好的服务。

2.3.4   设备工程师

在整个服务传递给顾客的过程中，设备工程师是非常重要的。他监督着电工，水管工人，采暖、通风和空调承包商，以及一般的维修人员，以便为饭店的客人和员工提供幕后的服务。随着人们日益重视预防性检修与节能，设备工程师必须有一套计划，以使饭店在预算内很好地进行维护。设备和机械方面的知识很必要。该职位需要丰富的一般性维修经验，还需要在不断提升技能方面以及持续接受教育以获得管理理念方面，有着积极的态度。

设备工程师会与饭店中的所有部门打交道。他是管理团队的成员之一，能在饭店结构稳定性、设备维修和环境控制方面提供许多合理的建议。他是饭店行业中最得力的助手之一。

在选择型服务饭店中，与设备工程师的角色相近的职位是**维修部经理**（maintenance manager）。维修部经理负责维修采暖和空调设备，制作客房钥匙，在客房服务员有需要时提供帮助，并且协助管理安保工作。选择型服务饭店强调由高效员工所传递的宾客服务的质量。

2.3.5   行政管家

行政管家负责饭店客房和公共区域的维修保养。他必须和其他人一起完成该项工作。每个客房服务人员都必须在清洁技术方面接受全面的培训。每位**楼层主管**（floor inspector）以及每位客房服务员在标准检查技术方面都必须接受训练。楼层主管主要负责监控饭店中某楼层的清洁工作（很多饭店现在都已经撤销了楼层主管，改用系统自动检测）。速度和效率是衡量维护客房和公共区域的服务绩效的重要参数。

监管非技术性员工的技能是必备的。流利的外语对于行政管家来说是非常重要的，因为行政管家必须有效地与员工进行沟通。精确的员工排班表对人力成本控制也是必不可少的。行政管家还得负责维护和控制布草、香皂、客房设备、家具、房屋装修材料、真实和人造的植物及其他东西的库存。行政管家与设备工程师一样，需要通过商务旅行和继续教育课程，保持思想与技术的与时俱进。

行政管家监管着内部洗衣服务（如果饭店有的话），并与洗衣服务的主管一起对设备、清洁用品、成本控制以及排班情况进行安排，做到心中有数。

选择型服务饭店依靠管理团队中的这一成员对清洁人员和洗衣人员进行监管，协助监管者与员工一起提供很多幕后的顾客服务。通过搭乘选择型服务饭店大厦的电梯，行政管家对每层楼房的员工进行持续的监管和激励。

与前厅和维修部门之间的合作和沟通，对于行政管家来说是非常重要的。在全服务和选择型服务饭店中都是如此。部门之间的相互合作是至关重要的。已清洁客房的放房和定期维修的排表，仅仅只是证实这一点的所有职能中的两项而已。此外，饭店市场营销方面的效果，取决于行政管家对饭店公共区域的清洁和外观标准的维护，而清洁度和外观是吸引客人入住，以及影响他们对饭店印象的重要因素。更多关于行政管家及其部门的信息在第 15 章中将详细论述。

国际集锦

饭店管理者有一项特殊的职责，那就是让员工与客人进行沟通。这对国际性的客人来说是非常重要的。一线员工能够协助国际客人树立起"服务没有问题"的态度。这个简单的理念要求一线员工对那些看上去很焦虑、用本地语言沟通有障碍或者对询问的回应犹豫不决的客人给予特别关注。在角色扮演的培训项目中，要聚焦于这些用本地语言进行沟通比较困难的游客身上，还要聚焦于需要回答客人询问的员工身上，要让一线员工在接待中不出现问题。当前厅经理拥有一些会多国语言的员工时，该理念可以得到进一步强化。

2.3.6 人力资源经理

在全服务饭店中，聘请一位人力资源经理对所有人都是有益的。人力资源经理负责执行联邦、州以及当地的雇佣法律，同时也负责发布招募广告，面试、甄别、引导、培训和评估员工。每位部门经理都是凭借着人力资源经理所实施的，如薪酬管理等复杂的人事制度来行使其领导权的。

饭店人事安排包括很多耗时的任务：

- 撰写和刊登不同类别的广告
- 筛选、面试、测验及选择候选人
- 引导、培训和评估新员工

岗位描述在饭店行业中，被大多从业者视为奢望和非必要的，但如果员工由**集体谈判单位**（collective bargaining unit）即工会所代表，那么岗位描述的准备就是强制要求的。而人力资源经理能够帮助你进行工作分析和随后的岗位描述。这个过程有助于他形成一个现实的工作说明。

需要为每位员工提供个人成长计划，以帮助他们顺利发展，这需要为他们做大量的设计和评估。每位部门管理者都非常有压力，需要实现预算线、质量控制水平、销售定额以及其他目标。人力资源经理则能够帮助每位管理者制定计划，以激励员工、开发他们的职业生涯规划、增加他们的工资、建立能积极反映雇主意愿的雇佣政策。

选择型服务饭店没有人力资源经理，而是将该职位的职责分给了其他部门管理者，其工作重点仍然是有计划地、合理地分配人力资源，但是流线型的选择型服务饭店需要依靠部门之间的合作来完成这些目标。

2.3.7 市场营销总监

这个职位强调市场营销的功能。该职位上的人在饭店所有部门中均发挥着作用。高效的市场营销总监不仅指导外部销售，如大型会议、小型商务会议、婚礼仪式，以及餐厅和行政酒廊业务，也为促进对客人的内部销售提供指导。

这是一个非常刺激的职位，需要有无限的创造力。市场营销总监经常要评估新市场，观察现有市场的需要，关注因竞争而出现的促销，组织突击销售，与社区和专业团队一起维护公共关系，与其他部门管理者一起制定产品和服务规范，并加强内部促销努力，一切从细节出发。这是一个需要极好精力的职位，不仅要维持企业财务的活力，同时也关系所有部门财务目标的完成。

一些选择型服务饭店会雇用全职或兼职的市场营销总监。该职位的职责也可能由总经理和前厅经理一起承担，他们所承担的职责（除了餐饮生意）与市场营销总监的职责是一样的。企业市场、团体市场和休闲旅游者市场的客房销售的竞争是很激烈的，每一个饭店都必须应对这种筹划需求。

2.3.8 前厅经理

前厅经理的作用将在本章的后面更加详细地介绍。简而言之，前厅经理的主要职责是观察**夜审**（night audit）的最终结果，每日查看 24 小时内发生在前台和其他宾客服务领域的财务会计程序，并进行运营结果的分析；操作和监控预订系统；为前厅员工和其他部门管理者之间建立和运行一个有效的沟通系统；监督每日的注册登记和结账情况；监管和培养员工；在前台建立内部销售计划；设立预算和成本控制系统；预测客房销售；与企业常客和社区领导保持良好的关系。前厅经理与助理前厅经理、夜审人员、预订经理、领班一起对有效运转该部门的各细节负责。

这仅仅只是前厅经理工作职责的一部分。前厅是内部销售、向顾客传递服务，以及财务运营三者之间沟通的关键。该职位的人需要能够管理顾客需求、员工监控、部门间沟通及财务信息传递等很多细节。处于该职位的人能够建立起有关饭店财务与沟通方面的概括认识。

一线问题

一位预订客人致电饭店，想要饭店在他朋友到达首日为其安排一个小型晚宴聚会。营销办公室的人那天已经下班，而且宴会部经理也离开饭店好几个小时了。你觉得前台接待应该如何帮助这位预订客人？

2.3.9 财务总监

财务总监是饭店内部的会计师，负责对饭店每日所产生的财务数据进行实际且有效的管理。在饭店中，必须给饭店业主、管理层和客人提供适当的日常财务信息，这就需要有一个具有良好组织能力的员工，不仅要准备好运营数据，还要协助总经理评判各部门经理的成效，总经理经常依赖财务总监对饭店运营中的财务情况进行洞察，包括现金流、折扣、保险费用的评价、边际效益成本分析、投资机会、计算机技术应用、银行业务流程等。

会计部门处理**应付账款**（accounts payable，饭店欠供应商的钱数）、**应收账款**（accounts receivable，顾客欠饭店的钱数）、**总账**（general ledger，财务总监用来组织饭店的财务活动账目的集合）、**现金流量表**（statement of cash flows，饭店产生收入领域的情况）、**损益表**（profit-and-loss statement，某一时间内的收益与费用清单）、**资产负债表**（balance sheet，在某一特殊时间点内饭店财务状况的清单）。这个繁忙的部门为饭店所有的部门管理者提供财务信息。

选择型服务饭店的总经理在夜审人员的协助下，扮演着财务总监的角色。在一些饭店中，夜审是在白天进行的，而夜审人员则由低薪的前台接待充当。选择型服务饭店所有权可能是该企业的更大财务资产的一部分，而这将帮助总经理通过处理应付账款、应收账款和工资表来行使财务总监的职责。

2.3.10　保安部总监

保安部总监（director of security）与其他部门经理一起开发成本控制程序，该程序能够帮助确保员工忠诚和顾客安全。保安部总监监督持续的培训项目，和其他部门总监一起指导员工在火灾、工作和其他环境中的安保程序。虚构的小说故事中总是将保安部总监描写成事故发生之后来进行调查的人，其实正好相反，保安部总监的主要职责是实施能够让员工觉得安全放心的项目，帮助阻止事故的发生。

遗憾的是，饭店业经常卷入法律诉讼中，近几年的案件数目和成本倍增。一个坚固的法律主体提供了饭店运营需要遵守的规则。预防性的安全防范是目前安保部门的重要主题。保安部总监通常有警察或者侦探，或者海陆军负责安全或者情报工作的背景。他通常会非常了解犯罪心理和犯罪行为，要经常警戒那些可疑的人和环境。

在选择型服务饭店中，这个不可或缺的职位的职责是由前厅经理和总经理承担的。现场/停车场巡逻的安保服务经常是外包出去的，但是这并不能减少总经理持续培训员工将安全放在心上的需求。在第 14 章中将更详细地介绍保安部总监。

2.3.11　停车场经理

为顾客的车辆提供一个安全的环境，这一责任归属于**停车场经理**（parking garage manager）。停车场经理监管着车库服务员，并维护停车场中顾客及其车辆的安全。停车场经理的另一个职责是与维修部和客房部一起进行车库维修保养。饭店经常将停车场租赁给当地的商务和专业人士，相应的会计处理过程涉及资金及后续保证金的准确结算和记录。停车场经理也必须制定预算，招募和培训员工。当顾客的车抛锚时，他要帮助顾客提供司机和车辆，同时还要为离店顾客提供方向指引。尽管这些工作在整个饭店的运营中看起来微不足道，但是它们在提供服务给客人的过程中，会建立一个的坚实基础。

　　艾瑞克·O·龙（Eric O. Long）是纽约华尔道夫阿斯托利亚酒店的总经理，在希尔顿集团已经任职30年。他曾经在肖特山希尔顿（Hilton Short Hills）、芝加哥希尔顿城堡酒店（Chicago Hilton and Towers）、希尔顿迪士尼度假村（Hilton Walt Disney Village）、枫丹白露希尔顿度假村（Fontainebleau Hilton Resort）、希尔顿帕尔玛度假别墅等酒店担任不同的管理岗位。

　　凭借在希尔顿多年的职业生涯，他发展了一张强大的人际关系网络，同时也为现任的职位积累了丰富的经验。龙先生指出他主要的工作职责有四个方面：财务、市场营销、客户服务和人力资源管理。尽管其他部门员工会有其各自部门的日常管理，但是他觉得自己对他们的成功负有最终的责任。例如，他想要确保市场营销计划是时下流行的，他要出席每天早上8：00召开的顾客反馈会议，检查前一天为提供高质量服务所作出努力的反馈情况。他补充道，他通过激励、培训、发展等方式，来保障组织中人才的能力。

　　在龙先生早期的职业生涯中，他的良师益友鼓励其在饭店的任意三个职位去获得经验，并从其他人那里学习扎实的工作知识。他认为这是他职业生涯发展中最重要的因素。他鼓励将来的饭店从业者"完整拥有自己的职业生涯，并为其负责，不要仅仅为了升职而升职，要有选择性地行动，每次的行动都必须权衡考虑这对未来的职业生涯是否有潜在的帮助。"

2.4　前厅的组织结构

2.4.1　典型的前厅组织结构

　　图2—4的组织结构图中，为前厅经理描绘了一个典型的组织结构图。员工包括前台接待、收银员、预订经理、礼宾员、夜审人员、话务员、行李员以及电梯操作员，并不是每家饭店都设立了所有这些职位。在某些饭店的运营中，前台接待根据业务量的需求，承担着前台接待、收银员、话务员、预订经理的角色。相反，很多大型全服务饭店则雇用了所列举的所有工作人员。

　　前厅的人员编制会产生成本。前厅经理与总经理一起协商编制整个饭店有关薪酬水平的人事预算。

　　前厅的员工其职责是多样的。**前台接待**（desk clerk）这个职位就包括很多职责，通常包括核实客人的预订，为客人登记，分配房间，分发钥匙，与客房部员工沟通，接听电话，提供当地景点的信息和方位，接收外币并进行兑换，在饭店、客人和社区之间扮演一个联络员的角色。

　　收银员（cashier）的职责是办理客人的退房、处理客人的法律赔偿，以及为客人办理外币兑换。很多饭店中都有该职位，该职位使前台的工作在满房时易于管理，**满房**（full house）是指饭店所有的客房都有客人入住，有时能达到百分之百的**入住率**（percent occupancy）。为了能够使参加一个会议的440位客人在几个小时内全部办理完退房手续，这种分工需要精心设计好。尽管现在有精心设计的系统，比如**快速结账**

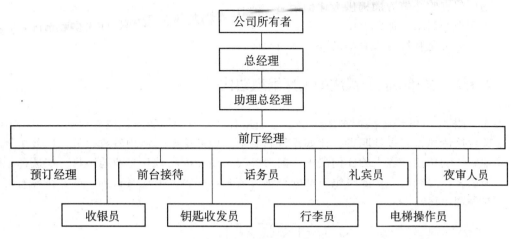

图 2—4 前厅的组织结构图

（express checkout）允许客人用客房的计算机或饭店大堂的计算机来进行结账，**事先批准信贷**（prior approved credit）允许客人用信用卡建立信用价值，**汇总结算**（bill-to-account）允许内部结算，但收银员这一职位存在的时间可以很长，并可能会更长，只要客人处在忙乱的状态中。

很多大型饭店都设立了**预订经理**（reservation manager）这一职位。预订经理的职责是为即将到来的客人预留客房，并记录客人的特殊服务需求。该职位的职责细节非常多，旨在提供客人要求的信息和服务，以及准确确认这些项目。预订经理通过使用物业管理系统中的预订模块，对保持一个准确的客房库存负责。预订经理必须与市场营销部门进行有效的沟通，淡旺季都必须有合适的计划。

夜审人员（night auditor）平衡日常财务交易量。夜审人员在晚上 11：00 至早上 7：00 这一时段同时担任前台接待的角色。他必须对会计准则有很好的理解，并有能力解决财务分歧。这一职位需要有前台接待的工作经验，并且需要能够与财务总监很好地进行沟通。

话务员（telephone operator）的工作在饭店中是非常重要的。话务员必须能够即刻找到已登记的客人和管理人员。他必须能够解决那些包括危及生命在内的紧急危机。随着**电话（自动）计费系统**（call accounting）的引入，话务员的工作简化了。电话（自动）计费系统是一种计算机应用程序，可以追踪客人的电话，同时将费用过账到饭店。比如追踪登记客人的电话费用，现在做起来就容易得多。话务员在必要的时候也协助前台接待和收银员。

领班（bell captain）和行李组的工作人员以及门口的服务员，是饭店的支柱。当受程序化的物业管理系统控制的设备停止运转时，**行李员**（bell staff）就会出现在相应的地方。他们是这样一群人：搬运和手提行李，带客人熟悉新环境，为客人办事、运送补给，以及进行内部销售和提供当地景点信息给客人，这些人同时也是饭店和客人之间的服务桥梁。他们是一家运营良好的饭店的宝贵资产。

人工负责操控电梯的**电梯操作员**（elevator operator）在饭店中快要消失了，现在都已经被自动的电梯和自动的扶梯替代。一些电梯操作员现在充当的是**方向指引者**（traffic manager），他们引导客人到达大堂可用的电梯。在大型全服务饭店中，方向指引者可以营造一种"欢迎您"的景象；当方向指引者值班时，入住和退房的混乱情况能够减轻。

礼宾员（concierge）为客人在娱乐、活动、消遣、交通、旅游、教堂服务以及该地区保姆服务等方面提供大量的信息。他必须非常了解该区域，并且能够满足每位客人的个性需求。他也可以拿到电影票，并在餐厅进行预订出售，在大多数情况下，礼宾员通常坐在饭店大堂中的一张办公桌旁。

2.4.2　选择型服务饭店的前厅组织结构

图2—5的组织结构图描绘出了一个相对全服务型饭店来说更简单的组织结构图。前台接待执行着多项职责，比如预订和登记，他们同时也承担着收银员、话务员等其他职位的角色。客人的任何需求，前台接待必须能够高效且专业地满足。在选择型服务饭店，总经理在必要时也协助处理预订需求，在客人抵达时安排入住，在客人离开时办理退房。

图2—5　选择型服务饭店的前厅组织结构图

选择型服务饭店的夜审人员，与全服务饭店的夜审人员不同，因为在选择型服务饭店中，餐厅、宴会、休息室、礼品店、吧台各部门之间并没有部门交易，夜审人员主要关注饭店的过账、所得税费用和准备性统计数据。在计算机技术的运用下，完成夜审工作所需的时间减少了很多。正如之前所提到的，这项工作是在客人结账之前的早晨进行的。

2.5　前厅经理的职能

成功的前厅经理会将饭店的使命传递给顾客。通过实施管理方针，他穿梭在全体前厅员工中，并与之一起跟客人进行情感上，比如温暖、关心、安全，以及效率方面的沟通与交流。前厅经理必须培训员工**物业管理系统**（property management system，PMS）技术方面的知识，PMS是饭店的计算机系统，用来连接预订和登记数据库、零售终端系统、会计系统中的软件和硬件，以及其他办公软件。他必须维持服务传递和利润的提升之间的微妙平衡，并且维护沟通系统。

可供前厅经理自由支配的用于实施有效管理的基本要素有员工、设备、库存（预备出租的客房）、预算以及销售机会。前厅经理的职责是协调这些基本要素，以实现饭店的利润目标。

前厅经理必须根据饭店建立时的政策和指导方针所规定的职能接受培训。前厅经理不能假设员工知道怎样去完成一项确定的任务。每位员工都需要有关如何提供服务的指令和指导；前厅员工的态度是该产业中最重要的。为了确保当前态度是合适的，必须创造一种氛围，在这种氛围下，员工被激励表现出其优点，并且将会培养员工的士气和协作态度。

物业管理系统为前厅经理提供了无限的机会来进行管理控制。他能够轻易地追踪到拜访者的邮政编码、公司客人的访问频率、一个特定会议所产生的收益等信息，并将这些信息传递给市场营销部门。

未售出客房是一个销售机会的永远流失，这是前厅经理所面临的主要挑战之一。前厅与市场营销部门之间的合作，对于开发盈利的广告和零售终端策略来说是必不可少的，随之而来的是，需要对前厅员工进行培训，要抓住每个机会出售空缺客房，这有助于确保饭店财务目标的完成。

预算必须由前厅经理和总经理一起设计，因为归属于前厅经理控制的资金数额非常大。薪水和补给的预算，促进日常销售的机会，以及客人费用的准确记录都要求前厅经理运用管理技能。

前厅经理所需具有的最重要的理念特征是**团队精神**（team player）。前厅经理并不是孤军奋战来完成饭店的利润目标的。总经理会设定目标、目的，以及每个部门必须遵守的标准规范。助理总经理会为每位部门管理者提供一些关于满足运营需求的见解。财务总监提供有价值的会计信息给前厅经理，作为对当前绩效与饭店预算目标达成状况的反馈。餐饮部总监、行政管家以及维修部经理提供必不可少的服务给客人。如果没有这些部门与前厅之间的合作与沟通，服务则不能传递。市场营销总监开发项目，吸引宾客到饭店。这些项目则帮助前厅经理出售客房。人力资源经理为前厅提供有才能的人才，完善团队，以完成总经理所设定的目标、目的以及标准。

2.5.1 工作分析与岗位描述

工作分析（job analysis）是指一份职位任务的详细列单，为合理的岗位描述提供基础。而**岗位描述**（job description）是指某一特定职位的员工必须执行的一系列职责。在饭店业中，几乎没有什么是典型的，但是某些日常的任务是必须完成的。工作分析是非常有用的，它有助于人们准备岗位描述，并决定某些日常程序。这些程序，与工作中涉及的典型的责任和部门之间的关系，一起构成了岗位描述的基础。未来的专业人士会发现这些管理工具对为员工准备培训项目非常有帮助，这同时也帮助人力资源管理部门确保每位新员工都有机会获得成功。

接下来所列的是一份典型的前厅经理的工作分析：

上午 7：00	见夜审人员并讨论前晚的活动，记下平衡夜审过程中的任何差异。
7：30	见前台接待并记录当天的预订。
8：00	见第一波轮班的人员，并将从夜审人员和预订处得到的所有信息都传递给他们。
8：30	见行政管家，并确定前厅员工应该意识到的存在潜在问题的相关区域。见设备工程师，确定前厅员工必须意识到的存在潜在问题的相关区域。
9：00	见市场营销总监，讨论增加潜在销售的想法。与宴会部经理讨论在饭店举办宴会的团体客人的相关细节，以及已经离开的有账单纠纷的客户的往来账。
9：30	与行政总厨一起检查，以了解各餐厅每天的特殊之处。该信息将会打印出来并发给话务员。
9：45	见前厅员工，讨论每天相关的运营信息。处理客人的账单纠纷。
11：00	见总经理，并讨论未来财务预算的制定。
中午 12：30	为下周做预测表，准备初步的排班表和预期薪金。

下午1：30　　　与企业商务客人一起吃午饭。

　　　2：15　　　与预订经理一起为团体预订办理预订手续，为正在预订的客人进行**客房锁定**（room blocking）。

　　　2：30　　　协助财务总监做好下个月的预算目标。接收上个月的预算反馈。与客房部一起核查查房和放房的进展。

　　　2：45　　　和设备工程师一起检查十八楼管道修复的进程。

　　　3：00　　　见第二波轮班的前台接待，传达预订、客房分配、客房库存等信息。

　　　3：15　　　协助前台接待办理团体游客的入住。

　　　4：00　　　对两位应聘前台接待的人进行面试。

　　　4：45　　　协助前台接待办理客人入住。

　　　5：15　　　评论期刊上关于员工授权的文章。

　　　5：45　　　致电给夜审人员，并与之沟通与今晚夜审相关的即时信息。

　　　6：00　　　与保安部总监一起检查为在舞厅举办的艺术展而采取的安全保障覆盖面信息。

　　　6：30　　　填写对前厅过账机的预防性维护的申请表。

　　　6：45　　　准备明天"要做的事情"时间计划表。

　　这份工作分析显示，前厅经理有一个非常忙的日程，其中涉及亲自参与前厅员工的工作，与饭店其他所有部门的领导进行沟通。前厅经理必须能够预测收入和相关的费用，必须能够面试，必须能够与潜在的商务客人打交道。

　　基于这份工作分析，前厅经理的岗位描述就非常好制定了，正如图2—6所示，岗位描述是一项非常有效的管理工具，因为它详细列举了工作承担者所必须完成的任务与职责。这些指引让每个人在一个有效率的前厅的发展中能够应用管理原则。同时，这些指引也会对该职位的人用先前的经验和理论知识完成手头的工作形成挑战。

岗位描述
头衔：前厅经理
报告给：总经理
典型职责：
1. 检查夜审人员的终稿
2. 操作与监控客房预订系统
3. 为前厅员工开发和实施一套有效的沟通系统
4. 监督前厅员工的日常情况——预订、登记与结账
5. 与其他部门领导一起参与到有效的沟通系统中，该系统是为方便提供顾客服务而设的
6. 计划并参与到销售客房及其他饭店产品和服务的市场营销项目的实行中
7. 与其他部门领导及财务总监一起解决涉及客人的计费纠纷
8. 完成前厅员工的预算终稿
9. 准备下周、下个月或者其他需要的时段的客房销售预测
10. 与企业社区领导者维持良好的商务关系
11. 监督前厅的人事管理
12. 执行所要求的各种职责
检查周期：
1个月＿＿＿＿＿＿＿　　　3个月＿＿＿＿＿＿＿
　　　　　日期　　　　　　　　　　　日期
6个月＿＿＿＿＿＿＿　　　1年＿＿＿＿＿＿＿
　　　　　日期　　　　　　　　　　　日期

图2—6　基于前厅经理工作分析的岗位描述

2.5.2 监控的艺术

监控员工需要大量文本和多年经验的支持。管理专家分析了监督员工的复杂性。一些其他管理课程会详细解释这项重要的管理责任。本章会涉及一些概念，这些概念能够帮助你发展并形成自己的监控风格。

形成某种监控风格的第一步是研究管理者在团队中的位置。作为前厅经理，你被赋予了某些责任，同时也获得了某些特定领域的权力。在管理团队中有参与、成长以及上限几个方面，尽管这只是整个管理团队的简要概述，但是它确实能够帮助明确管理绩效。

在得到这份工作的早期，管理者应该考虑与该组织的目标一致的个人职业目标。迈向总经理职位的这些前期工作（第 1 章讲述的）将会帮助有抱负的总经理更加明确目标，并清楚地知道饭店的哪些模块将会产出良好的收入和良好的体验。一旦非常清楚所参与的舞台和饭店的发展计划，你将能够判断怎样才能最好地领导该团队走向成功，以及实现个人成长。

一位新的监控者必须持有的第一个理念就是员工激励。什么能够帮助每位员工表现得最好呢？重点强调的是每位员工。不同的鼓励激励着不同的人，一个较好的轮班表可能激励着第二批换岗的前台接待，但是可能对**兼职夜审人员**（moonlighter）却不起作用，该夜审人员是位兼职者，他在另外一个组织中拥有一项全职工作，而在饭店中做的是每周两天的兼职工作。年轻人更喜欢第二轮值班（下午 3：00—11：00），因为这个时段上班更符合他的生活方式，而若是第一轮值班就可能没有这么好了。学费退还可能会激励联合学位项目的在职学生，他们想继续获得一个四年制的学位，而这项福利对于那些对更高层次教育不感兴趣的人来说就算不上什么了。前厅预订经理的升职可能性对话务员来说就不会有相同的激励作用。话务员多是下岗失业者，以一张满足年轻家庭需要为主的时间表为轴工作，而前台接待却不是如此，因为他们没有自己的家庭。有时，监控者并不能找出什么能激励一个人，知道如何激励他的每位员工是管理者最大的一个挑战。通过运用激励，经理不仅能够促进雇员的最佳利益，而且能够促进并提升饭店的最佳利益。

监控者的另一项责任是，在工作环境中使不同的人事组织、团体之间达到一种平衡。这是一个恒定的，却又经常发生变化的情况。很多时候，一位新的监控者是没有很多时间介入每位员工与团队中其他员工之间的关系中的，但这是建立一个积极且有效的团队氛围的关键。前厅员工可能会为新经理一职而竞争，这种最普通的情况就是监控工作的一部分。只有新的监控者显示了他的才能与能力，才能够继续推进每天的工作。员工则需要时间了解他们的新经理对压力的反应。他们也想要确定该监控者是否能成为公司管理高层中他们的拥护者。所有新监控者都会经过这样的测试。你不应该被这些挑战吓倒，而是要拥抱它，并将其当作更多挑战中的第一个。

在处理过各种各样的、由于员工性格特征不同而发生的冲突之后，管理者必须非常客观地了解员工的优势和弱势。谁是团体中的非官方领导者？谁是搅拌器？谁是抱怨者？在团队休息时，可适当地分享这些员工的客观看法。员工经常看到的是同事的缺点，他们也知道需要依靠谁为饭店所有住客办理退房手续，其后 3 个小时又为会议客人办理入住手续。团队的非官方领导在传递重要思想方面能够协助监控者。

一些监控者对员工的住宿问题消极应对。他们的反应是基于这样的假设，即监控者对前厅所有事务有着绝对的话语权。没错，权力是很重要，但是任何想要保持权力，想要通过员工完成目标的监控者，都必须不断地修订他的策略。

适当的人事培训（第 12 章中会讨论到）会让监控者的工作容易得多。当培训被计划、执行以及巩固加强时，令人讨厌的人为错误将会减少。正如前面所讨论的一样，每一份岗位描述都列出了员工的最主要职责，但是对于灰色区域——处理投诉，传递饭店正面形象，销售饭店其他部门的产品和服务，代替新员工——在岗位描述中是不可能传达的。**在职培训**（on-the-job training），以及录像带培训是阐明这些工作的非常好的办法。在职培训是提供产品和服务时所进行的员工培训。这些方法不仅能够展示技能，同时也能够交流传递财务目标、饭店服务的目的，以及饭店和饭店工作人员的特质。

员工经常有一些特殊的时间需求以及其他相关工作的要求，监控者必须试着协调它们。新来的员工在获得这个前厅岗位之前有 4～6 个月的试用期，他们将会感激和报答监控者的关心。由于与另一个人一起工作有难处而想要换班的人可能只需要一些如何与那个人合作的建议。这些人可能会形成一个好的团队，但是需要考验相互之间的耐心。老员工可能会问你他如何能够在组织中前进。你可能没有马上回答，但是你表示将会在将来回复该问题，有时，员工知道，好的事情总是会花费很多时间才得以发展。倾听他们的需求，通过解决、满足他们的需求，他们的要求就可能间接地解决你的问题。例如，前台接待想要额外收入，他会请求加班，由于其他员工生病或度假，机会降临于这位员工身上，此时可以由该员工填补这个空缺。

饭店沟通的责任通常落于前厅。从客人的角度看，这个部门是饭店所有部门中可视度最高的一个。饭店的其他部门都意识到前厅是一个传递信息的最好地方。当这样的沟通交流没有到达客人时，往往结账时前厅就得忍受客人的不愉快。

沟通过程越是系统化，对所有相关的事情就越好。例如，影响下一轮值班的前台接待的留言可以记载在**留言簿**（message book）上，而留言簿是一个活页夹，任何一轮值班的前台接待都可以将重要的信息记载在上面。对保持所有人事上的影响前厅正常运营的信息和活动的附加通知、变更以及删除来说，这项系统工具是非常重要的。另外，**日常功能表**（daily function sheets）记载饭店计划及其更新情况，必须例行地传达至前厅。客房的日常功能板或电子公告板，常见于客房或公共区域的可视电视系统，通常都是由前厅负责维护的。抱怨客房保养的客人一定要将此投诉传给正确的人。然后，该投诉会由一些工作人员来检查，前厅经理、客房部员工、行政管家、维修部员工或者维修部的管理者会确保其被解决。

饭店服务、预订、**客户往来账**（city ledger accounts，没有登记但使用了饭店服务的客人的应收账目汇总）、应付账款、日程表事件，以及注册客人留言等信息的查询，只是众多信息要求中的一部分。前台接待和话务员被期望知道这些问题的答案，或知道该找谁查询。

这些建议基于我自己的工作经验。当我做前台接待这一份工作时，一项职责是负责总机。这份工作的压力真的很大，在每一次的接触中都必须做到精确无误。找到正确的部门领导来满足来电需求，以及确保信息已经传递给客人，只是众多任务中的两项而已，要求每秒都有人在这个岗位上。假设信息覆盖是不准确的，或者某个员工没有完成该沟通过程，那么服务就不能传递到客人手中。

运用员工授权理念的方法将在第 12 章探讨。在这个管理着每天传递服务的劳动力的关键领域，当代前厅经理需要广泛的培训与经验。确保员工能够在没有监控者的帮助下就能办理业务是授权的目标。授权要求监控者培训员工，并付出更多的耐心。习惯于所有事情都直接被监控的员工，可能不容易适应需要独立思考解决困难的工作环境。

2.6 前厅的人员编制

前厅员工的排班基于两个方面：一是预算目标；二是预期入住和结账的客人数。客人信息需求频率以及前台服务的增加，可能会影响到班期。前厅经理必须通过审查薪金和每小时的工资，以及各自的税率，而判断人力成本。结果会显示前厅经理是否在坚持预算，表 2—1 显示了人员编制的成本是如何得出的。表 2—2 对比了由客房租金产生的预计成本与预计收益，该表有助于进行收入和劳动费用的预评估。

前厅班期表的准备分为四步。第一步需要前厅经理估计和预测部门一个确定时间段内的需求，前厅经理必须检查先前的销售历史，目前的事项，目前的预订，预计散客、续住客、该时间段内办理退房手续的人数，确定该工作周中这些因素对人力需求的影响。正如表 2—1 中第一步中所列出的，所有工作分类都包括在内，这样前厅经理就能够判断每份工作是如何被影响的。

第 2 步（见表 2—1），设计时间表。这是一个双重过程，既需要满足饭店的需求，又要满足员工的需求。饭店必须每天 24 小时，每周 7 天为客人传递服务。同时，员工也有个人休息的要求，并且需要时间为家庭负责，以及出于经济动机而投入或多或少的时间。

第 3 步（见表 2—1），计算预期的薪金。前厅经理需要将每类员工的工资列出，以判断他将从预期销售收益中拿出多少。

第 4 步（见表 2—1），分类汇总成本。包括通过分类前厅子部门而得到的分组成本/费用。这个总的薪金指标是用于比较预计每周客房销售收入与预计每周薪金的。表 2—2 则对比了这两者，这就让前厅经理、总经理以及财务总监能够在某一特定时间段预测到饭店的财务绩效。正如你所见到的一样，客房销售追踪到昨天，销售情况、离店数、续住数、到达数、散客数以及应到未到的客人都包括在内。

表 2—2 中的信息使得前厅经理更高效。他有机会审查以及调整离店数、续住数、到达数、散客数等数据，这些会影响每晚的客房销售数目。例如，如果前厅经理意识到在某天下午 6：30 有 25 间空置的客房，并且再也没有确认预订或担保预订，为了获得收入（为了确保满房），前台接待可以被授权与客人协商出一个合理的价格来出售客房。如果只有 3 间客房空置，且有 8 个担保预订，则前台接待将不会被授予此项权力。

表 2—1   **前厅的人员编制过程**

第 1 步，估计需求（首先审查前厅的预测）。

	10 月 1 日	10 月 2 日	10 月 3 日	10 月 4 日	10 月 5 日	10 月 6 日	10 月 7 日
前台接待							
夜审人员							
收银员							
礼宾员							
话务员							
领班							
行李员							

第2步，设计时间表。

	10月1日	10月2日	10月3日	10月4日	10月5日	10月6日	10月7日
前台接待1	7—3	7—3	7—3	7—3	X	X	7—3
前台接待2	9—5	X	9—2	10—6	X	7—3	9—Noon
前台接待3	3—11	3—11	3—11	3—11	3—11	X	X
前台接待4	X	X	X	3—7	7—3	3—11	3—11
夜审人员1	11—7	11—7	11—7	X	X	11—7	11—7
夜审人员2	X	X	X	11—7	11—7	X	X
收银员	8—Noon	X	9—2	9—Noon	X	X	11—3
礼宾员1	Noon—8	Noon—8	Noon—8	Noon—5	Noon—5	X	X
礼宾员2	X	X	X	X	X	Noon—5	Noon—8
话务员1	7—3	X	X	7—3	7—3	7—3	7—3
话务员2	3—11	3—11	3—11	X	X	3—11	3—11
话务员3	X	7—3	7—3	3—11	3—11	X	X
领班	7—3	7—3	7—3	7—3	X	7—3	X
行李员1	9—5	X	X	10—6	7—3	3—11	7—3
行李员2	3—11	X	3—11	3—11	3—11	X	3—11
行李员3	X	3—11	8—2	X	X	X	11—5

第3步，计算预期的薪金。

10月1日	10月2日	10月3日	10月4日	10月5日	10月6日	10月7日

类别：前台接待＝1 300.00 美元

8×9.50＝76.00 美元	8×9.50＝76.00 美元	8×9.50＝76.00 美元	8×9.50＝76.00 美元	8×8.00＝64.00 美元	8×8.00＝64.00 美元	8×9.50＝76.00 美元
8×11.00＝88.00 美元	8×11.00＝88.00 美元	8×11.00＝88.00 美元	8×11.00＝88.00 美元	8×11.00＝88.00 美元	8×8.00＝64.00 美元	8×8.00＝64.00 美元
8×8.00＝64.00 美元			5×8.00＝40.00 美元	8×8.00＝64.00 美元		3×8.00＝24.00 美元
			4×8.00＝32.00 美元			
228.00 美元	164.00 美元	204.00 美元	260.00 美元	152.00 美元	128.00 美元	164.00 美元

类别：夜审人员＝704.00 美元

8×13.00＝104.00 美元	8×13.00＝104.00 美元	8×13.00＝104.00 美元	8×11.50＝92.00 美元	8×11.50＝92.00 美元	8×13.00＝104.00 美元	8×13.00＝104.00 美元
104.00 美元	104.00 美元	104.00 美元	92.00 美元	92.00 美元	104.00 美元	104.00 美元

类别：收银员＝128.00 美元

4×8.00＝32.00 美元	0×0.00＝0.00 美元	5×8.00＝40.00 美元	3×8.00＝24.00 美元	0×0.00＝0.00 美元	0×0.00＝0.00 美元	4×8.00＝32.00 美元
32.00 美元	0.00 美元	40.00 美元	24.00 美元	0.00 美元	0.00 美元	32.00 美元

类别：礼宾员＝501.00 美元

8×11.00＝ 88.00 美元	8×11.00＝ 88.00 美元	8×11.00＝ 88.00 美元	5×11.00＝ 55.00 美元	5×11.00＝ 55.00 美元	5×11.00＝ 55.00 美元	8×9.00＝ 72.00 美元
88.00 美元	88.00 美元	88.00 美元	55.00 美元	55.00 美元	55.00 美元	72.00 美元

类别：话务员＝920.00 美元

8×8.00＝ 64.00 美元	8×9.00＝ 72.00 美元	8×7.50＝ 60.00 美元	8×8.00＝ 64.00 美元	8×8.00＝ 64.00 美元	8×8.00＝ 64.00 美元	8×8.00＝ 64.00 美元
8×9.00＝ 72.00 美元	8×7.50＝ 60.00 美元	8×9.00＝ 72.00 美元	8×7.50＝ 60.00 美元	8×7.50＝ 60.00 美元	8×9.00＝ 72.00 美元	8×9.00＝ 72.00 美元
136.00 美元	132.00 美元	132.00 美元	124.00 美元	124.00 美元	136.00 美元	136.00 美元

类别：行李员＝720.00 美元

8×7.00＝ 56.00 美元	8×7.00＝ 56.00 美元	6×7.00＝ 42.00 美元	8×7.00＝ 56.00 美元	8×7.00＝ 56.00 美元	8×7.00＝ 56.00 美元	8×7.00＝ 56.00 美元
8×7.50＝ 60.00 美元		8×7.50＝ 60.00 美元	8×7.50＝ 60.00 美元	8×7.50＝ 60.00 美元		8×7.50＝ 60.00 美元
						6×7.00＝ 42.00 美元
116.00 美元	56.00 美元	102.00 美元	116.00 美元	116.00 美元	56.00 美元	158.00 美元

类别：薪金——前厅＝1 757.00 美元

前厅经理：807 美元/周	预订经理：575 美元/周	行李员：375 美元/周	

第 4 步，汇总。

前台接待	1 300.00 美元					
夜审人员	704.00 美元					
收银员	128.00 美元					
礼宾员	501.00 美元					
话务员	920.00 美元					
行李员	720.00 美元					
薪金	1 757.00 美元					
小计	6 030.00 美元					
税款/附带福利	6 030.00×0.27 ＝1 628.10 美元 ＋6 030.00 美元					
每周总预计薪金	7 658.10 美元					

表 2—2　　　　　　　预计每周客房销售收入与预计每周薪金的对比

	10月1日	10月2日	10月3日	10月4日	10月5日	10月6日	10月7日
昨天的销售数	135	97	144	147	197	210	213
离店数	−125	−10	−72	−75	−5	−15	−125
过夜数	10	87	72	72	192	195	88
到达数	+72	+40	+50	+125	+10	+15	+35
散客数	+20	+20	+30	+10	+10	+5	+50
应到未到数	−5	−3	−5	−10	−2	−2	−3
出租客房数	97	144	147	197	210	213	170
总的客房出租数（每天出租客房数量的总和）				1 187			
客房销售收入（平均每日房价为 75 美元的情况下）				88 350.00 美元			
预计薪金预算（从每周估计中得来）				7 658.10 美元			
薪金占收入百分比（薪金×100/收入）				8.66%			

2.7　开篇困境解决方案

　　饭店沟通对效率、传递高质量服务以及获利是必不可少的。在这个案例中，前厅员工没有将另外的 26 间房录入计算机系统中进行锁定。这种情况在饭店中经常发生吗？遗憾的是，确实经常发生，但是，高质量服务的传递取决于饭店设施的保养，并且这是一个重要的营运程序。前厅经理应和客房部经理一起协调，让客房变成暂不可出售的库存，前厅经理必须意识到承包服务中所涉及的成本，以及与客房部经理的合作关系。

☐ 本章概述

　　本章勾勒了饭店的组织结构以及每位部门经理的典型岗位职责。对前厅经理角色的特别分析揭示了很多相关的理念。对前厅经理来说，成功地提供有效的监督开始于对可用资源的审核，比如员工、设备、客房库存、财务，以及销售机会。在分析了这些资源之后，前厅经理能够更有效率地指挥该部门，进而，盈利和传递热情服务给客人的目标则更容易完成。

　　前厅经理的角色和职能能够通过准备工作分析与岗位描述来了解。这一过程可以让将来的专业人员看见该工作的主要责任，以及与其所涉及的部门间的关系。前厅员工所在的很多职位都有一个共同目标，那就是为客人提供服务。培训、授权以及灵活性是团队工作中必需的。

　　预测、排班、培养管理风格、激励员工、协调员工的个性特质、委派任务、培训，以及有效沟通是一位好的监控者必须掌握的众多技能中的一部分。这是通过不断的教育和反复试验来提升的。

□ 关键词

应付账款（accounts payable）

应收账款（accounts receivable）

助理总经理（assistant general manager）

健身总监（athletics director）

平均每日房价（average daily rate，ADR）

资产负债表（balance sheet）

领班（bell captain）

行李员（bell staff）

汇总结算（bill-to-account）

商务中心（business services and communi-cations center）

电话（自动）计费系统（call accounting）

收银员（cashier）

客户往来账（city ledger accounts）

集体谈判单位（collective bargaining unit）

礼宾员（concierge）

欧式早餐（continental breakfast）

财务总监（controller）

会议客人（convention guests）

公司客人（corporate guests）

日常功能表（daily function sheet）

前台接待（desk clerk）

市场营销总监（director of marketing and sales）

保安部总监（director of security）

电梯操作员（elevator operator）

行政管家（executive housekeeper）

快速结账（express checkout）

楼层主管（floor inspector）

餐饮部总监（food and beverage director）

前厅经理（front office manager）

满房（full house）

总账（general ledger）

总经理（general manager）

人力资源经理（human resources manager）

内部洗衣间（in-house laundry）

工作分析（job analysis）

岗位描述（job description）

维修部经理（maintenance manager）

留言簿（message book）

兼职夜审人员（moonlighter）

夜审（night audit）

夜审人员（night auditor）

在职培训（on-the-job training）

营运报告（operational reports）

组织结构图（organization chart）

停车场经理（parking garage manager）

入住率（percent occupancy）

收益率（percent yield）

设备工程师（plant engineer）

事先批准信贷（prior approved credit）

损益表（profit-and-loss statement）

物业管理系统（property management sys-tem，PMS）

门市价（rack rate）

文娱总监（recreation director）

转介预订服务（referral reservation service）

预订经理（reservation manager）

客房服务员（room attendants）

客房锁定（room blocking）

现金流量表（statement of cash flows）

团队精神（team player）

话务员（telephone operator）

全面质量管理（total quality management，TQM）

方向指引者（traffic managers）

监控者（working supervisors）

□ 本章思考题

1. 如果你在饭店工作，将所工作饭店的组织结构图画出来。自从你在这里工作后，该组织结构图上的层次结构是否有过变化？如果有的话，你认为是什么原因促使这一改变的？

那些没有在饭店工作的同学可以采访一个在饭店中工作的同学，了解他的部门层级结构，并简要勾画出他所在部门的组织结构图。

2. 比较全服务饭店和选择型服务饭店的组织结构图。选择型服务饭店是怎样用如此少量的员工进行运营的？

3. 如果你在饭店工作，描述一下你的总经理每天执行的任务。描述你的部门管理者每天所做的工作。这些职位与饭店的整体成功有何关系？那些没有在饭店工作的同学可以采访一个在饭店中工作的同学，了解他对其总经理日常工作的看法，将本次采访做一个50个单词的总结。

4. 前厅的职位是怎样有序安排的？描述一下全服务饭店前厅中的职位。对于客人提供服务来说，哪一个职位是最重要的。

5. 如果你曾经在饭店前厅工作过，请总结一下你所认为的前厅经理所做的各项工作。如果你没有在饭店前厅部做过，你可能要走访一下前厅经理，并询问一下其对该职位的见解。

6. 什么资源是前厅经理可用的？按其在提供服务给客人和监督员工中的作用大小，将这些资源进行排序。

7. 前厅经理与其他饭店管理者之间是怎样联系的，请举例说明。

8. 为什么工作分析要在准备岗位描述之前就做好？你认为这个程序是否是必要的？为什么必要，或为什么不必要？

9. 在准备制作值班表时需要哪四步？

10. 你觉得监控者应该怎样发展形成他的监控风格？你觉得在你发展监控风格时，哪些因素是基础？

11. 监控的艺术对你来说意义是什么？仔细思考你的答案，并指出哪些理念对你将来的监控风格是重要的。

12. 为什么说尝试理解每个人的动机会对监控有帮助？

13. 在工作的地方，你注意到过哪些性格冲突？你的监控者是怎样解决的？如果你是监控者，你会怎样解决它们呢？

14. 总的来说，一位训练有素的前厅员工能够给前厅经理带来什么好处？

15. 举例说明前厅怎样与其他部门、饭店客人以及公众进行沟通。

□ 案例分析

1. 安娜，一位前厅经理，已经在时代酒店任职多年，她将最开始的那几个月称为巨大压力期。人力资源经理米罗，经常叫她按时公布排班表，并授权她制作薪金表。行政管家托马斯，在饭店外面看起来是一位好朋友，但是在工作上，他老是在客人入住和退房问题上纠缠前台接待。总工程师李尹焕，同样与安娜之间存在沟通问题，比如前台接待会打电话给在家的李尹焕，说有一部电梯在四楼卡住了，其实仅是一群小孩人为地使其停住了而已。餐饮部总监埃里克，因为客人不经常去餐厅和休息室而责怪安娜的员工，问她："什么时候前台接待能学会推销一下这些到餐厅和休息室的免费优惠券呢？这些可都是我们辛辛苦苦分发出去的啊！"接下来是市场营销总监罗林，他有着几乎所有能够从前厅接待那里拿走的信息，甚至包括前台接待放错地方的电话信息，指引着饭店客人穿过街道来到饭店，并且提供关于"一个良好餐馆虚位以待"的信息。

安娜将这些评论记在心里，感觉上安娜能够正视她和她的员工的缺点。她知道每周二早上会张贴值班表，但是她的几个员工有时会在最后一分钟向她提出休假请求。她的薪金表通常被耽搁了，因为她想要花时间在那些正在办理注册或退房手续的客人身上。前台接待错误地将客人分配到没有准备好的客房中，但是她说："这应该是电脑系统给了她们错误的信息造成的。"电梯问题不是前台接待的错，这已经是他连续工作的第三个晚上了，并且没有人能解释为什么给总工程师打了这个紧急电话。她想要她的前台接待分发餐饮优惠券，但是他们只是对此感到不兴奋而已。罗林的信息通常都会给她，她只是没有检查邮箱而已。

她依然记得时代酒店总经理玛格丽特叫她去办公室的情形，她告知安娜 6 个月试用期将在这个月结束，是时候讨论在正式工作被确定之前安娜的发展了，安娜一点都不平静，因为她知道同事报告了她所犯的主要错误。然而，玛格丽特采取了一个与安娜之前工作地方的总经理所用的不一样的办法。玛格丽特女士叫她在以下工作方面上准备一系列的战略：

- 员工激励
- 人才培养
- 有效的员工值班表
- 沟通
- 授权

玛格丽特女士要求你协助安娜开发战略，用于提升她监控员工的能力，你有何建议？

2. 一个当地饭店开发商致电给你，要你协助她的公司设计一份新开张饭店的岗位描述。这是公司在饭店行业的首次投资，所以开发商想要你在写岗位描述时特别精细。该饭店类似于有 500 间客房的全服务饭店，正如图 2—1 中所描述的一样。为以下几个管理职位准备岗位描述：

- 总经理
- 前厅经理
- 行政管家
- 餐饮部总监
- 助理总经理
- 设备经理

3. 前厅经理安娜、人力资源经理米罗、行政管家托马斯想要设计一个简单但有效的，针对新来的一线监控者进行的培训项目，标题是"监控的艺术"，用本章的知识设计一个他们可能用到的框架，记得要简洁。

第 **3** 章

有效的部门间沟通

本章重点

在建立及维持与其他部门间有效沟通的过程中前厅所起的作用

用于提升部门间沟通的全面质量管理技术的讨论与应用

开篇困境

某会议室中,研讨会负责人对今天的计划十分担忧。注意到电讯会议连接失败后,他来到前台,询问会议代表是否可以前去会议室开会。值班的前台接待需要找到会议代表并将其引至会议室。研讨会负责人离开前台区域后,前台接待说:"你以为我们要在任何时候为任何人提供服务吗?"

3.1 前厅在部门间沟通中的作用

前厅在招待顾客的过程中发挥着关键作用,它为入住的愉快与否奠定了基调。通常在一个陌生的环境中,想要进行业务或者度假计划的顾客会渴望了解新环境中的人物、事件、时间、地点以及情况如何。信息咨询常常开始于饭店行李员、话务员、前台接待、收银员或者礼宾员,因为这些员工最常与顾客接触,并且被认为是最了解情况的。这些员工被认为可以洞悉企业和当地的一切。对于顾客有关公共交通、饭店设备的位置、当地发生的特殊事件等诸如此类的信息咨询,他们的回答显示了饭店对如此重要的角色安排得是否妥当。前厅经理必须积极收集客人感兴趣的信息。他们也必须积极开发前厅发放此信息的流程。

前厅经理与其他部门的领导及员工建立的关系对于为客人收集信息是十分重要的。形成积极的人际关系是沟通过程的一部分,但是它并不能保证获得准确及时的信息。前厅经理如何促进有效的**部门间沟通**(interdepartmental communication)呢?本章将会在读者开启职业生涯时,提供相关背景。必须注意到这些讨论对于**部门内部沟通**(intradepartmental communication)也是适合的。

图 3—1 展示了饭店中与前厅相互作用的各个部门。前厅位于图的正中央，以方便解释许多部门间的沟通路径。这些沟通路径基于每个部门提供服务的方向，服务的形式包括打扫客房，正确操作设备，提供安全的环境、丰盛的餐饮、高效的用餐服务、专业的组织和服务传递功能，以及精确的顾客消费账目等。这些笼统的目标帮助部门领导组织运作，实现提供专业接待的总目标。然而，在实际中，要不断努力地处理员工、原料、程序以及沟通技巧中的细节，才能生产出满意的产品和服务。

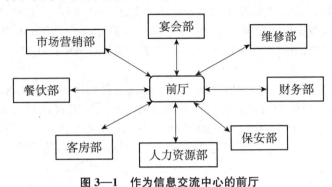

图 3—1　作为信息交流中心的前厅

3.2　饭店前厅与其他部门间的相互作用

前厅员工与饭店所有部门相互作用，包括市场营销部、客房部、餐饮部、宴会部、财务部、维修部、保安部以及人力资源部等。这些部门将前厅视为为客人提供服务的通信联络点，每一个部门都与前厅员工有独特的通信联系。任何类型的饭店，其前厅都要全天候以热情的笑脸与声音为客人服务。客人最有可能通过前厅员工与其他部门的员工取得联系。当你在阅读以下饭店部门的相关内容时，尝试抓住前厅在与它们沟通的过程中所扮演的角色。如图 3—1 所示，前厅作为信息交流中心，其团队的成员必须知道可以引导顾客向谁寻求帮助。他们通过内部政策和程序上的全面培训计划，以及不断关注为客人提供的服务，学到了这些。

3.2.1　市场营销部

市场营销部依赖前厅提供**客史档案**（guest histories）或者每个客人入住的有关细节。其中一些信息的收集基于邮政编码、入住频率、企业隶属关系、特殊需求、客房预订，以及社交媒体，如 Facebook 上的海报，来自 Twitter 的信息，浏览网站或者 YouTube。给公众制造好的第一印象，转达信息，以及满足顾客在饭店举行会议、研讨会以及宴会的需求同样是前厅的工作。

客史档案是对市场营销部非常有价值的资源，它利用客人的登记信息调整营销活动，展开促销，准备邮寄标签，以及选择合适的广告媒体。前台接待必须尽一切努力保证数据库的及时性与准确性。

特殊功能（例如婚礼接待、会议或研讨会）的预订完成过程依靠客房的可用性，市场营销总监可能要检查未来 3 个月、6 个月甚至一年内的可用客房表，以保证饭店可以为预期数量的客人提供住宿，而可用客房数据库保存于前厅物业管理系统中。

客人第一次联系市场营销部往往是通过饭店的电话总机，一个有能力的电话总机接线员，他的友好，以及对饭店运营与人事的熟识，会给客人留下良好的第一印象，同时向潜在客户展示饭店的实力。当顾客最终来消费时，往往通过前厅的员工与饭店进行第一次实际接触。前厅经理要决定负责宴会的主管，并且与当值的前台接待进行沟通，向公众表明饭店致力于提供热情服务。

市场营销部的信息必须完全、准确、迅速地传达。在潜在客户与市场营销部销售人员的沟通中，电话总机接线员起到了至关重要的枢纽作用。前厅经理应指导前厅新成员了解市场营销部全体职工以及每个人承担的具体工作。（这适用于饭店所有部门，不仅仅是市场营销部，在第12章中将会解释。）前厅的员工应知道所有市场营销部员工的名字。为了帮助前厅的员工熟悉这些，前厅经理应向新员工展示部门总监与主管的照片。

会议、研讨会、宴会等服务请求往往要到前台解决。**宴会部经理**（banquet manager），负责填写宴会或特殊事件服务细节的人，或者**销售助理**（sales associate），按照客人对宴会或者特殊事件的需求进行预订的人，可能会忙于其他事情。如果一位客人需要一个电源延长线，或者电源插座出现故障，前台接待也必须满足顾客的需求。前厅经理应建立标准的操作流程，以便让员工在联系维修部、客房部、市场营销部或者餐饮部等来满足其他的一般需求时有章可循。知道怎样找到一只小工具箱、适配器、黏结材料、额外的桌布或者窗户清洁剂都可以帮助客人，同时可节省咨询销售负责人的时间。

3.2.2　客房部

客房部与前厅就**客房状态**（housekeeping room status）——与当前客房出租有关的可出租客房报告——进行沟通，客房状态有以下几种类型：

- 可用干净房或者可用房——可供出租的客房
- 住客房——住客正在租用着的客房
- 续住房——客人不会当天结账的客房
- 脏房或者待清扫房——客人已结账离开，但是客房部员工还没整理好，不能入住的客房
- 维修房——由于出现故障而不能出租的客房

客房部与前厅也要就潜在**出租客房数**（house count，一种饭店已登记客人的数目的报告）的细节、安全问题以及对**顾客日用品**（amenities，个人梳妆物品，如洗发水、牙膏、漱口水、电气设备）的要求等进行沟通。这些不仅是饭店管理人员，也是客人直接关注的问题。

在一个没有安装物业管理系统的饭店中，客房状态的报告主要通过面对面进行处理。在这样的饭店里，客房部服务员一般每隔两小时或者一小时就到前台接待处沟通一次。每天结束时，有关客房状况的正式报告的完成，要依据**客房服务人员客房报告**（housekeeper's room report）——由客房服务人员将客房使用状况按照空闲、使用与维修三种状态列成的表格。有时当客人焦急地等待入住客房的机会时，定期的客房状况报告是不够的。在这些情况下，前台接待必须打电话给楼层主管来确定何时有空房入住。

客房服务员依据**客房销售预测**（room sales projections）——由前厅经理每周编制并分发，显示离店、到达、未预订散客、续住与应到未到客人预期数目的报告——来安排员工。客房销售预测的及时分配，有助于前厅经理对员工的离开与休假做出安排。

前厅也需要依靠客房部员工汇报可能会危害客人安全的异常情况。例如，如果一个女服务员或者男服务员在楼层发现了没有登记入住的客人、被打开的消防安全门，或者听到客房内家庭纠纷的声响，必须向前厅反映这些潜在的危害安全的状况。反过来，前厅的员工将这些信息传达给公司内部安保部门或者民防部门。前厅经理可能会指示前台接待与总机话务员，打电话通知楼层主管定期检查各楼层客人的活动。

客人对额外的或者特殊的客用品，以及客房供应的需求，可能会从前厅开始，快速的需求转达，如额外的毛毯、毛巾、肥皂以及洗发水等，才是最好的服务。更多关于客房部与前厅之间沟通的案例将会在第 15 章中讲述。

3.2.3 餐饮部

餐饮部与前厅之间的沟通是必不可少的。**转账单**（transfers），即用于把收费转移到客人账目上的表格，被用来传达消息，并提供准确信息。沟通活动也包括汇报**预期出租客房数**（predicted house counts），基于以前客房租用情况，而对预期登记入住客人数目的估计，与处理**退还押金**（paid-outs，用于显示代表客人或者饭店员工从收银处退还押金数量的表格）的请求。这些极为重要的服务帮助过度劳累的餐饮部总监、餐厅经理或者宴会部经理满足大众的需求。

接待业人物简介

迈克尔·笛卡尔（Michael DeCaire）是得克萨斯州休斯敦希尔顿酒店（Houston Hilton）餐饮部总监，他先前的工作经历包括担任北卡罗来纳州夏洛特花园酒店（Park Hotel in Charlotte）行政总厨，关岛太平洋星级酒店（Pacific Star Hotel）行政总厨与副总厨，以及佛罗里达海恩斯市绿叶度假酒店（Greenleaf Resort）行政副总厨。

笛卡尔先生依靠前厅获得准确的入住者预测信息、VIP 以及希尔顿荣誉俱乐部会员通告、对食品与服务的投诉或者好评信息的沟通，以及处理客人账单。他还和前厅一起努力，通过一个对宴会和会议事件的为期十天的预测，对宴会和会议客人的需求和位置有一个全面的了解。在休斯敦希尔顿酒店，对沟通的重视延伸到了每九个星期进行一次的交叉培训计划中，在这个计划中，所有部门（餐饮部、前厅、客房部、销售部等）都要学习每个部门的基本知识。这项训练让销售人员体验厨师的职责，让服务员了解前台接待的职责，也让前台接待认识到客房服务员工作的重要性。另一个合作训练是消防指挥岗位培训。

笛卡尔先生为想在饭店工作的学生提出以下建议：在接受大学教育之前，在饭店做一份入门工作，了解周末、节假日以及夜间对工作的需求。这些努力将会给你的职业成长带来非常大的好处。

对餐饮部总监与行政总厨来说，从供应商和其他行业的代表传来的消息，对于餐饮部的商业运营非常重要。如果总机话务员被指示筛选来电者（比如当行政总厨因为繁忙的工作或者员工会议不能被打扰，或者是行政总厨不感兴趣的供应商来电时），重要的信息就会最优先考虑。

在拥有**零售终端**（point-of-sale terminals），以及与物业管理系统交互的计算机化的收款机的饭店中，有关客人收费的信息会自动转移至个人的**账单**（folio）——他的收费与支付记录。如果一个饭店没有这样的终端，前台接待要负责依据转账单，将准确的收费记录转移到客人的账单上。前厅经理应与餐饮部总监一起开发标准的运营流程与方法来完成收费的转移。

餐饮部的主管依据前厅经理制作的预期出租客房数，来安排员工以及预测销售。例如，从事于早餐轮班的餐厅主管需要知道饭店将会接纳多少客人，他才可以决定安排多少服务人员从事早餐服务。及时准确地准备沟通手段有助于员工控制与销售预测。

经授权的餐饮部员工有时会以各种形式向前厅索取现金，比如为购买宴会、行政酒廊或者餐厅的最后一分钟项目或者利用偶然的机会来提升服务所支付的费用。关于现金的限额、归还时间、预先核准、授权签字以及购买收据的具体指导方针，由总经理与前厅经理共同制定。这些方针有助于维持对费用支出的控制。

3.2.4　宴会部

宴会部是一个常常结合市场营销部与餐饮部职能的部门，它需要前厅向顾客传达关于计划事件和账单支付的信息。

前厅可能要提供人员来准备**每日公告板**（daily announcement board）——一个登记饭店每天举办活动的内部列表（时间、团队、客房分配等），**与留言板**（marquee），即包含饭店的商标和留言空间的路边留言板。因为大多数宴会客人可能没有在饭店登记，前厅理所应当成为交流中心。

每天在一个毡板或者电子公告板上，为所有的客人与员工发布有关团体活动的安排计划，留言板的准备包括祝贺、欢迎、促销或者其他重要信息。在一些饭店，前厅的一位员工专门负责与市场营销部沟通信息。

不熟悉饭店的宴会客人会向前台咨询方向。这项服务在总的服务传达过程中似乎微不足道，但它对于走失或者迷路的客人来说是必不可少的。前厅的员工必须既要知道怎样引导客人到特定的会议室或接待区域，也要知道哪些房间有什么功能，他们必须做好提供饭店内部所有部门活动信息的准备。

负责为特殊活动付账的人也要来到前厅处理客户往来账。如果宴会部经理不能亲自送来账单，前台接待需要被告知餐饮费用、小费、租赁费、付费方式等具体情况。

3.2.5　财务部

财务部依靠前厅的员工，通过充分准备的夜审，提供每日财务收支总结，这也用来衡量满足预算指标的管理能力。由于前厅向财务部提供账单及信用卡明细账的维护等财务数据，这两个部门必须通过过账机或者物业管理系统传达支付与收费信息。

在财务部处理实际客人账目与汇编财务数据的过程中，前厅提供信息是所必需的第一步。如果没有前台接待提供准确的日常条目，没有夜审，财务总监也将没有数据向所有者、总经理、管理者作报告。你也许会希望这种沟通以报告的形式进行，然而，前厅与财务部经常进行口头沟通，他们都关心客人服务，当涉及财务时，口头讨论就不可避免了。

3.2.6 维修部

维修部与前厅就客房状况与维修服务需求方面进行沟通。维修部员工必须要在修理管道、暖气或空调故障前了解该客房的使用状态。如果客房已预订，两个部门可以共同确定一个修理的时间范围，顾客一到达饭店便可进入客房，或者分配至另一间客房。努力合作将会获得解决困境的最好途径。在不妨碍本职工作的同时，部门经理之间为向客人提供服务要进行必要的沟通与计划。

同样，客人对暖气、通风设备、空调装置、管道、电视机以及其他客房设备等的修理需求会直接到达前台，由前台转达给维修部。前台接待要掌握维修进度，因为客人随时想知道何时能够修理好。

接待业人物简介

詹姆斯·希尔（James Heale）是迈耶贾巴拉酒店（Meyer Jabara Hotels）的财务总监，之前在宾夕法尼亚州怀俄明喜来登雷丁酒店（Sheraton Reading Hotel）担任财务总监。作为饭店的财务总监，他负责管理收入的资金、支出的花费与税务。他要准备日常审计，负责工资编制，并制定月度、季度以及年度财务报表，也要准备财务预测以及后续预算。

希尔勒先生说，与顾客服务代理、收银员以及夜审人员的关系是非常重要的；然而，与他们各自经理的关系更为重要。他审核顾客服务代理、收银员以及夜审人员的工作，但是并不直接监督他们。如果他们犯了错误，希尔勒先生尝试向他们说明为什么。他保证他们受到适合的培训，包括让他们了解审计的结果，让他们意识到自己的个人表现。

希尔勒先生与前厅经理关系很好。他们共同预测客房销售，审计银行资金。前厅经理管理前厅的薪资时，可能会寻求希尔勒先生的帮助。前厅经理也参与现金管理问题；他和希尔勒先生互相提醒对方存在的问题，然后共同努力加以解决。前厅经理负责监控应收账款，当某位客人超出其信用卡限额时，需要告知希尔勒。

希尔勒先生指出，饭店每一个员工都是一名销售人员。通过与当地供应商培养良好的关系来进行销售是他工作中的重要部分。他的努力促使供应商成为饭店的顾客。

3.2.7 保安部

在向客人提供服务的过程中，保安部与前厅之间的沟通是十分重要的，他们紧密的合作有助于维护客人的安全。消防安全措施、应急通信系统以及对客人安全问题日常调查的程序等，需要部门间合作完成。由于2001年"9·11"事件的发生，饭店向客人提供的安保的性质发生了改变。所有前厅员工必须警惕不应出现在大堂的客人，而且必须要向保安部汇报不正常现象。这种职业的安全观使得前厅可以配合保安部的工作。

3.2.8 人力资源部

人力资源部会把前厅员工当作联系各部门潜在员工的起点，它甚至会让前厅筛选应聘者。如果这样的话，人力资源部需要提供筛选方法的指导方针与培训。

有些人力资源经理依靠前厅向求职者发放申请表格以及相关人事信息。潜在员工可能向前台接待询问人力资源部的位置。人力资源部也会制定一些方针指导前厅员工筛选应聘者。这些指导方针包含对个人卫生、申请表填写、学历要求、经验以及身份信息等的关注，这些信息将为人力资源经理面试应聘者提供帮助。

3.3　沟通方针分析

该部分描述了一些场景，在这些场景中，前厅与其他部门之间的沟通起到了一定的作用。每一个场景均涉及部门之间的沟通问题，我们试着追寻沟通失败的根源，分析沟通系统，并且提出促进沟通的方法。这种方法的提出为的是帮助今后的专业人士形成一套系统方法来逐渐改善沟通。

3.3.1　场景1：市场营销部知道这一切——但是不告诉我们

欧艾尔·玛格内特先生与夫人将在城市酒店（City Hotel）吊灯室举办一个200人的私人派对。一到饭店，他们就前往前台，询问市场营销部总监本顿先生是否有空接见。前台接待查看了值班板，了解到本顿先生已经下班了。他回答说，"很抱歉，他已经下班了。你们有什么事情吗？"玛格内特夫妇顿时感到被忽视了，并且要求见值班经理。

助理总经理杰勒德先生到达现场，询问可以为玛格内特夫妇做些什么。玛格内特先生有很多问题：谁将负责他们的派对？他们最喜欢的两个服务员会负责他们的鸡尾酒、开胃品以及晚宴吗？从荷兰空运的鲜花已经到达了吗？杰勒德先生回答说："哎呀，这个你得问我们的宴会部经理安德烈，他了解一切事情。"

当安德烈到达时，他告诉玛格内特夫妇，关于谁将为宴会服务，本顿先生没有留下任何指示，而且他没在储藏室看到郁金香。玛格内特夫人宣称她的派对将会是一场灾难。玛格内特先生决定将派对继续进行，稍后再处理专业服务缺失的问题。

稍后玛格内特先生向总经理欧恩纳——城市酒店的拥有者——投诉，双方对这种情况都很苦恼。玛格内特先生与欧恩纳是一项建筑工程的共同投资者。即使两个人不是业务伙伴，以这么粗疏的方式对待任何一位客人都将给将来的会议和宴会销售带来灾难。

分析

该案例中，所有员工的失误导致了沟通的失败。沟通是一个双向的过程，发送方与接收方都要积极主动。作为发送方，市场营销部总监本顿先生没有做好功课。假设他知道欧恩纳与玛格内特夫妇的关系，他本应调整工作计划，以确保自己可以在那里管理派对。他也应该将玛格内特夫妇的活动计划通知前厅经理，说明他们的身份，并且要求客人一到就立刻通知他。本顿先生同样也应与宴会部经理安德烈紧密合作，安排好员工，接收并储藏好鲜花。尽管助理总经理杰勒德并不会正式地参与派对的细节，然而在这个案例中，玛格内特夫妇的VIP身份应能让他知道他们将要出现在酒店中。

在此交流过程中，接收者包括前厅员工、宴会部经理、助理总经理，他们也负有责任。有时，管理者未能针对即将进行的活动详情进行沟通，然而，前厅员工、宴会部经理，还有助理总经理要负责审查每日工作布告板和每周工作表。他们也要负责了解入住饭店的客人以及与饭店有业务往来的协会和公司的背景。

可以通过以下几点来避免这种情况发生。第一，通过审查每个班次上每个前厅员工的工作布告板，前厅经理能够保证与客人初次接触的专业性。然后经理能够帮助前厅员工关注当天将要进行的活动。市场营销总监也可以在每周的员工会议上，对下个星期将要入住饭店的客人做简短的介绍。那样的话，接待 VIP 客人时的特殊要求就可以注意到了。

3.3.2　场景 2：客房 507 的平静与和谐

前台接待维罗妮卡忙着为登记入住。有几个客人因为饿了，向她问路，前去最近的餐厅。有两个人似乎没有休息好，他们想立刻去客房，其中年长的那位旅客需要帮助拿行李，而另一个人，他的孙子，在大巴车上晕车。尽管客人中有两个人没有休息好，需要特别注意是很正常的情况，但是这两个人让她感到不安。老人茫然的神色以及他的焦躁不安让她不知道他在想什么。她把他们安排到 507 入住，叫了行李员帮助老人搬运行李，建议他小憩一会儿，以有助于从汽车旅行的劳顿中恢复过来，并且让那个年轻的客人也这么做。

接下来，又有些客人登记入住或者结账离开。维罗妮卡午休了一会，在回饭店餐厅的路上，碰巧看到那个年老的旅客穿过饭店大厅。她对自己说道："他看起来比刚入住时走路要直很多，而且个子也比之前高了。从他下车才过了两个小时，那段小睡肯定对他很有帮助。"同样，她休息回来后，看到那个年轻的客人与朋友一起听着大厅里的立体音响，又说又笑。小睡也帮助他缓解了晕车。

维罗妮卡与下午换班的同事约翰和德莱尼打了招呼，办妥手续后离开了。她急于赶赴一个约会。他们换班两小时后，约翰接到了客房 505 的投诉电话：过道里传来很大的、奇怪的吵闹声。约翰通知值班保安以实玛利，以实玛利随后对情况进行了调查。当以实玛利到达客房 507 时，他简直不敢相信自己的眼睛。两位客人正在举办一个由活的动物、乐器，还有一个 1 000 瓦的台灯、多宗教形式的宗教派对。以实玛利后来说："在房间里至少有 45 个人，他们邀请我来分享那份平静与和谐。"以实玛利告诉他们派对必须停止，因为国家法律规定在那样特定的房间里不能超过两人，他们非常困惑。然而，他们很合作地遵守了法律。

分析

在这个场景中，我们可以看到有三个沟通的机会被忽视了。第一，当维罗妮卡对那位年长的旅客与他晕车的孙子心存疑虑时，她本应与同事或者主管进行商议。可能会没什么事情，但是话又说回来，这也可能是一个需要进一步调查的情况。其次，当这些疑虑被两小时后的快速康复得以支持时，本应能提醒她事情可疑，应该与主管讨论或者与保安部总监联系。最后，礼貌地拜会一下 507 不会浪费多少精力，却可以为以后节省时间。维罗妮卡没有将自己对两位客人的担心告诉约翰与德莱尼，导致其错失了第三次沟通机会。交接班时进行的沟通，对于保障客人的安全是十分重要的。对员工的所有沟通培训都不能忽视人的本性，它是构成人与人之间沟通过程的基础。

3.3.3　场景 3：我知道你说的什么，我想我也清楚你的意思

维修部经理山姆·琼斯已安排工作人员对饭店的塔楼客房进行粉刷。安排这项工作之前，他与预订经理基思·托马斯进行核对，请求将塔楼客房四天之内不对外预

订。基思同意了这一请求，因为 Photo Bugs International 公司之前预订的 150 间客房经确认后只需要 100 间。

下午 1 点钟，山姆接到基思的电话，问能否给粉刷员工重新安排一些其他工作。Photo Bugs International 公司的人已经到达饭店，150 个房间都要住满，大厅里已经挤满了无法入住的客人。山姆告诉基思，给他的团队一个小时的时间来清洁南侧厅杂乱的东西，并清新空气。他说南侧厅还没有粉刷，因此那些客房可以入住。

分析

什么是对的？什么又是错的？这个案例表明两个员工之间的合作可以解决即便是最糟糕的场景。山姆知道让客房暂停服务需要获得预先同意，基思满足这个请求的决定是有合理依据的。山姆能够灵活变通的为客人解决困境。但是，是什么导致情况出错的呢？

饭店员工之间的沟通语言必须清楚明了。在此案例中，预订会议的负责人确认为 100。是 100 个客人住 50 个房间，还是 100 个客人住 100 个房间？不够明确是问题的根源。在一些饭店中，预订经理可能需要将预订中的改变写下来（以一种书信的形式）；然后将写下来的说明附到签订的合同上。这些有关饭店中每天问题的案例，强调了前厅与其他部门之间良好沟通的重要性。类似的问题在你的服务业职业生涯中也会不断出现。如果你善于积极分析沟通系统，你将会成长为一名专业人士。积极参与系统化沟通的前厅经理是更有效的管理者。以正确的程序培训员工与本部门和其他部门的其他员工的相处，有助于提升专业服务。

3.3.4　全面质量管理在有效沟通中的作用

全面质量管理（total quality management，TQM）是一种管理技巧，能够使管理者以严格的眼光注视提供产品和服务的过程。管理者必须要求一线的员工与主管对他们为客人提供服务时所用方法的每一步提出质疑。例如："为什么客人会对排队等候结账离开饭店产生抱怨？""为什么客人说我们的餐桌服务草草了事？""为什么当客房不能入住时，客人感到非常烦躁？"管理者与员工必须寻求这些问题的答案。

全面质量管理是在 20 世纪 50 年代早期，由管理理论家 W·爱德华兹·戴明（W. Edwards Deming）提出的。他的目的是想为美国制造商提供一种提升产品质量的新方法：通过工人参与规划过程来减少失误。美国制造商起初并不愿意接受全面质量管理，但是日本制造商很快采用了戴明流线型方法的原理制造产品，如汽车。他提供给管理者如流程图等工具，通过将制作过程分成若干部分来分析产品，然后重点关注生产最终产品的部分。

国际集锦

贾斯汀，前台值班人员，不能讲流利的西班牙语，但是却知道怎样与讲西班牙语的客房部员工用音标进行沟通。当客房服务员维多利奥到前台通知贾斯汀哪些客房干净时，他们用音标发音交流客房状况。例如：

英语	西班牙语音标
Room 2180	(doughs, ooe no, oh cho, sarh o)
Is	(es tah)
Clean	(limp e oh)

在饭店行业中，全面质量管理最重要的一个方面就是一线员工与其领导的相互作用。为了确定问题的根源，了解怎样获得所期望的最终结果，一个群体环境中或者一对一基础之上的员工之间的相互作用，促使他们进入一种前所未有的相互合作的氛围。不了解各自活动的第一班与第二班员工发现，他们对于服务顾客确实有共同关心的问题。客房部与前厅的员工逐渐意识到客人延迟退房的要求带来了混乱。全面质量管理的实行保证了在这种情况下前厅与客房部进行核查，确定客房的可用性。关键在于，每一次不同部门之间的团队成员聚在一起，共同分析提供服务过程中的挑战，部门间的沟通都得以加强。

3.3.5　饭店中全面质量管理的示例

全面质量管理在饭店中可有如下应用：总经理收到无数抱怨大堂杂乱的投诉——家具和靠枕乱放，烟灰缸满了，鲜花枯萎了，垃圾箱也满了。前厅经理组建了一个全面质量管理团队，包括一名前台接待，一名女服务员，一名男服务员，一名收银员以及市场营销总监。团队讨论如何使大堂区域更好地得到维护。女服务员说她的同事工作量过重，而且每天轮班时只有 15 分的时间打扫公共区域。前台接待说，他愿意花几分钟的时间到大堂去整理家具和靠枕，但是他不能离开无人照顾的前台。市场营销总监说，当一位潜在客人进入饭店，迎接这位客人的是一片狼藉时，她感到非常尴尬。她多次打电话叫客房部来打扫，但是却被告知："这并不在我们一天打扫大堂六遍的安排中。"团队所有成员都意识到不整洁的大堂会对饭店造成不好的影响，这种情况需要及时补救。

一线问题

当客房 421 的客人结账离开时，她指出客房内水龙头滴水的问题。客人离开后，前台接待漠视她的评价，对同事说："饭店里那么多滴水的水龙头，多一个也没什么。"如果你是前厅经理，听到这番交谈后，你会怎么做？你会怎样促进前厅与维修部之间的沟通？

团队决定检查一下大堂。家具都装有轮子，以便客房部员工打扫时进行移动。靠枕为环境增添了一种装饰格调，但它们经常散落在各处。服务员开玩笑说："让我们把它们缝在沙发的背面和扶手上吧！"或许可以把烟灰缸拿走，增加一些别的容器供客人熄灭烟头？一个更大的有摆动盖的垃圾容器能够避免乱扔垃圾吗？"鲜花很不错"，一名团队成员补充说，"但是许多饭店都使用丝绸做的花和植物，从长期来看这样做可以节省资金。"

团队讨论有助于每个人了解为什么女服务员不能每隔两三个小时整理一下大堂，以及为什么前台接待不能离开岗位处理问题。员工关于家具与职位的评论有助于培养一种相互理解的氛围。团队成员开始用更多同情的眼光看待他人，更谨慎地去批判一些事情。大堂杂乱的问题解决了吗？是的，但是更重要的是，团队成员找到了一种更具建设性的方式来对待困难。

3.4　开篇困境解决方案

通过对本章开头的回顾，问题似乎是说，在紧急情况下，所有的员工都应积极帮助客人。然而，在这个案例中，前台接待对自己的工作有一种观念问题。这种短视源于培训的贫乏，不同部门的员工缺乏交流思想、感情的机会，缺乏激励员工的氛围。前厅经理应该与会议代表讨论这种状况，强调全面质量管理的好处。管理者必须专注于客人的需求，促进员工成长与发展，如此员工同样将关注客人的需求。这些观念是有效的部门间沟通的核心。

□ 本章概述

本章分析了在饭店中必须维持部门间的沟通，特别的是，本章聚焦于前厅如何与所有部门的员工进行联系——市场营销部、客房部、餐饮部、宴会部、财务部、维修部、保安部，以及人力资源部。当员工为提供饭店服务进行合作与沟通时，顾客的需求得以满足。可是，当这些沟通路线损坏以后，服务的质量也将难以保证。前厅经理必须对这些沟通路线、顾客的需求、员工的行为、实行的政策与程序等持一种客观的态度。有时沟通系统的某些部分似乎令人受不了，但是专业的饭店人士会随着每一次新挑战的出现而加以改善。

沟通失误的一些场景以及随后的分析，为复杂的沟通过程提供了深刻的见解。每一位员工都要学会欣赏其他部门的工作，了解每个员工的活动如何影响服务的提供。良好的运营政策与培训计划，有助于员工进行部门内部或者部门间沟通。

全面质量管理是作为一种促进部门间合作与沟通的管理工具引进的，这种管理技巧专注于让所有员工以一个团队的形式来一起讨论问题，并寻求解决问题的方法。这种方法能为顾客生产出最好的产品与服务。

□ 关键词

顾客日用品（amenities）

宴会部经理（banquet manager）

每日公告板（daily announcement board）

账单（folio）

客史档案（guest histories）

出租客房数（house count）

客房服务人员客房报告（housekeeper's room report）

客房状态（housekeeping room status）

部门间沟通（interdepartmental communica-tion）

部门内部沟通（intradepartmental communi-nication）

留言板（marquee）

退还押金（paid-outs）

零售终端（point-of-sale terminals）

预期出租客房数（predicted house count）

客房销售预测（room sales projections）

销售助理（sales associate）

全面质量管理（total quality management, TQM）

转账单（transfers）

□ 本章思考题

1. 前台接待的沟通工作怎样为顾客的来访奠定基调？举例说明。

2. 举例说明市场营销部与前厅如何进行沟通。

3. 前厅与客房部之间的沟通主要围绕客房状态。各个部门经理如何能够保证这些沟通是有效的？

4. 宴会部与前厅是怎样相互作用的？你认为前厅的职责应该转移给宴会部经理吗？为什么？

5. 财务部希望前厅每天做什么？这种沟通为什么这么重要？

6. 在顾客与维修部门沟通的过程中，前厅起了什么作用？

7. 在运营与沟通的过程中，人力资源部如何将前厅列入其中？

8. 追溯与分析通信线（tracking and analyzing lines of communication）对你来说是什么意思？你认为这种观念会对你在饭店业中的职业生涯有帮助吗？

9. 你对使用全面质量管理作为一种提升部门间沟通的工具有什么看法？

10. 在你工作的地方确定一个存在问题的领域，制定一个使用全面质量管理来解决问题的计划。你将会把哪些人放入全面质量管理团队中？你期望得到什么结果？

□ 案例分析

1. 星期四的早上，时代酒店预订经理已经将一天的预订清单打印出来。前台接待已为预先注册为美洲宠物主人会议的顾客准备了 252 个包价服务产品。时代酒店被委任为养猫客人总部，而相距两条街道的塞巴斯蒂安酒店（Sebastian Hotel）被委任为养狗客人总部。美洲宠物主人会议的参加者大约在正午开始到达。

时代酒店星期三晚上客房满员，有一个参加生物学研讨会议的规划小组（179 间客房）住在酒店。他们举行的会议持续到星期四凌晨。一些顾客在客房门上挂上了"请勿打扰"的标志。

李尹焕，总工程师，注意到第五与第六楼层的空调不断地开关。李尹焕调查了这个问题，并估计需要 12 个小时的修理时间。李尹焕打电话通知前厅这一问题，但是前台接待非常忙碌，没有接听电话。同时，另一个修理电话打进来，李尹焕又没能打通。空调的状况没有通知到前厅。行政总厨一直忙着准备供应商今天的订单。他也在准备着美洲宠物主人会议的食品生产工作表。行政总厨已留言让其中的一个供应商下午早一点回复他的电话，以明确当晚宴会的订单。美洲宠物主人会议的组织者想要一个特别的瑞士巧克力冰淇淋蛋糕卷。市场营销部还要定制两个冰雕——一只猫与一只狗。宴会部经理与一些员工被安排要在宴会开始前三小时到达，开始布置家具、桌面。服务员将在宴会开始前一小时到达。

现在是上午 11 点钟，一组与会者已到达并登记入住。他们随身带来了自己的宠物猫，想知道可以把它们安置在哪里。前台接待不清楚要把猫安置在哪里，他打电话咨询市场营销部。市场营销部人员说会议的组织者特别告诉参加者要将他们的宠物留在家中，这不是一个宠物秀，只是一个商务/研讨会议。

客房部员工不能进入客房（因为退房时间是在正午）。生物学研讨会议的参加者因为规划会议开到很晚，现在还没有起床。此外，有两个客房服务员没有汇报今天上午的工作。

现在是下午 1：30，大多数宠物的主人带着他们的宠物在大堂中，等待进入客房。因为空调出了故障，大堂十分喧闹。难闻的气味与喧闹声令人无法形容。客房部来电说第一批客房有 75 间，将会在两小时后开放。

电话总机已经被宠物的主人打爆了。行政总厨正在与供应商联系瑞士巧克力冰淇淋蛋糕卷的事情，他最后终于与供应商通上了电话，却发现供应商也在尝试打电话告知他，已经没有这种产品了，但是前台没有人接听。行政总厨很抓狂地从厨房来到大堂，找到总机接线员，狠狠地批评了他。前厅经理为处理猫产生的垃圾忙得不可开交，没时间回应行政总厨。情况很糟糕。

就当似乎再没有别的事情可以出错时，一批有担保预订的 10 位美洲宠物主人会议的参加者来到大堂。酒店客房已全部预订出去，这些额外的预订预示着出现了超额预订的局面。预订员忘记询问这些客人是狗的主人，还是猫的主人。大堂的吵闹声现在已难以忍受——狗对着猫狂吠，猫对着狗嘶叫，客人们也大声抱怨。

　　宴会部经理与员工已经将用于宴会的房间布置妥当。一名员工打开空调；从通风口出传来沉闷的噪音，还有一股蓝烟涌入。考虑到这只是暂时的状况，他并没有向宴会部经理汇报。稍后，宴会部经理指示安装人员从冰箱中取出冰雕，并把他们放到舞台与头桌的前面。宴会服务员将在一小时内到达为宴会做准备。

　　如果你是前厅经理，你将怎样解决当前的问题？当混乱消除后，你会怎样分析这一情况？列举一下前厅与其他部门提升沟通的机会。

　　2. 下面的剧本描述了一个饭店总经理每周的员工会议。由几个同学扮演成员，其他的同学观察并分析这段沟通对话。

　　玛格丽特（总经理）：大家早上好！能够再次聚在一起讨论我们未来的挑战与计划，简直棒极了。让我们看一下，安娜，你之前要求今天讨论一下饭店车库停车空间太少的问题。

　　安娜（前厅经理）：是的，这个问题已经为我的员工带来了各种难题。每天至少有十位客人威胁说，如果我不能为他们找到车位，他们将取消预订。因为停车这件小事产生如此大的问题，这让我怎么能够取得 100% 的入住率呢？

　　安迪（停车场经理）：等一下，安娜。经营一个停车场并不是一项轻松的工作。我们有很多新的月度商业客户正在帮助我们赚很多钱。难道你忘记那些新的月度商业客户为你刚买的物业管理系统付账的事情了吗？你半年前对这项新业务非常满意。

　　玛格丽特：看，伙计们，现在我们要以顾客为中心；我想你们两个已经看不清谁是顾客了。

　　埃里克（餐饮部总监）：我觉得我们的顾客太少了。我希望看到那些新的停车客人中有一部分能够走进我的餐厅吃午饭。我们一直用商业名片来追踪吃我们午餐的客人，但是到目前为止，他们只有三个人进来吃午餐。让我们抛弃那些新的停车客人，转而忠于饭店的常规客人吧。

　　弗兰克（维修部经理）：我同意。那些新的停车客人在车库内乱扔垃圾。他们把烟头以及快餐垃圾扔得到处都是。

　　安迪：我像告诉安娜一样告诉你，那些新的停车客人给你买了很昂贵的机器，来换你们部门的电灯泡。当我询问玛格丽特，我们是否可以开始新的停车场停车许可证的市场销售时，你们所有人在哪里呢？这家饭店应该叫做顾客第二饭店。

　　埃里克：我认为我们对这个问题有些忘乎所以；现在我们真正的问题是与保安部合作的缺乏。安娜，这个月难道没有两间客房被强行闯入吗？保安部总监没有在这里与我们详谈这件事，真是太可惜了。我们似乎从来没有做一些关于发生了什么事或者我们可以做些什么的后续报告，来阻止它再次发生。

　　玛格丽特：埃里克，你提出了一个很好的观点，但是让我们先来解决安娜的问题。关于停车问题，你们建议怎么做？我们是应该放弃有利可图的利润中心呢，还是让饭店原有客人满意呢？

　　安迪：玛格丽特，如果可以畅所欲言，那我想说的是，我们需要的解决方法并不是这两种选择中的任何一个，而是第三种选择。我们可以从街对面的赖斯顿酒店租一些场外停车位，供我们的客人使用。我的朋友马戈经营那家车库，而且她说平日里通常只有 75% 的位置被使用。

　　玛格丽特：好的，安迪，我会跟赖斯顿酒店总经理核实一下此事。明天他和我将与城市观光组织有个会议。

　　弗兰克：玛格丽特，在我们讨论安全问题之前，让我们先讨论一下我周末进行第二班工作的需求。这个请求是不可能的，因为我严重人手不足。你们中的任何一位有额外的、方便解决问题的，并且愿意赚些外快的员工吗？

玛格丽特：弗兰克，事情并非如此简单。我们预算紧缺，没有多余的钱来支付加班费用。我们考虑一下，推迟安排人负责第二班工作直到我们解决好这个问题。

弗兰克：听起来不错。

玛格丽特：好的，弗兰克，会议结束后我们可以立刻见面讨论这件事情。你们很多人确实在经营各自部门时遇到了很多挑战，大多数时候你们都做得非常棒。然而，从今天我听到的来看，我们需要在问题发生前进行预测。最近我接触到了一门管理技术，名叫全面质量管理。它将帮助我们了解他人的困难，让我们更加有耐心。在接下来的几个星期中，我会为你们和你们的员工安排一些讲习班进行学习。

作为本次员工会议的观察者，你对员工成员之间的相互作用有什么感受？玛格丽特扮演了什么角色？如果你是总经理，你会扮演什么角色？你认为全面质量管理讲习班对这个团队将会有什么影响？这会对前厅与其他部门之间的沟通起到什么作用？

3. 下面的剧本讲述了一位前台接待，一位客人以及一名客房服务员之间的谈话。由一些同学扮演角色进行表演；其余同学观察与分析这段对话。

贝蒂·凯：早上好，詹金斯先生，昨天晚上在时代酒店休息得好吗？

詹金斯：还好，谢谢你的问候，但是你们这里有问题。

贝蒂·凯：不见得吧！没有多少人告诉我们。哪里有问题？

詹金斯：哪里有问题?! 你见过关不上、一直漏雨的窗户吗，或者水槽中一直滴水的水龙头，还有那些很脏的毛巾吗？

贝蒂·凯：看谁在这里——贝莎·梅，你所在楼层的服务员。贝莎·梅，告诉这位先生我们是多么的专业。上一季度，我们还从内政部获得了奖项。

贝莎·梅：先生，您好。您昨天晚上有什么问题吗？我们时代酒店为能够提供干净整洁的房间而感到自豪。您的客房不干净吗？

詹金斯：是的，我的房间除了看起来很脏的毛巾，都是干净的。但是，房间很不舒服。

贝蒂·凯：我们会让维修部人员过来整治问题，为您下一次入住做好准备。希望您下次再来。

詹金斯：下一次我要到你们的竞争对手那里入住，他们打着"我们聆听顾客"的广告。

第4章

物业管理系统

本章重点

前台的物理结构和定位

选择物业管理系统

应用物业管理系统

开篇困境

在最近的一次酒店贸易展中，你发现了一款新的物业管理系统软件，这个软件能够生成各种报告，而你目前的系统是无法办到的。在展览会上，卖主约定在一周或两周后可以和你见面，就这个系统作进一步商谈，为与之会面，你该如何准备？

本书的前三章讲述了饭店行业概论、饭店的组织、前厅的组织与管理，以及有效的部门间沟通。前三章是我们理解前厅如何与这个网络融为一体来为顾客提供服务的基础，本章我们重点关注前厅的具体操作业务方面，包括前台的组织结构和定位，物业管理系统的选择，物业管理系统的应用。

现代饭店行业中电脑的应用是前台操作的中心，目前大多数其他接待设施也将电脑应用于服务中。对于新饭店来说，电脑是标准设备；对于已有的饭店来说，电脑正逐渐整合日常的操作业务，以帮助饭店接待客人。电脑应用包括常规地处理预订、登记、客人费用、退房和夜审。**接口**（interfacing）——电子数据共享，饭店餐饮部和礼品店等部门之间的，通过**零售**（point-of-sale），即饭店内形成收入的领域（餐厅，礼品店，spa，车库）来实现——通过能源、供暖和制冷系统的监控来维护，通过客人钥匙控制实现安全管理，这些都是本章要探究的应用中的一部分。

开始饭店业的职业生涯时，你很想全面了解前厅的电脑应用，本书没有涉及某一个特殊的电脑硬件或软件系统；你在任何一家饭店接受培训时，都会学习生成报告或从数据库审查信息等活动的具体操作步骤。相反，本章提供了在前台理解电脑应用所依据的一般信息。这些应用都包含在**物业管理系统**（property management system，PMS）中，这是一个通过电脑硬件和软件应用来管理饭店的通用概念。

你将会发现物业管理系统不限于前厅应用；它连接了客房部、餐饮部、市场营销部、礼品店、财务部、维修部、保安部和其他部门，这些部门都是饭店的服务部门。每一个部门都和前厅一样，在客人入住前、入住中，以及离店后，扮演着满足顾客需求的角色。前台接待负责顾客的沟通、结账、安全管理。前厅作为饭店的核心部门，所处理的大部分存储记录，都受益于电脑系统。

本章的第一部分为采用物业管理系统作铺垫，在选择一套物业管理系统过程中，硬件和软件系统，以及其他考虑都作了探讨。[1]在本章的最后一部分讨论了目前运用于饭店行业的物业管理系统的模块。[2]

接待业人物简介

凯文·科普鲁（Kevin Corprew）是美国堪萨斯州欧弗兰帕克万豪酒店的客房经理，他毕业于休斯敦大学的酒店管理专业。科普鲁先生已经在万豪集团下多个地方和多个岗位上工作过，在得克萨斯州休斯敦的万豪医疗中心酒店（Marriott Medical Center）当过前台接待、客房监控员和主管；在得克萨斯州休斯敦的万豪机场酒店（Airport Marriott）任宴会部经理；在得克萨斯州达拉斯遗产公园的万怡酒店从事过客房管理（客房服务和维修服务）、前台、餐厅和吧台工作。他也在华盛顿特区希尔顿酒店（Hilton Washington and Towers）从事过销售工作。

科普鲁先生说前台的环境要求简洁、大方。在前台的结构上要新增一个人行道，这样前台服务人员就能在前台前后为顾客服务。同时，在设计和功能上，前台和大堂应该一起考虑。

前台的组织设计包括电脑和其他大量的细节问题，有一个简单的指导原则：保持简洁。科普鲁先生提供了许多机器设备（能够提供电子钥匙的电子设备）；保证所有的员工都能够按照标准程序操作，例如在一个位置处理传真、收发邮件；要求员工关注顾客的需求。他的这种组织原则在现在饭店的接待中依然实用，百分之百自动的物业管理系统只需要前台接待刷信用卡，然后将房门钥匙交给顾客。

科普鲁先生鼓励那些想从事饭店行业的年轻专业人员，要以较高的职业道德和标准来要求自己。同时他也鼓励学生接触基层工作，这样就可以为管理员工打好基础。

4.1 前台的布局和定位

图 4—1 展示了一个计算机化前台的布局。虽然手动设备在某些单体饭店依然在使用，但是电脑系统已经成为了大众的选择，主要是因为它能满足顾客、管理者和经营者的需求。

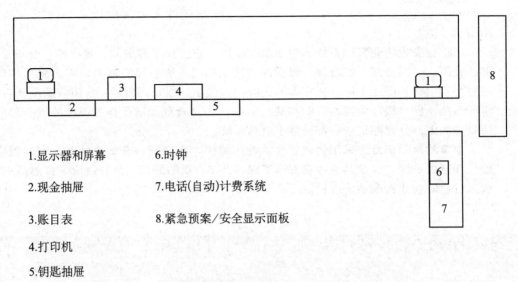

1.显示器和屏幕   6.时钟

2.现金抽屉   7.电话(自动)计费系统

3.账目表   8.紧急预案/安全显示面板

4.打印机

5.钥匙抽屉

图 4—1   以顾客服务和员工效率为中心的计算机化前台布局

4.1.1　顾客第一印象

前台在饭店经营中处于关键地位。它是客人抵店后首先接触的部门之一，因此，它的环境能够折射出整个饭店的基调。整洁、整齐、有吸引力、高质量而且专业是前台应该传递给顾客的基本印象。客人希望感到被重视、安全，而且是专业人员在为他们服务。通过前台的物理布局传达的印象有助于为前厅的运营创建一个积极的形象。给客人提供接待服务和促进内部销售（在第 11 章和第 13 章将会进行更加详细的讲解），对饭店获得持续的资金流入有着重要的作用。对于提供一个很好的环境以使我们的目标能够实现来说，一个布局良好的前台结构也是很重要的。

4.1.2　客流量和员工工作的平衡

设备

前台的设计要求既能服务于客人，又能使员工有效工作。如果客人排队等了五分钟后，忽然被告知排错队了，会给客人留下了不好的第一印象。同样，接待人员要排队打印或者使用电脑，也会影响效率。不过如果你熟悉前台的接待工作，你就会明白规划可行的所需设备布局非常简单。

客人安全

前台的位置通常主要由饭店的出入口和电梯的位置决定。前台接待和夜审人员必须能够观察到谁进入了饭店，这样能确保饭店的安全。我们不建议将前台和饭店出入口或者电梯布局在同一排，图 4—2 给出了一些在前台能够监控到入口的布局。在这三种设计中，前台接待可以很好地观察到从大门进入饭店的客人，也可以观察到从电梯处出来的客人。这种布局对于夜审人员来说是非常重要的，有助于协助保安部监测大堂的各种活动。

在"9·11"事件之后，出于安全的考虑前台接待成为饭店的一线哨兵。前台的设置更加重要了，尽管不能离开他们的位置，但是要求他们更加细心，而且能够有效召唤合适的人来调查情况。将前台设置于饭店出入口对面能够使前台接待更容易观察到进入和离开饭店的人员，对饭店的安全有极大的益处。

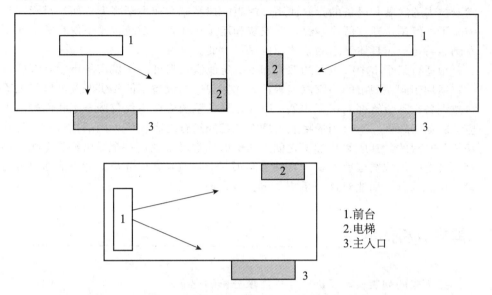

1.前台
2.电梯
3.主入口

图 4—2　前台员工能够清晰观察到从主入口和电梯进入大堂的人员

国际集锦

　　国际翻译卡能帮助外国游客将他们母语中的旅游词汇翻译成当地语言，在前台桌面上经常放有这些卡片。国际游客和前台接待均发现这些卡片十分有用。

4.2　选择物业管理系统

　　这部分集中讲解我们所采用的物业管理系统的组成部分。这个决策过程始于对一线工作人员所做需求分析的重要性的了解，这种需求分析主要集中在饭店的人流量和部门间的沟通上。管理层制定的饭店各部门的一些审查行政文书也是一个重点。在管理层收集到关于业务操作需要的相关数据后，电脑能不能提高我们的服务水平是值得讨论的。其他重要的概念还包括软件选择的考虑和计算机硬件术语。审查人和电脑如何互动，以及在安装硬件时，饭店怎样做好规定也要明确提出。进行电脑培训，以及为运行的电脑规划备用电脑也非常重要。对选择一种物业管理系统的探讨，结束于常常被忽视的维修协议和重要的金融投资回收的考虑。

4.2.1　需求分析的重要性

　　饭店进行了需求分析以后，才能更好地选择设备。[3]一次**需求分析**（needs analysis）能表明一项具体业务的信息和服务流量，来判断新设备，例如电脑，能否提升流量。通过电脑的使用，前台可以减少发生在登记时的障碍，同时减少客房部提供的客房入住状态的信息缺失。只有在完成运作流程分析后，电脑的应用才能发挥改善情况的作用。

　　只有因不做需求分析导致事情进展不顺利后，你才会意识到需求分析的重要性。对于经营者和管理者来说，不论经营初期还是其他时刻，首先考虑的都是成本问题。随着技术的发展和设备的频繁使用，饭店的技术成本在不断降低，而且投资回收期也缩短了。但是，即使低成本经营，安装和运作物业管理系统也是不便宜的，即便是没有满足特定饭店具体要求的系统，也是昂贵的。

　　很适合某个市中心饭店的系统却不一定能满足另外一个城市的市中心饭店，也不一定适用于同一城市的一家汽车旅馆。如果我们的设备不能提供服务，世界上所有的科技设备都不会给客人留下印象，因此这样的系统应该不仅仅服务于我们的员工，也应该服务于顾客。不恰当的物业管理系统只能给管理者提供无用的报告；这种软件的功能是有限的，其成本超过了它创造的价值。举例来说，一个饭店经营者相信物业管理系统能够加快登记速度，并且决定购买一个，但是客房部员工却不能通过客房电话输入房态信息，那他对这个系统一定会很失望。

4.3　需求分析的程序

　　接下来的列表显示了进行一次需求分析的程序。
1. 选择一个分析需求的团队。
2. 分析饭店的客流量。
- 预订
- 登记
- 客人账务
- 退房
- 夜审
- 客史档案
3. 分析从其他部门到前台的信息流量。
4. 分析其他部门的管理文件。
5. 审核通过步骤 2，3 和 4 得出来的信息。
6. 估计已确定的重要需求——比如控制报告、通信信息、其他部门的管理文件。
7. 结合需求确定所需要的应用程序。

4.3.1　选择团队

　　饭店进行需求分析的第一步，也是最关键的一步，是选择一个团队，来确定正在生成的报告和信息。这样一个分析团队应该包括管理者和普通员工，才能更全面地了解饭店运作的各方面；管理者可以提供总体目标，普通员工则更加清楚每天的需求。当前厅经理发现预订系统效率不高时，可能会发现前台接待不仅认同，而且还能提出改善这种情形的建议。前台接待也许不知道**流程分析过程**（flow analysis processes）的首要事情——准备一份具有特定功能的示意图——他可以提供这种实际操作的信息，这样会帮助前厅经理评估预订系统。总经理需要市场营销部做某些额外的客房销售分析报告，可能会发现前厅经理已经做出了相关报告。大量员工收集的来自社交网络的当前信息，能够为营销方案的制定提供素材，并为他们更好地融入团队提供机会。

4.3.2 分析饭店客流量

需求分析的第二步就是分析饭店客流量，它能为详细的分析程序提供一个框架。客人居住并非始于登记，而是预订。（事实上，客人居住甚至更早于此，因为通常客人选择饭店都是营销努力的结果。）

需要分析的内容是多样化的，包括社交网络、电话系统的运用能够带来哪些方面的便捷，历史客房出租率的有效性，完成一项预订需要的时间长短，确认预订的方式，保留客房的程序，单间预订的方法。分析的内容也包括获取客人登记入住信息的方法，如何确保过账程序正确，客人离店所需的时间，处理客人费用争议的程序，在退房前的餐费和电话费结算程序。此外，还有过账到每间客房的费用和税款是如何结算的？做这样一项工作需要多长时间？通过完成夜审报告，是不是还有重要的数据不能得出？夜审信息是如何得出的？得出夜审信息需要花费多长时间？从预订、接待、客人账务得到的顾客信息，能否运用于增加额外的销售？客人对饭店环境资源管理的关注可能也是分析的内容。

4.3.3 交流信息

分析过程的第三步是观察从其他各部门流向前台的信息。从客房部获取的关于客房入住率的信息有何作用？顾客在饭店遇到紧急情况或火灾时，怎样向饭店报警？餐饮部和礼品店应该如何收费？如果在一些特定日期有大量客房剩余，市场营销部应该如何决策？维修部是如何控制饭店客房能源使用的？保安部应该如何保证客人钥匙的完整性？电子邮件是如何使用的？一种好的物业管理系统包括所有这些部门之间的交流。

4.3.4 阅读管理文件

需求分析的第四步是阅读饭店的管理文件，这对于协助管理是十分必要的。人力资源部如何维护人事档案和前雇员记录？市场营销部如何制作直接的电子邮件广告？工具书和个人功能表如何维护？**备忘录**（tickler files）（一些用于引起对某些即将发生事件的注意的文件）如何维护？工作单如何制作？用什么方法设计日常特价菜单？

4.3.5 管理层审核信息

需求分析的第五步，管理层需要审核编制的信息，来判断是否正在满足需要。是否因为前厅员工提供的关于可售客房的不正确信息，导致市场营销部的过错？举例来说，不正确的客房数据是否提供给了第三方网站比如 Orbitz.com？是否因为客房部不能及时提供信息，而使前台接待无法检查客房状态？房价的引用错误是否使饭店收入减少？夜审人员是否能检索客房状态信息来确认预订？

如果需求没有得到满足，每种需求的重要性和影响就建立起来了。顾客满意度、服务质量、财政影响都是需要考虑的。因为客房供应情况的信息没有提供，而导致会议无法预订的频率如何？这导致了多少损失？因为分配给客人正在修理或不卫生的客房，客人向总经理投诉的次数如何？与确认预订的数量相比，担保预订的数量应该是多少？为什么夜审人员不要求担保预订？

4.3.6　评估已确定的需求

这一步需要各部门经理讨论这些报告的意义，因为这些报告关系到提供顾客服务和产生饭店的财务成果。在物业管理系统中，每一个模块都有相关的费用，如果所有的讨论都集中在运营目标，那么花费将大大降低。

4.3.7　根据调查结果评估需求

分析需求的最后一步是将业务需求和管理需求结合起来，判断哪种电脑应用适合饭店。共享的客房存量数据库对投资很有价值。产生直接电子邮件、日常通信、每日菜单的文字处理程序也许也是物业管理系统的一种特定模块。需求分析能够使你知道需要什么，不需要什么，而且会帮助你从许多系统中选择最实用的系统。

4.3.8　选择软件

软件（software）是指能够生成数据（比如顾客信息）和报表、促成金融交易的计算机程序或应用程序，选择软件远远比选择**硬件**（hardware），或者实际的电脑设备重要，硬件包括中央处理器、键盘、显示器、打印机。物业管理系统的有效性取决于所选择的软件，好的软件能够使管理者提高顾客满意度，达到控制财务和信息数据的目的。需求分析获得的信息，能够给我们提供评估目前市场上大量软件包的框架。

每一种软件包提供多种功能，因此选择一种满足需求的软件包是十分重要的。目前市场上的软件包括饭店行业标准的客户服务、退房和信息选择。可以通过调查客户服务特征、结账方式、信息使用，来判断哪一种物业管理系统是你的最佳选择。软件供应商会和你讨论哪一种物业管理系统适合饭店的规模和顾客的需求。饭店经营者也应该放眼未来，考虑到饭店的扩张与成长，或者说考虑到在混合市场中将发生的变化。比如说，一个饭店对于同一个市场可能会选择增加200间客房，而另外一个饭店不增加任何客房，但是改变客人类型，将20%的家用房和80%的商务房变成20%的商务房和80%的家用房。现在家庭市场在餐饮上有更多的需求（这就意味着需要一个零售终端系统来联系物业管理系统），在礼品店的购物能力提高（另一种需求），一日游游客呈现出更大的礼品购物力（也是另一种需求）。

如果你觉得应用一种特定的软件包不能帮你管理饭店，就是说增加特定的客户服务不能提高顾客满意度，生成更多的财务报表不能增加收益，客史档案没有帮助，那么你就不应该选择这种物业管理系统。你应该控制软件的选择，它的功能是帮助你的工作做得更好。在设施中只有你才能决定哪一种应用是最有用的。图4—3给我们列出了多个部门一些经常选用的软件。

市场营销部
- 顾客档案
- 直接邮件
- 客史
- 会议室信息

- 旅行社
- Facebook
- Twitter
- LinkedIn

夜审
- 房费和税款过账

- 业务报告

会计
- 应付账款
- 应收账款
- 总账

- 薪金表
- 损益表
- 资产负债表

人力资源管理
- 员工档案

- 考勤

电子邮件

安保

预订
- 可用客房

- 收益管理

前台
- 登记
- 客房状态
- 过账

- 顾客信用审计
- 定金
- 出纳

电话计费
- 顾客信息

- 话费结账

客房
- 客房状态

- 环境问题

维修
- 工作单

- 环境问题

餐饮
- 零售终端
- 盈利菜单

- 库存
- 菜谱

图 4—3 物业管理系统常用的软件选择

    下面我们将给出一些该如何应用物业管理系统的例子。在任何规模的饭店,其市场营销部都会很清楚地发现顾客档案、会议室信息、客史档案的计算机化是十分有用的。对于一个小饭店,直接邮件最好外包出去,大饭店则能够充分利用物业管理系统各模块。用来维护旅行社数据和处理费用的旅行社模式适用于任何规模的饭店,社交网络应用能提供客史档案数据。夜审几乎是任何规模的饭店都必需的。在一些情形下,通过平衡客户分类账和客户往来账,以前需要 8 个小时的体力劳动已经被电脑取代,只要输入数据即可。前台操作模块,包括办理登记手续、退房、客房状态、顾客结算、预付和现金支付功能,对于大小企业都是有用的。电话(自动)计费系统是早于其他模块,如餐厅的零售终端系统,应用于前台的(在美国,由于电信系统放松管制而被小饭店引入)。大饭店更宜采用维修模块,小饭店可以采用内部电子邮件系统、电话系统或纸质邮件系统。随着其他技术的发展,这些软件应该经常根据饭店的目标、顾客的需求和预算来评价。

　　未来的饭店经营者应该维持目前的物业管理系统供应商库。网络能够给饭店经营者提供及时而有用的信息。第一步就是打开你的 Web 浏览器，输入这些文字"property management system"，"hotel pms"，"hotel computer"，或者"HITEC"（接待业技术博览会，由饭店财务和技术专业人员开发出来的关于饭店业的电脑软件）。使你的物业管理系统与时俱进的另外一种方法就是参加当地和区域商贸展。参加饭店展览会，然后和软件供应商讨论你目前的需求，能够帮助你紧跟行业的发展趋势，使你目前的需求与顾客需求分析相匹配。在图 4—4 中给出了物业管理系统的一些供应商。

1. Remco Software，Inc.	www. remcosoftware/Pages/default. aspx
2. MICROS Systems—Opera PMS	www. micro. com/Products/OPERA/property-management. htm
3. Room Key PMS	www. welcometorsi. com/
4. ICSS—Atrium	www. inn-client. com/index. php
5. MindSpring Software—HotelSMART Suite	www. mindspringsoftware. com

图 4—4　物业管理系统供应商举例

4.3.9　选择硬件

　　物业管理系统中，选择硬件没有选择软件困难。目前，大部分可用的硬件都兼容标准计算机操作系统（比如 Northwind 的 Maestro™物业管理软件，连接 Windows Server 2003 或者 Windows XP Pro）。这些考虑是十分重要的，因为很多软件项目都写明在标准计算机操作系统下运行。简而言之，你必须根据硬件处理软件的能力来选择硬件，多考察硬件供应商这方面的情况。

　　其他供考虑的技术因素包括以下概念：

　　处理器速度（processor speed）：中央处理器每秒运算得多快；用千兆赫兹表示。

　　磁盘驱动器（disk drive）：电脑中数据储存和读取的地方；CD 驱动器、DVD 驱动器或键盘驱动器。

　　兆字节（megabyte）：1 024 千字节格式化容量。

　　千兆字节（gigabyte）：1 024 兆字节格式化容量。

　　存取时间（access time）：处理器从硬盘驱动器检索信息所需要的时间；用毫秒记录。

　　互联网（Internet）：通过高速电子连接实现信息共享的网络计算机系统。

　　内部网（intranet）：通过这个计算机网络，内部用户可以及时共享业务信息，进行业务操作。

　　输入/输出端口（输入/输出设备）（I/O ports，input/output devices）：键盘，显示器，调制解调器，鼠标，操纵杆，光笔，打印机，轨迹球。

　　显示器（monitor）：一种电视机荧屏，能够通过多色或单色能力观看输出和输入数据，控制显示的列宽和行长，调整字符的高度，允许视觉控制。

　　袖珍键盘（keypad）：数字打字机键和功能键的组合，操作员可以在电脑中输入数据或者进行公式运算。

操作键盘（keyboard）：一种标准的打字机键盘，操作员能够输入或检索数据。

打印机（printer）：能够在纸张上制作出图像和文字的电脑硬件设施。

喷墨打印机（inkjet）：能够利用液体墨水在纸上打印出小点的打印机。

激光打印机（laser）：能够将图片打印出来的打印机。

高品质打印机（letter-quality）：一种很好的点阵打印机。

单页打印机（single-sheet）：一种能够单页打印的打印机。

调制解调器（modem）：通过电子信号翻译数据的电脑硬件；用波特率（信息传输速率）表示。

每秒字符（characters per second，CPS）：每一个字符打印速度的测量尺度。

电脑耗材（computer supplies）：操作系统需要的纸张、表格、墨盒。

兆赫兹（megahertz）：每秒一百万圈；表明电脑的速度。

页每分钟（pages per minute，PPM）：打印机的速度。

前厅经理必须明白物业管理系统的操作能力。计算机杂志能够帮助你选择实用的电脑硬件；特别是个人计算机杂志能够帮助我们在硬件配置和软件应用上跟上时代。参加饭店业商贸展览会能够帮助你了解最先进的系统。基本的硬件要求通过零售终端和顾客服务这些方面来满足。键盘、显示器、磁盘驱动器和打印机是电脑的基本配置。数据操作和存储是大型机、迷你机或者个人电脑的一部分。

电脑资料库（共享或联网的信息）的接口是很重要的。这种功能的实现需要借助于物业管理系统，使它能够有效地为顾客提供服务，而且能够实现投资回报。随着电脑运用越来越复杂，共享信息越来越重要。比如，市场营销部可以利用准确的预订信息，实现更多业务。前台也能利用餐厅获取的零售终端信息，反省自己如何给饭店的顾客提供更友好的服务。举例来说，如果前台接待知道顾客喜欢他的早餐中有意大利糕点，那么当顾客来到饭店时，前台接待也许可以以此作为迎接时闲谈的话题。或者在一次客人账单审查中，一位顾客反映她在前一次的体验中进行了一项特殊运动，那么前台接待就可以提到进行此类运动的机会。所有的这些细节都能使我们的顾客感觉受到重视，并且使我们的物业管理系统投资取得很好的回报。

工作站硬件的定位也取决于为任何新工艺或设备所进行的流程分析。要考虑顾客的需求（产品的最终使用者），考虑操作设备的员工的需求，还有其他接触信息的员工的需求。通过需求分析获得的信息，能够帮助你将特定要求解释给你的电脑顾问，以更好地安装你的物业管理系统。

连接所有硬件的电子线缆的安装也需要分析，穿过墙壁和地板的电缆的安装和修理替换都很昂贵。合适的计算机需要在空调环境下工作，在顾客服务区，这应该不成问题，不过在其他地方，要做到还是有困难的。

人体工程学（ergonomics）研究人类如何在生理学上和机器联系起来，也是前厅经理需要考虑的。来自**光标**（cursor）的眩光和闪烁，即在显示器上的一个闪烁点，表明数据可以从何处输入，导致长期观看屏幕容易引起眼睛疲劳。事实上，电脑操作者需要眼镜以改进眼睛疲劳是很正常的。另外一种抱怨则来自显示器的不正确设置导致的颈部疼痛。目前为大部分硬件提供的旋转底座帮助我们缓解了这些问题。如果键盘高于手腕，也会引起手腕疼痛。腕管综合征，或者说是手腕或手指处的神经压迫也是另一种用键盘太多而引起的不幸。因为腕管综合征给电脑使用者带来严重的疼痛，键盘应该与手腕等高或放于手腕下面。当然，手指和手的疼痛也许也来自过多地在键盘上输入数据。

4.4   选择物业管理系统的其他考虑

选择一种物业管理系统的其他考虑因素包括供应商索赔、硬件安装计划、计算机培训计划、后备电源、维修协议。

4.4.1   供应商索赔

物业管理系统的购买者应该与当前的系统使用者联系，并提出相关问题：操作该系统的简易程度如何？你获取的报告有何用处？供应商能否培训员工，并提供紧急情况服务？像这样的回答"我不知道没有它饭店该如何管理"或者"目前很难操作，报告无用"会提醒你潜在的优点和问题。（然而要记得，不同的饭店有不同的需求和特点；因为系统提供了一个你认为不重要的选择便大肆评论，这对你的目标实现是没有意义的）。考虑到这些饭店在需求分析上花费的时间，去饭店参观也是值得的。学习系统的各个功能如何实现、不同部门如何和物业管理系统联系、使用何种表格，有利于帮助你做出选择，你也将更加明白顾客服务是如何被影响的。

4.4.2   硬件安装计划

一个详细的硬件安装计划可以帮助管理层更好地为顾客服务和提升员工士气。首先，决定谁安装电缆或电线是关键的，接着决定安装哪一种硬件、什么时候安装，接下来决定哪一个部门最先安装硬件，让饭店所有部门都能同时**在线**（online）需要什么方法，在线是一个专业术语，表明计算机与中央计算机相连，而且正常运行。这些信息能够用来制作流程图，这些流程图能够帮助各部门通过在线操作进行调整和交流。

4.4.3   计算机培训计划

电脑公司提供的培训包括不同级别的，有公司总部培训，有在职培训，也有非正式的顾问热线。饭店员工只有接受全面培训才能使设备效用最大化，需要在解释该系统会如何帮助我们的工作之前，进行终端的培训。一些电脑公司会借给饭店虚拟的电脑设置，让员工体验训练模块。这样可以允许他们私下出错而且很快熟悉键盘配置。程序文档能够帮助员工建立系统功能的意识，而且可以帮助个别饭店一步一步借助电脑应用程序提示卡不断发展。

值得提出的是提前购买及使用用户界面友好的培训方案，有助于消除员工对变化的抵抗。团队观念能够帮助员工克服这种抵抗改变的情况，因为他们已经包含在团队之中。需求分析团队的成员会共同经历一个想法变成硕果的全过程。许多员工抵抗改变，因为他们担心自己不能完成新的任务；一个培训方案能够提供充足的时间和实践经历帮助他们熟悉先进技术，降低这种恐惧感。

4.4.4 后备电源

如果断电了该怎么办? 这种关于**断电**（blackouts）或电力全损，也包括**限电**（brownouts）或部分失电的情况，电脑经销商已经为我们解决了。电池供电型的临时能量装置用于电力丢失或切断时，保证数据不丢失。饭店经理很精通在断电时如何保持各部门之间的交流，以及按要求过账。待电力恢复正常，员工可以将它们补录到电子页面上。

4.4.5 维修协议

最后一种选择物业管理系统的考虑是维修协议，维修协议应该阐明维修和替换系统硬件和软件的相关费用。紧急服务的折让及一般服务的次数需要列出，可以借用或提供备用设备能够增强协议的吸引力。

4.5 财务因素

饭店购买或租用一个物业管理系统是一项重要的财务决策。这样的投资会紧缩现金流。如果不能实事求是地预测投资与收益，那么利润将会大大降低。本章的第一部分已经强调了需求分析的重要性。饭店通过需求分析，使得电脑应用与需求匹配，将会实现对成本和收益合乎实际的评估。

饭店财务总监通常是通过咨询总经理来制定预算的。客房销售、餐饮服务、其他产品和服务都被预测，与这些预测一同考虑的是这些产品和服务的相关成本。财务总监通常对每一个部门的特殊成本比较了解——在餐饮部每月末增加存货需要提供的加班费金额，前台繁忙时额外的兼职员工工资，市场营销部发送直接邮件的成本，为外部会计给我们制作每月利润表所支付的费用。如果一种物业管理系统被引进，这些知识有利于帮助我们判断能节省下来多少钱。能节省下来的金额（包括税收折旧优势）要等于或者大于花费在计算机系统上的钱。有时管理层会在感觉有较少的有形利益，比如提供给客人更好的服务、员工道德培养，甚至当账目不相等时核算成本。

我们需要决定是购买、租赁还是连接互联网。如果饭店决定购买，其中购买的总成本、相关的财务费用（如果实用）、现金折扣、折旧只是我们需要考虑的几个因素。这些考虑应该与现金流的维持、租赁应用程序的费用和购买价格相比，以及与租赁的税收优势相权衡。

通过分析**投资回收期**（payback period）也可以帮助管理层决定是否安装或采用新的计算机系统。投资回收期是饭店通过节省成本和提高顾客满意度实现补偿购买价格、安装费用、财务费用等的时间。

如果财务总监能够提供下面一系列财政问题，那么投资回收期会更加清楚:
- 因为前厅和客房部之间缺少沟通，2%的顾客登记入住需要下调速度。
- 因为餐饮部的客人统计不够准确，导致每月2%的销售量流失。
- 通过每个支付期的薪水内部准备，能够节省10小时的加班费。

部门经理和财务总监审核饭店的预期利润表，可以指明另外的成本恢复区。投资在准确的需求分析上的时间将在长期经营中产生效益。

财务总监的以上考虑，除了前台还包括其他部门。记住：物业管理系统的应用包括所有顾客服务和会计职能的管理。前台的需要，比如电话（自动）计费系统或租赁预订系统，不能单独证明物业管理系统的花费物有所值，所有部门的需要则能够使该系统实现成本效应，给顾客提供更有效的服务。

4.6 物业管理系统应用程序

物业管理系统是通过为顾客服务提供所需的功能组织的。本章最先列出的软件选择对于经营者来说，只是许多中的几个。现在我们假设饭店已经安装了最先进的物业管理系统，而且系统正在运营中。屏幕上列出的软件程序**主菜单**（main menu）包括所有的单独模块。相关内容如图 4—5 所示。这些模块的核心在于前厅经理的能力，以及他的员工给顾客提供准确服务的能力，因为前台在部门沟通和金融信息共享方面担任重要角色。物业管理系统已经成为饭店经营者管理饭店的一个必要工具，没有它饭店管理将变得十分困难。前厅经理就依赖预订系统模块，这些模块几乎时刻在检查会影响每天服务和金融业务的变化。如果夜审工作像前几年那样，通过清点或者使用机械式审计机，那么将会花很多时间和精力进行培训。记录模块是另外一种节省时间的系统，它能够生成一本更准确、更有效、更具有前瞻性的客户分类账。

1. 预订	10. 后台系统
2. 收益管理	11. 客房
3. 登记	12. 餐饮
4. 客房状态	13. 维修
5. 过账	14. 安保
6. 电话计费	15. 市场营销
7. 退房	16. 人事
8. 夜审	17. 电子邮件
9. 问讯/报表	18. 时间记录

图 4—5 物业管理系统主菜单

图 4—5 中列出来的各种选项，与本章前一部分给出的是类似的。前台接待可以通过输入指定按键，或是根据**触摸屏**（touchscreen）上的指示操作。这种触摸屏是一种电脑显示器，它允许通过手指接触输入数据。文档程序由打印或是屏幕说明书组成，它能解释怎样操作以组成特定物业管理系统的硬件和软件。它包括一步一步操作的说明书，也包括单个程序和子程序的流程图，这些流程图在培训员工时非常有价值，它们相当于建筑物的蓝图。接下来关于单个模块和子程序的讨论有助于突出物业管理系统中这些软件的应用。

4.6.1 预订

预订模块（见图 4—6）由一些子系统组成，这些子系统能够接受散客或者团体数据，针对可用客房的资料库，检查顾客需求，并存储该信息。顾客数据通过个人电话、转介系统中的另外一台计算机或是互联网获取。所有可能的客房类型、客房位置、房价和特殊的要求都可以与现有的空房相匹配，而且这些信息能够在系统中存储

52 个星期（或是更久）。**社交网络**（social networking），比如 Facebook，Twitter，LinkedIn，YouTube，留言板，网站，博客，也应用于这个模块中。

1. 顾客数据	8. 贵宾
2. 客房库存	9. 预计入住率
3. 保证金	10. 旅行社
4. 特殊要求	11. 顾客留言
5. 锁定	12. 社交网络
6. 到达	13. 报告
7. 离店	

图 4—6　预订模块

目前关于担保预订或是确认预订的信息都可以获取。关于保证金的细节、锁定预订、抵达饭店和离开饭店的时间、VIP 客人名单、预计入住率和预订功能的报告都可以帮助前厅经理。

一位客人在得克萨斯州达拉斯的精选服务酒店结账后，希望能够在芝加哥的精选服务酒店预订当晚的客房，那么我们能够在数秒钟内确认预订。因为顾客的信息已经储存在数据库中，通过电子传输，顾客信息被中央计算机证实（通过芝加哥精选服务酒店数据库中现有客房库存核查）。其他的转介系统也有相似的操作（第 5 章会提供更多的电脑预订方面的案例）。

4.6.2　收益管理

收益管理（revenue management）是计划实现最大客房定价，以及获得带来最大利润的顾客（这些顾客将在饭店餐饮部、礼品店等部门消费）的过程，它能鼓励前厅经理、总经理、市场营销总监制定销售周期指标，开发销售项目，从而实现饭店利润最大化。这个模块（见图 4—7）和预订模块共享数据库——客房库存、房价、预订状态和顾客信息。如果饭店进入最大需求销售时期，收益管理模块允许预订经理锁定这一时期，阻止比最短居住时限更短的入住时间的客房预订需求。当然，电脑会提示预订人员采用哪一种房价类别。日常报告有前厅如何实现**门市价**（rack rates）的最大收益，也有饭店的最高房价，这些报告能够给总经理和企业所有者提供一个反馈。餐饮部提供的顾客消费信息能够帮助市场营销总监判断团体预订是否有盈利空间。

1. 主房价表	3. 客户类型增量
2. 每人增量	4. 收益管理

图 4—7　收益管理模块

4.6.3　登记

顾客登记模块大大改善了入住登记程序。因为信息在预订时已经全部输入，只要花少量时间登记。前台接待只需要核实顾客对于客房类型、位置、房价的需求和客房状态。对于没有预订、直接进行登记的顾客，同样能够快速办理手续。登记模块（见

图4—8）也包含支付方式。在安全模块更改了客房的进入密码后，能够发放硬的塑料钥匙。顾客也可以通过**自助登记程序**（self-check-in process），这种登记方式要求顾客将包含个人和金融数据的磁条的信用卡插入自助登记系统的终端，然后回答关于顾客住宿的几个简单问题（自助登记将在第7章详细讨论）。这里需要指出的是，在本模块中包含一个内部网；它能够大大支持前台服务人员在进行登记的同时，接待其他顾客。

```
1. 预订                    5. 安保
2. 顾客数据/登记           6. 报表
3. 客房库存                7. 自助登记
4. 客房状态                8. 内部网
```

图4—8　登记模块

　　下面举例说明这个模块是如何工作的。一位从达拉斯飞往芝加哥的客人，填写登记表，只要等待前台接待核实客房状态后，就可以拿到钥匙，登记入住完成。之前在达拉斯的精选服务酒店的预订完成后，所有的顾客信息都已经储存起来。通过计算机，前台能够查看芝加哥精选服务酒店客房经理提供的客房入住率信息数据库。前台接待为客人选好房间，并且发放钥匙。登记需要的总时间不会超过五分钟。

4.6.4　客房状态

　　客房状态（room status）模块（见图4—9）提供客房能否入住的信息，主要有两种客房状态：预订和清扫。预订状态可以开启、确认、担保或者维修。清扫状态则处于准备、改装或待修状态。预订状态信息通过预订处或预订系统维护，而客房部则提供处于清扫状态的客房。

```
1. 客房库存                3. 报告
2. 可用客房                4. 内部网
```

图4—9　客房状态模块

　　客房状态是物业管理系统中最有价值的模块之一。它不仅能精简登记处的问题，还能协助其他部门。该模块和预订系统共享一个数据库，提供报表给客房部、前厅经理和前台接待、维修工程师、夜审人员、预订处和市场营销部。客房经理必须知道哪些客房是住客房，哪些需要清扫，前台接待必须知道本客房是否被预订，或正在销售中，维修工程师需要计划日常粉刷和整修，夜审人员必须确认哪些客房已经销售，以完成夜审工作，预订处必须获得可预订客房的信息，市场营销部需要获得目前可用客房的信息。

　　这是另一个有效利用内部网的模块；客房状态信息是实时的，但是如果消息的发送需要一段时间，这就是不合适的。另一方面，如果一系列客房在一段很长的时间不能使用，就需要提前通知市场营销部和前厅，此时内部网将是一种合适的方式，这样的通知有助于阻止将不可用客房预订给客人的现象发生。

饭店总经理要求你计算 20 000 美元的物业管理系统的投资回收期，你将如何开始你的工作？

4.6.5　过账

前厅经理是最先感受到物业管理系统中**过账**（posting）模块（见图 4—10）的益处的：顾客消费的及时过账。过账系统不仅简洁，而且提高了准确性，物业管理系统允许服务员在餐厅、行政酒廊、礼品店的零售终端过账。同样，房费、税款和电话费用都可以在短时间过入电子对账单。对账单上客人费用的转移或调整，都很容易完成（因为赋予了前台接待处理客人相关问题的权力，如果超越了权力所限，只要获得管理层的同意即可）。通过输入房间号、交易金额、部门和交易类型，顾客所发生的费用都能输入电子对账单。这些数据都存储起来，在报表生成或是结账时，通过查询能够检索出来。这些数据的准确性还依赖于餐厅操作零售终端的员工，输入不准确的房间号（将 412 输成 712）或者颠倒的数字（32.23 写成 23.32）仍然会过上不准确的账。

1. 零售终端	6. 提取款
2. 房费	7. 杂项费用
3. 税款	8. 电话费用
4. 转移	9. 账单展示
5. 调整	10. 报表

图 4—10　过账模块

在芝加哥饭店的一位顾客想通过客房账户支付 20.95 美元的管家费用。前台接待将支付转到账单支付人，处理完过账，这部分费用通过输入房间号、交易金额、部门和交易类型就可以输入电子账单。夜审人员会验证所有部门汇总的完整性。

4.6.6　电话计费

物业管理系统中的**电话（自动）计费系统**（call accounting）模块（见图 4—11）能自动核算电话费用，并且在客人账单中做好记录。饭店可以向个人用户收取当地或长途通话费用。目前饭店的电话系统不仅提供服务给顾客，还能盈利。连接着高频率和高精度的电子发布系统，通过增加服务费用而盈利的能力，使电话计费选择成为必然。然而，随着手机和个人数字助理（PDA）的使用，电话收入在下降。物业管理系统的电话（自动）计费系统检索时间数据、房费数据、服务费数据，并将这些数据输入电子账单。通过物业管理系统电话计费模块的使用，电话计费的准确性大大提高。

1. 顾客信息	4. 留言
2. 员工信息	5. 叫早
3. 过账费用	6. 报表

图 4—11　电话计费模块

4.6.7　退房

随着物业管理系统退房功能的运用，顾客退房的不方便性（排长队，结账纠纷）大大降低，退房系统（见图 4—12）能够在数秒内打印出一份准确、整洁而完整的顾客清单。

1. 对账单	4. 后台转账
2. 调整	5. 报表
3. 现金	6. 客史档案

图 4—12　退房模块

结账纠纷的发生虽然没有以前频繁，不过仍然存在。有了物业管理系统，我们几乎不可能将 295 房间的长途电话费用误输入 296 房间的账单中，因为物业管理系统接口连接着电话（自动）计费系统，电话费用能够自动输入顾客的电子账单。

前台接待检索打印的账单，呈现给顾客核对。这种情况下结账效率会大大提高：顾客在入住登记时已经选择了支付方式，已经完成信用卡的支付说明，或者已经提前支付。物业管理系统监控着银行允许的信用卡消费**限额**（floor limit）、饭店允许的**最高限额**（house limit），这样可以预防高**借方余额**（debit balance）的情况发生。在零售终端能够自动实现最后一分钟产品或服务的过账。

顾客通过确认支付方式来完成退房过程，前台接待也许会建议顾客以后继续选择该饭店、连锁饭店或是饭店集团进行预订。这时客户往来账转让通过电子数据完成。出纳活动报告是另外一种提供每日结账信息的方式（比如离店客人数及离店的时间）。物业管理系统能够生成**提前支付**（paid in advance，PIA）清单，这样就能监控在登记时支付现金的顾客，这个提前结算系统能够帮助客人自己结算服务或产品到顾客账单中。

顾客可以通过**客房内退房**（in-room guest checkout）免去排长队退房的麻烦，客房内退房是物业管理系统的一个特点，顾客可以通过电视机来完成退房工作。在这个过程中，退房的前一天晚上，前台接待更新顾客账单。客人在电视控制面板上输入一些数字，开始这个过程。在他确认了在该饭店多个地方的账单、收费准确度、付款方式等问题后，这个过程随即完成。客人如有需要，可以在前台获得一份打印的账单。在很多饭店，这个过程是自动化的，当然这有一个前提条件：前台没有删除相关信息，所有通过信用卡支付的顾客其相关信息在登记时已经获取。

4.6.8　夜审

夜审工作一直以来都是一项劳动密集型工作。夜审人员除了作为夜间前台接待，以及核对房费和税款，还必须能够平衡每日客人交易财务账目。为了替客人提供信贷，每日的借贷必须平衡。来自不同部门的账目，必须和顾客过账总数核对，贷款额来自饭店亏欠顾客（以顾客结算形式收集）的，必须与顾客未偿还余额核对。这听起来是一项轻松的工作，不过依然包括一系列程序（见图 4—13）。

1. 顾客费用　　　　　　　　　5. 财务报表
2. 部门汇总　　　　　　　　　6. 客房
3. 总账　　　　　　　　　　　7. 内部网
4. 现金

图 4—13　夜审模块

物业管理系统通过生成各部门的账目总数和过账数，简化了夜审人员的工作。这些数据都有标准的报表格式，饭店营业日报中给出了财务信息，饭店管理层通过这些信息能够判断某天的财务收益。应当指出的是，在这个模块中，内部网仍然发挥着作用，夜审人员能够发送电子邮件给各部门员工，了解之前所做的夜审工作，并获取其他业务信息。

4.6.9　问讯/报表

物业管理系统中的**问讯/报表**（inquiries/reports）模块给管理层提供了一个任何时候都可以查看业务和财务信息的机会。前厅经理也许想查看某一特定晚上的可用客房数、预计登记住店的顾客数、当天将要离店的顾客数、客房部提供的目前客房状态、**未偿还余额报表**（outstanding balance report），或者顾客的对账单。这些报表都能通过物业管理系统完成。通过物业管理系统中的问讯/报表模块（见图 4—14），能够及时了解目前的经营和财务状况。

1. 预订　　　　　　　　　　　4. 客房
2. 登记　　　　　　　　　　　5. 信贷余额
3. 退房

图 4—14　问讯/报表模块

4.6.10　后台系统

饭店会计室，也称为饭店**后台系统**（back office），通过使用物业管理系统中的会计核算模块管理饭店的整体财务状况（见图 4—15）。物业管理系统简化了会计核算的程序，包括劳动密集型的**应付账款**（accounts payable）核算、**应收账款**（accounts receivable）核算、员工薪金表的编制和生成、预算准备、**损益表**（profit-and-loss statement）的生成和**资产负债表**（balance sheet）的编制。应付账款是饭店未付给供应商的账目；应收账款是饭店应收回的款项，主要来自客户分类账和客户往来账；损益表是关于收入和费用的财务报表；资产负债表是列出饭店资产、负债、所有者权益的财务报表。

1. 应付账款　　　　　　　　　5. 总账
2. 应收账款　　　　　　　　　6. 报表
3. 薪金表　　　　　　　　　　7. 内部网
4. 预算

图 4—15　后台系统模块

通过后台系统终端，就可以将关于某一位供应商的信息输入。这些信息在会计核算的全过程都可以反映出来。同样，夜审人员生成的各种财务信息也可以生成各种报表。这些特点或是其他特点都简化了会计核算程序。在这一模块，内部网是另外一个特点，这在与前台接待的交流上十分有用，能够帮助我们在顾客结账后需要澄清的问题上，或是在需要澄清的已经结账的成本问题上，进行交流。

4.6.11 客房

前台接待如何及时准确地获取目前的客房状态信息一直都是一个难题。在登记时耽误时间，顾客将会不耐烦。如果前台接待没有从客房部获得可用客房的通知，他除了保持冷静，安慰客人，别无选择。拥有了物业管理系统，我们能够很快地了解目前的可用客房状态。客房部员工来到客房楼层，通过计算机终端，马上输入客房状态，而不是等着将客房状态报告给楼层主管。楼层主管也不再需要每天几次跑去前台报告可用客房。这个模块（见图 4—16）的高效性依赖于客房部员工报告客房状态的持续努力程度。

1. 可用客房	5. 设备/供应库存
2. 人员分工	6. 维修要求
3. 分析	7. 内部网
4. 客房服务员报表	

图 4—16 客房模块

分配客房服务员打扫客房能够简单地完成，关于客房服务员需要打扫的客房数的劳动力分析和每间客房需要打扫的时间分析，能够更快地完成，而且客房日报表也能很快生成。同样，选择使用床单两天或三天的顾客数量能够快速输入物业管理系统，这也能提供反馈数据给饭店。设备和客房供应库存也很容易获得。

通过物业管理系统，客房的维修要求能够及时传达。维修部的员工也可以查看客房状态信息，判断客房部是否提示需要修理。如果因维修部需要施工而导致客房有几天不能提供服务，那么这个信息可以通过客房模块的内部网传达给客房部和前台接待。当然，考虑到创造一个绿色环境，通过这个模块，逐步更换白炽灯也需要客房部和维修部通力合作。

4.6.12 餐饮

餐饮模块（见图 4—17）能够减少从餐厅和行政酒廊传达到前台的文件（册子）和电话。它也有利于会计核算，使销售系统更加完整。出纳报表（现金，信用卡，客房服务）很容易生成。此外，还包括其他功能，如库存控制和预算、食谱设计、定价、利润评估和销售预测。通过这个模块我们也可以实现产品销售分析和劳动力分析。

1. 零售终端	5. 食谱
2. 过账	6. 销售控制
3. 出纳报表	7. 产品销售分析
4. 食物/饮品库存	8. 劳动力分析

图 4—17 餐饮模块

4.6.13　维修

使用物业管理系统能够精简工作指令程序。如果需要修理，饭店的各部门都可以下达维修的指令。没有完成的工作要优先进行，完成了的工作应该考虑成本，设备和零部件需要及时维修。这个维修模块（见图 4—18）也能跟踪能源的成本和使用领域。事实上，客房中的空调装置能在前台激活，这个模块能帮助饭店管理层分析这个重要部门的运营信息。

1. 审核工作单	5. 维修成本分析
2. 客房状态	6. 能源使用分析
3. 成本/劳动力分析	7. 客房电源启动
4. 库存	

图 4—18　维修模块

4.6.14　安保

电子钥匙系统加强了客房钥匙的管理。每一位客人都可以拥有独立密码的电子钥匙，因为物业管理系统能够联系每一位新入住的顾客改变钥匙配置。空白钥匙卡通常为塑料的，能在前台为顾客设置不同的密码。

持续监测是物业管理系统安保模块（见图 4—19）的一个重要特点。火灾报警系统包括安装在客房、公共区域或是工作区域的自动喷水灭火器装置和烟感报警器，这些都通过**消防安全显示终端**（fire safety display terminal）时刻监视。报警系统或是电话监测系统能够将饭店任何一处地方发生的火灾告诉顾客。电梯能自动回到大堂或是指定的楼层。这个模块中防盗报警器也能起到监测作用。当然物业管理系统的安保管理模块也能监测其他模块的安全问题。

1. 钥匙	3. 防盗报警
2. 火灾报警	4. 安全代码交易

图 4—19　安保模块

4.6.15　市场营销

市场营销部能够广泛利用物业管理系统（见图 4—20）。这个部门能够查看客史档案——顾客以前在饭店入住时的信息，能够反映顾客的地域来源、电话号码、所属组织、信用卡使用情况、客房布置喜好，以及类似的信息——从预订和登记文件获取。预订的来源（公司秘书、团队、旅行社）、住宿类型要求、业务办事处的邮政编码或者个人住所，只是从预订处获得的信息数据中的一部分。其他市场信息（报纸、广播、住宿来源）可以从登记处获取，能给市场营销部提供关于目标市场中广告媒体的相关信息。

1. 客史	6. 报表
2. 文字处理	7. 旅行社
3. 顾客档案	8. 客房状态——会议室
4. 宴会表	9. 社交网络
5. 桌上排版	

图 4—20　市场营销模块

市场营销部使用物业管理系统的另外一种应用就是能够发送**直邮信件**（direct mail letters），这种信件能够直接发送给目标市场的个人。贴有邮寄标签的个人信件能够为某些产品和服务打广告。个人**宴会表**（banquet sheets）列出了个人在餐厅消费的详细情况，通过评估这些表格，我们能够编制每周**功能表**（function sheets），它详细列出了日常事件，比如会议、宴会、接待。关于顾客的信息可以随时更新，随时储存。各种合同也能随时签订。关于将来事件的备忘录是我们保持竞争优势的重要资产。

此外，文字处理和桌上出版应用能够制成每月新闻邮件。还有，这个模块很有组织性：能维护会议室和宴会厅的预订状态。追踪顾客使用的社交网络，比如 Facebook，Twitter，LinkedIn，YouTube，留言板，网站，博客或其他信息，能帮助创造客人的个人档案。

4.6.16　人事

使用物业管理系统能够很好地加强员工档案的维护。关于工作分类、雇用日期、指导和培训记录、薪酬水平、最后评估日期、促销活动、加薪、工资中扣除费用和类似的信息，能够帮助管理层建立一个高效率的人力资源管理部门。记录雇员信息的文件数量可以减至最少，文字处理应用可以帮助我们编制职位描述、报表、招聘程序和政策手册。物业管理系统也能够使劳动力分析更加简单。人事模块如图 4—21 所示。

1. 员工档案	4. 分析
2. 工作控制单	5. 报表
3. 文字处理	

图 4—21　人事模块

4.6.17　电子邮件

电子邮件（email）是一种交流系统，通过计算机使用电子网络发送信息。它将关于政策和程序上的目前信息发布给所有员工和饭店目前或以前的顾客。社交网络，比如 Facebook，Twitter，LinkedIn，YouTube，留言板，网站，博客的应用，同时为员工和顾客扩宽了电子邮件的运用。一旦邮件启用，就需要使用安全密码以保护隐私。员工能够在电脑终端查看电子邮件，顾客也能与饭店建立个人关系网络。如果需要相关信息，则可以打印多份以备不时之需，电子邮件模块如图 4—22 所示。

1. 安全密码	4. 硬拷贝
2. 邮件	5. 内部网
3. 社交网络	

图 4—22　电子邮件模块

对于有多个子公司或是特许经营公司的大集团，电子邮件能够很好地支持各公司间的沟通。饭店会拥有许多业务部门，因此就会有很多部门经理，这时电子邮件就成为部门间沟通的一笔财富。不论饭店规模多大，内部网中的电子邮件都是有用的交流工具。通过这个部分，各种应用凸显了它对前厅经理及其员工还有其他部门经理及员工的价值。

4.6.18　时间记录

每一位员工都有安全密码和个人身份号码。一进入工作领域，他们就需要输入密码记录他们开始工作的时间。当他们离开工作地点休息，或工作结束后，也需要输入密码。在编制员工薪金表时，财务部能够储存并使用这些信息。这个特点在统计员工在给定的日期内所工作的时间时，能够节省大量时间。时间记录模块如图 4—23 所示。

1. 安全密码	4. 超时
2. 个人身份密码	5. 分析
3. 及时	6. 报表

图 4—23　时间记录模块

4.7　开篇困境解决方案

在拜访物业管理系统供应商之前，建议先做一个需求分析。这样的分析你可能在五年前已经做过，但是入住饭店的顾客的需求、管理层和经营的需求，都在随着时间的推移而改变。建立一个由一线员工和主管组成的团队是一个很好的决定，这个团队要通过客人的入住情况编制顾客需求表，分析引入物业管理系统后客流量可以增加多少。这个团队是由来自不同部门的员工组成的，不同部门的要求，包括管理文件，也需要被讨论。这些讨论能够帮助该团队想出一系列方法延长顾客入住饭店的时间，帮助各部门编制报表，加强部门之间的沟通。最后一步是优化确定的需要，并且衡量预算。

其他应考虑的因素包括核实供应商索赔、制定安装计划、讨论电脑公司提供的培训项目、调查后备电源的可用性、确保有安全合理的维修协议。财务考虑包括成本—利润分析，决定是购买还是租赁，然后计算一个比较合理的投资回收期。

☐ 本章概述

本章强调了前台位置的重要性，工作人员要能从前台观察到从饭店正门和电梯进出饭店大堂的客人，强化饭店在确保顾客安全上的责任。饭店氛围、外表设置和各种设备，及员工的有序性是增强顾客第一印象的主要因素。前厅经理一定要在顾客服务水平和工作程序上，寻求一个平衡点，以确保有效性。

　　本章也研究了饭店行业中特别是前厅对电脑的使用。饭店经过彻底的需求分析后，决定购买一个计算机系统，详细的说明书能够使前厅经理（或其他部门经理）评估自动运作特定功能所具有的价值。评估软件是判断哪一种计算机应用能最好地满足特定饭店需求的先决条件。前厅经理也需要评估硬件，这种硬件必须能够运行已选择的软件。

　　通过分析以下方面更能决定应采用哪一种系统：检查供应商索赔、安装、培训、后备电源和维修协议。最后的财务考虑完成了购买或租赁计算机的决定。前厅经理要明白电脑的应用——预订、收益管理、登记、客房状态、过账、电话计费、退房、夜审、问讯/报表、后台系统、客房、餐饮、维修、安保、市场营销、人事、电子邮件和时间记录，都是物业管理系统的不同模块，这些与前台的成功运作紧密相连。

☐ 关键词

存取时间（access time）

应付账款（accounts payable）

应收账款（accounts receivable）

后台系统（back office）

资产负债表（balance sheet）

宴会表（banquet sheets）

断电（blackouts）

限电（brownouts）

电话（自动）计费系统（call accounting）

电脑耗材（computer supplies）

每秒字符（characters per second，CPS）

光标（cursor）

借方余额（debit balance）

直邮信（direct mail letters）

磁盘驱动器（disk drive）

电子邮件（email）

人体工程学（ergonomics）

消防安全显示终端（fire safety display terminal）

限额（floor limit）

流程分析过程（flow analysis processes）

功能表（function sheets）

千兆字节（gigabyte）

硬件（hardware）

最高限额（house limit）

喷墨打印机（inkjet）

问讯/报表（inquiries/reports）

客房内退房（in-room guest checkout）

接口（interfacing）

互联网（Internet）

内部网（intranet）

输入/输出端口（输入/输出设备）（I/O ports，input/output devices）

操作键盘（keyboard）

袖珍键盘（keypad）

激光打印机（laser）

高品质打印机（letter-quality）

主菜单（main menu）

兆字节（megabyte）

兆赫兹（megahertz）

调制解调器（modem）

显示器（monitor）

需求分析（needs analysis）

在线（online）

未偿还余额报表（outstanding balance report）

提前支付（paid in advance，PIA）

投资回收期（payback period）

零售（point-of-sale）

过账（posting）

页每分钟（pages per minute，PPM）

打印机（printer）

处理器速度（processor speed）

损益表（profit-and-loss statement）

物业管理系统（property management system，PMS）

门市价（rack rates）

收益管理（revenue management）

客房状态（room status）

自助登记程序（self-check-in process）

单页打印机（single-sheet）

社交网络（social networking）

软件（software）

备忘录（tickler files）

触摸屏（touchscreen）

☐ 本章思考题

1. 设计前台时，应当考虑哪些因素？

2. 为什么饭店大厅中前台的位置很重要？

3. 描述一下饭店行业中计算机所承担的角色。

4. 解释什么是物业管理系统。物业管理系统是如何为客人提供接待服务的？

5. 在购买计算机软件和硬件之前为什么需要进行需求分析？需求分析包括哪些方面？

6. 为什么计算机软件比计算机硬件更加重要？

7. 假设你被使用物业管理系统的饭店雇用，你将选择文中描述的哪个软件？解释这些模块的有益之处。

8. 假设你被拥有物业管理系统的饭店雇用，和饭店前厅经理讨论计算机硬件说明书，他会认为什么设备是最有价值的？为什么？

9. 在物业管理系统中，接口为什么很重要？物业管理系统中接口的例子有哪些？

10. 什么是人体工程学？计算机终端的人体工程学是如何影响前台员工的？

11. 当你考虑购买一种物业管理系统时，你将如何核实供应商所承诺的事项？

12. 为物业管理系统制定一个较好的安装计划将如何帮助饭店进行管理？

13. 为什么饭店管理层必须确保饭店员工受到恰当培训以正确运用物业管理系统？

14. 如果一家拥有 200 间客房的饭店已经断电四个小时，你将如何保护物业管理系统中的数据？

15. 如果你受雇于一个饭店，询问前厅经理是否有物业管理系统中的维修协议。哪些项目包括在里面？在协议签订后供应商将如何支持饭店的工作？

16. 从财务利润角度讨论购买与租赁。

17. 物业管理系统的主菜单会告诉操作者什么？它是如何组织的？

18. 回顾本章中描述的计算机应用。解释如何运用它们来给顾客提供更好的服务，怎样改善饭店的财务控制。

19. 内部网是什么？在饭店中内部网是如何使用的？

20. 给出一些社交网络应用，比如 Facebook，Twitter，LinkedIn，YouTube，留言板，网站，博客，是如何增加顾客预订、加强顾客交流、创建客史档案的例子。

☐ 案例分析

1. 前厅经理安娜和市场营销总监罗林刚参加完一个计算机会议，在这次会议中，他们观察到了最新的饭店物业管理系统。安娜对更新和采用前台应用模块来完成预订、登记、客房状态、过账、电话计费、退房和夜审充满热情。罗林则相信市场营销部的应用会帮助她的部门实现高效率操作。

两个人都意识到购买该系统需要花费的成本。在他们与时代酒店总经理玛格丽特讨论之前，你将会如何建议？

假设玛格丽特打算购买一个物业管理系统，安娜和罗林接下来该如何做？在制定采用物业管理系统计划时应当包括谁，为什么？他们应该调查哪些方面？

2. 时代酒店的计算机团队正在进行更新计算机系统的需求分析。这个团队正在决定哪些新的模块需要被采用。前厅经理和委员会主席安娜正在寻求共识；这个团队是否该建议购买零售终端模块以方便餐厅业务操作，或者为市场营销部建立客史模块。餐饮部经理埃里克说零售终端模块在六个月内就能回收成本，因为顾客在过账前就离开了酒店。市场营销总监罗林表示，购买客史模块在第一年将会提高25％的业绩。但是预算只够购买一个模块，你将如何处理？

3. 一个独立经营、提供全方位服务的饭店，其所有者决定采用你的建议，安装一个物业管理系统。建议是全面的，包括本章囊括的所有必要步骤。然而，饭店所有者说由于目前经济条件不好，"我们不得不缩减，只能购买建议的11个模块中的5个"那么下面哪5个模块你将坚持购买？说明你的理由。

（1）预订

（2）收益管理

（3）登记

（4）客房状态

（5）过账

（6）电话计费

（7）后台系统

（8）客房

（9）餐饮

（10）市场营销

（11）夜审

□ 注　释

1. CARA Information Systems, Inc.; Computerized Lodging Systems, Inc.; ECI/EECO Computer, Inc.; Hotel Information Systems; and Lodgistix, Inc.

2. Ibid.

3. Reprinted from *Hospitals* 56, no. 9 (May 1, 1982), by permission. Copyright 1982 by American Hospital Publishing, Inc.

第 **5** 章

系统预订

本章重点

预订对于旅行者及饭店的重要性

预订系统概述

预订来源

预订的预测

超额预订（入住管理）

处理客人预订

开篇困境

距离第一位参加森林保护会议的顾客来办理入住手续还有两天时间。在对预订报表模块快速回顾后，你发现一些新入职的前台接待为这次大会提供了多出可提供客房数 10% 的担保预订（35 间）。

预订对于游客而言是必需的，也是饭店一种重要的营销手段。在众多的细分市场当中，游客需要依靠一个井然有序的、容易进入的预订系统，例如可以通过免费热线电话或互联网，或者在社交网站（如 Facebook，Twitter 和 LinkedIn）上的片刻浏览即可进入。饭店想要拥有一个可以源源不断地为其带来利润的顾客流，它的预订系统就必须保证具备进入、具体操作及确认预订信息的一些高效手段。没有一个高效的预订系统，饭店管理的方方面面都会受到负面影响。例如，尽管超额预订或许可以为饭店带来客房爆满的情况，但是它同样也为被拒绝入住的客人带去了非常差的饭店印象。这不仅减少了饭店的回头客，还有可能令那些不满意的客人将这种负面体验通过口碑效应带给他人。本章将预订系统视作先进的前厅管理的主要部分，讨论如何管理一个预订系统。

5.1 预订系统的重要性

能够盈利的商业投资依赖于有效的市场营销，其中包括回顾需要饭店产品和服务的客人，确定他们的特殊需要，提供符合他们需求的产品和服务，从而通过销售这些产品和服务获得利润。

一个井然有序的预订系统，可以为饭店带来稳定的客源，并使之成为饭店资产的一部分。连锁型饭店通过其中央预订系统，每晚可以帮助成员饭店成功预订出30%甚至更多的可出售客房。然而，单体饭店的经营者若想获得生意，必须创造出令人耳目一新的营销项目。一个可进入性强的连锁饭店的客房数据库，可以帮助饭店在满足顾客需要的同时，使其实现日均入住率、日均房价、客房收益率和平均可出租客房收入的既定目标。饭店若想产生正向的现金流和乐观的损益报表，一个良好的预订系统是基本的保证。社交媒体的应用是最近的一个重点。

> 似乎毫无疑问，社交媒体的网络化浪潮正在冲击着饭店行业。许多饭店都在不同程度地尝试着采取一些积极的社交媒体营销手段。不管它是 Facebook，Twitter，公司博客，LinkedIn，抑或其他千千万万的网络平台，社交媒体都在疾速改变着网络的风景。在管理有效的在线可见性方面，除搜索引擎最佳化（search engine optimization，SEO），现在，社交媒体最优化（social media optimization，SMO）和在线声誉管理（online reputation management，ORM）也都成为可行因素。[1]

5.2　预订系统概述

预订系统的广泛应用，为饭店业实现销售额提供了技术支持。过去，这一系统主要通过饭店自身的努力（市场营销，或饭店自有品牌的预订系统），它们的免费电话，全球分销系统（global distribution system，GDS），旅行社，以及第三方资源如批发商（它们从饭店买进客房，再通过网络将客房重新销售）来实现订房。下面的信息将告诉大家，饭店是怎样依赖于这些有序的系统组合来实现盈利的。

5.2.1　精选国际酒店集团

下面关于精选国际酒店集团，原来的巴斯酒店集团（Bass Hotels & Resorts），卡尔森酒店集团（Carson Hospitality Worldwide），以及 Pegasus Solutions 的相关信息，都向我们传达着一个简洁有力的观点：预订系统对于饭店行业的作用是至关重要的。

精选国际酒店集团目前已在30多个国家和地区开设了5 900家特许经营店，拥有超过479 000间客房，在舒适客栈、高品饭店、克莱瑞恩（Clarion）、斯利普旅馆、艾康诺旅馆、门斯特套房、罗德威旅馆、舒适套房、坎布里亚套房、城郊常住酒店（Suburban Extend Stay Hotel）和攀登精选（Ascend Collection）品牌下经营。在2004年，精选国际酒店集团针对酒店预订方面实施了新的培训计划，这对于其预订系统的成功起到了推动作用。

> 截至2007年秋，中央预订系统（central reservation system）实现了6次每天1 000万美元以及2次每天1 100万美元的总收入。培训提升的结果是，在过去4年，公司总收入的增长率从36%提高到43.8%，2007年通过预订中心，销售额增加了560万美元，实现了扭转性的增长。[2]

5.2.2　希尔顿集团

希尔顿集团则采取了一项新的办法，通过开发一个可令员工在家工作（home-based）的预订服务项目来管理其预订服务。

希尔顿目前已在 74 个国家和地区拥有超过 3 000 家酒店和 500 000 间客房。保证这些客房能够正常预订是希尔顿的首要宗旨。在希尔顿的预订与客户服务中心（Reservation & Customer Care），经理们面临的主要挑战就是尽可能高效地提供高质量的客户服务。因此，公司决定为其呼叫中心的员工设计一个可以在家工作的项目，这样既可以提高顾客服务质量，又能相应地减少呼叫中心的成本。希尔顿预订与客户服务中心同样看到了在家工作项目的潜力，即大量减少其呼叫中心的数量，从而节省房地产、电力、自然资源以及其他物质上的成本。这样一个团队所节省出来的呼叫中心的员工数量，相当于关闭了一个呼叫中心，并且可为 200 个在家工作的人员提供倒班。通过这种方式，希尔顿预订与客户服务中心避免了与租金、设施及维护有关的各种成本。

希尔顿预订与客户服务中心提供了一套完整的设备来配备它的代理人：美国慧智公司（Wyse）的客户端，网件公司（Netgear）的防火墙，思杰系统有限公司（Citrix）的授权码，以及微软终端服务器（Microsoft Terminal Server）的许可证，花费约为 1 200 美元，与在呼叫中心配备一个接口中心所需的 1 300 美元相比，这样的花费是令人欢喜的。"在每个员工所需设备上节约 100 美元听起来可能不多，"希尔顿预订与客户服务中心的 IT 支持部经理里克·斯隆（Rick Sloane）说道，"但是如果我们将 2 500 人累积起来，就意味着节省了将近 250 000 美元。"同样，希尔顿通过调整在家工作员工的有效工作小时数，来配合不断改变的需求层次，从而节省了许多资源。这使得希尔顿有能力对于季节性变化及时做出响应，用最小的顾客等待时间，提供最出色的客户服务，而当其不需要多余的生产力时，不必另付给员工工资。

尽管公司按小时付给员工的薪酬有了显著减少，但是总的来说，服务代理人的绩效和传递给希尔顿客户的服务质量有了明显上升。"拥有了在家工作的灵活和便利，我们可以吸引更多的求职者，也可以变得更加有选择性"，斯隆说，"许多求职者已经拥有了全职工作，但是如果他们不需要开车到一个工作地点，而是可以自主选择工作时间，那么他们就能够在额外的时间继续工作。代理人用一个在线项目来设计自己每周的工作时间表，通过在具体的时间段登记以达到顾客所预期的服务水平。"[3]

5.2.3　万豪酒店

万豪酒店在美国及其他 66 个国家和地区有着超过 3 200 多家酒店。它的高管们从 TravelCLICK 公司找到了另一种营销的专门技术，这种专门技术主要针对预订的来源、房价和不同类型的停留时长方面进行分析。下文分别在管理预订系统、回顾客户停留的数据、预测以及竞争力评价等方面体现了该酒店的一些独到之处。

万豪酒店最近与 TravelCLICK 公司签署了一份协议，在它旗下的 150 多家选择型服务酒店以及公寓式酒店（包括万怡酒店、万豪居家酒店、费尔菲尔德旅馆、唐普雷斯套房酒店和春山套房酒店）中，Hotelligence® 报告将向万豪提供其自己的酒店和它所定义的竞争对手酒店在预订资源、房价和不同类型的停留时长的分析见解。到 2012 年时，将有 65% 像万豪一样的大酒店集团，在信息、流程和商务智能工具上有较大改变，它们会及时根据商业和市场上产生的重大变动作出有根据的、反应快速的决定。[4]

5.2.4 全球分销系统在保证预订方面的作用

全球分销系统（global distribution system，GDS）是饭店的客房分销商，它们与那些大批量购买客房的公司（如旅行社）合作，在保证顾客能够正常预订方面扮演着一个重要角色。像 Amadeus，Galileo，SABRE 和 Worldspan 都是这一类分销系统。下文将对它们的运营理念进行详细阐述。

TravelCLICK 是一家全球分销系统公司，它同样有能力判断其广告能否让旅行社受众感知到公司。最近表现在它的广告中的一个新增特征是最优惠价格（best available rate，BAR），这些特征提升了分销系统服务的透明度和功能性，而 BAR 数据的不断更新也提高了客房预订增长的可能性。而且，新型的全球分销系统鼓励旅行社直接参与预订过程之中。[5]

电子分销商作为一个提高预订和增加收入的途径，到底有多重要呢？事实上有将近 30％的饭店预订都出自它们。在 2008 年，全球分销系统实现了将近 200 亿美元的净收入，也就是超过11 500万个饭店间夜数。[6]

5.2.5 互联网在预订中扮演的角色

商务和休闲旅行者在进入市场之时都怀着最大的精明之心。他们用各种促销的信息来武装头脑：来自电视的促销广告，来自信用卡的直接邮寄广告，来自航空公司的常客奖励计划，来自 Facebook，LinkedIn，Twitter 这些网站的促销活动，以及其他促销资源。他们想要通过对这些信息的筛选，来保证自己获得最高的性价比。游客从网上搜索到最优价格，确保对自己的正确选择感到满意。这种自由的市场究竟是如何出现的？为什么现在看起来像是一个买方市场？为什么饭店经营者会对普及互联网的想法感到痛苦？接下来的讨论将从网络客房定价的背景、网络在客房定价中所起的作用以及消费者在预订过程中对网络的利用等方面向读者展现高科技是怎样改变饭店经理人的生意方式的。TravelCLICK 公司负责电子商务的副总经理杰尔姆·怀斯（Jerome Wise）说过，"根据 Google™ 的数据，预计到 2012 年，建立关系网络将成为第二大最流行的网上活动，超过网络购物、网上交流（如电子邮件）和网上娱乐。"他补充说："从早期就开始发展社交网络的饭店经理人，将会在它成熟时获得更加显著的竞争优势"。[7]

5.2.6 网络客房定价的背景

沙伦·H·麦考利夫（Sharon H. McAuliffe）首先为我们提出这样一个构思，即通过网络来提供房价。在网络进入饭店客房市场之前，消费者唯一可得知房价的途径就是那些印刷出来的小册子，或者给饭店方打电话，或者通过旅行社报价。任何提供给批发商和团体客户的折扣都是基于它们的营业额或者停留时间的。网络公司蓬勃发展时，这些饭店批发商决定提供免费广告来怂恿消费者使用网络。这在后来也改变了消费者的消费习惯。最初，饭店批发商是将剩余卖不掉的饭店客房作为存货放在网上，这令饭店经理人非常感激，他们也愿意以低价出售饭店客房。发布在网络上的客房量并不大，而且一切看起来都非常好。然后其他网站开始提供同样的打折模式，并担保会提供更低的价格，结果导致了房价变得越来越透明。客户在办理入住手续之前，可以从网上获悉自己被担保的房价究竟是不是最低价。[8]

然而，一个全新的概念——客户关系管理（customer relationship management，CRM），或客户服务的技术管理——已经通过电子媒介进入到了饭店经理人的日常工作当中。马克斯·斯塔尔科夫（Max Starkov）提供了在客户关系管理电子应用方面的独到见解。

> 事实就是，旅游中客户关系管理的应用远远多于技术或数据库管理。客户关系管理及其在线应用，即电子化客户关系管理（e-CRM），是这样一个商业战略，它旨在促使与消费者之间形成互惠互利的关系。电子化客户关系管理允许旅行公司——旅游供应商以及在线旅行社（online travel agencies，OTA）——与消费者之间形成一个强有力的、个性化的、互惠互利的相互关系，从而提高转换率，更加高效地将客房卖出。一个涵盖了旅游观光与接待的电子化客户关系管理战略的主要内容如下：
> - 了解客户
> - 客户服务
> - 个性化
> - 更加有效的市场营销
> - 建立客户忠诚度[9]

5.2.7　网络在客房定价中所起的作用

饭店的网站必须将浏览网站的人转到有保证的预订版块。来自 SynXis 公司的一篇文章向我们展示了饭店经理人是怎样应对这种客房定价的营销挑战的。

> 通过客户预订引擎链接（guest connect booking engine），饭店经理可以将游客在预订量和转换率上的重大增长报告给公司。客户链接模块（guest connect）是由 Sabre 旗下全资子公司 SynXis 公司开发的。
> 客户链接模板引导着预订的步骤。它可以令饭店经理吸纳进最能代表其饭店或连锁饭店特点的产品元素：从详细的属性描述、丰富的图像，动态的包装、促销定价（削减过的价格）、房间偏好选择，再到一个虚拟的礼宾员来获得更多服务。此外，作为在线营销的一种尝试，饭店经理也可以利用综合全面的追踪工具，对他们的投资报酬率（return on investment，ROI）有一个全面的认识。
> 以地处美国基维斯特岛上的雷明顿酒店（Remington Hotels）为例。在对其每周的预订数据进行前后对比后他们发现，客户预订引擎链接所创造的预订量是旧的预订引擎的 250%。对于拥有 100 间客房的饭店而言，这一增长将导致每周超过45 000美元的增量收入。[10]

5.2.8　顾客对于网络预订的反映——来自第三方网站

第三方网站，诸如艾派迪（Expedia）和速旅（Travelocity），只需顾客敲几下电脑键盘，便可以获得饭店的空房和价格信息。消费者对在线订房的反映表示出它的推广已是势在必行。TravelCLICK 是一家位于芝加哥的电子预订提供商，在全球 140 多个国家为超过14 000个顾客提供服务。它体现了顾客在进行预订的过程中对于网络的依赖。

面向饭店业的电子商务解决方案领先提供商 TravelCLICK 公司宣称，在 2008 年上半年全球市场都表现出需求上的衰退时，TravelCLICK 公司的独立客户公司却在全球 100 多个国家和市场中有着不俗的表现。与以前相比，2008 年 1～5 月，公司实现了超过 39％的收入增长，而预订间夜数与去年同期相比也提高了 29％。直接通过 TravelCLICK 公司的网站产生的预订也是一路领先，实现了 42％的增长，令网站收入增加了 46％。[11]

这一压倒性的结果反映了互联网的不断发展。斯塔尔科夫强调电子化客户关系管理的重要性，通过消费者使用电脑而产生的旅行预订也证明了这一点：

即便在旅行需求中有可预见的下降，但在 2009 年，北美的在线旅行预订额仍预计将实现 10.5％的增长，达到 1 161 亿美元，而且 2010 年还会增长 11％（eMarketer）。从非在线到在线销售渠道的戏剧性的改变，被认为是导致这一增长的主因。同样的情况也会发生在欧洲和亚太地区。2009 年，北美将有超过 55％的旅行预订和高达 40％的饭店预订从互联网中产生（eMarketer，HeBS），与 2008 年相比将实现两位数的增长。除了非在线预订，至少仍有另外的第三种酒店预订将会受到在线搜索的直接影响。超过 65％的在线酒店预订会来自直接的在线渠道，例如饭店的自有网站（76％是主要的酒店品牌）。饭店网站在与新老客户及潜在客户的联系中，往往是第一点、最主要的一点、唯一的一点，甚至在一些情形中也是最后一点。[12]

5.2.9　社交媒体

接触消费者的新办法就是通过**社交媒体**（social media）技术，例如 Facebook，Twitter，YouTube，LinkedIn，以及博客，饭店经理在制定他们的市场营销计划时需要将这些选项考虑进去。约翰·戴维斯（John Davies）提供了几个供参考的观点。

1. **明确你的发展战略和长期目标**。你的目标要和预期的顾客沟通吗？你只是寻找短期的顾客，还是希望与你的客户建立长期、持久的关系？你的目标是为你的品牌提高信用和名望，还是提高本周销量？

2. **进行社交媒体营销**（social media marketing，SMM）。社交媒体营销是一个过程，包括参与、互动、提供资源、后台保证、跟进执行以及时间管理。而且需要有人在现场监控，并为顾客解决问题。

3. **社交媒体并不是你的营销计划的全部**。

4. **打造一个社交媒体营销团队**。让你的饭店总经理和公司领导加入社交媒体营销的潮流中。

5. **找到那些成功的社交媒体营销专家**。留心观察教育方面的网上直播研讨会和社交媒体营销"训练营"。[13]

5.2.10　在第三方预订中的财务效应

应该评估顾客所反映出的财务效应。收益管理很看重收益管理经理的工作，包括对客房预订渠道的评估。例如，通过一个旅行社完成的预订可能需要支付 10％的佣金，通过第三方预订需要支付的佣金可能会高达 18％。如果一个客房可以卖 100 美元，那么 10％的佣金就是 10 美元，18％的佣金就是 18 美元。如果将这 8 美元的差距扩大到每天 10 间客房，每年 365 天，结果就是29 200美元（8×10×365＝29 200）。然而，对于这一争论也有不同角度的看法。假如我们不把这些待卖的空房放在**第三方预订网站**（third-party reservation website）上的话，这些客房是不是还会继续卖不出去？会不会失去所有的收入，更不必说每年29 200美元？这实际上是在收益管理方面智慧与经验的角力。

5.3　预订系统的类型

5.3.1　特许经销商

一个**特许经销商**（franchisee）是一个饭店拥有者，它可以获得进入全国预订系统的权利，以及有关的公司管理经验、金融支持、全国性广告，以及团购等好处。其中，对预订系统的特许经销商会员或者转介系统的会员非常有帮助的一个项目就是**饭店间资产转介**（interhotel property referrals）。在这个系统中，一个会员公司可以向另一个会员公司推荐客户，并为它打出全国性的广告。

5.3.2　转介会员

预订转介系统（reservation referral system）是一个为特定的饭店成员处理客房预订需求的全球性组织。而**转介会员**（referral member）则是一个被授权进入全国预订系统的饭店从业者/饭店拥有者。该预订系统的会员饭店更有可能支付较少关联成本，例如，根据当地经济和市场的具体情况，全国预订系统可以帮助连锁饭店实现其15％～30％的客房预订量。与必须依靠自身努力来销售客房的独立饭店相比，特许经销商的转介成本看起来实在是微不足道。

特许经销商和转介公司使用预订系统所产生的费用，主要包括许可费、市场营销费用以及预订费用等。例如，2009 年，加盟希尔顿需要为首批 275 间客房及套房支付85 000美元，每多出一间客房或套房再加 300 美元，而85 000美元已是最低的费用。按照每月客房总收入情况，分出 5％作为许可费，4％作为项目费。加盟希尔顿需要安装专有商务软硬件系统 OnQ；这个系统的前期成本从40 000美元到150 000美元不等。此外，饭店总收入的 0.75％将作为 OnQ 的每月使用费。[14]

万豪向寻找费尔菲尔德旅馆经营权的投资商收取同样的特许经营费。申请费用是50 000美元或者按每间客房收取 400 美元（这样收费更多）。基于房价总收入的 4.5％收取许可费，2.5％作为营销费用。收取 0.8％的房价总收入以及每次非产权预订 2.6美元作为预订费。每个会计期间还有 212 美元的通信保障费。[15]

如果计算一下在这些特许经营费的主导下运营一个饭店所需的成本，你就会发现特许经营权是一个非常昂贵的商业选择。然而，它所产生的利润（预订系统、广告、管理开发等方面）也是非常可观的，而且远远超过了成本。

5.4　预订来源

　　客户预订来自多样的细分市场，其中一些非常常见的团体客人包括企业客户、社会团体/军事机构/教育部门/宗教团体/兄弟会组织（SMERF）、团队游客、休闲游客，以及饭店的回头客等，这仅是客户预订的一种分类方法。分析这些细分市场的目的是了解每一个团体的需求，并提供符合其需求的预订系统。记住，通过审视这些需求，我们将洞悉与客户交流的各种方法。学到的这些方法越多，就越能监管和提高现在的预订通信系统。

5.4.1　企业客户

　　企业客户（corporate client）是受雇于一个企业的饭店客人或者某个企业的客户。企业客户为饭店提供了源源不断的生意流，如若不然，这样的销售期将是十分萧条的。例如，在一个只流行周末出游的地区，如果没有一个积极的营销策略来保证从周日到周四晚都有企业客户的话，饭店将要面临亏损经营的局面。企业客户通常会到城市参观企业总部，或者参加商业会议。参观者的旅游活动往往已经提前定好，有详细的行程和旅游安排。因此要确保一个有效的商业旅行，企业客户需要提前预订。

　　企业客户的预订工作可能由一个秘书或者行政助理着手开展。这些文职人员对于饭店营销工作而言是必不可少的。许多饭店都有一个秘书俱乐部，主要着眼于营销和公共关系工作，团队力量非常之大。这个俱乐部通过提供各种激励措施，例如对预订量最多的人奖励礼品券，提供免费餐或免费的兴趣班，来鼓励他们为观光的商务客户多做饭店预订。这个系统为一支忠诚的秘书和行政助理队伍的创立打下了基础，他们会优先考虑俱乐部的饭店。这个营销项目可以帮助前厅经理和预订员间接地了解到企业界的领袖。如果这类人需要在一个非常忙碌的晚上进行快速预订，他们会从饭店的管理中感受到他们正在享受特殊待遇。

　　一个不需付费的电话号码可以使那些在成本上斤斤计较的企业客户从外面打进电话时节省电话费。安装了免费电话的独立饭店往往营销优势更为明显。如果办理预订的客人想要查询价格、位置、便利设施、饭店配套服务及其他，那么无须支付额外的费用，就能了解到这些。即便身在手机成为主流的现代社会，免费电话仍然倍受青睐。这样企业客户就能选择合适的饭店满足自己的旅行需求了。

　　企业客户同样能够通过连锁机构的预订/转介系统来完成预订。大的连锁机构通过在广播、电视、广告牌、印刷品上做广告，可以让企业客户轻松通过免费电话完成预订。电话号码将客户连接到预订员那里，如果这家饭店是连锁成员或者转介会员，那么预订员就可以进入它的空房数据库，在几分钟之内即可完成预订。一个简单的号码，让企业客户只需通过一个电话就可轻松完成多个城市的饭店预订。在饭店业，通过把握这样的机会来赢得回头客是非常重要的。

　　旅行社同样可以帮企业客户做预订。那些代订机票或者其他交通方式的旅行社往往也做客房预订的业务。

　　企业客户同样能够通过访问一个饭店的网站来获得相关信息，从而做出预订。

　　最新的饭店预订方法是通过 LinkedIn 网站。卡罗尔·维里特向我们阐述了

LinkedIn 是如何帮助饭店业的销售代表的。

会议和旅游的规划部门在多数时候都被精简了——他们真的没有时间吃午饭或者到现场考察。构建了这些关系的社交网络是一个伟大的地方。页面最大化以后，可以看到 LinkedIn 的主页上有公司简介。来自其他会议和旅游规划者的推荐同样会显示在你的页面中，充当一个"第三方"转介的角色，这更像是一种激励，让你对自己和饭店充满信心。[16]

5.4.2 社会团体/军事机构/教育部门/宗教团体/兄弟会组织

SMERF 很好地填补了业务周期中的闲余时间，为了省钱，这一市场的团体往往选择在非高峰期进行游览。举例来说，教育者可以在圣诞节假期或者夏季休会期举办会议，从而保证拿到一个相对低的房价。目前 SMERF 可能只有 50～100 个，但是会有许多这样的团体陆续加入进来。它们与当地的旅游局紧密合作，通过网络搜索来决定在什么时间安排年会、半年会，或者季会，并通过查阅地方报纸来识别本地的主要领导。

5.4.3 会议/奖励/大会/事件

大有可为的会议/奖励/大会/事件（MICE）市场需要一个专门的饭店营销团队或机构，这个机构可以把大规模与会者所开的会议安排在一个专门的会议饭店。为鼓励团队预订一个大型活动，包括机票、饭店客房、房价，以及地方文化活动等在内的许多细节都可以囊括进来。来自当地旅游业和旅游协会的支持是重要的有利条件。

5.4.4 团队游客

团队游客（group travelers）是以团队形式出游的人，包括商务游客和休闲游客。会议客人和研讨会的参会者都是商务旅行团队游客，参加组织好的有关娱乐、教育、爱好和特殊兴趣等活动的与会者构成了休闲市场的一部分。对这类团队进行预订营销的关键是向它们提供一个规划旅游细节的高效方法。**团队规划者**（group planner）是对以下事项负责的人：客房住宿、餐饮项目、交通预订、会议设施、注册程序、参观游览、风景信息，以及团队旅游预算。团队规划者必须以高效、有序以及专业的方法来满足团队的需要。细节可以非常宽泛，包括在一个大城市组织一个 3 日会议，有700 多人参加；或者为 44 人的旅行团规划 7 天旅行中的兴趣点。那么团队规划者要怎样着手呢？

公交协会网（bus association network）是由公交公司和旅行社联合发起成立的一个组织，可以向旅游团提供交通工具和旅游信息。旅游或者会议组织者可以选择向公交协会网打探消息，使用列有饭店的指南，与饭店代表交流住宿信息，以及与饭店代理商联系等展开一个规划。通过这些资源，饭店经理人可以向客人提供关于饭店和旅游的信息。

公交协会是一个国家层面的专业组织，它可以向自己的会员提供规划旅游和会议所需的已经整理好的目的地信息。它通过与饭店、旅游景点以及旅游推广协会合作来组织会议。旅游推广协会是一个公共部门，可以向团队游客提供相关设施和景点信息。这些协会会在按月出版的印刷品上进行宣传，从而让它们的会员在旅游业内保持现有经营状态。住宿产品也会在这样的印刷品上刊登广告，以增加团队旅游市场的多样性。

旅游指南（travel directories）把饭店的预订渠道、地理位置以及住宿信息等列示出来，方便旅游规划者找到与团队需求相符的饭店。最常见的旅游指南是 Hotel and Travel Index. com。其他指南包括美国汽车协会（American Automobile Association，AAA）刊发的 *Travel Books & Guides*，*Michelin Guide* 和 *Weissmann Travel Reports*。据一份尼尔森的调查报告称，美国有 156 557 641 个活跃的互联网用户。从这个数据中我们可以大胆假定：对于饭店在互联网上提供的产品和服务，消费者有进入的自由。[17]

饭店代表（hotel representative）是积极寻找团队活动规划者的饭店市场营销部成员。与他们一起工作，是团队规划者认为可行的另一种方法。详细了解了住宿设施、地区景点、社区背景等信息后，饭店代表会为规划者提供一揽子方案。积极地招揽团队生意对于饭店而言是十分有利的，这一点已逐步证实。

另一种主动招揽团队游客的办法就是交给**饭店代理商**（hotel broker）去做，它们可以将饭店客房包价产品卖给企业、抽奖活动发起人、游戏竞赛节目，以及其他赞助商。通过大规模预订，饭店代理商可以从团队旅游的饭店那里得到一个折扣作为奖励。连锁饭店和转介组织通常会在其市场营销部安排专人，负责联系组织好的团队或者经纪人，向他们出售饭店的客房和相关服务设施。

之前提到过，维持团队游客生意的关键，就是开发一个结构化的准入系统来帮助规划者满足团队的需求。关于饭店、景点、社区等的信息准备得越全面，规划者就越容易选择一个饭店。（请注意，饭店经纪人同样会把批量客房在合适的日期放在他们的第三方网站上零售。）

5.4.5　休闲游客

休闲游客（leisure travelers）是那些独自或结伴参观景点、拜访亲友，或出于其他个人原因而出行的人。这些游客通常不会严格地规定日期和行程，与企业客户和团队游客相比，他们会灵活地安排自己的旅行计划。他们更愿意寻找一些可以沿途逗留的地方，然而，这个队伍里可能也有些人只想有一次波澜不惊但求稳妥的旅行，所以总会提前进行担保预订。这个意见分化的群体由许多小群体组成，包括单身青年、已婚夫妇、年轻家庭、老年人和学生等。有许多办法可以保证休闲游客预订到客房，比如通过旅行社、免费电话、预订/转介系统、网络、Twitter 和 Facebook 等。

尽管通过旅行社订房对于休闲游客来说可能并不如商务人士那样普遍，但旅行社提供的一条龙服务方法却促使饭店与其形成了良好的商业关系。通过旅行社成功预订，饭店需要付给它们房价的 10% 或更多作为佣金，这与旅行社为饭店带来的大量订房和随之而来的利润相比，实在是一个小数目。另一个常被游客采用的预订途径是免费电话。通过拨打这些列在旅游指南和电话黄页中的免费预订电话，游客可以获悉最新的客房报价和是否能够订房的信息。

第三种可以采用的方法是预订/转介系统。这个渠道非常快捷，通过全国或国际的预订/转介系统即可连接到特定的饭店。计划长途旅行或者将要到并不熟悉的地区去的游客通常会更加偏向有空房，并且干净、安全、舒适的饭店。只要有饭店满足了上述条件，并且说服游客通过它的预订/转介系统订房，那么它的知名度也会随着时间而逐渐提高。

休闲游客的第四种预订办法是网络。游客可以访问网页获悉住宿情况，还可以比较价格从而完成预订。休闲市场早已通过家用电脑和广泛的网络链接接受了这种方法。

最后一种预订办法就是社交媒体（例如 Twitter 和 YouTube），它们同时也构成了这一细分市场的营销效能的一部分。接下来的举例说明由万豪提供。

> 万豪酒店夏威夷度假村（Marriott Resorts Hawaii）正在以一个"推特你自己到夏威夷"的在线竞技活动，来庆祝喜达屋集团夏威夷分部成立 50 周年。胜出者将获得夏威夷航空公司（Hawaiian Airlines）提供的免费游夏威夷的机会，并在万豪酒店住宿。2010 年 1 月，一些视频被放到了网上供大众评审，得分最高的将赢得免费的夏威夷游，并可以邀请 11 个亲友同行。这次比赛是万豪集团与夏威夷观光会议署（Hawai'i Visitors and Convention Bureau，HVCB）、夏威夷航空公司以及赫兹公司（Hertz）通力合作的结果。夏威夷观光会议署主席兼首席执行官约翰·莫纳汉（John Monahan）说："随着社交网络的迅速发展，竞赛活动拥有了迅速传播的潜力。""这是一个令人兴奋的项目，能够参与其中我们感到非常荣幸。"夏威夷航空公司市场营销副总监格伦·谷口（Glenn Taniguchi）说："免费的旅行是一个非常好的激励，可以提高我们网站的访问量，并且提升品牌知名度。"[18]

5.4.6　现有客户

通过**现有客户**（current guests），即已经在饭店注册过的客人，来促进客房预订常常会被忽略（这一话题将在第 13 章得到更详尽的阐述）。这个潜在的市场非常有前途，因为会有大量回头客生意。现有客户已经体验过饭店的设施和服务，并且可能十分乐意相信相同的饭店或者同品牌下的其他饭店做出的维护良好口碑的承诺。

办理登记入住和离店手续时往往是展现饭店优质服务，从而提高潜在预订的大好机会。在登记客人之后，前台接待会询问他在离开饭店后是否要继续旅行。假如客人提到要去另一个城市旅行，前台接待会询问客人在退订客房的时候是否需要为这次旅行或未来的旅行预订客房。饭店以这样的方式向现有客户进行推荐，在未来可能就会增加客房的预订量，这就是对饭店的回报。

5.5　预订的预测

从预订过程中收集到相关数据之后，下一步自然是进行**客房预测**（rooms forecast），包括**预测**（forecasting）特定时期的客房销售量。这一步包含预览预订结果的损益表、安排人员，以及计划如何使用设施。除了为客房的预测（某些时候指的是对客房销售情况的推测）提出实用的方法，这个部分同样解释了作为一种与其他部门的交流工具，这样的预测是怎样利用起来的（见图5—1）。

客房预测　从12月1日星期日到12月7日星期六							
	12月1日	12月2日	12月3日	12月4日	12月5日	12月6日	12月7日
担保预订	25	50	55	40	45	10	10
确认预订	20	25	20	20	25	10	15
散客	80	80	80	5	5	5	5
团队	20	0	0	30	30	30	0
总客房	145	155	155	95	105	55	30
总客人	180	195	190	110	125	75	45

注：12月1，2，3日有来自石头山庄园DDS会议的散客

12月4，5，6日有来自加拿大的约翰逊旅游团，所有餐在餐厅零点

抄送：行政管家　　　　　总经理
　　　前厅经理　　　　　市场营销总监
　　　总机　　　　　　　餐饮部总监
　　　维修工程师　　　　行政总厨
　　　停车场经理　　　　宴会部经理
　　　餐厅经理　　　　　上/下午女服务员
　　　　　　　　　　　　行政酒廊经理

图5—1　一则为服务提供而计划的客房预测

客房预测的目的之一是预览损益表。预测可以帮助饭店经理估算某段时间的预期收入和相关支出。前厅经理预计，若总入住客房达到100间，那么按平均每间客房售价90美元计算，一个7天的会计预计将有63 000美元（100×90×7）的房价收入。按照成本节约的预算政策，允许前厅经理将部分收入分配给前台接待。对于成功的前厅管理来说，预测销售收入和相关支出是非常重要的（见图5—2）。

需要依靠结构合理的客房预测的绝非只有前厅。餐饮部、客房部和维修部的工作都需要参照**出租客房数**（house count），或者登记入住的客人数。这对于安排员工、设备使用、改进计划或更新设备、下订单供货等都是十分必要的。例如，假如预测客**房将满房**（full house），或者将达到100%的入住率，那么没有安排到宴会或早餐的员工则必须到餐厅帮忙，客房部的员工可能也无法休假。其他或有事件则包括入住率不高时，维修部安排工程大修和定期检修、年度大扫除以及客房改造；财务总监需要估计现金流；客房部行政管家需要根据客房量安排足够的员工；保安部需要知晓活动的安排，停车场经理需要了解现有停车空间是否能满足预期的客户需求。而以上这些都只是客房预测作用的一部分。

前厅经理会使用平均房价或者团队房价，通过对客房的销售情况进行预测来预计客房收入。这一信息对于财务总监、总经理和饭店拥有者来说都是非常重要的，因为在管理饭店时他们会用到这些数据。在准备季度或年度预算时，这个系统同样可以使用。

时代酒店—周客房销售预测							
	10月1日	10月2日	10月3日	10月4日	10月5日	10月6日	10月7日
离店	0	10	72	75	5	15	125
到达:							
确认	40	20	30	25	5	8	22
担保	30	18	17	90	4	2	10
合计	70	38	47	115	9	10	32
散客	20	20	30	10	10	5	50
续住*	10	85	68	65	175	177	65
应到未到	5	3	5	10	2	2	3
总计**	95	140	140	180	192	190	144

　＊昨日客房总计－离店数。

　＊＊昨日客房总计－离店数＋到达数＋散客数－应到未到数。

　注:

　10月1日:牙科委员会（125间客房），离店时间为上午9:00—10:30。

　Lion聚会（72间客房），登记入住时间为下午1:00—4:00。

　10月3日:Lion聚会,上午10:00团队早午餐以后离店;延迟退房至下午1:00。

　在市中心有古董车展览,绝大部分客人会入住赫尔福德酒店（Hearford）（目前只有50间预订）;预计赫尔福德酒店将会满房,约有30个散客从赫尔福德酒店流出。

　10月4日:古董车展览一整天。

　现代体育大会。大部分人年龄在10~16岁,入住时间为下午4:00—6:00。

　10月7日:现代体育大会的客人12点退房。

　在市中心有画家大会,主要入住安德森酒店（Anderson）。

　预计满房,约有50个散客流出。

图 5—2　前厅的预测结果

5.6　超额预订（入住管理）

　　超额预订（overbooking）——通过对所有弃订、续订、提前离店和散客客房数的预测,目标是要最大限度地达到100%的订房量,预订往往会超出饭店所能真正提供的客房数。公众对于超额预订总是持怀疑态度。作为未来的饭店总经理,我们应该为这一艰巨的任务制定一个对策,来应对超额预订的情况。而前厅经理要对管理这项制度负责。

　　美国法庭看起来是同意这一观点的:"在许多案例中,总是要超额预订才能避免应到未到或者过迟取消所带来的损失。而超额预订所产生的经营效率,也远远比偶尔带给客人的麻烦重要得多。"他们认为,饭店的超额预订可以抵消由应到未到所带来的损失,这已成为惯例,而且是非常正当的解决措施。1980年2月,古尔德（Gould）等人发现,除了佛罗里达州的一部法律有所规定,没有相关的法律或者行政法规来规范饭店的超额预订行为。[19]饭店总经理和前厅经理也并非故意为客人制造麻烦，他们也是为达到公司的财务指标而不得不超额预订。雷克斯·S·陶（Rex S. Toh）发表文章称："不管怎样，在绝大多数市场当中，应到未到率都在5%～15%之间。"[20]

多数饭店并不接受确认预订，可能主要是担心应到未到会造成财务损失。在一家典型的依赖确认预订（不使用信用卡作担保）而非担保预订的饭店，会遭遇5%的应到未到率，平均每晚会有一间客房不能出售。假如平均房价是85美元，这间客房将会给饭店带来85美元的损失，年损失将达到31 025美元。大量财产的损失使得饭店总经理不得不采取冒险的订房管理办法——对不同方式订房的客人进行分类管理：确认预订的客人、担保预订的客人、续住的客人、提前离店的客人、散客。然而，许多饭店总经理需要客人用信用卡作担保，来保证他们入住的诚意，同时也是付款的保证。

对于**确认预订**（confirmed reservations）的房间，饭店会为客人保留到下午4：00—6：00。因为应到未到的情况对于饭店是非常关键的因素。在这段时间以后，饭店没有为客人继续保留房间的义务。不同类型的确认预订的旅游者（企业客户、团队游客及休闲游客）有着不同程度的应到未到率。例如企业客户可能会有1%的比率，团队游客则只有0.5%，且无法入住的人都会来自一到两家特定的公交公司。休闲游客的应到未到率可能会达到10%。在对上面不同类型的客户进行详细调查后，将可以提出将这一比率最小化的建议和解决方法。请注意这个分类只是出于保证客房能够订出去的需要，仅在饭店业的一小部分市场中使用。

担保预订（guaranteed reservations），就是与饭店签订预订合同。这些客户代表着一个更加稳固的类型，因为客人提供了信用卡号来保证订房。雷克斯·S·陶称，与确认预订10%的应到未到率相比，担保预订的应到未到率仅仅是2%。[21]前厅经理应该调查这些应到未到的具体情况，来判断他们的来源，并作出相应的计划方案。

续住客人（stayovers）是已经登记入住的客人，在饭店的逗留时间超出他们的预订日期，期望延长停留时间。对分类游客（企业客户、团队游客、休闲游客）的准确记录显示了每一类客人的续住率。例如，与配偶一同旅游的企业客户可能会把周四、周五结束的商务旅行延长至周六。同样，预订时间是从周一到周四的会议团队，往往会鼓励与会者再停留更长一段时间来游览观光。

提前离店（understays）的客人是那些及时到达，但是决定早于预期时间离店的客人。休闲游客会觉得那些游览胜地并不如自己预期的那样有意思。突发的急事也会让企业客户比预期时间提前回到办公室。保持准确的记录可以帮助前厅经理预测提前离店的情况。

散客（walk-in guests）在饭店市场上是最受欢迎的部分。经有效管理的话，他们能够大大提高饭店的日常客房出租率。在旅游旺季、特别的旅游节日、大型会议及其他类似场合，都会增加潜在的客户数量，因此前厅经理应该对这些可能的情况都有所了解，以便做出相应的计划。散客的数量一般会比较多，如果前厅经理与其他饭店的前厅经理保持良好关系的话，那么当他们自己的饭店满房时，就可以客户推荐我们的饭店。把无法入住的客户送到临近的饭店，不论对于饭店还是对于客人来说，都是双赢的结果。

通过对不同类别的入住情况的系统跟踪，前厅经理就能更加精确地推算出客房的入住情况，从而获得数据，通过对物业管理系统预订模型的观察，将特定时期内团队游客、企业客户和独立客人订房的情况以列表形式展现出来。同样，前厅经理应该多了解本地的旅游活动、在其他饭店举办的商业活动，以及其他本地的重大事件。

如下所示的**订房管理公式**（occupancy management formula）包含确认预订数、担保预订数、这两种预订类型中的应到未到因素、预计续订数、预计提前离店数以及预计散客数，来判断需要另外增加多少预订才能实现 100％订房量的目标。**应到未到因素**（no-show factors）是基于过去的客人预订了，但最终没有出现的经验而定的。

```
    总的客房数量
  — 确认预订数×基于历史的应到未到因素
  — 担保预订数×基于历史的应到未到因素
  — 预计续订数
  ＋预计提前离店数
  — 预计散客数
  ────────────────────────────
  ＝为达到 100％的订房量目标另需增加的预订数
```

这里有一个例子说明怎样运用这个公式：

1. 如果一家有 200 间客房的饭店拥有 75 间确认预订客房，这一分类的应到未到率约为 5％，那么有 71 间客房将会被确认预订。应到未到率是前厅经理基于饭店这一类客人的历史数据计算得来的。

2. 饭店同样拥有 100 间担保预订客房，过去的应到未到率是 2％。这意味着可能有 2 间客房最终不会入住。但是这 2 间客房能不能出售，不同的饭店有不同的政策。如果附近的其他饭店当晚有空房的话，前厅经理就会把担保预订但已没有空房入住的客人送到另一饭店。但是这样做需要非常小心。假如客人疲倦不堪地在凌晨 3 点到达饭店，但是却发现担保预订居然没有房间，将是非常令人不快的事情。

3. 基于历史数据，并考虑到季节性因素、旅游景点、不同客人的具体情况（会议客户、游客或商务旅客），饭店预计这一时期将会有 4 间续订客房。这个数目必须从待售客房的总数中减掉。

4. 饭店预计这一时期影响客人提前离店的因素与上面续住客人的差不多，会占用 5 间客房。这个数目将会加到待售客房的总数中。

5. 参照历史数据，饭店在了解近期旅游重大事件、其他饭店活动、附近社区的旅游景点等信息后，预计这一时期散客将会占用 8 间客房。

运算过程如下所示：

```
    200 间可入住客房
  — 71 间确认预订客房 ［75—（75×0.05）］
  — 98 间担保预订客房 ［100—（100×0.02）］
  — 4 间续订客房＋5 间提前退订客房
  — 8 间散客客房
  ────────────────────────────
  ＝为达到 100％的订房量目标另需增加 24 间客房
```

如公式所示，对于这 24 间待售客房，前厅经理必须将它们售出，才能达到 100％的入住率。为了达到这一目标，经理有充分理由增加 24 间额外订房。

5.7 收益管理

收益管理（revenue management）是为获得最大化房价和获得带来最大利润的客

人而采取的技术。这就促使前厅经理、总经理和市场营销总监规划出销售期，并制定当期的销售方案，以达到销售目标，从而使饭店利润最大化。在第 6 章中，我们将对这一话题进行深入讲解。收益管理是成功管理预订系统的一部分，因为它使得前厅经理为做出一个真正令人满意的损益表而不断做出尝试。例如在特定时期应用房价分类方法，同时规定最短预订时长，观察潜在的市场和客人的消费习惯，这些尝试不仅有助于饭店达到 100％入住率的目标，并且能获得最大利润。

一线问题

作为时代酒店的前厅经理，为了达到 100％的入住率，你需要超额预订 4 月 15 号你认为可能多出来的客房。使用下面的历史数据来决定需要超额预订多少间客房才能达到 100％入住率的要求：500 间可用客房，其中 100 间确认预订，有 5％的应到未到率，200 间担保预订，有 2％的应到未到率，15 间续订，10 间提前离店，45 间散客。

5.8 处理客人预订

一个运行良好的客房预订处理系统，需要由这些组成部分：与客人通信的手段；待售客房的数据库；预订、确认、延时、取消订房系统；**锁定程序**（blocking procedures）——在特定时期订房的方法等。

客户若要保证整晚的预订，则必须与饭店事先进行有效的沟通。比如通过免费电话、传真、社交媒体或者个人电脑等手段。反过来，饭店也必须拥有一套核实客人预订需要的途径，而非仅仅依靠待售客房的数据库。为确保客房预订的可靠性，饭店开发了一个预付定金或担保的系统，来让客人做出承诺为预订付费。良好的取消预订程序能让客人与饭店灵活地处理复杂的情形。锁定程序让未来的担保和现有客房需要之间达到平衡，同样有助于前厅经理开发出有效的客房预订处理系统。

5.8.1 全系统的预订系统

拥有全系统的预订服务的饭店，是通过全国免费电话与系统连接起来的。公司的市场营销部将电话号码广泛传播，拨打这个免费电话的潜在客户会由中央预订总部的话务员接待。话务员可以进入每一家会员饭店代售客房的数据库中，所以，如果有一个预订需要饭店位于波士顿，连续入住 3 晚（2 月 15—17 日），某特定类型的客房，话务员就可以通过数据库为客人找到符合条件的饭店。如果会员饭店有符合条件的客房，预订就完成了。如果没有可住的客房，话务员会向客人推荐预订/转介系统中有空房的其他饭店。

在话务员确定能够满足客人的预订之后，他在向客户询问其他住宿需求的同时，也会要客人提供信用卡账号，以便为预订做担保。

5.8.2 预订外包

除了饭店自己运营的中央预订系统（central reservation systems，CRS），饭店总经理也可以找预订**外包**（outsourcing）服务提供商来代理预订业务。

这一新的中央预订系统产品和服务提供商能够代表饭店处理基于电话、网络和全球分销系统的预订。这一混合产品除了能够提供所有的传统预订公司的服务，还可以将预订系统提供给那些想要准确把握自己预订过程的客户。此外，这些公司也通过联网的应用服务提供商（application service provider，ASP）模式来提供服务。道格·肯尼迪（Doug Kennedy）描述了怎样"建立一个前瞻性的、积极的关系，可以永远地将外包——中央预订（CenRes）视作一个无价的伙伴"。

使用吸引人的和诱惑性的描述。用具有视觉描述性的语言，让打进电话的顾客在脑海中形成图画。

更新你的饭店信息。至少每半年更新一次饭店的信息。说一说卓越的接待和优质的服务这些让客户感兴趣的事情。同样记得对于饭店的整个"产品"而言，你的地理位置是非常关键的组成部分。添加主要的吸引物和娱乐场所。同时考虑添加关于当地的重大事件和节日，如马拉松赛、飞行表演、体育盛事等信息。

保持客房资源的及时上传和更新。对 CenRes 提供商给出尽可能多的房价类型，不要在第三方渠道上提供非专属的房价——这会导致相当多的佣金——而且在 CenRes 系统上不要出现相同的房价。

保持沟通渠道畅通。列出讨论要点的清单，安排常规电话会议，有条理地回顾过去的工作。如果可能的话，参观你的 CenRes 办公室，并和代理饭店的代理商进行会晤。[22]

Pegasus Solutions 公司是一家预订外包的提供商，公司旗下拥有 Utell® 酒店和度假村，以及 Unirez by Pegasus™。公司的预订服务拥有将近11 000家会员酒店，遍布全球 130 多个国家，这使公司成为饭店业最大的第三方饭店营销和预订服务提供商。它在全球 11 个国家中拥有 18 个办公室，包括伦敦、新加坡和美国亚利桑那州斯科茨代尔。[23]

5.8.3 预订的类型

确认预订

之前已经提到并讨论过这部分内容，它在众多饭店中都已停止使用。但是，在仍然应用这一预订手段的饭店中，与过期就失效的合同预订相比，确认预订的效果并不亚于合同预订。确认预订可以让饭店推测在截止时间之前登记入住的客人数量。在这个截止时间之后，饭店有权向散客出售没有确认预订的客房，或者接受从其他饭店转移而来的多余客人。饭店通常会跟踪应到未到的数目，并且将它与总的确认预订数比较；这些历史记录可以帮助我们准确预测入住率和收益。（它们同样用在超额预订中，本章之前已讨论过。）

担保预订

担保预订，正如之前所讨论的，可以让饭店更加精确地预测客房收入。客人会预先支付一晚的房费，这样饭店就可以不考虑客人的到达时间而为其一直保留客房。如果客人并没有出现（没有预先取消），饭店会找到信用卡的担保人来支付房费。同样，不论客人在预订的当晚几点到，饭店都必须保证预订的客房是空着的。担保预订需要饭店确定客人的支付方式。客人可以通过有效的信用卡、预付款或预授权来作为预订的担保。（以上每一种方法都将在第 9 章中得到详细阐述。）

5.8.4 预订代码

预订代码（reservation code）是一系列连续的字母和数字组合，为客人进行确认预订或担保预订提供参考（预订代码同样称作确认编号）。这样一个代码反映了饭店在特定日期的预订情况，并保证支付至少第一晚房费。这个代码通常包括一些对客人而言没有任何意义的字母和数字，可能用来识别不同的连锁饭店或者下属饭店、处理预订的员工、到达日期、离店日期、信用卡类型、信用卡号码、房价、房型以及（或者）预订的流水号。公司为了有效地管理相应的预订系统，会在代码中包含适当的信息。一个担保预订的预订代码可能看起来是这样的：

122—JB—0309—0311—MC—75—K—98765R

- 122：在饭店集团中该饭店的编号
- JB：最初处理预订的预订员或者前台接待姓名的首字母缩写
- 0309：到达日期
- 0311：离店日期
- MC：信用卡类型（万事达卡）
- 75：当晚房价为75美元
- K：客人预订的房型为大床房
- 98765R：预订流水号

在设立预订代码时，我们需要记住几点。储存在电脑资料库的代码信息的内存量可能会受到限制，因此，提供少量信息的短代码是很有必要的。设计预订代码时应该考虑给必须为顾客提供膳宿的饭店提供充分的信息。设定代码的目的是为饭店交代旅客住宿细节。已经输入中央计算机中的客人数据，通常易被重新检索，但也会出现数据检索不出和数据错位的情况。当这种情况发生时，一个预订代码就可以让饭店保留正确的住宿信息。

一旦担保预订行为发生，与之相应的支付办法也随之产生。最常用的方法是信用卡或者预先同意的直接付款。有时为确保预订的可靠性，客人会提供银行支票或现金转账作为担保。只要没有过期，银行支票就可以接受。然而，对于使用现金提前支付和银行支票的客人，前厅经理应当警惕他们是否已经获得了信用卡公司或饭店下放的信用额度。决定客人要怎样支付最后的账单是十分有必要的。必须对客人预先付现的账单进行监控。

5.8.5 取消代码

取消代码（cancellation code）也是一系列连续的字母和数字组合，用作客人取消担保预订的参考（取消代码同样也称为取消编号）。这个代码说明取消预订在与饭店沟通后已得到核实，也可以作为证明客人没有对于取消预订说谎的依据。例如，由于前台接待的疏漏，对取消的预订要向客人收费，客人就可以拿出印有取消代码的账单来反驳。

取消代码与预订代码相似，由不同的连锁店或者下属饭店的识别代码、处理取消预订的员工号、到达日期、离店日期以及（或者）取消的流水号组成。公司为确保对取消系统的有效管理，会在代码中包含以上和其他相关信息。如果是用现金担保申请的房间，则必须在客人对账单上显示信用卡余额。取消代码可能看起来是这样的：

122—RB—0309—1001X

- 122：在饭店集团中该饭店的编号
- RB：最初处理取消预订的预订员或者前台接待姓名的首字母缩写
- 0309：到达日期
- 1001X：取消预订流水号

5.8.6　锁定程序

在确认客房已被预订后，这间客房间就不能放在待售客房中了。在预订系统中，当天的待售客房数据库会把该房间自动移除。假如在拥有 75 家饭店成员的预订/转介系统中，每一家都有 200 间空房，那么在任何一天的客房数据库中，都将有 15 000 间待售客房。一旦处理了预订请求，相关的客房即从待售客房数据库中移除。某天在成员饭店中共有 4 000 间客房的预订需求，那么就要求计算机从相关饭店中去除（或预订）相应的客房。如果在当晚一家满房饭店仍有额外的预订请求，计算机将无法进行处理。但是它可以提示计算机终端的操作员，在同一地区的其他饭店有空房。这无疑是加入预订/转介系统的主要优势。

这类锁定办法一般称为**远期锁定**（blocking on the horizon）——因为发生在不远的将来。另一种类型的锁定办法称为**日常锁定**（daily blocking），包括每天为客人安排他们所需要的房间。

接待业人物简介

加里·巴奇（Gary Budge）是纽约市阿尔冈昆酒店（Algonquin Hotel）的总经理，毕业于宾夕法尼亚州立大学餐饮服务和酒店管理专业，在佐治亚州亚特兰大市的 Stouffer 酒店开始了他的第一份工作，负责餐饮管理，做过服务总监和餐饮部总监等职位。之后他相继就职于华盛顿喜来登酒店（Sheraton Washington Hotel）、弗洛里达拜尔港喜来登酒店（Sheraton Bal Harbour Hotel），以及芝加哥凯悦酒店的餐饮服务部门。接着他成为华盛顿 Medallion 酒店餐饮的合伙人和副总裁，同时他还是设立在纽约的 Princess 酒店总部的餐饮部门的合作总监。巴奇先生的工作经历还包括纽约喜来登（Sheraton New York）及曼哈顿喜来登酒店（Sheraton Manhattan）经理、纽约拉塞尔喜来登（Sheraton Russell）总经理、新泽西州莫里斯县帕西帕尼喜来登酒店（Sheraton Parsippany Hotel）总经理。他拥有纽约大学酒店管理专业硕士学位。

位于纽约的 Algonquin 酒店拥有 174 间客房以及 5 000 平方米的灵活会议场所，吸引着络绎不绝的企业客户和休闲游客。其标志性的 1902 年的建筑设计也确保了酒店成为纽约市运营时间最长的酒店。Algonquin 酒店在纽约极其有名。

巴奇先生表示客户预订酒店客房有多种选择方式。中央预订系统是主要的预订方式。它的操作系统包括一部免费电话，通过它可以直接打电话给酒店，和一个门户网站：http：//www.algonquinhotel.com。他提道，当客人打电话给酒店进行预订时，电话会接到当地电话中心，在这里客人可以详细了解酒店的房价、便利设施、服务、空余房间等信息。其他销售方式有全球分销系统（如 Amadeus，Galileo，SABRE 和 Worldspan），这一预订方式为合作方提供了一定量的折扣房，通过输入密码、进入系统、选定数量，就可以用协议价得到客房。旅行社持续向顾客提供预订服务。更多的是新近出现的预订服务，称作**第三方预订服务**（third-party reservation services），包括 Expedia，Hotel. com，Travelocity 等。这些第三方网上预订服务提供"顾客购物机会"，虽然可能增加酒店的销售额，但对于品牌忠诚度较高的消费者来说，他们可能并不会通过这些服务预订酒店。

以上每一种预订方式都对酒店创造有利的财务前景有影响。例如，第三方网上预订服务的佣金要比其他预订方式贵。巴奇先生建议每位总经理都与自己的收益管理经理多沟通，多留心各种预订资源、空余的客房数量和各类客房的价格。例如基于收益管理程序的 IDEAS 系统，通过它可查询到客房种类价格、时间等历史信息。他提醒说，酒店收益管理的目标应该是提高每日入住率和平均房价，使其高于预算目标，以及胜过市场中的其他酒店竞争集团。这在每天的客房存量和房价的监督中得到了实现。平均可出租客房收入与客房收益（不同房价的客房数）和待售客房形成了对照。他还建议学生通过创造"what-if"的情境，将"以一种房价出售多种数量的客房"和"以另一种房价出售不同的客房"做对比，来熟悉每间可售客房的平均收益，从而实现收益最大化。

巴奇先生建议将收益管理视作酒店管理中的热门概念，多观察酒店收益管理模式，这需要合理的、分析性的思维来解释之前提到过的"what-if"房价和客房销售方案。他说现在的酒店经理也可以通过浏览各个部门（如餐饮部）来了解酒店收益管理情况。这可以使他们从众多部门中过滤出定价因素和可用要素作为管理工具，来提高酒店的利润，并且使酒店更有效率，更合理地利用时间、空间和人力资源。

5.9　通过物业管理系统完成预订的过程

之前的讨论都将重点放在了通过中央预订总部来处理客人的预订，不过，在预订/转介系统的成员饭店中，物业管理系统也能够处理预订需求。在本书第 4 章中讨论了预订的模块，以及可被预订员或前台接待操作的物业管理系统应用列表。如果预订员选择选项 1，顾客数据的影像屏幕显示终端将会如图 5—3 所示，预订员按照要求将预订信息输入物业管理系统。为保证客房预订，该客房数据即从客房预订系统中移除。

预订——进入顾客数据屏幕		
姓名：		
公司：		
账单地址：		邮政编码：
电话号码：		
到店日期：	到店时间：	离店日期：
航空公司：	航班号：	航班到达时间：
房间号：	人数：	房价：
备注：		
确认号码：		
信用卡类型：	信用卡号：	
旅行社：	代理商：	代理证号：
地址：		邮政编码：

图 5—3　顾客数据页面提供的相关预订信息

　　菜单中的其他选项如果需要也可以使用。例如选项 2 客房库存列出了**预订状态** （reservation status），或在特定日期客房的可出售性，即开放（房间待售）、确认 （房间可保留到下午 4 点到 6 点）、担保（房间一直保留到客人到店）和维修（房间不 能出售）（见图 5—4）。选项 3 为保证金，预订员必须确定客人是否有一笔押金存档 （见图 5—5）。这一选项主要是对客户数据选项的收集。在这一选项中，预订员引导 需要预订的客户使用信用卡或者现金（银行支票）作为保证金。选项 4 为特殊要求， 协助预订员或接待员判断房间是否可以满足客人的具体需求（见图 5—6）。残疾人设 施、吸烟/无烟选项、独特的景观、附近其他饭店设施的位置等情况等都会列出来告 知客人。这个选项可以帮助前台更好地接待客人。

11 月 6 日客房库存

房间号	型号	房价（美元）	状态	客人
101	大床房	65	开放	
102	大床房	65	确认	SMITH, V.
103	大床房	65	确认	GREY, R.
104	双床房	55	担保	LITTLE, N.
105	双床房	55	担保	TOMAS, P.
106	大床房	75	开放	
107	大床房	75	开放	
108	大床套房	95	担保	DENTON, K.
109	双床房	55	开放	
110	双床房	55	担保	SLAYTN, J.
115	大床房	75	维修	
116	大床房	75	维修	
117	大床套房	95	维修	
120	套房	150	担保	STONE CO. CONV
121	大床房	95	担保	STONE CO. CONV
122	大床房	95	担保	STONE CO. CONV
123	大床房	70	担保	STONE CO. CONV
124	大床房	70	担保	STONE CO. CONV
125	大床房	70	担保	STONE CO. CONV

图 5—4　实时跟踪客人订房情况的客房库存页面

保证金——检索数据

姓名：GROSSMAN, S.
MANDRAKE INSURANCE CO.
地址：47 LANKIN DRIVE　PHILADELPHIA, PA 00000
到店日期：9 月 17 日　　　　现金：75 美元　　　　账单号：55598R

姓名：LINCOLN, D.
KLINE SHOE SALES
地址：7989 VICTORY　PLAZA　NY, NY 00000
到店日期：9 月 17 日　　　　现金：100 美元　　　　账单号：56789R

图 5—5　保证金页面

特殊需求——6 月 5 日客房状态			
房间号	型号	房价（美元）	状态
101	双床房/楼梯	65	开放
108	大床房/楼梯　HDKP　浴缸	75	开放
109	双床房/楼梯　HDKP　淋浴	75	维修
115	大床房/带娱乐设施　IMP/HDKP　淋浴	75	开放
130	大床房/海景房	85	开放
133	大床房/海景房	85	开放
136	大床房/带娱乐设施　IMP/HDKP　淋浴	75	开放
201	大床房/HDKP　TUB	75	开放
208	大床房/HDKP　TUB	75	开放
209	双床房/HDKP　淋浴	55	开放
211	大床房/带游泳池	75	开放
301	大床房/HDKP　TUB	75	开放
333	大床房/海景房	85	开放
428	双床房/带会议室	95	开放
435	双床房/带会议室	95	开放

图 5—6　特殊要求页面

　　选项 5 为锁定，向前厅经理提供报告，在这一报告中，预订客房的客人将在某一特定日期到达（见图 5—7）。此选项将特定的客房分配给特定的一位客人或多位客人。选项 6 为到达，列出了个人或团体预计到达的日期（见图 5—8）。选项 7 为离店，即宾客在特定的日期退房离开。这一参数可以帮助前厅经理或前台接待判断，续住的客人在当天是否能得到空余客房，或者客房是否可对客人出售（见图 5—9）。选择 8 为贵宾，向前台接待提供 VIP 客人的信息和状态（见图 5—10）。尽管所有的客人都很重要，但只有那些享有特殊待遇的常客和需要花最少的时间办理入住手续的名人或官员可以享受 VIP 待遇。如果预订请求中包含这些信息，那么在办理登记时它就能提示前台接待。

2 月锁定报告		
房间号	状态	注释
101	担保	PENN CONFR
102	担保	PENN CONFR
103	担保	PENN CONFR
104	担保	PENN CONFR
105	担保	PENN CONFR
106	开放	
107	开放	
108	开放	
109	担保	0205114501
110	开放	
201	担保	PENN CONFR
202	担保	PENN CONFR
203	担保	PENN CONFR
204	担保	PENN CONFR

房间	状态	注释
205	担保	PENN CONFR
206	担保	PENN CONFR
207	开放	
208	开放	
209	担保	0219BR4567
210	担保	0219BR4567
301	开放	
302	担保	PENN CONFR
303	担保	PENN CONFR

图 5—7　提供给前厅经理的锁定报告

1 月 15 日预订，即将抵达

姓名	房间	房价（美元）	离店日期
ABERNATHY, R.	400	75	2 月 16 日
BROWNING, J.	201	75	2 月 17 日
CANTER, D.	104	65	2 月 16 日
COSMOE, G.	105	65	2 月 19 日
DEXTER, A.	125	70	2 月 17 日
DRAINING, L.	405	95	2 月 16 日
GENTRY, A.	202	70	2 月 16 日
KENT, R.	409	70	2 月 18 日
MURRY, C.	338	80	2 月 18 日
PLENTER, S.	339	80	2 月 17 日
SMITH, F.	301	75	2 月 18 日
SMITH, S.	103	65	2 月 16 日
WHITE, G	115	75	2 月 16 日

图 5—8　到达报告——有预订的即将到来的客人信息列表

3 月 9 日离店情况

房间	姓名	备注
207	SMITH, V.	GREATER COMPANY
208	ANAHOE, L.	GREATER COMPANY
209		
211	LISTER, B.	MERCY HOSPITAL
215		
233	CRAMER, N.	KRATER INSURANCE CO.
235		
301	SAMSON, N.	MERCY HOSPITAL
304		
319	DONTON, M.	JOHNSON TOURS
321		JOHNSON TOURS
322	ZIGLER, R.	JOHNSON TOURS
323		JOHNSON TOURS
324	ASTON, M.	JOHNSON TOURS
325	BAKER, K.	JOHNSON TOURS
	BAKER, P.	JOHNSON TOURS

图 5—9　特定某天的包含客人和团队名称的离店信息情况列表

VIP 信息

BLAKELY，FRANK M/M
GRANITE DEVELOPMENT COMPANY
2234 WEST RIVER DRIVE GRANITE，IN　00000
000-000-0000

喜欢套房 129/30 或者 套房 145/46。保镖需要房间 131 或 147，当他们到达时需要通知饭店保安部。

Granite 开发公司的 CEO 需要临时保姆（5 岁小孩及 7 岁小孩）。打电话给厨师送酒、奶酪、巧克力饼干或者燕麦小西饼、牛奶。打电话给礼品店为其夫人送黄色玫瑰花。

直接汇票（时代酒店 ACCT. 420G 号给 GRANITE DEVELOPMENT COMPANY，301 THOMPSON DRIVE，GRANITE，IN 00000）

图 5—10　VIP 客人的特殊需求信息列表

选项 9 为预计入住率，它为各部门提供该天入住的客人数量（见图 5—11）。选项 10 为旅行社。能在旅行社或代理人处同步更新数据从而鼓励客人入住（见图 5—12）。此选项可以令旅行社或代理人一旦完成一项预订就可以获取佣金，因此该项同样与应付账款模块对接。选项 11 为顾客留言，允许前台接待在客人登记时就了解到关于客人的重要信息（见图 5—13）。这一功能可以从细节上向客人展示饭店的接待水平。选项 13 为报告，前厅经理选择该项，可以获得关于预订的报告。

这些例子只是关于物业管理系统预订模块功能的简要概述，只有亲身体验过，它才会成为对我们有价值和现实意义的管理工具。对预订数据的管理可以让前厅经理把纷繁复杂的细节变成可用的信息——为客人提供服务，并为饭店带来利润的信息。

预计入住情况		
确认预订	42 间	50 人
担保预订*	89 间	93 人
续住**	50 间	85 人
散客***	35 间	50 人
总数	216 间	278 人
入住率 86%	客房收入 15 120 美元	

* JOHNSON AEROSPACE 在晚上 10 点以后到店。
** SMITHMILL 公司自助早餐和宴会晚餐。
*** LANCER 邮票展在圣托马斯酒店举办。

图 5—11　预计入住情况——帮助前厅经理获得预期收入

旅行社信息				
日期	旅行社	代理商	活动	佣金状态
09 23	MENTING ♯4591 32 KAVE SIMINION，NJ 00000 000－000－0000	BLANT，E. ♯4512 B	GUAR 5 @70	PD 09 30
09 30	MENTING ♯4591	CROSS，L. ♯4501 B	GUAR 10 @65	PD 10 05
02 01	MENTING ♯4591	CROSS，L. ♯4501 B	GUAR 20 @75	PD 02 10
02 05	MENTING ♯4591	BROWN，A. ♯4522 B	GUAR 10 @70	PD 02 15

图 5—12　旅行社页面——帮助饭店跟踪旅行社佣金支付情况

信息——客户

BRINKE, L. W. 01.02 12：57 P. M.
默克制药公司的 TOM WASKIN 不能在 1 月 2 日下午 4 点钟到店。
在 1 月 2 日晚上 7 点前打电话 000-000-0000 给他，重新安排入住时间。

BRINKE, L. W. 10.12 1：38 P. M.
JENNIFER HOW OF STERN 公司将要在下午 5：00 见你。按照计划是在时代酒店大堂见面。
带上调查项目的数据 21—Z。

图 5—13 顾客留言页面——前台接待可以立即看到

5.9.1 数据库接口

部门经理依靠预订时得到的信息来安排他们的工作。**数据库接口**（database interfaces）可以在计算机之间传输、共享信息，让经理能够获得自己想要的信息。市场营销总监需要当前的数据来监控销售额，销售代表则需要特定时期的实时客房状态信息。客房部员工在制定日常的保养和维修计划时，必须将预计的入住情况记在心里。在入住率较低时，可以计划让维修部人员进行维修和翻新工作。在客房销售增长缓慢时期，餐饮部总监可以相应增加市场营销的方案，从而带来正向现金流。因此在制定财政预算时，财务总监必须进入预订数据库中获取相关信息。

5.9.2 真正一体化

真正一体化（true integration）意味着饭店的中央预订系统和物业管理系统将共享同一个数据库。丽贝卡·奥利娃（Rebecca Oliva）描述了两者是怎样通过同样的数据库来处理预订的。[24]这既可以让消费者获益，因为他们可以获悉房间的实时预订信息；同时也对饭店的投资者有利，因为可以降低数据存储技术投资。饭店可以通过互联网访问预订数据。

5.10 开篇困境解决方案

物业管理系统预订模块中的超限功能，可以使员工预订的房间数超过空房数和超出订房管理的限制。这一现象必须受控于预订经理、前厅经理或值班经理。前台接待必须了解附近饭店的可用客房，并通知客人其预订房间将安排在另外一个宾馆。在某些情况下，客人直到进店之前都无法通知到，前台接待需要最大限度地保持镇静来为客人提供服务。

☐ 本章概述

本章主要讲述了饭店预订系统。由于计算机化的预订系统越来越普及，连锁企业和转介公司都使用这一系统来满足广大游客的需要。消费者越来越依赖网络和社交媒体，使得客房预订对饭店盈利能力的影响也越来越大。

预订可以保证企业客户、团队游客、休闲游客在目的地有供住宿的饭店，并且为饭店提供源源不断的业务。确定这些预订的来源可以协助前厅经理想出办法来满足客户的需求。旅行者可以通过多种方式预订，如免费电话、传真、互联网和社交媒体。客户关系管理的观念与饭店接待紧密相连。对社交媒体应用的管理也为这个观念的推广作出了贡献。

　　客房的预测可以用来与饭店的其他部门沟通客房入住情况。超额预订可以平衡应到未到和提前离店的客人，它可以用订房管理公式推算得出。预订系统同样可以帮助前厅经理管理顾客的数据信息、到达日期、入住时间等。按到达时间的不同和是否愿意预付担保费用，顾客的预订可分为确认预订和担保预订。这些层面也影响到了饭店的财务状况。本章所讨论的所有因素联合为顾客提供入住选择，同时为饭店的市场营销提供技术手段。前厅经理负责为客人提供此项服务。

☐ 关键词

远期锁定（blocking on the horizon）

锁定程序（blocking procedures）

公交协会网（bus association network）

取消代码（cancellation code）

确认预订（confirmed reservations）

企业客户（corporate client）

现有客户（current guests）

日常锁定（daily blocking）

数据库接口（database interfaces）

预测（forecasting）

特许经销商（franchisee）

满房（full house）

团队规划者（group planner）

团队游客（group travelers）

担保预订（guaranteed reservations）

饭店代理商（hotel broker）

饭店代表（hotel representative）

出租客房数（house count）

饭店间资产转介（interhotel property refer-rals）

休闲游客（leisure traveler）

应到未到因素（no-show factors）

订房管理公式（occupancy management formula）

外包（outsourcing）

超额预订（overbooking）

转介会员（referral member）

预订代码（reservation code）

预订转介系统（reservation referral system）

预订状态（reservation status）

收益管理（revenue management）

客房预测（rooms forecast）

社交媒体（social media）

续住客人（stayovers）

第三方预订服务（third-party reservation service）

第三方预订网站（third-party reservation website）

旅游指南（travel directories）

真正一体化（true integration）

提前离店（understays）

散客（waik-in guests）

☐ 本章思考题

1. 一个有条理的预订系统怎样满足顾客的需要？

2. 住宿行业如何满足确认预订顾客的需要？

3. 一个饭店拥有预订系统有哪些好处？

4. 顾客预订的主要来源是什么？这揭示了什么信息？

5. 住宿行业怎样利用社交媒体了解住宿的意图？

6. 讨论哪一种社交媒体适合企业客户，哪一种适合休闲游客，哪一种适合 SMERF。

7. 讨论企业客户旅行计划的本质，并解释一个有条理的预订系统是怎样支持这个旅行计划的。哪些预订方式适合企业客户？

8. 对于团队预订，为什么说旅行或会议计划者对饭店很重要？哪些预订方式适合团队旅行规划者？

9. 休闲游客与企业客户和团队游客有什么不同？哪一种预订方法适合休闲游客？

10. 如果你曾经或目前受雇于一家饭店的前台，你认为现有客户潜在的重复业务是什么？饭店是否有一套程序在入住登记和结账上确保预订？

11. 为什么进行客房预测是必要的？这个管理工具的组成部分是什么？除了前厅经理，谁还使用客房预测？

12. 超额预订是什么意思？讨论一下这个方法的法律和财务意义。

13. 一个先进的入住管理系统由什么组成？它们是怎样应用订房管理公式的？

14. 处理一个顾客预订最关键的步骤是什么？

15. 简单描述一下用预订系统处理预订的方法。

16. 讨论一下确认预订和担保预订的不同。每种预订的财务意义是什么？

17. 为预订系统设计一个预订代码。在代码中你选择了哪些控制点？

18. 为预订系统设定一个取消代码。在代码中你选择了哪些控制点？

19. 房间锁定包括什么？请举例。

20. 你认为中央预订系统和一个饭店的物业管理系统的整合是怎样影响客人的满意度和饭店的财务收益的？

☐ 案例分析

1. 玛格丽特是时代酒店的总经理。安娜是该酒店的前厅经理。她们都在思考针对超额预订的处理办法。现行的办法禁止预订经理预订超过可以提供的空房，预订由 60% 的确认预订和 40% 的担保预订组成。

在过去的 6 个月里，大约有 5% 的确认预订最终放弃预订，导致了大约 500 间客房的经济损失。因为安娜女士没有时间组织这样一个研究，所以这种情况还没得到分析。但是损失已达42 500美元之多（500 间客房×每间客房平均 85 美元），它迫使管理人员去考虑找出一个先进的入住管理解决方案。

使用以下几个相关概念，给玛格丽特女士和安娜女士提出一些建议：超额预订的合法性；在财务上对应到未到情况给出准确核算的必要性；对不同类型（确认预订、担保预订、续住、提前离店和散客）酒店客房销售的预订/入住分类管理。

2. 使用以下数据来为时代酒店计算 5 月第一周的客房预测（单位：间）。

可用客房＝600

4 月 30 日使用中的客房＝300

5 月 1 日：

离店＝200

到店＝200（70%确认预订，30%担保预订）

散客＝40

应到未到率＝预计到店数的 0.02

5 月 2 日：

离店＝50

到店＝100（60%确认预订，40%担保预订）

散客＝10

应到未到率＝预计到店数的 0.02

5 月 3 日：

离店＝200

到店＝100（50％确认预订，50％担保预订）

散客＝20

应到未到率＝预计到店数的 0.02

5 月 4 日：

离店＝50

到店＝100（20％确认预订，80％担保预订）

散客＝10

应到未到率＝预计到店数的 0.01

5 月 5 日：

离店＝300

到店＝70（30％确认预订，70％担保预订）

散客＝25

应到未到率＝预计到店数的 0.014 3

5 月 6 日：

离店＝50

到店＝175（92％确认预订，8％担保预订）

散客＝10

应到未到率＝预计到店数的 0.04

5 月 7 日：

离店＝200

到店＝180（10％确认预订，90％担保预订）

散客＝25

应到未到率＝预计到店数的 0.022 3

3. 玛格丽特是时代酒店的总经理，罗林是市场营销部总监，本是收益管理经理，他们都对通过社交媒体来吸引顾客的手段很感兴趣。玛格丽特是 LinkedIn 的成员，她感到媒体将会成为一个非常好的营销手段。本说，Facebook 是一种可选方案。罗林说 Twitter 是时下最流行的方式，甚至可以吸引多到他们无法应付的客户。

他们都明白工作应该慢慢开始，而且要有一个计划。若要引导他们走上正确的道路，你会提出哪些建议？

□ 注 释

1. J. Davies, "Social Media: Marketing Magic or Madness" *The Knowland Group*. Retrieved from Hotel Online: www.hotel-online .com/News/PR2009_3rd/Jul09_ SocialMediaMagic.html, July 3, 2009.

2. S. Boehle, *Managesmarter*. Retrieved from www.managesmarter.com: www.managesmarter.com/msg/content_display/training/ e3iab4a1c734bf748910f209ef8808acaa, March 8, 2008.

3. Hilton Corportation 2009, http://www.hiltonfranchise.com/Marketing/Disclosures/ PDFs/2009FranchiseDisclosureDocument_Hilton.pdf.

4. Katrina Pruitt-Andrews, "Hotels Are Using Business Intelligence To Do More Than Survive the Recession" April 30, 2009, http://www.hotel-online.com/News/ PR2009_2nd/Apr09_TravelCLICKMAR.html.

5. Katrina Pruitt-Andrews "New Technology Enhances Advertising to Travel Agents Who Book $8 Billion in Hotel Revenue" July 3, 2009, http://www.hotel-online.com/News/PR2009_3rd/Jul09_TravelCLICKTAs.html.

6. Katrina Pruitt-Andrews "Hotels That Withhold Commissions Are Losing Travel Agent Business" March 1, 2009, http://www.hotel-online.com/News/PR2009_1st/Mar09_TravelCLICKWPS.html.

7. Katrina Pruitt-Andrews "Hotels Build Connections Through 'Friends' and 'Fans' on Social Networks," http://www.hotel-online.com/News/PR2009_1st/Mar09_TravelCLICKITB.html.

8. Sharon H. McAuliffe, "Wresting Back Control from the Online Wholesalers," January, 2003.

9. Max Starkov, "Speak To Me . . . In My 'Language' Building Customer Loyalty via CRM Strategies on the Hotel Website" Travel Daily News, July 22, 2009, http://www.traveldailynews.com/pages/show_page/32115-Optimising-Internet-Booking-By-Max-Starkov—Courtesy-of-Cleverdis 2009.

10. Carol Levitt, "SynXis Guest Connect Improves Look-to-Book Conversion and Increases Bookings for Hotel Groups" June 2, 2008, http://www.hotel-online.com/News/PR2008_2nd/Jun08_SynXisConnect.html.

11. Katrina Pruitt-Andrews "TravelCLICK Properties Perform as Clients Increase Revenue 39%, Room Nights 29% Despite Slowing Market," http://www.hotelonline.com/News/PR2008_2nd/Jun08_TravelClickProperties.html. Hotel Online, June 2, 2008.

12. Ibid. Max Starkov 2009, Travel Daily News, 2009.

13. John Davies, "Social Media: Marketing Magic or Madness" July 3, 2009, http://www.hotel-online.com/News/PR2009_3rd/Jul09_SocialMediaMagic.html.

14. Hilton Corporation, 2009, http://www.hiltonfranchise.com/Marketing/Disclosures/PDFs/2009FranchiseDisclosureDocument_Hilton.pdf.

15. Marriott, 2009, http://www.marriottdevelopment.com/pdfs/CFRSTFeeStructure.pdf.

16. Carol Verret, "The New 'Tipping Points' in the Planners Decision Process-You May be Surprised!"June 2, 2009, http://www.hotel-online.com/News/PR2009_2nd/Jun09_TippingPoints.html.

17. Enid Burns, "Active Home Internet Users by Country, May 2009," June 29, 2009. http://www.clickz.com/3634181.

18. The Honolulu Advertiser News, "Marriott Resorts Launch Twitter, Facebook and YouTube Campaign for 25 Free Trips to Hawaii," August 3, 2009, http://www.hotel-online.com/News/PR2009_3rd/Aug09_HawaiiMarriott.html.

19. Rex S. Toh, "Coping with No-Shows, Late Cancellations, and Oversales: American Hotels Out-do the Airlines," International Journal of Hospitality Management 5, no. 3 (1986): 122.

20. Ibid., 121.

21. Ibid., 122.

22. Doug Kennedy, "To Get More Bookings – Work With – Not Against Your Central Reservations Providers" May 2, 2009, http://www.hotel-online.com/News/PR2009_2nd/May09_CentralRes.html.

23. Ariel Herr, "Pegasus Solutions Appoints Industry Veterans to Key Management Positions" October 8, 2008, http://www.hotel-online.com/News/PR2008_4th/Oct08_PegasusVeterans.html.

24. Rebecca Oliva, "Singular Solution," Hotels 35, no. 7 (July 2001): 99.

第 6 章

收益管理

本章重点

- 出租率
- 平均每日房价
- 平均可出租客房收入
- 收益管理的历史
- 收益管理的使用
- 收益管理的构成
- 应用收益管理的具体情境

开篇困境

销售经理留言给前厅经理、餐饮部总监，以及收益管理经理，请求取消 4 月前三天的一个 400 位会计人员会议的预订。前厅经理在给销售经理回电话前，需要核实一些事情。

正如在前面章节中所提到的，**收益管理**（revenue management）是一项规划技术，以获得最大客房收益以及能够带来最大利润的客人。这一概念始于 20 世纪 80 年代晚期的饭店管理界，起源于一个相似的概念**收入管理**（yield management）；事实上，收入管理是从航空业借鉴而来的，以帮助饭店经营者成为更好的决策制定者和营销者。它迫使饭店管理者建立预订政策，这项政策将明确一个有利可图的底线。收入管理在饭店业的发展比较缓慢，进入 21 世纪，它才以收益管理的形式为饭店经营者提供了广泛的机会。鉴于积极应用收益管理的需要，这一章借鉴了收入管理的概念。下面是宾夕法尼亚州东斯特劳斯堡大学（East Stroudsburg University）饭店、餐饮、旅游管理专业教授罗伯特·麦克马林（Robert McMullin）博士的描述，从中我们可以看到收益管理中收入管理的积极应用。

和其他行业一样，接待业的定价也基于供给和需求。说明这一点的一个很好的例子就是宾夕法尼亚州波可诺赛道附近的饭店房间定价，这里每年有两次大型比赛（NASCAR Pocono 500 和 Pennsylvania 500）。因为这两项赛事，该地区的饭店全部爆满，这称为销售旺季。在销售旺季，饭店使用门市价。然而，在销售低谷，或者销售淡季，饭店必须提供折扣，并且接受团体旅游折扣。介于高峰与低谷之间的时期，称为平季（shoulder time），在这期间，饭店营业并提供各种价格。[1]

6.1 出租率

为了解释收益管理，我们先回顾一下传统的衡量一家饭店成功的方式。**出租率**（occupancy percentage）显示了饭店员工吸引客人到一家特定饭店的成效。这种衡量饭店经理、营销员工和前台接待工作效率的传统方式用于回答这样的问题：由于市场营销总监通过制作有吸引力的、诱人的直邮、广播和电视广告，广告牌广告，或者报纸、杂志广告等的努力，而销售了多少房间？预订代理在满足客人对房间和设备需要上的效率如何？旅行社预订了吗？前台接待在销售能力上如何？今天的问题包括：市场营销总监是否选择了正确的网站来为多余的房间做广告？我们是否选择了恰当的细分市场？然而出租率仍然是员工努力与否的衡量标准，这一章我们关注于收益管理，因为它提供了更加全面的因素评述，比如房价潜力、收益潜力以及群体的性质。

一家饭店的出租率是每天都要计算的，其计算方法如下：

$$\frac{实际出租客房数}{饭店可出租客房数} \times 100\% = 出租率\%$$

接下来我们看一下这个公式是如何运用的，假设一家拥有 100 间客房的饭店实际出售了 75 间客房，那么就有 75% 的出租率：

$$\frac{75}{100} \times 100\% = 75\%$$

投资者也使用出租率来确定饭店的潜在总收入。例如，一家拥有 100 间可出租客房的饭店，每天的平均出租率为 65%，每日出租客房的平均房价为 89 美元，会产生每年 210 万美元的收入：$100 \times 0.65 = 65$ 间每日实际已出租客房，$65 \times 89 = 5\ 785$ 美元的每日收入，$5\ 785 \times 365 = 2\ 111\ 525$ 美元的每年客房销售总收入。

但是，不要将 65% 假定为每晚的出租率，这一点非常重要，下面的例子反映出了各种情况：

65% 的出租率通常出现在星期一、星期二、星期三晚上，星期四、星期五和星期六晚上的出租率为 40%，星期日晚上的出租率为 50%。由此可得

星期一到星期三：$100 \times 0.65 \times 89 \times 156\ (52 \times 3) = 902\ 460$（美元）

星期四到星期六：$100 \times 0.40 \times 89 \times 156\ (52 \times 3) = 555\ 360$（美元）

星期日：$100 \times 0.50 \times 89 \times 52^{①} = 231\ 400$（美元）

总计：$1\ 689\ 220$（美元）

双住率是衡量员工吸引一个以上客人入住同一间客房的能力的指标。通常能入住多于一个客人的房间需要更高的房价，这样就给饭店带来了额外的收入。这在确定利润时也是一个传统的方法。计算**双住率**（double occupancy percentage）的方法如下：

---

① 原书有误，已修改。——译者注

$$\frac{在住客人数-已出租客房数}{已出租客房数}\times100\%=双住率\%$$

如果一家饭店售出 100 间客房给 150 位客人，那么双住率就是 50%，计算过程如下：

$$\frac{150-100}{100}\times100\%=50\%$$

6.1.1 平均每日房价

平均每日房价（average daily rate，ADR）是对饭店员工在销售客房的房价上成功与否的衡量。比如，为什么售价为 85 美元时售出的客房要比售价为 99 美元时售出的客房多，或者营销部门是否设计了有吸引力的 80 美元的周末包价客房产品，而不是依靠前台接待对无预订散客采取任何合理的报价。这些问题在制定平均每日房价的过程中都会涉及。

计算平均每日房价的方法如下：

$$\frac{已出租客房总收入}{已出租客房总数}$$

如果一家饭店每日客房总收入是 4 800 美元，已出租客房为 60 间，那么平均每日房价就是 80 美元，计算过程如下：

$$\frac{4\ 800}{60}=80（美元）$$

与上面讨论的出租率一样，平均每日房价也可用于饭店客房总收入的预测。出租率与平均每日房价的计算是收益管理的基本组成部分，它们激励经营者去最大化出租率和房价。

6.1.2 平均可出租客房收入

平均可出租客房收入（revenue per available room）在第 1 章有所介绍，你可以认为它是一个财务方面的因素，是饭店经营者用来探讨收益管理的。平均可出租客房收入是由特定日期客房总收入除以当日饭店可出租客房数决定的。公式如下：

$$\frac{客房总收入}{可出租客房数}$$

或者

$$饭店出租率\times平均每日房价$$

这种对饭店盈利能力的财务洞察使得饭店所有者、饭店总经理，以及前厅经理可以考察衡量饭店成就的标准指标。平均可出租客房收入回答了这个问题："每间客房创造了多少收入？"如果某些客房由于较低的房价、颇具吸引力的设施，或者其他原因而经常可以售出，那么饭店经营过程中可能会在相似的市场进行重复的销售。这种考察打开了收益管理之门，将饭店经营者被动的努力转向积极的财务策略。

6.2 收益管理的历史

收益管理由收入管理发展而来。后者的历史为建立收益管理的基础知识提供了框架。在 20 世纪 70 年代放松管制后，航空业开始使用收入管理。[2] 航空公司对航班座位在不同的时期制定不同的价格，潜在的乘客或者以这种报价预订航班，或者寻找其他交通方式。尽管这种大胆的营销策略遇到了许多问题，例如节假日和周末的飞机票价策略引发的消费者骚动，但是它成功地建立起飞机票价的经济结构。

饭店和航空业拥有相似的运营特征。各自有固定数量的产品（饭店客房和航班座位），如果在特定的日期饭店客房或航班座位不能售出的话，就再也不能出售了。航空公司和饭店将产品和服务卖给有不同需求的细分市场。不同的市场有不同的需求周期（在饭店，有节假日、平日和周末；在航空业，有节假日、工作日和一天的不同时段），这将供给者置于一个有利的位置。航空公司和饭店提供了一系列可供消费者选择的价格。预订给管理者运用收益管理提供了便利。[3] 通过使用计算机建立产品（饭店客房和航班座位）数据库、处理预订信息，管理者有能力看到 45～90 天内的销售情况，据此制定合适的价格和预订策略，这将使预测利润成为可能。

收益管理在航空业和饭店业应用的主要不同点之一是，在饭店业，客人也可能购买客房以外的产品和服务，而乘客通常没有机会在一次航班中花费大量的金钱。因为这一区别，饭店经营者在制定预订策略的过程中，必须考虑预订客人带来的超过其他客人的潜在财务收益。例如，一个团队想预订总价为 50 000 美元的 500 间客房，加上 25 000 美元的宴会和其他餐饮服务项目，而另外一组团体客人想要预订总价为 60 000 美元的 600 间客房，但没有额外的餐饮服务收入。

6.3　收益管理的使用

现在收益管理在饭店业已经流行起来。饭店的经营者理解收益管理基本要素的重要性，并通过收益管理来提升他们的管理是必要的，这些要素包括房价类型、客房存量，以及团队购买力。收益管理的目标是双重的：客房销售利润最大化和饭店服务利润最大化。理解这些目标对于未来的饭店经营者很重要，因为如果仅从客房销售利润最大化出发，就会忽视这一点：带来最大利润的客人可能不会仅待在房间里面。这正是航空业收益管理和饭店业收益管理的不同之处。

接下来的探讨展示了收益管理如何在饭店业中使用。阅读时，注意管理人员如何应用技术来制定有根据的决策，而这些决策将会显著地影响饭店的利润。运用计算机技术的真正挑战是如何支持管理人员的目标。国际饭店协会（International Hotel Association）总结了收益管理作为一项商业工具的重要性："收益管理对饭店经营者来说是一个必需的商业计划工具。收益管理的计算机化运行（数学模型）是复杂的，但是内容是简明的：通过定价和存量控制的组合，饭店经营者可以实现客房和服务销售利润最大化。"[4] 这在今天的饭店市场环境下仍然是有价值的。

一个很常见的对收益管理的错误理解是收益会随着客房出租率的下降而降低。在一个健康的经济体系中，收益管理系统就像一个正常运行的汽车发动机，管理各种预订以实现收益最大化。在低出租率时期，饭店的一些管理团队错误地把收益管理看做一项低优先级考虑的事情。其实这些具有挑战性的时期，正是饭店专业人员发现深层次问题，并且探究方法和数据的时候，这些方法和数据用于管理饭店定价和客户组合。管理团队应该依赖收益管理程序来使运行在当下经济体系中的销售、市场营销、成本控制以及价格策略成为可能。[5]

那么，饭店总经理、收益管理经理、市场营销总监以及前厅经理是如何应用这项技术来产生更多利润的？下面是一个例子。

NORTHWIND-Maestro PMS 的总裁沃伦·德翰（Warren Dehan）说："无论你怎样管理你的运营系统，收益都是驾驭财务绩效的发动机。为了达到收益最大化，运用一个有效的收益管理系统是必要的，手动定价再也不是一个很好的选择了。"

2009 年，会议市场和企业市场逐渐冷淡下来，业界分析者认同当前市场动态表明了互联网渠道将对收益更加重要。德翰说："随着工作任务的调整，饭店员工再也没有时间管理互联网旅行代理商。饭店运营者必须学会依靠可靠一致的收益管理技术来监控所有销售渠道，尤其是互联网预订渠道。"[6]

6.3.1　收益管理经理

由于收益管理已经成为饭店管理过程中非常活跃的一部分，一个新的职位出现了，即收益管理经理。**收益管理经理**（revenue manager）向饭店总经理汇报，与市场营销部紧密合作，并且与前厅经理协调工作。收益管理经理的工作是监测全年通过不同的渠道提供给团队客人以及个人客人的客房存量和客房价格，这些渠道包括中央预订系统、全球分销系统、第三方预订系统、免费预订电话等。收益管理经理也要识别出发展趋势以及应对这些趋势的方法。从事这项工作的人定期地与收益管理团队的成员沟通交流，下面是一位收益管理经理的工作职责：

1. 监测、分析并汇报需求模式、销售状况、亏损情况。
2. 根据需要建立、每日执行并改进市场营销策略。
3. 与市场营销、餐饮以及会议计划部门合作，平衡暂住客人和团队客人业务，提供关于潜在新客人的反馈。
4. 分析应到未到客人、取消预订客人、提前离店客人以及未预料的续住客人的需求模式。
5. 主持每周的收益报告会议。
6. 协助进行产品开发以及包价产品营销。
7. 通过各种渠道调节客房价格及客房存量。
8. 每周提供业务进度报告以及影响收益的消费者行为的改变。[7]

杰弗里·贝克（Jeffery Beck）在一项关注收益管理经理的专业性议题的研究中，调查了一些方面的问题，包括软件、职业路径、对组织的承诺、时间分配，以及为成功而做的各项活动等。大部分回答者（55%）希望在未来的两年内可以在当前的岗位继续工作。这项调查深入探究了花费在特定收益管理活动上的时间，从管理库存、开发产品、预测客房收益到评估收益管理活动、管理客户关系以及与其他部门经理就收益管理活动相互配合。[8]

德布拉·凯莉（Debra Kelly）是新泽西州帕西帕尼喜来登酒店的收益管理经理。她是以旅行社代理商开始自己的职业生涯的，然后成为洛思酒店（Loews Hotel）的一个客户服务代理，工作内容包括餐饮销售、团体旅客销售以及预订。后来她跳槽到帕西帕尼喜来登酒店，当前的职务是客房定价主管。

在酒店里，凯莉作为收益管理经理，主要关注的目标是通过了解市场情况、竞争情况、趋势信息，为酒店创造利润。各种各样的细分市场，例如企业客户、团队游客或者休闲游客，都有各种关于客房、客房价格以及设备的需求。由于不断有新饭店介入或现有饭店退出市场，或者要在特别的夜晚达到特定的销售预期，因此要不断观察竞争状况。在团队游客的会议模式、公司旅游、休闲旅游方面的趋势和变化也需要紧密观察。她的另外一部分工作是报告的制作和阐释。她使用顶线利润企业（Top Line Profit Enterprise）收益管理软件协助自己完成收益管理经理的角色。她将特定价格客房数量的历史数据输入系统，就会产生一个关于将来价格趋势的有价值的建议。例如，她可能考虑以 200 间客房接待 5 月 10~12 日的团队客人，收益管理软件可能指出由于周末休闲旅游业务较多，5 月 10~11 日酒店已经有 34 间客房被预订。也就是说，酒店客房很可能在那几天会全部售完，因而不应该接这单业务。

凯莉定期向计算机程序中补充现在的数据，如昔日的天气状况、附近酒店的营业状况，以及其他影响经营环境的业务情况。这些信息帮助计算机软件制定更精确的决策。

在酒店，收益管理经理并不是孤军奋战。凯莉说她与酒店总经理、市场营销总监一起工作。她说前厅经理必须随时掌握收益管理团队正从事的客房库存管理以及客房定价工作的情况。这些信息随后与前厅其他员工分享，他们从客人收集来的反馈信息也会与收益管理团队共享。因为前厅员工致力于销售客房，所以他们必须知道这些关于客房库存和客房定价的信息。

被称为第三方预订服务机构的艾派迪和速旅公司为潜在顾客提供了丰富的信息。酒店经营者已经意识到它们是合作伙伴。凯莉表示卷入到这些机构当中成本高昂（与直接通过喜来登酒店官方网站或免费电话预订相比），但是这也是为了吸引一定数量的额外业务所需要的合理成本。她使用外联网将酒店的客房产品放在第三方预订服务机构的网站上。她也收到了喜来登酒店的渠道报告，上面列示出所有可用的预订渠道。这使得收益管理团队能判断哪种预订渠道——中央预订系统、全球分销系统、旅行代理商、免费电话、酒店电话、喜达屋官方网站，或者第三方预订服务机构——带来的利润最大。

如果你想要一份每天都有新事物的工作，凯莉强烈推荐酒店业的职业。如果你喜欢与很多人一起工作，那就尝试一下酒店的收益管理领域；如果你喜欢宣传，那就进入市场营销部，在网站方面，市场营销部一直在尝试新想法。她建议在酒店从业的另一个原因是有很多类型的酒店可以用来发展你的职业。

6.4　收益管理的构成

为了理解收益管理，你首先必须理解它的构成以及这些构成之间的关系。收益管理的每一部分都会反馈到一个网络，而这个网络支持着饭店利润最大化的目标。

6.4.1　收益率的定义

传统上一家饭店的目标是100％的出租率。持有这种观念的饭店可能会尽力出售某一比例的客房，但是企业的利润究竟能有多大呢？例如，表6—1显示ABC饭店有500间客房，它以80美元的价格售出200间客房，以95美元（门市价）的价格售出200间客房，在客房销售方面获得了35 000美元，同时达到了80％的出租率。而XYZ饭店同样有500间客房，以80美元的价格售出100间客房，以95美元（门市价）售出300间客房，在客房销售方面获得了36 500美元，同时也达到了80％的出租率。这个额外的日常收入（1 500美元）将会导致一个较好的损益表。创造额外收入的过程引导我们得出了收益率的定义。**收益率**（yield）是指实现的客房收益占如果100％的可出租客房以门市价售出所得客房收益的百分比。**实现的收益**（revenue realized）是指获得的实际客房收益（出租客房数量×实际价格）。**潜在收益**（revenue potential）是指如果所有客房均以门市价售出所获得的客房收益。计算收益率的公式如下[9]：

$$收益率=\frac{实现的收益}{潜在收益}$$

表6—1　　　　　　　　　出租率比较

饭店名称	可出租客房数量	出租客房数量	价格（美元）	收入（美元）
ABC	500	200	80	16 000
		200	95	19 000
		400		35 000
XYZ	500	100	80	8 000
		300	95	28 500
		400		36 500

表6—2表明了收益管理策略的影响。两家饭店都达到了80％的出租率，但是XYZ饭店售出相同百分比的客房，却获得了更高的收益率。

表6—2　　　　　　　　　收益率比较

饭店名称	实现的收益（美元）	潜在收益（美元）	收益率％
ABC	35 000	47 500*	73.68
XYZ	36 500	47 500*	76.84

＊500间客房×95（门市价）＝47 500（美元）。

另外一个计算收益率的例子如下：如果时代酒店有300间可出租客房，以85美元的价格出售了200间，门市价是110美元，那么收益率是51.51％。

$$\frac{200\times85}{300\times110}=\frac{17\ 000}{33\ 000}\times100=51.51\%$$

收益率一种是比传统出租率更好的、衡量饭店员工为达到饭店出租率最大化所付出努力的方式。51％的收益率意味着员工努力获得出租率最大化时所取得的成果可以通过运用更有效的策略，出租更多的 110 美元的客房来提升。收益管理的目标之一就是以门市价出售所有可售房间。本章的后面部分将分析如何开发达到最大化收益率的有效策略。

6.4.2　最优出租率和最优房价

获得最好的收益率需要重新认识出租率和平均每日房价。这些概念对长远的财务蓝图很重要，同时也带来了收益管理的新思路。**最优出租率**（optimal occupancy），即为达到客房出租率 100％将放弃最高房价和**最优房价**（optimal rate），即接近门市价的房价，二者共同决定收益率。下面的情况说明了为了达到收益最大化二者必须协调：一家拥有 300 间客房的饭店，以 76 美元售出 100 间客房，以 84 美元售出 150 间客房，以 95 美元（门市价）售出 35 间客房，收益率是 83％。如果运用收益管理，以 90 美元售出 200 间客房，以 95 美元售出 85 间客房，能实现 91％的收益率。这样不仅使收益率提升了 8 个百分点，还多收入 2 550 美元。在这两种情境下，均获得到 95％的出租率，但前者的平均房价为 82.54 美元，而后者的平均房价是 91.49 美元。91.49 美元的平均房价更接近 95 美元的门市价。

6.4.3　策略

澳肯（E. Orkin）提出了一个实施收益管理的简单方针：当需求量大时，最大化房价；当需求量小时，最大化销量。[10] 这个观点在表 6—3 中进行了表述。澳肯也给出了制定策略的具体方法。他说："当需求量较大时，限制或停售低价客房和包价房给暂住客人，规定最短住宿期，并且提供房间给愿意支付高价的团队客人。当需求量较小时，向散客提供特殊促销价的预订，招徕要求低价的团队客人，向当地市场推出少量廉价包价产品。"[11] 限制或停售可售客房，实际是一个挑战，因为大多数前厅经理熟知售出全部客房的操作程序，他们不敢保证这种大胆的营销策略有效。一些饭店经营者在高需求期，正试图使用规定最短住宿期这一预订策略。其实低需求期的策略（特殊促销价，以及招徕团队游客和当地市场客人）是一种适用于任何需求时期的策略。由于收益管理在饭店业继续进行着尝试和检验，最大化房价和客房销量的多种组合继续挑战者经营者、收益管理经理以及前厅经理的神经。

表 6—3　　　　　　　　　　　　　　　收益管理策略

需求	策略
高	房价最大化，制定最短住宿期
低	销量最大化，使用多种价格

例如，卡罗尔·维里特探讨了开发一个收益管理策略的重要性：

一个收益管理策略建立了通过一系列方式应完成的"目标"数量：销售量，巧妙地处理全球分销系统，控制电子分销渠道的配置和价格等。换句话说，它具有前摄的功能，而不是仅仅具有如打开和关闭水龙头一般的反应功能。[12]

她也描述了收益管理的构成。

收益驱动者被定义为组织内所有产生收益的领域，包括中央预订系统、单体饭店级预订系统、销售部门、电子分销渠道以及网站。[13]

另外一个例子是尼尔·萨莱诺（Neil Salerno）提供的，他提倡基于预订历史绩效的积极收益管理策略。

太多的经营者盲目地提供预订，仅仅提前一两周，预订令人不满时便十分恐慌。大多数饭店应该绘制一幅至少提前六个月的预订蓝图；很多饭店要看未来一年或者更久的。提前预订显示了未来每晚的房间需求。要使用特殊价格、包价以及团队折扣构造未来的需求；然后向上调整价格以匹配这种需求。

评审未来预订时，记得查看过去同期、不同假期的历史预订纪录，以及当前和过去的预订速度。[14]

6.4.4 预测

收益管理的一个重要特征是预测客房销量。在开发特殊的策略时，澳肯建议使用每日决策导向，而不是季节性的决策制定程序。[15]（收益管理经理似向于每日继续应用收益管理的这些程序。）准确预测暂住客人的需求，能帮助饭店经营者制定决策，并对这个群体实现销量最大化。例如，如果一家饭店有95％可售客房的团体预订业务，那么这一时期就不建议以特殊促销包价寻求暂住客人了。在团体预定业务之后的时期，如果业务量下降，那么这种情况的提前预知，将保证有时间进行营销，以推出针对暂住客人和当地市场客人的特殊促销包价产品。

6.4.5 STAR 报告

收益管理一个最重要的应用是回顾饭店和竞争者的业绩。饭店经营者可以利用的国际系统 STAR 报告是由 STR 制作的，自 2008 年开始由 STR Global 制作。关于 STAR 报告的一些重要事件如下。

2008 年，STR 将其北美市场以外的运营业务和标杆管理领域的两个国际先锋，Deloitte's HotelBenchmark™ 和 The Bench 进行了合并，组成了 STR Global。STR 继续服务于自其 1985 年建立后就一直支持的北美市场，STR Global 则将著名的 STAR 报告带给了全球的受众。STR 和 STR Global 追踪饭店业的供给和需求数据，并为所有主要的国际饭店连锁品牌提供有价值的市场共享分析。随着成千上万的饭店加入到饭店绩效调查中，它们成为世界上每日和每月饭店历史业绩趋势的首要资源，并且提供决定性的全球饭店数据库和发展途径。

兰迪·史密斯（Randy Smith）在 25 年以前就开始研究和分析接待业。带着强有力的研究背景和对技术的浓厚兴趣，史密斯有一个想法：为接待业和它的观察者创造一项服务，提供反映接待业的整体业绩趋势的信息。

STR 的最初想法是创造一个美国所有饭店的完整清单，并且向供应商提供这份清单，供其销售部的员工拓展销售领域。这家公司已经致力于这个想法超过 1/4 世纪。

那承诺呢？绝对保密。在使他的目的合法化以后，史密斯建立了一个数据库，以追踪个体饭店的业绩，并将之与竞争者进行比较。有了一些关键链条的支持，STR 在 1988 年开始了 STAR 项目。STAR 项目已经成为连锁企业和管理公司的信息来源。史密斯一直恪守这些数据仅用于产生集合报告的原则。逐渐地，债权人、赞助商、咨询顾问以及开发人员开始用 STR 的集合数据，来帮助他们提高工作业绩。[16]

STR 和 STR Global 提供了一个带有指导和问答的杰出网站，来帮助客户阅读它们的报告。这个网站可以通过网址 www.strglobal.com/Resources/Resources.aspx 访问。

6.4.6　锁定期

高需求时期的策略要求收益管理经理、饭店总经理以及前厅经理锁定某些时期，这些时期寻求预订的潜在顾客必须保证最短住宿期以上的居住天数。如果一个客人需要 10 月 25 日的预订，但是这一天落入了锁定期 10 月 24～26 日中，那么预订代理人必须回绝这一预订。如果这位客人愿意接受预定这 3 天，那么这个预订就可以进行。确立锁定期有助于饭店为一个 24 小时预订系统建立标准化的预订操作程序。预测这些时期是收益管理的一个基本功能。

6.4.7　系统和程序

澳肯建议实施收益管理的前厅经理使用一个自动系统来处理预订、跟踪需求，以及在特定时间锁定可出售客房。[17] 对一家全年运营、拥有 500 间客房的饭店来说，使用收益管理，如果手工计算的话，操作一个预订系统的各种细节将会让你不堪重负。澳肯也建议启动特殊的定价策略以保证盈利能力。设置锁定期就要求饭店进行持续的营销努力，以保证在低需求期的销售量。澳肯竭力主张前厅经理培养一个受过良好培训的员工，这个人能够理解和运用收益管理程序。使一个复杂系统可行，培训是一个关键因素。

在饭店业有过工作经验的你们可能会领会澳肯的警示：要能够适应需求的变化。假设一个为期 4 天的会议为将要到来的参会者在 4 月 5 日预订了 90% 的客房，但是其中 25% 的预订在 3 月 30 日又取消了，这时前厅经理就应该解除停留 4 天的限制，并鼓励预订代理商给短期客人提供促销价。

6.4.8　渠道管理

正如第 5 章所介绍的，客房销售可以通过中央预订系统、全球分销系统、免费预订电话、旅行代理商、社交网络/媒体以及其他方式来完成。收益管理要求客观地评估这些销售渠道，以判断哪些渠道为饭店提供了收益最大化的机会。

EZ Yield 的金·斯蒂芬森（Kim Stephenson）在一篇关于渠道管理软件的文章中，指出了这项技术是如何在这项重要的任务中帮助收益管理经理的：

EZ Yield 是一个收益管理方案，只需要按一下按钮，就可以帮助使用者有效监控和管理第三方网站的存货。但是使得 EZ Yield 特别独特的是，它是世界上唯一已证实的系统，用户可以在第三方网站上看到并选择房价和库存，同时更新预订、最短居住期和可售客房。

网站可以通过任何电脑及时被修正，节省了使用者的时间和金钱。并且因为它是全自动的，所以极其快速、精确、及时。其他特征，包括支持多语言以及多货币，也增加了使用者的自主权。[18]

6.4.9 反馈

收益管理决策的反馈对任何新企业的管理都是必要的。对经营者来说，对饭店业主评估收益管理的可行性以及将来更新收益管理和营销策略来说，日期和流失业务量（turnaway business）的记录是极其重要的。[19]总经理复核一个最近的 5 天锁定期的报告，如表 6—4 所描绘的，会发现限制 5 天的最短住宿期，在 5 月 1～3 日效果很好，但是 5 月 4～5 日却损失了 178 间客房的预订。市场营销总监必须研究涉及团队客人的合同。前厅经理也应该询问前台接待、礼宾员或者收银员，客人是否对其提早离店做出了解释。5 月 3～5 日流失的业务也许表明了安排在这 3 天的会议事件更加有趣，或者与会者不想住 5 天，而是只想要会议最初 3 天的预订。

表 6—4   流失业务报告

日期	收益率（%）	流失客房数量	损失（×门市价 95 美元）
5 月 1 日	98	35	3 325 美元
5 月 2 日	96	20	1 900 美元
5 月 3 日	93	60	5 700 美元
5 月 4 日	50	90	8 500 美元
5 月 5 日	50	88	8 360 美元

6.4.10 使用收益管理过程中的管理挑战

应用收益管理的饭店面临的一个巨大问题是对顾客的疏远。[20]由于不能达到最短居住期限而被拒绝预订的潜在客人，或者觉得自己是价格牺牲品的潜在客人，可能不会再选择那家饭店，或者下次需要住宿时，也不会选择那一连锁品牌的任何饭店。所以对员工向公众介绍预订政策方面的培训尤为重要。

6.4.11 餐饮销售的思考

前面对收益管理的探讨聚焦于房价、可出租客房、最短居住期限，以及类似的内容。然而，另外一个帮助饭店经营者实施收益管理策略的议题也不能忽略，即潜在的餐饮销售。[21]某些细分市场趋向于比其他细分市场购买更多的餐饮产品。在决定向这些带来最大利润的客人提供预订时，这个要素必须加以考虑。

现在看一下表 6—5，判断哪一个团队客人能够为饭店带来最大收入。团队 B，加上餐饮花费（也许客人有更多的花费或者宴会），计划的收入为 92 500 美元，将为饭店带来更多的收入，虽然客房消费要比团队 A 低。

表 6—5   制定收益管理策略时对餐饮收入的考虑

团队	客房数量	房价（美元）	客房收入（美元）	餐饮收入（美元）	预期收入（美元）
A	350	110	38 500	18 750	57 250
B	300	100	30 000	62 500	92 500

一些饭店经营者对餐饮问题有异议，因为餐饮销售的利润远小于客房销售的利润。应用收益管理的其他争论集中在要求预订的客人类型，以及随后对客房设备的影响、饭店设施的使用上。例如，团队 B 可能是一个中学生的会议团队，可能会破坏饭店的设施，而团队 A 可能是参加会议的资历较深的人。开发有效的收益管理策略，用以识别产生额外收入（或者花费）的团体，这对让收益管理起作用是十分有必要的。当你以一个饭店经营者开始职业生涯时，这对你确实是一个挑战。

6.5 应用收益管理的具体情境

理解收益管理的最好方式是将其应用到各种情境中。试着计算以下情境中的题目，来熟悉收益管理的要素。

6.5.1 情境 1

一位前厅经理查看了每日报告，显示昨晚售出 240 间客房。饭店有 300 间客房，门市价为 98 美元。使用下面的客房销售数据，计算昨晚的收益率：
- 以 98 美元售出 85 间
- 以 90 美元售出 65 间
- 以 75 美元售出 90 间

6.5.2 情境 2

饭店经理要求你为在时代酒店举办的每年"十月周末回家"（October Annual Weekend Homecoming）活动制定一个锁定期。目前有一个确定的 100% 出租率，但经理关心的是这以外一些男毕业生的宴请行为。他想开发一个包价产品，包括一顿早餐和游戏之后的晚餐。你将如何进行？

6.5.3 情境 3

一个政府会议代表要以每天 75 美元的价格预订 200 间客房 3 天。参加这样会议的人都是了解如何接待的人，计划的每人餐饮消费额是值得注意的。在同样的 3 天期间，这个城市有一个爵士音乐会。过去，团队加上散客的预订可以使饭店以 135 美元（门市价是 95 美元）的价格获得 100% 的出租率（200 间客房）。然而，爵士乐的狂热爱好者对餐饮并没有一个积极的购买历史。你将做什么，并且根据什么作出决策？

6.6 开篇困境解决方案

前厅经理必须在预订模块中，核查这个时期的可出售客房情况。他必须判断是否有锁定期存在，如果有的话，有效的最短居住期限是多少。他也必须与餐饮部总监共同核查可出售的宴会设施和餐饮服务，以及可能会影响决策的财务内容。收益管理经理必须提供有关房价的信息，以及与房价相适应的最短预订期限的信息。如果决策向拒绝订单方向倾斜，那么销售经理应该考虑公共关系的影响。

□ 本章概述

本章探讨了为获得一个积极的收入报表，在评判这一过程的管理成果时所使用的出租率和平均每日房价等传统观念。平均可出租客房收入是用来回答"每间客房产生了多少收入"的。收益管理是饭店经营者使用的，为保证更高的利润，用以制定客房销售策略、评估潜在餐饮购买量的一个工具。收益管理的概念是从航空业借鉴而来的，因为航空业与饭店业有相似的运营模式。收益管理的构成包括实现的收益、潜在收益、最优出租率和最优房价、策略、预测、锁定期、系统和程序、反馈，以及前厅经理在应用收益管理过程中面临的挑战等。这些内容已经用于日常的收益管理过程中，要求收益管理经理监控所有以不同价格出售客房的机会，同时评估团队客人潜在的财务影响。

□ 关键词

平均每日房价（average daily rate，ADR）　　收益管理经理（revenue manager）
双住率（double occupancy percentage）　　潜在收益（revenue potential）
出租率（occupancy percentage）　　实现的收益（revenue realized）
最优出租率（optimal occupancy）　　收益率（yield）
最优房价（optimal room rate）　　收入管理（yield management）
收益管理（revenue management）

□ 本章思考题

1. 用自己的话解释收益管理的概念。
2. 作为饭店管理团队的一员，收益管理经理负责什么工作？
3. 收入管理和收益管理有什么联系？
4. 出租率告诉了饭店所有者什么？讨论在衡量饭店总经理效率的过程中这一概念的缺点。
5. 讨论如何使用出租率和平均每日房价在评估饭店总经理的效率。引入平均每日房价给饭店所有者带来了什么影响？
6. 平均可出租客房收入是如何帮助饭店总经理衡量前厅的员工和营销管理者的效率的？
7. 航空业和饭店业在运营模式上有什么相似点？
8. 收益管理的目标是什么？如果你被雇用为饭店前厅的员工，你看到这些目标实现了吗？
9. 一家拥有200间可售客房的饭店，门市价为80美元，实际以75美元售出150间客房，计算收益率。

10. 一家拥有 275 间可售客房的饭店，门市价为 60 美元，实际以 75 美元售出 150 间客房，计算收益率。

11. 一家拥有 1 000 间可售客房的饭店，门市价为 135 美元，实际以 100 美元售出 850 间客房，计算收益率。

12. 一家拥有 100 间可售客房的饭店，门市价为 95 美元，实际以 75 美元售出 85 间客房，计算收益率。

13. 一家拥有 190 间可售客房的饭店，门市价为 125 美元，实际以 93 美元售出 100 间客房，计算收益率。

14. 一家拥有 525 间可售客房的饭店，门市价为 140 美元，实际以 119 美元售出 367 间客房，计算收益率。

15. 利用第 10 题至第 14 题的例子，讨论收益率和出租率的概念。

16. 讨论需求量高时使用的策略。

17. 讨论需求量低时使用的策略。

18. 为什么收益管理经理要使用与一般的阶段价格策略相对的每日价格策略？

19. 用自己的话解释锁定期。

20. 为什么对收益管理项目的成功来说，与前厅的员工分享收益管理策略是如此重要？

21. 暂住客人在取得收益的成功上，扮演了什么角色？

22. 通过分析日报表上以不同价格出售的房间类型，可以获得什么信息？饭店员工应该利用这个信息做什么？

23. 各种各样对销售渠道的复审如何帮助收益管理经理进行工作？

24. 为什么流失的业务应该每日检查？饭店员工应该利用这个信息做什么？

25. 潜在的餐饮销售在收益管理中扮演了什么角色？在获得收益上，对于舍弃的作用，你的看法是什么？

案例分析

1. 安娜，时代酒店的前厅经理，在吉斯通大学完成了收益管理的进修学习，正准备针对在时代酒店应用收益管理这一概念与总经理玛格丽特进行探讨。安娜从客房出租率和平均每日房价的历史开始，希望表明收益管理可以在这些领域有所帮助。她准备了一个电子数据表，列示了相应房价下的客房销售数据，并将数据与该区域的旅游活动相关联。安娜发送实现收益与潜在收益的分析给玛格丽特女士，用以作为讨论前的回顾。

看过这份分析，玛格丽特总结："这仅是另外一个诡计；行业发展很慢，不能适应这一策略。"她忽视了整份报告。她知道出租率、平均每日房价和平均可出租客房收入都是现在所需要的，因此为什么要改变？

安娜在大堂遇到了玛格丽特女士。玛格丽特表明了她对收益管理理念的不信任，但是她说她会听明天安娜的展示报告。

为了使收益管理被接受，你能给安娜什么建议，来帮助她提出一个合理的实例？

2. 建议时代酒店在下面的情境下使用收益管理策略：

情境 1：火车收藏家协会（Train Collectors）将于 11 月 10～15 日在某地开会，并且吸引 50 000 人参加。该地区的每间客房在那段时间都会被使用。饭店应该为预订下面日期的客人制定什么策略？

● 仅 11 月 10 日

- 仅 11 月 10 日和 11 日
- 仅 11 月 10 日、11 日、12 日
- 仅 11 月 11 日、12 日、13 日
- 仅 11 月 12 日、13 日、14 日
- 仅 11 月 13 日、14 日、15 日
- 仅 11 月 13 日和 14 日
- 仅 11 月 14 日和 15 日
- 仅 11 月 15 日

情境 2：12 月最后两个星期通常客房需求较小，但是当地的一个冰雪节将吸引游客到来，这些游客可能会需要预订一个晚上的客房。饭店应该为这类预订客人制定什么策略？

3. 建议时代酒店在下面的情境下使用收益管理策略：

情境 1：养蜂家协会（Bee Keepers）将于 1 月 19～25 日在某地开会，有 8 000 人参会。在该地区，没有其他会议安排在 1 月 19～21 日举行，两个其他会议在 22 日晚上开幕，一直延续到 25 日晚上。这两个会议将使用该地的所有客房。饭店应该采取什么策略来接待以下客房预订？

- 仅 1 月 19 日
- 仅 1 月 19 日和 20 日
- 仅 1 月 19 日、20 日、21 日
- 仅 1 月 19 日至 24 日
- 仅 1 月 19 日至 25 日
- 仅 1 月 20 日至 24 日
- 仅 1 月 21 日至 24 日
- 仅 1 月 22 日至 24 日
- 仅 1 月 23 日和 24 日
- 仅 1 月 24 日至 25 日

情境 2：时代酒店考虑到餐饮销售对收益管理的影响，想重新审视餐饮销售的策略。你会建议他们学习什么概念？

注　释

1. Robert McMullin, "Why Do Hotel/Resort Room Rates Fluctuate Throughout the Year?" *Pocono Record*, August 29, 2002.

2. S. E. Kimes, "Basics of Yield Management," *Cornell Hotel and Restaurant Administration Quarterly* 30, no. 3 (November 1989): 15.

3. Ibid., 15–17.

4. "The ABCs of Yield Management," *Hotels* 27, no. 4 (April 1993): 55. Copyright *Hotels* magazine, a division of Reed USA.

5. Manizer, 2009. "Revenue Management Doesn't Take a Back Seat During a Downturn," http://www.hotel-online.com/News/PR2009_1st/Jan09_RMSystem.html

6. Julie Squires, 2009. "Build Profitability in 2009: Maestro PMS Proactive Yield Management Enables Operators to Thrive in Challenging and Competitive Marketplace," http://www.hotel-online.com/News/PR2009_2nd/Apr09_MaestroPMS.html.

7. Benchmark Hospitality International at Leesburg, VA (Benchmark Hospitality managed by The Woodlands—Houston, TX). Management job listing, benchmark, hospitalityonline.comjobs/6300/.

8. HSMAI, 2007. "Study Delves into the Revenue Management Profession," http://www.hotel-online.com/News/PR2007_2nd/Jun07_RevMgrIssues.html.

9. E. Orkin, "Boosting Your Bottom Line with Yield Management," *Cornell Hotel and Restaurant Administration Quarterly* 28, no. 4 (February 1988): 52.

10. Ibid., 53.

11. Ibid., 54.

12. Carol Verret, "The Revenue Management Strategy," July 2004, www.hotel-online.com/News/PR2004_2004_3rd/Jul04_PrePlanMarketing.html.

13. Carol Verret, "Revenue Management: The Integration of Revenue Drivers," March 2004, www.hotel-online.com/NewsPR2004_1st/_RevenueDrivers.html.

14. Salerno, 2008. http://www.hotel-online.com/News/PR2008_1st/Feb08_RevMgmt.html, "What the Heck is Hotel Revenue Management, Anyway? A Hotel Marketer's Guide to Revenue Management."

15. Ibid., 53. [This is an Orkin reference.]

16. Smith Travel Research, Inc., 2008–2009. "STR Global Hompage," http://www.strglobal.com/About/About_Us.aspx.

17. Ibid.

18. Stephenson, 2008. "'We just couldn't say no to EZYield,'" http://www.hotelonline.com/News/PR2008_1st/Feb08_EZYieldHotelProphets.html.

19. Rebecca Oliver, 2004 "Multiple Forecasts," 2004, Hotels, http://www.hotelsmag.com/archives/2004/02/tech-revenue-management-systems.asp.

20. Kimes, "Basics of Yield Management," 19.

21. Ibid., 18–19.

第 7 章

客人入住登记

本章重点
顾客第一印象的重要性
获得客人信息
客人登记流程
在 PMS 中进行登记

开篇困境
旅游团领队带着一车顾客到达饭店前台，办理入住手续。前台接待首先问候了旅游团领队，同时开始办理入住登记，这时她发现没有干净的客房可供入住。前台接待小声嘀咕道："都下午 4 点了，客房部现在早该把房间腾出来了。"旅游团领队询问："发生了什么事？"

在饭店，第一次与顾客面对面的交流始于入住登记。这时，所有营销努力应与计算机预订系统同时进行。那顾客能否接收到营销信息呢？在入住登记过程中，接受过良好培训的前台接待将用自己得体的行为使顾客对饭店产生良好的印象。这种好印象有助于确保顾客产生愉悦的入住体验。

为顾客办理入住手续首先应记录顾客的姓名、地址、邮箱、邮编、入住时间、工作单位等信息，饭店各部门需要这些信息，以便在客人入住期间，甚至离开之后，为他们提供服务。入住登记还将拓展到信用额度放宽、房间选择、房价确认、客房服务销售、房间钥匙分配，以及应对顾客投诉处理等。有效地办理入住手续，是使顾客感受到饭店热情和饭店盈利的保证。

7.1 顾客第一印象的重要性

顾客在入住时对饭店的第一印象如何是至关重要的，这是展现饭店热情服务和保证后续商业关系的重要机会。感受到热情接待的顾客会对饭店产生积极的印象，同时对饭店其他员工也会有同样的期待。如果顾客受到漫不经心的接待，那他们就不会对该饭店产生好感，更可能在入住期间百般挑剔。如今，顾客都希望得到尊重和关怀，许多饭店也努力满足顾客的这些期待。因此，那些没有努力满足顾客心理期待的饭店将很难让顾客再次光临。

什么是热情的接待呢？答案是各种各样的。它始于前台接待对顾客感受的关切。有些顾客从自己熟悉的环境，经历数小时，甚至数天的旅程来到饭店，他们或许因为出差、日程延误、行李丢失、时差反应、错过就餐、不了解环境、不熟悉方向或交通，而感到烦躁与苦恼。饭店员工在遇到有以上情况的顾客时，应更加意识到并理解他们的不安、烦躁或不友善，以热情的态度来接待他们。

经典案例如下：一位旅客 Traveler 先生于上午 9：15 到达一家饭店的前台。他看上去很沮丧，因为他有一个非常重要的投资报告会要参加，而他来晚了。他想要马上入住，放下行李，然后乘车赶到公司的（会议）中心。前台接待发现这时没有干净的空房间了，她按铃招来一个行李员把这位旅客的行李送到行李寄存处。当行李员过来后，前台接待向他说明了这位旅客的情况。行李员马上叫来门僮为这位旅客叫一辆出租车，给了旅客取行李的票据，并带他走向饭店的大门。接着，行李员把旅客的行李送到行李寄存处。这一系列快速的行动，使这位旅客在最短的时间内到达了报告会现场。当这位旅客在晚些时候回到饭店后，他向前台接待表示了感谢。整个入住过程让旅客有了愉悦而舒适的入住体验。

然而，情况也可能是这样的：当 Traveler 先生到达时，前台接待告诉他："退房时间是中午 12：00，现在没有空房。请您下午 4：00 以后再来询问。"旅客四处寻找行李寄存处，他花了数分钟排长队寄存了行李。然后，他开始找寻饭店的大门，并叫门僮帮忙叫出租车。但因为是高峰期，他又花了十分钟等待。由于在饭店的延误和堵车，Traveler 先生参加报告会迟到了。由于，Traveler 没有意识到该地区其他饭店的便利性，他在报告会之后仍回到了这家饭店，在饭店大堂等到下午 4：00。这次的情况就是一次不愉快的入住体验。Traveler 在下次来到该地区出差时，就可能会选择其他饭店。

这两种情况在服务行业出现的频率是非常高的。后者的频繁出现使得客人对价格过高的饭店住宿和不友善、效率低下的饭店员工产生了更多的抱怨。饭店应建立一个标准的接待流程，以确保所有住店旅客都受到热情的接待。正是由于顾客的第一印象对于一次周到的入住体验的感知十分重要，因此不能由服务员自己来决定接待的规范。

7.2　登记程序的组成

入住登记是与顾客众多互动中的一点，也是在顾客抵店之前、入住期间和离店之后服务传递的基础。在前面的章节，我们已经讨论了获取客人信息的重要性，无论这些信息是来自已经预订的客人，还是来自直接上门入住的客人。当我们关注客人需求时，我们就能与他们顺利沟通，准确地记录入住期间的消费，积极回应关于消费项目的咨询，做好跟进服务。

入住登记过程包含以下部分：为客人提供热情的服务、检索客人的预订、确认入住登记卡填写完整、延长信用期限、为客人挑选符合他要求的房间、检查房间目前的状态、确认房间、向客人推荐其他的客房服务、发放房间钥匙、生成客人入住期间的账单。以上所有的步骤都发生在几分钟之内，所以在登记背后的管理组织是十分重要的。接下来让我们看看一个能为客人提供快捷入住的饭店，其登记规范和程序是如何形成的。

7.2.1　获取客人信息

一开始在登记处就注意到获得客人信息的价值，这一点是很重要的。许多饭店的员工利用这个信息来为客人提供服务和接待。它将用来为客人传递信息，告知员工客人的需要，查看信用卡信息。

客人收到的电话、电话留言、邮件、包裹和传真，饭店必须为其传递。在登记期间准确记录的客人名字，将帮助总机接线员和前台接待迅速找到客人。若是登记不完整，就很可能遗漏掉一个有着普通姓氏的顾客信息，因为在饭店登记中有不止一个罗德里格斯：蒂娜·S·罗德里格斯（Tina S. Rodriguez），T. S. 罗德里格斯（T. S. Rodriguez）或 T·塞缪尔·罗德里格斯（T. Samuel Rodriguez），而这是不应发生的。另外，饭店员工需要知道每一个客人是谁，这样他们就能按照规范的操作流程登记。例如，保安部总监想要客房部员工能够及时地意识到，实际住在某间房的客人比登记的客人数多。这个信息不仅能为登记的客人提供安全，更能为饭店提供额外的收入。

客人的一些个性化需求，例如特殊的房间设施（婴儿床或滚动式折叠床），提供给身体残疾人士的设施，分开付费的账单，叫醒服务或者要求入住低楼层的房间而之前预订时并未提起等，均应该记录下来，并传达给相关的饭店员工。在接待团队客人时，饭店服务员应该用一种特别的处理方式，以加快登记过程。但是，要求团队领队提供每位游客的个人信息和分配房间信息仍然很重要。客人信息是很必要的，有了它们，饭店员工就能够找到一个特定的客人，或为他们传递消息。

当客人使用信用卡作为支付方式时，前台接待必须检查信用卡的有效期限和可用余额。从散客或者确认预订的客人那里得到的信用卡信息，有助于延长信用期限、处理账单和离店结账。

7.2.2　登记流程

客人登记流程涉及以下步骤，如果接待人员准确地执行这些步骤，就能确保为顾客提供一个舒适、有效和安全的入住体验。这一流程被广泛地讨论，因为它们关系到前厅管理的效率。在本章后面的部分，我们将讨论入住登记中 PMS 的应用。

1. 客人要求办理入住登记。
2. 前台接待热情地接待客人。
3. 前台接待询问客人有关预订的信息。
4. 客人填写完整的住宿登记卡。
5. 前台接待检查住宿登记卡是否填写完整。
6. 前台接待核对客人信用卡有效期限。
7. 前台接待选择房间。
8. 前台接待做出房间的安排。
9. 前台接待确定房间的价格。

10. 前台接待向客人推销饭店的产品和服务。
11. 前台接待向客人提供房间的钥匙。

7.2.3　热情待客

入住登记的过程始于一位客人登记入住的要求。这位客人可能是独自，也可能是随团来到饭店的。入住登记时，前台接待需要热情待客，其中最重要的包括与客人交流眼神，保持微笑，询问客人的旅程经历，表示乐于帮助解决某些问题等。如前所述，热情的招待虽然会让客人对本饭店及员工留下积极的印象，但这种作用也不能被夸大。大部分的游客不仅期望获得基本的礼貌对待，也期望高品质的住宿服务和高效率的服务传递。下面来听听道格·肯尼迪是怎么评价前台服务的重要性的。*

如果客人在前台的登记比较愉快，即使在后面的住宿过程中有一些不满或者投诉，也会比较通情达理。也就是说，如果他们在前台的经历比较愉快，如果后面的服务有点怠慢，或者空调出现了问题，或者忽略了客人的客房打扫要求，这些客人也比较容易谅解。

相反，如果客人第一次就对饭店产生了负面印象，往往容易变得过度挑剔。他们在饭店住宿的时间，往往都用在了挑毛病上面，而且可能立马告知自己的律师对该饭店进行起诉。[1]

7.2.4　询问预订信息

在热情欢迎客人之后，前台接待可能会问客人是否进行了预订。如果客人表示已经预订，该预订可以在电脑上检索出来。如果客人未经预约而来，前台接待则必须确定是否还有空房。如果仍有空房，下一步则是填写住宿登记卡。

7.2.5　填写住宿登记卡

住宿登记卡（registration card）为饭店提供了客人的账单数据，为客人提供离店时间以及房价等信息（见图 7—1）。即使客人有预订，填写住宿登记卡也很有必要，因为它可以用来确认客人的名字、住址、电话号码、预计离店时间、入住人数、房价和付款方式。

住宿登记卡的顶端部分提供关于客人的基本信息，据此饭店会有一个准确的在住客人列表。有了这些数据，前台接待就能为客人转达电话、电话留言和类似的信息。记录的客人信息也为结账服务。如果饭店有停车场，停车场经理出于安全和管理的目的，需要客人汽车的信息。对于使用 PMS 的饭店来说，获得完全的、正确的数据很重要，这种电子账单表格会预先打印好。（注意：因为预订的细节会以电子表格的形式记录，所以一些饭店不使用住宿登记卡。此时，饭店的做法是省略入住登记程序的这一个步骤，然后让前台接待在接下来的步骤中确定客人的详细信息。）

---

*　Doug Kennedy is President of Kennedy Training Network Inc. www.KennedyTrainingNetwork.com.

饭店住宿登记卡

姓名   客人

公司   离店日期

地址   到店日期

房间   旅行社   房型

房价

在办理离店手续时，我将通过以下账户付费_____

☐ 现金

☐ 全权委托

☐ 个人支票

☐ 美国运通卡

☐ 万事达卡/威士卡

☐ 大莱卡

☐ 发现卡

☐ 其他（请列举）_____

　　（姓）　　　　　　　　（名）

姓名_____

　　　　　　　　　　　　　　　　　　　　　　　　☐ 家庭
　　　　　　　　　　　　　　　　　　　　　　　　☐ 商务

街道_____

城市_____州_____邮政编码_____

国家_____

签名_____

饭店不对您客房中的财产或您的汽车负责。建议您将钱物、珠宝以及其他贵重物品放在前台保险箱。

图7—1　PMS中使用的登记卡

7.2.6　检查住宿登记卡是否填写完整

　　前台接待应该快速检查住宿登记卡或打印的电子表格是否填写完整。举例来说，笔迹应该是清晰的，而且电子表格中应填写的栏目都要填写完整。如果需要打印已经校对过的住宿登记卡，现在就可以做了。客人可能忘记填写邮政编码，而市场营销部需要用它来分析营销的地域性，财务总监也需要用它来开具发票。如果一个客人不知道车牌号码或者车辆信息，前台接待一定要解释该数据对保证住宿安全是十分必要的。如果前台接待根据卡上的信息，用电话联系停车场服务员来得到所需的信息，那么客人、保安部总监和停车场经理将会十分感激他所作的努力。

　　在住宿登记卡上的任何有空格的区域都应该引起前台接待的注意，出现这样的空白有可能是客人的疏忽所致，也有可能是他们在弄虚作假。那些不提供信用卡又给不出充足理由的客人（"我把它忘在车上了"或者"它在我的手提箱中，航空公司在三小时内送到"），倘若遇到了一个碰巧接受这些理由的前台接待，就为这样的弄虚作假创造了条件。而一个忙碌的前台接待可能慢慢就忘记再向客人询问这些数据了。

7.2.7 客人信用期限的延长

前台接待需要完成一些基本步骤来延长客人的信用期限，包括接收客人指定的信用卡，使用信用卡终端机，说明信用卡验证机的信息，以及核实持卡人信息。

信用卡

信用卡依照发行代理商的不同而形成不同的分类。主要的分类是银行卡、商务卡、私人标签卡和内部发行卡。如其名称所示，**银行卡**（bank cards）由银行发布，如威士卡、万事达卡和 JCB 卡。**商务卡**（commercial cards）由公司发行，如大莱卡。**私人标签卡**（private label cards）通常由零售组织发行，如百货公司、汽油公司等，它们的使用通常受该类企业所出售产品的限制，不过也可能因为其他目的而被接受。**内部发行卡**（intersell cards）与私人标签卡类似，但是由大饭店集团发行。这类卡片可以在饭店的任一分店及子公司中使用。

发行机构首先需要核实信用卡类别，这可以使饭店延伸持卡人的信用期限，以供未来消费。这对于饭店而言是一项重要的选择。饭店将延伸客人的信用期限视作生意的基础。若没有建立这样的信用认证，饭店则不得不自己开发、运行并维护一个单独的系统来建立客户信用。连锁饭店使用内部发行卡来代替这项工作，小饭店则愿意开设一个账户。

从一家饭店的财务角度来看，所有信用卡都是不尽相同的。饭店可能有一个现行的政策，优先接受某个银行卡，或者饭店自己的内部发行卡，然后才是商务卡。这样做主要是由于**折扣率**（discount rate）不同。因为商业企业获得了信用卡享用的便利，所以信用机构会收取占总收入一定百分比的费用。这个折扣率取决于交易的数量、个别交易金额、由收据转换为现金的便利程度，以及其他因素。在与财务总监和前厅经理协商后，饭店总经理会与不同的信用卡发行机构进行协商，以确定一个对饭店而言较现实的比率。

商务卡可能需要饭店将 10％的销售额作为折扣返还给信用卡代理机构，一家银行信用卡可能需要 4％，另一家银行信用卡可能需要 3％。它们对损益表的影响如下所示：

	商务卡	银行卡 1	银行卡 2
顾客账单（美元）	200	200	200
折扣率	×10％	×4％	×3％
总折扣（美元）	20	8	6
顾客账单（美元）	200	200	200
总折扣（美元）	−20	−8	−6
饭店收益（美元）	180	192	194

银行卡 2 看起来获益最大，但可能并不是饭店最优先选择的信用卡。信用卡 2 的发行机构规定周转期为 7 天，所以在 7 天之内饭店将无法使用现金。饭店通过银行卡 1 的凭单却能立即获得这笔钱。在管理者决定使用哪种信用卡之前，饭店对现金流的需求必须纳入考虑范围，而饭店的收入和费用也都必须反映出来。

顾客会出于很多原因选择他们的信用卡，但是有时他们只会提供从钱包中抽出的第一张。也有的客人会出示多张信用卡，若是饭店前台接待能在其中找出与饭店默认的信用卡相匹配的，就能为饭店的整个财政年度带来更多的利润。

国际集锦

2009 年，JCB（一家国际信用卡公司）公布称，公司实现了 1 276 万美元的商业出口额，在 190 个国家和地区拥有 6 020 万名持卡会员。[2]

信用卡处理

信用卡留痕机（credit card imprinter）是一种为信用卡加刻记号的机器，信用卡则是顾客用来付款的一种方式。**信用卡验证机**（credit card validator）是许多饭店前台的基本设备，它通过电脑终端连接信用卡数据库，保存关于消费者目前余额和安全状态的信息。不过，拥有 PMS 和计算机化信用卡处理设备的饭店就不需要这些设备。信用卡验证机能够为客人印上电子化的标记（收据），前台接待使用信用卡留痕机在预印收据上印上持卡人的姓名、卡号和信用卡失效日期。信用卡验证机允许前台接待从顾客的信用卡上划拨一部分金额作为担保。信用卡公司会提供一个使用代码为这笔费用授权。

信用卡发行公司设置在信用卡验证机中的程序化数据，在不同的公司是不同的。有些人表示，只有那样信用卡才能流通。有些人则表示信用卡是有效的，而且这些数据并不会让客人的花费超出他们的信用卡限额，相反，这一信息可能会提示顾客，其花费可能会超出信用卡限额。例如，预计客人 3 个晚上的账单将达到 300 美金，但客人现有的信用卡额度仅为 173 美金，不能满足饭店的需要。在这一情况下，前台接待必须向客人索要另一张信用卡来建立信用。此外，信用卡验证机可能也会暗示卡是偷来的，应该由饭店拦截下来。处理诈骗的常规程序可以告诉饭店遇到这样的情况应该怎样处理并提高警惕。

身份的证明

当客人出示信用卡时，一些饭店要求客人提交相应的身份证明。有些饭店则不作要求。当饭店的政策需要客人提供身份证明时，客人通常可以使用在有效期内的贴有照片的驾驶证。常见情况是身份证明没有照片，这是非常不可靠的。饭店安保部门必须与前厅经理通力合作来培训前台接待和收银员，告知他们对于虚假身份证明要提高警惕。

汇总结算

信用卡是在饭店中建立信用最常见的方式。然而，也有其他为客人建立信用的方式。**汇总结算**（bill-to-account）需要客人或客人的雇主建立一个信用额度，并依附于定期付款的计划。客人或其雇主需要完成一个标准信贷申请表。财务总监会根据未偿付的债务、易变现的金融资产、信用卡余额，或其他信用指标对申请人进行审核并完善表格。假如申请人是值得信任的，那么财务总监就为其开设一个信用额度。在需要结账和付款时，会通知到汇总结算的客户。

当为客人提供汇总结算信用时，饭店需要为信用的收集负责。它必须预计饭店在损益表以及现金流上的结算和支付的时间安排。财务部需要对汇总结算客户的账单负责，这一过程可能需要大量的文书工作和计算机处理时间。因此，在计算成本效益时，是选择给信用卡发行机构 3%～10% 的折扣，还是选择公司内部会计，这一额外的劳动必须考虑进来。因为有些信用卡发行机构可以向饭店银行账户提供即时现金偿付业务，这或许可以得到部分饭店的青睐，从而使饭店能够立即支付债务（如员工工资、供应商账单、缴纳税款等）。

7.2.8 房间选择

为客人选择房间是前台为客人办理入住手续的一部分，而这一选择如果没有处理好，很可能会使前台的员工感到混乱，并让客人灰心。其实，这一过程既包括在客人到达前，为其保留房间、满足客户需求，也包括对饭店的入住状况加以控制。如果客人被分到一间自己不满意的房间，就会要求换房。前台应有一系列可供选择的方案，以充分满足客户的需求。

客房锁定程序

客房锁定程序对于保证一部分客人的入住需求非常重要。锁定程序可以让前台迅速为客人分配好房间，而不至于要找遍所有确认预订、担保预订以及可售客房后才做出决定。否则每当客人到来，前台就必须查看预订情况和空置的客房。

客房锁定程序开始于查看特定某天的确认预订、担保预订以及预期离店的客房数。举例来说，假如一家饭店拥有 200 间客房，在 11 月 1 日已经有 125 间客房入住，同时还有 25 间客房的客人将会在 11 月 2 日早晨办理退房手续，那么前台就能计算出 11 月 2 日可供分配的客房数，即 100 间。计算方法如下所示：

> 　　 200 间可供分配的客房
>
> 　 － 125 间在 11 月 1 日已入住的客房
>
> ＝ 75 间在 11 月 1 日可供分配的客房
>
> 　 ＋ 25 间在 11 月 2 日因退房而产生的空置客房
>
> ＝ 100 间在 11 月 2 日可供分配的客房

通过这 100 间可供分配的客房，前厅经理或前台接待就知道，什么样的客房应该分配给什么样的预订。继续沿用这一例子：假如在 11 月 2 日晚有 90 位客人预订了客房，其中 35 位客人在当天上午 10 点到达，那么预订 11 月 2 日客房的他们就需要锁定 11 月 1 日空置的客房。于是，剩下的 55 位预订就被锁定到剩下的可售客房中。在一些饭店，客人的预订和安排给客人的房间并不匹配。相反，如果客人预订房间时能提供关于房间设施的具体要求清单，如双人床、大床房，或者专为残疾人士提供的设备及类似要求，往往能够订到客房。因此，预订和可售客房匹配时，先到先得的理念便产生了。

满足客户需求

客户的要求往往包括床的要求、房间位置的要求、楼层的要求、附属设备的要求、房间整体设计及细节的要求、办理速度及价格的要求等。如果客人已经预订过房间，那么预订的房间应该在客人抵达之前为该客人锁定。散客可以帮助提升销售额，并向前台提供满足客户需求的机会。如何把握这样的机会，我们将在本章接下来的部分进行讨论。

特殊住宿要求

房间选择的首要因素是满足顾客的特殊住宿要求。饭店客房的主流设计是一间客房可以容纳两张床，通常有特大大床、大床或普通双人床，以满足单身旅客、商务旅客、有两个大人和三个孩子的家庭，以及各种各样的其他需求。这种设计能使前台在分配客房时有充分考虑的空间，以满足不同的需求。饭店客房中若只有两张单人床或一张单人床和一张双人床，或只有大号双人床而没有预留放置其他床的空间，那就会影响到前台对客房的分配，从而影响到每间客房的收入。新的饭店往往通过为前台提供更多客房选择方案，以最大限度提高客房收入，因而饭店必须为前台提供各种客房床型和价格的选择方案。前厅经理通过与客房预订员和前台接待探讨客人的偏好，以及查看客户留言簿等方法来确定应配备哪些住宿设施。

位置

顾客通常对房间的位置有要求。例如，位于较低的楼层、靠近停车场、远离电梯、位于饭店的角落、远离会议室等。又或对特定视野有要求，如海洋、海湾、湖泊及城市中心等。带有特定视野的房间往往价格相对较高，因为顾客愿意为这样的视野支付更多的费用，觉得好的视野会让这次旅游更有价值。尽管这些房间因为建筑的设计及地理位置等会有所限制，但是它们提高了房间的整体价值，市场营销人员经常重点宣传这类房间。客户对特殊地理位置或视野的要求往往能够得以满足，但有些时候，房间紧缺也会迫使客人退而求其次。

布局和装饰

客人也许会对房间的整体设计和装饰有一定的要求。如果一位商务人士想让房间既是一间小型会议室又是卧室，那这个房间就需要**折叠床**（Murphy bed），可以用链子把床头板锁在一起，能折叠起来靠在墙上。如果可以的话，就应该给他们分配这种房间。一个在外长期出差的客人可能会需要带有厨房的房间。如果是几个人合住的房间，可能就会想要有一个单独的卧室及生活起居的空间。一般而言，新装修的各种套间能满足客户的一系列需要。带有阳台的或者特殊主题或装饰的房间往往是为了增强某种特殊的感觉。

设备

客户可能会对附属的设施以及便利设施等也有要求。尽管有线电视和电话已成为标准房间的配套设施，但是大屏幕电视、DVD 播放器、卫星接收器、电脑及网络连接、额外的电话接口，或者更多的电话等类似要求也不断地被提出来。一些饭店提供电脑、**传真机**（fax machines，一种可以通过电话线复制文本的设备）、可移动书桌，这些往往能使商务客人对工作空间的要求得到满足。高一层次的设施——例如浴袍、香皂及洗发水、储品丰富的小型吧台、一些小点心、国际和国内的报纸、流行的周刊杂志，以及高速的无线网络接口——这些往往对顾客决定是否留在这家饭店起到了重要作用。如果顾客不清楚饭店是否能提供这些设备，他们就会提出要求。

特殊需求

顾客对房间的布局和配置的要求往往是为了满足特殊需求。带有辅助听力设备的房间以及坐轮椅的客人都很常见。饭店的营销手段、建筑设计、电路安全等特性，可以令残疾人士充分享受饭店设施带来的便利。那些运营着积极进取的市场营销部门的饭店所有者已经意识到，外出工作但是身体残疾的客人数量正在不断增长，因此，轮椅坡道、特别设计的洗手间、提醒人们防范火灾的电子视听设备，可以设置在饭店的较低楼层，吸烟客房和非吸烟客房往往也是顾客经常提及的要求。

便捷程度

方便快捷是大多数顾客着重考虑的一个方面。通常，旅行者在旅途中舟车劳顿，他们迫切想要放下行李，呼吸新鲜空气，做点其他活动。对于其他一些顾客而言，办理入住手续是疲惫的一天中最后一道程序。这时客人是有弱点的，若能即刻满足顾客的需求，那么其往往愿意支付更高的价格。尽管如此，前台也应当在推销高价位的房间之前，把所有准备工作做好。

前台接待在帮助客人选择房间时，可能因为排长队等待登记的客人和房间的延迟可用，而略有困难。客房部员工打扫房间效率较低，通常会让客人等上许久。有时前台工作人员不得不询问客房部，房间是否准备好可以入住了。有的客人提出他们只要得到一间房间——任意房间即可——因为前台接待需要考虑客人的各种特殊要求（如房间是否可用、房间类型、房价等），这让他们更加难以决定到底要为客人安排怎样的房间。当饭店的声望正面临危机时，与前厅经理的快速会议往往能够提高前台接待做决定的速度（如果他没有权力做这样的决定）。在这种情况下，前厅经理和总经理应当协助客房部，在前厅和客房部之间建立一个危机应对和顺畅沟通的渠道。

价格限制

在客人选择房间时，价格往往是另一个重点考虑的因素。客人因为自身的预算限制会要求饭店提供最低价格的房间，这是他们主要关心的因素。房间的位置、楼层布局、房间安排、辅助设施和快速入住等因素，对于他们而言，都不重要。当客人要求入住最便宜的房间时，前台接待应当根据客房状态努力为他们安排入住。根据晚上的预计入住情况，前厅经理可能指示员工合理地为这些客人提供住宿，一个可能比规定房价要低 10%～20% 的价格总好过房间无人入住。前台接待与前厅经理之间的沟通交流，以及针对前台接待销售客房的培训，都是有效为客人提供可接受房价的基础。

7.2.9 基于存量的客房安排

维护客房的存量系统，需要不断更新和检查**客房状态**（housekeeping status）的数据清单。客房状态是表示客房是否可用的术语，比如使用中（occupied，客人正在使用的客房）、续住（stayover，客人在当前一整天内不会退房）、待清洁或清扫中（dirty or on change，客人已经结账离开、但客房部员工还没有清理好房间以供使用）、故障房（out of order，房间因机械故障无法使用）和可用、整洁或就绪房（a-vailable，clean，or ready，房间可以入住）。在这一点上，需要前厅、客房部、维修部和预订人员之间事先进行充分的沟通。

下面的有关预订情况和客房状态的表格可以作为查看预订情况和客房状态的参考依据。

预订情况	客房状态
开放	可用、整洁或就绪房
在下午 4 点确认	使用中
在下午 6 点确认	续住
担保预订	待清洁或清扫中
修理	故障房

准确、及时的客房状态报告对前台的工作是至关重要的，因为它能够同时实现对客人的接待和财务的收益。一个将脏房分配给客人的前台接待是不称职的，把已有客人入住的房间分配给另一个客人，也会导致原客人与新客人之间的矛盾和尴尬。相反，实际是空置的房间却被误认为有客人入住，这类客房称为**沉睡客房**（sleeper）。这是被遗漏的销售机会，而且无法在第二天补充销售。

客房部必须以准确、有序、快速的方式对客房状态进行报告。客房部的楼层主管必须检查每个客房，以判断客人是否的确已搬出房间，确保房间及时得到清洁和维修，并注意房间在放到前台待售之前所需的物质修复。一个有序的系统需要客房部将这些信息传输到前台，可以通过定期与楼层主管、服务员进行电话沟通，PMS，或亲自到前台说明情况等，这对维持一个完整的系统来说是十分必要的。这些信息之间的传递延迟会减慢提供服务的进程。

预订人员也必须意识到协调的重要性，即在最后一刻才提出需要一间小型会议室的商务客人，与一个为举办一场小型聚会而需要带客厅的房间的新客人之间（后者需要在预订时进行确认），需要怎样安排才能协调他们的不同需求。能够充分满足这些要求，对于饭店提供热情好客的服务是十分重要的。如果在客人登记入住之后，才发现连这些基本的设施都不可用，对饭店，特别是对前台接待的敌意就一并产生了。所以，为确保客房状态的准确性，必须建立一套标准的工作流程。

7.2.10　房间定价

房间定价的过程包含在饭店的营销计划中，需要充分考虑许多复杂因素和市场敏感因素。饭店营销与饭店经营的课程将帮助我们了解它们与价格的关系。这里的介绍将探讨设立与控制有效房价对确保利润最大化的重要性。

确定房价

房间出租的收入将支付饭店在其他方面的花销，如行政费用、日常开支和公用开支。学生们往往会尝试比较一个高效率的个体餐厅和有时看上去效率并不高的饭店餐厅（在控制食物成本和劳动力成本、营销手段等方面）。在饭店，总经理可以从客房利润当中划分一部分用于餐饮部的日常运营。而在个体餐厅，经理并没有这样的权力。

当饭店地产开发商在做项目可行性分析时，它们会把企业的盈利能力建立在销售预测和其他一些相关因素（诸如投资机会、证券投资组合平衡以及现行的所得税法）的基础上。咨询公司会在充分调查市场对客房数量和价格的需求后，形成饭店的房间销售计划。当然，新的饭店若要进入市场，就必须为适应市场需求作出相应的调整。图7—2是一个房间销售预测的例子。

通过图中三个处于不同房价水平的房间销售预测，房地产开发商从中可以得到关于房价收入、提供的管理和饭店运营上的一些想法，并用之创造销售业绩，为销售服务。Spring Time酒店项目的投资人必须定出所有部门的预期销售额（如餐饮部、停车场、礼品店、健身房、租赁部等），这一总收入是预期总销售额的基础。对于相关支出，诸如餐饮支出、家具摆设、劳动力成本、管理成本、偿还借款、管理费用、公共费用以及广告费用等，也要做长远考虑。这些成本要集中记录在一个标准的损益表中。有了电子表格，就能一目了然地看出预期收入是否能够支付各种费用并产生利润。如果预期收入不足，投资者就会在平均房价上做文章，即提升房价，比如从70美元涨到75美元，或从90美元涨到95美元，然后再计算预期收入。然而，尽管收入看上去是令人满意的，但是如果新饭店所在的地区是对价格高度敏感的市场，那么在较高房价的条件下，可能并无法达到预期的销售量。

显然，房价包含很多因素，包括预期销售量、相关成本、对市场竞争的现实考虑、在市场营销和销售方面做出的努力、运营、价格敏感度，以及税务投资机会等。为这一季度设置的房价在下个季度可能会上调或下调。如果你的一个竞争对手降低或提升其房价，那么前厅经理一定要咨询饭店所有者、总经理以及其他部门主管，是否需要调整本饭店的房价。作出调整房价和提供特殊包价服务的决定，取决于损益表中对此举动反映出来的预期效果。在那些饭店设施资源非常丰富，并且正在经受旅游业和商业活动衰退冲击的地区，价格战很可能会对一个饭店的经营造成巨大的灾难性影响。只用房间销售量来预测一个饭店财务方面成功与否的做法，并没有把该地区未来出现饭店房间过剩这种情况考虑在内。出于同其他饭店相竞争的原因调整饭店房价的话，饭店的收益就会受到影响。其他不考虑成本因素的饭店就会在这一运营过程中获取利益。

	1月	2月	3月	4月	5月	6月	7月	8月	9月	10月	11月	12月
可用房间	200	200	200	200	200	200	200	200	200	200	200	200
入住率（%）	40	40	50	70	70	80	90	100	70	70	50	40
平均每日售房	80	80	120	140	140	160	180	200	140	140	400	80
每月天数	31	28	31	30	31	30	31	31	30	31	30	31
预计售房	2 480	2 240	3 720	4 200	4 340	4 800	5 580	6 200	4 200	4 340	3 100	2 480

全年销售房间数＝47 680

$$\begin{array}{ccc}
47\ 680 & 47\ 680 & 47\ 680 \\
\underline{\times 70\ (房价)} & \underline{\times 85\ (房价)} & \underline{\times 90\ (房价)} \\
3\ 337\ 600\ 美元 & 4\ 052\ 800\ 美元 & 4\ 291\ 200\ 美元 \\
 & -10\% & -15\% \\
 & (较高房价所导致的销售损失) & (较高房价所导致的销售损失)
\end{array}$$

图 7—2　基于房价和市场敏感度而建立的房间销售计划

经验法则

确定房价有好几种方法，每一种都为饭店房地产开发商提供了指导性方针。但这些只是指导性方针，饭店应该将这些方法与之前所作的讨论结合起来使用。前厅经理必须和总经理以及财务总监保持密切联系，来对房价的效用进行监控。**确定房价的经验法则**（rule-of-thumb method for determining room rates）规定，每 1 000 美元的建筑成本之上应该收 2 美元的房费。举例来说，如果一个新饭店每间客房的建筑成本是 45 000 美元，那么初始房价就应当定为 90 美元一晚。显然，这只是对房间价格的一个非常粗略而概括的猜测方法，它不能单独使用。

赫伯特公式

使用**赫伯特公式**（Hubbart formula）为饭店定价时，同时参考了运营成本、投资的期望回报，还有饭店中各部门的收入等因素。这个方法依靠前厅的收入来支付运营、管理以及投资等饭店运作的费用。下面这个例子就使用了以上因素。

一家饭店的运营成本是 4 017 236 美元（部门运营成本和管理费用），投资期望回报为 1 500 000 美元，其他收入（餐饮、租赁、话费）为 150 000 美元，房间预期销售天数为 47 680 天，该饭店会将房价定为每日 113 美元。

$$\frac{(运营成本＋投资期望回报)-其他收入}{预期销售天数}=房间价格$$

$$\frac{(4\ 017\ 236＋1\ 500\ 000)-150\ 000}{47\ 680}=113\ (美元)$$

赫伯特公式也仅仅是一个指导性公式。房价必须按照对市场供需情况的监控而不断地做出相应调整。前厅经理必须调查竞争饭店的房价来确定本饭店房价的竞争性，是否参与这项调查是自愿的。图 7—3 是对一家饭店的房间进行一周价格调查的例子。

房价调查——2 月 15 日开始的一周

房价 饭店	组别							
每间客房容纳人数	1	2	1	2	1	2	1	2
饭店	门市价（美元）							
史密斯旅店 （Smith Lodge）	70	80	68	68	65	65	65	65
温斯顿 ARMS （Winston Arms）	72	80	68	70	60	65	70	75
海港大厦酒店 （Harbor House）	75	85	70	75	60	60	65	65
托马斯客栈 （Tomas Inn）	80	90	75	80	75	75	80	80
艾莉森客栈 （Allison Inn）	100	100	89	95	80	80	85	90
灰塔酒店 （Grey Towers）	85	95	80	80	75	75	75	80
杰克逊酒店 （Jackson Hotel）	78	85	73	78	63	65	68	70
时代酒店	90	100	80	89	75	75	60	85

图 7—3   与其他饭店的房价对比调查

这一部分向我们展示了确定房价的复杂性。市场因素、建造成本、运营费用、期望的投资收益、运营的效率以及市场营销计划等因素，构成了一个复杂的分析过程。前厅经理必须在损益表上持续监控，查看客房的定价效果，饭店其他部门的经理也应当意识到他们对于整个饭店财务成功的重要性。

房价类型

饭店会对房价进行分类，来吸引不同的市场群体。不同的定价取决于季节因素、市场中的潜在销量，以及其他因素。为吸引更多业务而不断跟踪饭店房价的有效性，以及对不同房价分类进行持续评估，是前厅经理和市场营销总监的职责所在。普遍应用的房价分类主要有门市价、公司合同价、商务房价、军队和教育价、团队价、家庭价、包价、美式计价、半日价、免费房。

饭店收费最高的**门市价**（rack rate）是针对那些没有被划分到任一类别中的客人的，比如需要留宿的无预订散客。门市价并不一定给饭店带来最多的收入（参见第 6 章的内容），如果在门市价基础上向团队客人少收 5 美元来鼓励回头客生意，那么从长远的角度看，这将可以为饭店带来更多的收入。

公司合同价（corporate rates）是为在本饭店下榻的商务客人准备的房价。当商务客人是饭店的常客（每周或每月有特定的入住天数）或者该客人是与饭店签署过协议房价的公司的雇员，就可以享受公司合同价。

商务房价（commercial rates）的对象主要是公司的代表，旅行次数不多而且零散的商务客人。总的来说，这部分客人可能是饭店客户的主要组成部分，所以，我们会给予他们特殊的房价。饭店通常会针对那些频繁造访的客户，制定一个市场营销计划，它会与常住客人的项目绑定，以鼓励客人入住获得积分，从而升级房间、得到免费入住机会或航空行程。比如，万豪国际酒店的项目就叫做万豪奖励计划（Marriott Rewards），会员客人会得到一张卡片，在客户每次入住的时候进行认证并使用；希尔顿酒店的项目叫希尔顿荣誉贵宾（Hilton Honors），同样，客户也会得到一张卡，并且在每次入住的时候进行认证。在积累到一定的入住天数之后，客人会得到一晚免费入住的机会。类似的奖励计划还有很多种。大型饭店集团的营销部门会策划一些复杂的、针对常客的市场营销方案，来保证客户的忠诚。

军队和教育价（military and educational rates）是为军队人员以及教育学者准备的房价，这部分群体会被严格限制旅行花费，并且对价格十分敏感。他们是饭店房间销售的一个重要来源，因为他们频繁的下榻可以为饭店带来相当可观的回头客生意。

团队价（group rates）是针对一大群出于同样原因而入住饭店的客人的价格。饭店市场营销部通常与旅行社或专业组织协商确定房价。比如，一个旅行社可能会为 40 人的大巴游客要求团队价，一个会议策划人可能会为 400 名会议代表要求团队价。这对饭店来说是一笔非常有利的生意。

家庭价（family rates）是饭店为鼓励带孩子的家庭入住而提供的房价，这种房价是在特定季节或促销时段提供的。比如，在一定年龄以下的小孩在与成年人同行的情况下可以免费入住。特许经营饭店常对这一概念在电视上和平面广告上大力宣传。

包价（package rates）指除了房间租金，还包括其他商品和服务的价格。市场营销部制定出这种价格是为了在销售淡季刺激客人入住。一份新婚套房套餐可能包含免费香槟、芝士饼干篮、鲜花和免费早餐。城市周末套餐可能包含饭店餐厅的免费午餐、电影票、一顿夜宵，以及艺术馆门票或体育赛事的入场券。如果这种包价产品做了广告，并且得到广泛推广，它们很可能会成为饭店在入住率较低的周末时期的主要生意来源。

包价的一种变形就是**美式计价**（American plan），这是一种包含餐费（通常是早餐或晚餐）及房价的价格形式。**修正美式计价**（modified American plan）即包括住宿和一顿餐食的房价，这种价格在度假地区应用较多，因为那里的生活节奏比较缓慢。把房间租金和餐饮费用分开收费的计价制度叫做**欧式计价**（European plan）。

还有一种广泛使用的房价分类叫做**半日价**（half-day rate），房间的价格取决于客人在房间内停留时间的长短，这通常适用于那些在观光、购物之后，或两个航班之间经停，休息三四小时（不过夜）的客人。

商人可能会想租间房开一个小型商务会议，律师可能会想租一个比较隐蔽、私人的房间来录目击者的口供，这时房间在夜晚也能出租。如果饭店已确认了晚到的担保预订客人，前台接待就可以在下午 1 点到 5 点的期间，将这些已被预订的房间出租给只需要半天房间的客人。因此与客房部的良好沟通是非常重要的，只有做好沟通，房间才能在担保预订客人到来之前清扫干净。提供半天房的饭店要有一个预订锁定程序来标明哪些房间是可以用来半天租赁的。如果在早晨刚被一个会议团体退房，却在下午早些时候就要被另一个会议团体占用，这种情况下则是不推荐的。

最后一种优惠价格是不向顾客收取费用的**免费房**（complimentary rate，comp）。饭店管理中出于多种原因有权提供免费房。饭店的管理层人员或者其他员工在入住饭店时，可以享受免费房作为其附加福利。饭店还可以给团队领队、旅行团队汽车驾驶员、旅行社人员、团队组织者、当地官员等与饭店有重要公共关系的客户提供免费房。这种价格非但不会使饭店受到损失，由此带来的商誉反而会大大超过这一成本。

不同的饭店会有不同的价格类别。提供这种价格类别的目的在于吸引那些有可能与饭店有多次业务的团体客户来保证高入住率。

最大化房价

前台接待或预订人员有权提供一系列房价，在一定意义上反映产品的优良特性。顾客以最高价格或者最低价格得到房间，是毫无机会选择的，并没有机会参与销售决策。那些想享受最好的房间待遇的客人，有可能只住得起最低价格的房间。而那些看起来可以住总统套房的顾客，其实也可能只住得起最低价格的房间。电话预订不会使预订人员根据潜在客户的外表而产生预订偏见。为所有顾客提供最大化房价的销售计划必须明确表达，同时传达给前台接待。

饭店预订网站的设计应该吸引顾客的眼球，并能提供与前台一样的信息，尽管这一点超出了本书的范围。潜在客户需要知道饭店的免费预订电话、房价、地址、图片（最好是 3D 虚拟旅游图）、餐饮食宿等信息。

房间家具、特别的功能、布局，以及一系列房价，对于最大化客房收入的计划十分必要。并且，描述这些特点所采用的方式必须能强化其优点并迎合顾客。这一计划中最重要的部分是前台接待能够有效执行；并非所有人都享受销售过程，但是前台接待必须以正确的态度对待销售。员工的激励政策在增强前台接待的动力方面会有所帮助。

正在处理散客、已预订客人或正在预订客人的前台接待必须十分熟悉正在销售的产品。对于房间家具、特点、楼层、景观、价格的熟悉可以通过培训和经验获得。对于新员工的这一培训必须包括参观所有客房和公共区域。这些参观最后要通过完成每一类房间相关特点的描述来强化，例如每种房型的房间家具、特点以及楼层图。

房间价格被印刷在特殊的小册子上提供给客户。而特殊情况的价格背后必须有明确的规定，并告知员工。前厅经理应开发案例分析的内容，来表明系列房价。低入住率、满入住率以及超额预订等情境的应用，在培训中十分有用。

员工不仅仅要知道房间特点，还要能用积极的描述语言来吸引客户。一个房间被描述为"装修色调柔和、温暖舒适的特大床、舒适柔软的座椅、物品丰富的迷你吧、备有甜点的橱柜、查尔斯河畔的美景、完全的私密性"将吸引客户想要得到奢华的体验。

针对胆小员工的销售技巧培训

当然，并非所有人都是天生的销售人员，大部分人会对销售感到不好意思。应当鼓励那些对销售房间感到不舒服的员工不断地练习销售技巧，直到自然为止。那么，一个前厅经理该如何培养员工的销售技巧呢？

人们不愿去做销售，是因为他们感觉自己在强迫买家买东西，而当他们相信自己是给顾客提供他们所需的产品或服务时，他们就会自然地进行销售了。每一间客房的特点都应该被强调，以供客人选择。这一购买原因与顾客的满意度息息相关。例如，一个房间自带了一间小型会议室（尽管价格稍高），如果销售把它作为一个吸引人的卖点，登记入住的顾客将很高兴听到这一有价值的选择，因为他不必为了公司的商务会谈而租赁另外一间房。

前厅经理同样应该以微妙地暗示来指导员工将房价最大化。这些暗示既可以在面对面的时候表达出来，也可以在电话中表露。如果没有经过专门训练，并非所有人都能意识到这些暗示。必须开发相应的培训课程对前台接待进行培训。当一个前台接待用相应的房型满足客户需求时，就说明好的销售技巧已经养成。"我必须去销售"的理念被"我要让客户感受到最好的体验"代替。如果顾客打电话来说这一预订是给父母的纪念日礼物，那么预订人员应当推荐"查尔斯河畔美景房"或者"宾夕法尼亚波可诺景区度假房"。

为使房价最大化，前厅经理可以推行激励政策。激励政策应当与员工的需求相关。如果钱是动力，那么可将财务奖励（基于每天高于平均入住费用的那部分）作为津贴发给前台接待。额外津贴还包括优先排班、考虑休假或者晋升。如果员工知道他们在提升销售额方面的努力得到了认可，他们对于销售将更有热情。对于所有的激励政策而言，这些财务成本必须是在公司力所能及的范围之内的。

用合适的知识、词汇和态度来最大化房价的销售方式，要比告诉前台接待必须完成多少销售额有效得多。一种销售方式是**上销策略**（bottom up），即从低价房开始卖；另一种是**下销策略**（top down），即从高价房开始卖。这些原则对于扩大销售额十分重要。然而，如果一个前台接待或预订人员对于产品（房间）特点了如指掌，并能用合适的语言加以强调，而且她销售时乐在其中，那么她将很有可能把房间卖出好价钱并获得回头客。

7.2.11　讨论销售机会

在客人的预订过程中，前台接待有绝佳的机会来提高饭店服务。假如前厅经理同时关注营销和前台，他就会知道培养一个善于推销的员工会有许多好处。在这里我们重点讨论登记过程中获得的额外预订及其促销。

未来的预订

前厅经理应当考虑建立一种流程，员工在顾客登记入住过程中如能促成额外预订，便遵循这个流程。推荐额外预订时，应提醒商务客户在未来几周去到其他城市时，可以考虑入住与现住饭店连锁的饭店。当旅游者还没有预订后续行程的饭店时，它能促使客人预订房间，因为饭店的价格或者常客的待遇会吸引他成为连锁饭店的客人。这种会员饭店促销方式是一种盈利的营销理念。其他单体饭店的前厅经理也有其可盈利的促销方式。在提供独一无二的住宿体验方面，单体饭店会更有优势。那些经常到一个城市的顾客也希望下次预订顺利，所以前台接待应询问入住客户是否需要额外的预订。

为促进未来的预订而制定计划

销售机会最大化需要制定一个计划，让前台接待积极参与其中，使饭店获利。之前讨论的为促进未来的预订而创造销售机会的问题，也同样需要建立一个计划。

前厅经理如果想要在客人登记入住时，展开一个向他推销未来客房的计划，就必须考虑预订额外客房的机会、销售技巧、激励方法，以及对损益表的影响。在客人登记入住时，前台接待就要向客人询问，在其余下的行程中，是否需要预订额外的客房。在他们退房时，前台接待可以再问一遍。如果这种询问可以通过客房和电梯中的印刷品和广告来得到强化，并为额外预订的客人提供奖励，或者可以制定出某种激励常客的计划，那么预订额外客房的可能性就会大大增加。如果前台接待在提供未来预订服务时，是相信自己在为客人的旅行计划着想，那么他们在说服客人进行客房预订时就会更自然、自信。

前厅经理需要建立一个激励机制，以便于支持前台接待在客人登记入住时能够成功地预订额外的客房。这样一个计划的效果在损益表中很容易显示出来。额外的客房销售就会产生额外的收入，饭店的财务总监也会注意到销量的增加。实施激励机制的成本需要与额外客房预订的收入进行对比，这些成本包括奖金以及额外假期等。

7.2.12　交付房间钥匙

在客人登记入住的过程中，需要给客人分配客房钥匙，这是一个很简单的任务，但是包括了钥匙的安全与维护。在本章的后续部分会继续讨论电脑化客房钥匙的分配问题。

在前台接待确定了客人的房间，并且客人也同意房间价格之后，钥匙就会转交给客人。钥匙在移交给客人之前，必须检查登记卡、电子账单上的房间号码与电脑上登记的是否一致。比如房间 969 与 696 的钥匙就很容易颠倒，243 与 234 也会经常搞错。在前台接待忙于客人入住登记或者结账时，这类错误就很容易发生。为了保障客人的安全，在移交客房钥匙时一定要尽量谨慎。前台接待不应大声说："给您 284 房间的钥匙。"而应该说："给您钥匙"或者"您房间的号码写在入住登记卡里面"。另外，重要的一点是要给客人介绍如何使用**电子钥匙**（electronic key）——一个嵌入了电子密码磁条的塑料钥匙。如果使用钥匙时，需要等待一定时间，或房门上有指示灯的话，前台接待则需要向客人提前说明。

7.2.13　客房钥匙系统的安全性

为了保证客房钥匙的安全性，这些钥匙应放在安全的地方。在一些饭店中，仍使用常见的钥匙摆放架和邮件摆放架。其他一些饭店已经使用了钥匙抽屉，位置在前台的下方。安装了电子锁的饭店可以为每一位客人提供一把新的钥匙。这种电子锁在前台每次使用时，都可以进行变化。如果客人在住宿期间遗失了钥匙，可以要求提供一把备用钥匙，当然这需要提供相应的证据，以确定该客人在此饭店入住。这样既可以保护登记入住的客人，也可以同样保护饭店的其他客人。大部分客人都不介意提供自己入住饭店的证明。一般来说，他们对于饭店安全第一的考虑，往往比较满意。

7.2.14　维护客房钥匙系统

为了维护金属钥匙的保管系统，需要前台接待和客房部员工将钥匙归还到钥匙保管区。如果全部的客人都退房离去，上百把的钥匙都要交还到钥匙摆放架或者**钥匙抽屉**（key drawer）的内槽里（一个位于前台下方的抽屉，里面按钥匙的顺序设计了不同的钥匙槽），这将会是一项非常费时的工作。如果某一名客房部员工（男性称为男服务员，女性称为女服务员）留意到一名客人在退房后，将钥匙留在了房内，他应该将钥匙交还到前台。一些饭店使用了**钥匙链**（key fob），或者在**金属钥匙**（hard key，用来打开机械锁制动栓的金属片）上装饰或者修饰了一些塑料或者金属的配饰，用来标明本饭店的名称和地址，以便捡到钥匙的人可以将本饭店的钥匙寄回。其他没有采用这些装饰的饭店，可能是认为钥匙若被某人捡到或者有意得到，会存在犯罪动机，这样客人的安全就面临风险。钥匙和门锁如果破损了，必须更换，这是维修部门的职责。由前台或者维修部门执行，并且只有在饭店财务总监同意的情况下，方可更换客房的钥匙和门锁。安保部门应该对钥匙的更换进行监控。

维护电子锁系统比金属钥匙更为简单。在客人退房离开时，如果 PMS 中该客人入住的信息已消除，该电子钥匙就会马上失效。当有下一位客人登记入住时，则会有新的电子密码组合，即新的电子钥匙产生。也可以对消磁的电子卡片钥匙重新进行电子组合编码。

在客人收到客房的钥匙后，前台接待应该询问该客人是否需要将行李或者其他个人物品搬运到客房。如果需要帮助，行李员应该听从指令，护送该客人到客房。如果该客人不需要此帮助，前台接待应为客人指明如何前往客房。

7.3　在 PMS 内登记

在第 4 章中已经提到，PMS 有许多性能，其中就包括登记管理。一般来说，PMS 中登记模块的应用包括：

- 检索预订单
- 检查是否仍有空房
- 检查客房状态
- 核实客房价格
- 交付客房钥匙

7.3.1　检索预订单

这个登记模块一般用于客户到达饭店以前。如果是和饭店预订过的客户，那么饭店已有相应的数据存入 PMS 数据库。图 7—4 是图 5—3 中空白屏幕上，已填写好的客人数据完整视图，客人信息已经登记好。PMS 可以为客户自动生成预约登记表，如图 7—5 所示，在登记模块和预订模块的数据之间有一个界面。PMS 可以为抵达客户从当天的空房清单里预选适合的房间，不过，前台接待往往会把这样的房间作为当天锁定的空房。第二班或第三班的前台接待，会在客户到达的前一晚打印好预约登记表，因此客户到达时表格已经准备好了。在打印好预约登记表以后，前台接待会按字母顺序排列这些表格。有的操作程序不预先打印表格，取而代之的是需要客户填写一个标准的住宿登记卡。不过，为到达的客户提前打印好随时可用的预约登记表是非常有效的，可以加快登记速度，尤其是在满房登记时，或者当前台接待人手不够时。

预约——进入客户数据屏幕

姓名：BLACKWRIGHT, SAMUEL

公司：HANNINGTON ACCOUNTING

账单地址：467 WEST AVENUE ARLINGTON, LA　　　邮政编码：00000

电话号码：000-000-0000

到店日期：3 月 9 日　　　到店时间：下午 6 点　　　离店日期：3 月 11 日

航空公司：AA　　　航班号：144　　　航班到达时间：下午 3：45

房间号：　　　人数：1　　　房价：80 美元

备注：

确认号码：122JB03090311MC80K98765R

信用卡类型：万事达卡　　　信用卡号：00000000000000000000000

旅行社：　　　代理商：　　　代理证号：

地址：　　　邮政编码：

图 7—4　PMS 在屏幕上显示的客户预先登记的信息

当已经预约过的客户到达前台进行登记的时候，前台接待迎接并询问他是否预约过。他们会从文件存档中检索预先打印好的预约登记表。如果没有可用的表格，前台接待将会用客户的姓名或确认号码进行检索来得到预订单的相关信息。找到客户的信息以后就可以进行登记了。

到店日期	预约时间	离店日期	确认号码	房间号	房价
3月9日	下午6点	3月11日	122JB03090311MC80K97865R	722	80.00美元

客户信息	人数	信用卡
BLACKWRIGHT, SAMUEL HANNINGTON ACCOUTING 467 WEST AVE. ARLINGTOR, LA 00000 000-000-0000 客户签字：	1	MC0000000000000000000000000

图7—5   在客户到达之前准备好的预约登记表

登记模块还能很好地对团队入住的客户进行掌控，它可以为团队入住的客户预先打印好登记信息。图7—6表明了如何掌控一个团队的登记信息。还要继续对这些信息进行进一步的操作，包括预约的房间号、团队预约的数据包等，都可以预先准备好，如图7—7所示。这样会使团队领导和前台接待的工作更加简单便捷。

团队登记

团队名称：约翰逊高中辩论队

入住日期：1月9日　　　　离店日期：1月12日　　　　房间数：8

人数：15　　　　　　房价：57美元/单人，64美元/双人

账单信息：直接账单　　SIMINGTON, R. 401 MADISON DR. ，OLIVER, DE 00000

　　　　　共21天，退房时支付杂项

房间号	姓名	房价（美元）	备注
201	VERKIN, S.	32	
201	LAKEROUTE, B.	32	
202	SIMINGTON, R.	57	导师
203	CASTLE, N.	32	
203	ZEIGLER, R.	32	
204	DRAKE, J.	32	
204	DRAKE, A.	32	
205	LENKSON, C.	32	
205	SMITH, B.	32	
206	HARMON, T.	32	
206	LASTER, H.	32	
207	ARROW, C.	32	
207	THOMPSON, N.	32	
208	JONES, K.	32	
208	SAMSET, O.	32	

图7—6   团队登记选项

时代酒店

（团队入住）

欢迎光临我们的酒店。您的登记手续已经预先处理好了。为您分配的房间是＿＿＿＿＿＿号。关于您房间的其他信息，请用房间内的电话拨打"3"咨询。

谢谢！

前厅经理

图 7—7 团队登记信息包

7.3.2 检查是否仍有客房

如果有客户或团队的名字在预约数据库中找不到了，该怎么办？如果找不到预约信息，而这个客户又无法提供确认号码，前台接待可以尝试提供短期的入住手续。登记模块中，可用客房库存和客房状态的选项来查看房间是否可用。客房库存选项反映了可用房间的数量（见图 7—8）。它向前台接待展示了哪些房间已经预订，哪些房间由于需要修理而从可售空房中去除了，哪些房间在当天晚上可以入住。额外的关于房间特征的信息，比如特大床的房间，带会议室的房间，带两张特大床的房间，带一张普通双人床的房间，可以看到海景的房间，有厨房的房间，有可以当床用的长沙发的房间，连通房，有谈话区和其他娱乐设施的套房，以及每间客房的价格也都显示其中。

12 月 25 日可用房间				
房间号	床型	备注	房价（美元）	是否可用
109	特大床	海景房	68	担保预订
201	特大床	带厨房	75	维修中
202	特大床		65	确认预订
203	特大床		65	确认预订
204	特大床		65	确认预订
205	特大床		65	开放
206	带会议室	带沙发床	80	开放
207	特大床	与 208 相连	65	开放
208	特大床	与 207 相连	65	开放
209	特大床	海景房	68	担保预订
210	特大床	带厨房	75	担保预订
301	两张特大床	带娱乐设施	100	维修中
302	两张特大床	带娱乐设施	100	担保预订
303	双人床		55	开放
304	特大床	带厨房	75	开放
305	特大床		6	开放
306	带会议室	带沙发床	80	担保预订
307	特大床	与 308 相连	65	担保预订
308	特大床	与 307 相连	65	开放
309	特大床	海景房	68	开放
310	特大床	带厨房	75	担保预订
401	特大床	带厨房	75	担保预订

图 7—8 PMS 中显示的客房存货

7.3.3　检查客房状态

前台接待还需要知道房间是否已经准备好可以入住，这可以从 PMS 中实时客房状态选项（见图 7—9）进行判断。这个选项和客房库存选项相似，但不包括房价，多了一栏显示客房的状态，以便前台接待知道哪些房间正在清扫或者正在整理，哪些房间正在维修，哪些房间被其他客户占用了，哪些房间是现在可用的。这些完整的信息依靠客房部和维修部持续的数据输入和更新。这样的沟通还能因内部网的使用而加强。客房部和前台接待通过简单的打几个关键字来发送短信，就能很快地互相告知对方每个房间的状态。

7 月 22 日客房状态				
房间号	床型	备注	是否可用	状态
109	特大床	海景房	担保预订	清扫中
201	特大床	带厨房	维修中	正在维修
202	特大床		确认预订	清扫中
203	特大床		确认预订	清扫中
204	特大床		确认预订	可用
205	特大床		开放	可用
206	带会议室	带沙发床	开放	可用
207	特大床	与 208 相连	开放	清扫中
208	特大床	与 207 相连	开放	清扫中
209	特大床	海景房	担保预订	可用
210	特大床	带厨房	担保预订	清扫中
301	两张特大床	带娱乐设施	维修中	正在维修
302	两张特大床	带娱乐设施	担保预订	可用
303	双人床		开放	可用
304	特大床	带厨房	开放	可用
305	特大床		开放	清扫中
306	带会议室	带沙发床	担保预订	可用
307	特大床	与 308 相连	担保预订	清扫中
308	特大床	与 307 相连	开放	清扫中
309	特大床	海景房	开放	清扫中
310	特大床	带厨房	担保预订	清扫中
401	特大床	带厨房	担保预订	清扫中

图 7—9　PMS 中显示的客房状态

如果一个房间已经可用，前台接待确定当晚饭店还没有满房的话，没有确认号码或者预约的客户可以按无预订散客处理。在登记模块中，客户的数据信息选项允许前台接待输入客户登记信息（见图 7—10）。注意这个选项将提示前台接待询问客户是否需要额外的预订以保证之后的入住。

登记——进入客户数据库			
姓名：			
公司：			
账单地址：		邮政编码：	
电话号码：			
信用卡：	类型：	卡号：	到期日期：
汽车：	型号：	汽车牌照：	状态：
房间类型：	客人数量：	房价：	
入住日期：	离店日期：	登记员：	
未来是否有预订？	日期：	房间类型：	客人数量：
饭店号：	确认：　是　否	担保：　是　否	
确认号码：			

图 7—10　PMS 中用来登记散客的空白登记表

当没有房间可用时，客户应当出示确认号码。当超额预订程序生成了多于可用房间的客户时，客户不得不转到其他可以提供住宿的饭店。当不得不**转移有预订的客人**（walking a guest with a reservation）时，即便客人已经预约过了，饭店也并无义务来支付他们的出租车费用，或支付下一家饭店的房费，或提供电话拨打服务以便客户通知其他人改变了地点，或支付餐费，或赠送未来的客房等。但有的饭店会尝试使用这些方法来保证与客户之间积极正面的关系。客户往往会对这种状况产生不满，所以他们可能乐意接受这些选择，而不是什么都得不到。当前台接待发现预订状况太紧张了，他们应该打电话给附近的其他饭店来解决多余客户的入住问题。

7.3.4　确认房间价格

客人很可能只记得在登记入住时的参考价格，但消费确认单或者在系统中并不是这个价格。在这种情况下，对于我们来说，和客人事先交流是很明智的，这会避免很多退房时可能出现的问题。当客户以为她只需要支付 85 美元而不是 125 美元的话，退房时会很尴尬，特别在没有带够钱的情况下。在客人登记入住时，前台接待就要明确告知客户房间的价格。另外很重要的一点是，要跟客人讲清楚，可能的房间税款和当地市政税收会增加房间的价格。

7.3.5　交付房间钥匙

如果客人确定要入住，那么新的房间钥匙会使用一种电子钥匙准备设备来准备妥当。这种设备提供信用卡大小的塑料钥匙，其中会嵌入一个不同的电子密码。每个门对应的电子密码都由饭店的安保系统控制。

7.3.6　从 PMS 中获得报告

PMS 也提供按照字母排序的客人及其所在房间的列表。图 7—11 所示的就是登记客人报告，这个报告可以供前台接待使用。

2月15日登记客人报告						
房间	姓名	账单地址	入住日期	离店日期	房价（美元）	人数
205	ARRISON, T.	RD 1 OLANA, AZ 00000	2月15日	2月16日	75	2
312	CRUCCI, N.	414 HANOVER ST., CANTON, OH 00000	2月5日	2月17日	70	1
313	DANTOZ, M.	102 N. FRONT ST. LANGLY, MD 00000	2月13日	2月16日	70	1
315	FRANTNZ, B.	21 S BROADWAY, NY, NY 00000	2月11日	2月16日	75	2
402	HABBEL, B.	BOX 56, LITTROCK, MN 00000	2月15日	2月17日	75	2
403	IQENTEZ, G.	HOBART, NY 00000	2月13日	2月16日	70	1
409	JANNSEN, P.	87 ORCHARD LN., GREATIN, NY 00000	2月15日	2月22日	90	1
410	ROSCO, R.	98 BREWER RD., THOMPSON, DE 00000	2月13日	2月21日	70	1
411	SMITH, V.	21 ROSE AVE., BILLINGS, TN 00000	2月15日	2月18日	70	1
501	ZUKERMEN, A.	345 S HARRY BLVD., JOHNSTOWN, CA 00000	2月15日	2月19日	85	2

图 7—11 登记客人报告

前厅经理可以通过这份登记客人报告来更高效地进行前厅管理。他需要对所监控的信息进行收集和重组，而这就要基于上面提到的入住登记模块选项。举例来说，当有客人来到饭店登记时，客人抵达报告可以告知前厅经理，具体是哪一位客人来登记入住（见图 7—12）。同样，团体抵达报告也可以表明是哪一个团队预订并入住（见图 7—13）。

9月18日抵达散客				
姓名	预订方式	入住日期	离店日期	确认号码
BLAKELY, K.	担保预订	9月18日	9月20日	09180920JCB75K9334L
BROWN, J.	确认预订	9月18日	9月19日	09180919JCB75K9211L
CASTOR, V.	担保预订	9月18日	9月22日	09180922V75K8456L
CONRAD, M.	担保预订	9月18日	9月21日	09180921MC75K8475L
DRENNEL, A.	担保预订	9月18日	9月21日	09180921V80K8412L
FESTER, P.	确认预订	9月18日	9月25日	09180925JCB75K8399L
HRASTE, B.	担保预订	9月18日	9月19日	09180919JCB75K8401L
LOTTER, M.	担保预订	9月18日	9月22日	09180922V80K8455L

图 7—12 PMS 中一个按字母列表的即将抵达的客人名单

9月18日抵达团队					
团队名称	到店日期	离店日期	房间数	房价	客人数量
HARBOR TOURS	9月18日	9月22日	02/1 20/2	55美元/1 65美元/2	42
JOHNSON HS BAND	9月18日	9月21日	02/1 13/4	45美元/1 60美元/4	54
MIGHTY TOURS	9月18日	9月19日	02/1 20/2	55美元/1 65美元/2	42

图 7—13　PMS 列出按期到达的团队列表

　　这些数据根据前厅经理的需求，可以用不同类别来区分——房间号、预订日期、离店日期、房价、客人姓名等。这些报告选项，通常称为**数据种类**（data sorts），它表明信息的分组，因 PMS 使用的软件不同而不同。客房库存选项，可以提供给前厅经理空置房的列表（见图 7—14），使饭店达到最大限度的入住。这些不同的选项包括所有的空房，使用中、清扫中、维修中的房间的一张列表，并按不同类型分类——超大床、在底层、海景房等，有一系列的房价类型。这些客房状态报告选项提供了一个可入住房间的列表（见图 7—15）。这一选项把所有房间分类成准备好的、在清扫中的、在使用中的以及出故障的客房等。

7月1日的空房		
房间	房间	房间
103	402	701
104	411	710
109	415	800
205	506	813
206	509	817
318	515	823
327	517	824
333	605	825

图 7—14　PMS 中的空房

5月24日客房状态			
房间	状态	房间	状态
101	清扫中	114	清扫中
102	清扫中	115	可用
103	清扫中	116	清扫中
104	清扫中	117	清扫中
105	可用	118	清扫中
106	清扫中	119	使用中
107	清扫中	120	使用中
108	维修中	201	可用
109	使用中	202	可用
110	使用中	203	可用
111	使用中	204	清扫中
112	可用	205	维修中
113	维修中	206	可用

图 7—15　PMS 中客房的清扫状况

7.3.7　自助办理入住手续

PMS 的推广使客人可以用信用卡自助办理登记入住手续。用信用卡担保预订的客人可以使用一个特定的计算机终端，指导他完成登记手续。此选项有助于简化前台复杂的登记手续。饭店股东、总经理、前厅经理在决定是否提供这项服务时，必须权衡资本支出，降低劳动力成本，提高登记速度，传递热情服务，以及销售饭店内服务的其他机会等各种因素。如果饭店入住率高，可以选择引入这项技术，以保证顺利登记。然而，最重要的一点是必须考虑到客房状态，如客人正想要入住某一房间，而这个房间可能正在打扫。还必须考虑客房部对房间的清洁和维修效率。如果客人不需要立即进入一个房间，那么自助登记入住系统就可以降低饭店成本，并能为客人提供额外服务。

下面我们看一看由阿里安系统集团正在开发的、改进客人入住登记和结账手续的相关技术。

阿里安系统集团（总部位于法国巴黎）很高兴地宣布，它开发的可移动登记/结账项目，绰号"VIKI"，已经被欧洲区域发展基金会（European Regional Development Fund，ERDF）选为"2009 年最具创新性的研究和发展项目"之一。基金会将为这一项目的开发成本提供 40% 的资助，来支持这一具有创新性的移动接待自助服务平台。

"VIKI"让客人无论何时何地，无论使用的是台式机、笔记本电脑、移动电话还是 PDA，都可以办理入住登记和结账手续。这一创举彻底改变了饭店业的现状。该软件平台可以提供近乎无数的功能，因为它可以整合出移动在线的支付方案，使客户能够远程修改他们的账单、地址和个人信息。

"这一新的移动入住登记/结账应用程序的使用，可以让客人在到达饭店之前就预先用电脑在线登记入住，或者在他们已经舒适地坐在去机场的出租车上时，再办理结账手续。"[3]

如果前厅和客房部之间能够很好地沟通，这些技术将使客人得到最好的宾至如归的体验。但是员工的热情好客仍然是技术之外的关键因素。

国际集锦

朱迪·科尔伯特（Judy Colbert）在《酒店业应如何向国际游客传达热情好客的理念？》的报告中这样表述：为了让外国客人感到舒适，酒店（纽约希尔顿酒店）有能讲 30 种不同语言的多语种工作人员。每名员工在他的领口别着一个代表他所会语言的国家国旗的胸针。小册子、当地资料、室内材料都是用几国语言表述的。每间客房都可以通过美国电话电报公司的语言热线获得 140 种语言的帮助。[4]

凯悦酒店正在从事一项教育培训项目，旨在培养出能从细微之处与国际游客沟通交流的员工。培训材料包括世界文化和发展趋势、对十多个国家基本外语短语的学习、使用多国语言准备标牌和房间的摆设等。[5]

7.4　开篇困境解决方案

　　客房部与前厅之间进行良好沟通，将房间清扫整理并出售的过程，依赖于所有参与者不懈的努力。当客房部缺人手或非常忙的时候，可能会延长客房的整理时间，这种情况下，前台接待应当更加密切地与楼面主管进行沟通，来确定何时将空房售出。在一些饭店，客房部员工能够通过 PMS 放房。

☐ 本章概述

　　本章详细阐述了饭店客人登记的过程。这个过程始于向员工强调为客人留下良好的第一印象的重要性，这样才能向客人提供一次愉快的入住体验。登记时，获取准确、完整的客人资料，是饭店各部门之间进行有效沟通，并为客人提供良好服务的基础。为客人进行登记包括延长客人的信用期限、为客人选择房间、设定和应用房价、推销饭店的其他服务，以及为客人提供房间钥匙等。

☐ 关键词

美式计价（American plan）

银行卡（bank cards）

汇总结算（bill-to-account）

上销策略（bottom up）

商务卡（commercial cards）

商务房价（commercial rates）

免费房（complimentary rate，comp）

公司合同价（corporate rates）

信用卡留痕机（credit card imprinter）

信用卡验证机（credit card validator）

数据种类（data sorts）

折扣率（discount rate）

电子钥匙（electronic key）

欧式计价（European plan）

家庭价（family rates）

传真机（fax machines）

团队价（group rates）

半日价（half-day rate）

金属钥匙（hard key）

客房状态（housekeeping status）

赫伯特公式（Hubbart formula）

内部发行卡（intersell cards）

钥匙抽屉（key drawer）

钥匙链（key fob）

军队和教育价（military and educational rates）

修正美式计价（modified American plan）

折叠床（Murphy bed）

包价（package rates）

私人标签卡（private label cards）

门市价（rack rate）

住宿登记卡（registration card）

确定房价的经验法则（rule-of-thumb method for determining room rates）

沉睡客房（sleeper）

下销策略（top down）

转移有预订的客人（walking a guest with a reservation）

☐ 本章思考题

　　1. 你认为客人对饭店的第一印象对于推广饭店服务的重要性如何？以你的切身经验举例。

　　2. 为什么登记过程中，准确获取客人的信息很重要？除了前台谁还将用到这些信息？举例说明错误的数据是怎样影响客人和饭店的。

3. 客人登记过程最主要的部分是什么？这一系统的知识对于你将来作为一个饭店总经理的职业生涯会起到怎样的作用？

4. 为什么选择信用卡对一个饭店的盈利很重要？请举例说明。

5. 使用汇总结算系统涉及的隐性开支在哪里？你认为饭店可以在什么时候开始考虑采用汇总结算系统？

6. 说出客人可能提及的一些在房间选择上的要求。作为一个前台接待，我们应该怎样协调客人的这些要求？

7. 为什么设定和监控房价对饭店的损益表是必要的？

8. 什么是确定房价的经验方法和赫伯特公式？你认为每一个方法对于饭店盈利的有效性有何影响？

9. 描述一个监控房价的系统。如果你是一名前台接待，你是否见过你的上级或经理使用这样一个系统？如果有，使用频率有多高？你认为它在控制有效房价上是否奏效？

10. 描述房价的类型。假如前厅经理让你决定要取消哪些房价，要设定哪些新的房价，你将如何处理？

11. 你怎样理解本章提出的最大化房价计划？它将怎样影响损益表？这个计划的重要组成部分是什么？

12. 根据以下信息为饭店确定最终的房价：

	方案一	方案二
营业费用（美元）	8 034 472	5 549 021
其他收入（美元）	300 000	1 900 000
房间数	65 000	50 000

13. 前台有哪些可以向客户推销饭店服务的机会？如果你在前台工作，你是否遇到过这种情况？这将对损益表产生什么样的影响？

14. 在客房钥匙分配上，你对前台的新员工有哪些建议？

15. 怎样使用PMS的登记入住系统为一个有预约的客户登记？并请指出任何可能导致低效率的行为。

16. 讨论通过PMS为客户办理住宿登记的优点和缺点。

□ 案例分析

1. 安娜是时代酒店的前厅经理，在过去的几个星期，她一直都在与酒店的董事长和总经理讨论更新酒店的PMS，加入顾客自助入住登记和办理退房手续的程序。尽管建议很合理，但酒店的董事长并不愿意为这项技术花钱，因为开销巨大，并会影响到酒店的资金流。总经理玛格丽特曾在一个已更新过PMS的酒店工作过，不知何故，对于此系统是否能像广告上宣称的那样，达到真正提高客户服务的效果，她表示怀疑。相反，安娜支持PMS的升级。酒店的董事长让安娜准备一个报告以便证明PMS的升级在时代酒店是可行的。

在此报告中，安娜应该用什么概念来证明，对此系统的投资能在顾客入住登记和办理退房手续方面，提高顾客服务质量呢？考虑登记程序中的这些方面：个人和团体的登记、选择房型、分发钥匙和移交客房。

2. 时代酒店的总经理玛格丽特已经看完了上个星期以来的最新评论卡片。在客户服务方面，几个小毛病都与"入住房间所花的时间过长"有关。玛格丽特原以为，在这个星期通过跟前厅经理安娜和行政管家托马斯的沟通，已经把这个问题解决了。并且，这些经理已经提出了一个方案，并在一个星期前就与玛格丽特分享过了。玛格丽特在想，"到底是哪个方面出了问题？"今天下午她要和安娜和托马斯一起开会。请提供一个简要的提纲，告诉玛格丽特应该在会议上讨论哪些要点。

3. 安娜是时代酒店的前厅经理，她想做一个 DVD，用来培训新员工，提升他们为顾客办理入住登记的技能。这个低成本、自己制作的 DVD 将在室内进行拍摄。请向安娜提供一个提纲，告诉她在拍摄 DVD 的过程中应该包括哪些要点。可能你需要写一个剧本（可参照第 3 章案例分析）。

□ 注　释

1. Doug Kennedy, July 2009. "Front Desk Hotel Training Can Generate Future Business," http://www.hotel-online.com/News/PR2009_3rd/Jul09_FrontDesk-Training.html.

2. JCB International Credit Card Co., Ltd., 700 S. Flower Street, Suite 1000, Los Angeles, California, 90017, www.jcbinternational.com/htm/about/brief.html, 2009.

3. Judy Willis, August 2009. "Ariane Systems Group Awarded Government Funding to DevelopMobile Self-service Platform for Hospitality Industry, http://www.hotel-online.com/News/PR2009_3rd/Aug09_Ariane.html."

4. Judy Colbert, "The Do's and Don'ts of Attracting International Guests," *Lodging* 25, no. 8 (April 2000): 33–34.

5. Hilton Hotels, "Hilton's Customer Information System, Called OnQ, Rolling Out Across 8 Hotel Brands; Seeking Guest Loyalty and Competitive Advantage with Proprietary Technology," August 31, 2004, hotel-online.com/News/PR2004_3rd/Aug04_OnQ.html.

第**8**章

财务事项管理

本章重点

前厅普通记账实务
处理顾客费用和支付所用的表格
会计分类账
处理顾客费用和支付的流程
把客户分类账和客户往来账过账到应收账款账户的程序
标准操作程序对过账和夜审的重要性

开篇困境

夜审人员在做夜审的时候，发现一项 35.50 美元的现金短缺，却无法找到原因。他怀疑是顾客或是餐饮部员工的一个过账错误。

住宿业一直以可以保持未结顾客款项平衡的实时记录为傲。前厅每天有很多支付活动，需要一个有序的记账系统。本章将重点说明这些顾客支付是怎样进行的。

8.1 普通记账实务

8.1.1 借方和贷方

基础记账方法方面的知识，可以使前厅经理明白，处理财务交易时为何要依照特定的步骤。这些技能可以很大程度上辅助前厅经理培训前台接待和夜审人员。经理应该解释清楚为什么一项支付必须通过某种特定方式进行，而不是告诉员工在进行某项处理时应该按哪一个按钮，这可以使记账程序更简单。你们中有很多人已经学过基础会计课程，或是有记账的经历。不过，本章将假设你们并未学过任何会计知识。

资产（assets）是有货币价值的事项，**负债**（liabilities）是一种财务的或是其他合同的责任或是债务。这两个概念提供了记账系统的基础。资产的例子包括拥有一部手机、一个笔记本，或是两张音乐会的门票。负债的例子包括一个按月付费的手机购买合同、一份购车贷款合同，或是一种对朋友修改论文的承诺。顾客费用是顾客欠饭店的一种负债，而对饭店来说是一种资产。如果一位顾客预付了一些账款，这对于饭店来说就是一种负债，因为饭店必须在顾客离开的时候返还这笔钱。

通过一系列有组织的会计处理，资产和负债会增加或减少。这些会计处理叫做**借方**（debit）和**贷方**（credit），借方是指资产的增加或者负债的减少，贷方是指资产的减少或者负债的增加。借方和贷方是饭店会计记账系统的基础。它们提供了一种动力（机制）来增加或减少顾客及饭店的资产和负债。借方和贷方对资产和负债的影响如表 8—1 所示。

表 8—1　　　　　　　　　　**借方和贷方对资产和负债的影响**

	借方	贷方
资产	增加	减少
负债	减少	增加

这个定义可能很容易记住，但是执行起来却很困难。然而，如果你把它应用在具体账户中，可能就没什么问题了。下面来举例说明如何应用借贷原理。

如果某一天一个顾客用信用卡支付饭店商品或服务的费用 100 美元，这项事项是顾客账户的一种负债（增加），引起饭店一种应收账款资产的增加。等值的贷方（增加）放到相应的销售账户中（一个**收入账户**（revenue account），所有者权益的一部分）。

如果顾客在预订房间时预付了 100 美元，这笔钱会放在顾客账户的贷方（增加）（饭店获得的提前支付，一种负债）。同等金额的借方（增加）会放到饭店相应的现金账户中（一种资产）。

8.2　处理顾客费用和支付所用的表格

8.2.1　对账单、转移凭证和支付凭证

对账单、转移凭证和支付凭证是用来记录和转移顾客账户费用和支付的文件。在 PMS 中，电子对账单储存在电脑中，直到需要的时候才打印出来。电子对账单是一个标准的账单，会列出交易的日期、项目、过账编号、借方或贷方账户等。**转移凭证**（transfer slip）允许前台接待把一笔钱从一个账户转移到另外一个账户，同时产生一份过账单。一份**支付凭证**（paid-out slip）（一份编号的表格，授权前台接待以客人或是饭店雇员的身份进行现金支付）是顾客向自动售货机或员工购买商品时，由饭店授权提供给顾客的现金支付证明。有的饭店 PMS 装有与零售终端的接口，这一程序可以自动地帮助顾客实现费用的交接，或者将某一顾客的部分账单转移到另一位顾客的会计账目中。

前台在**过账**（posting）费用和支付过程中使用这种表格，这是将饭店收费与顾客付费借记或贷记到顾客对账单的过程。夜审人员追踪前台接待的过账程序。这些表格帮助管理和控制前台的记账活动。

8.3　会计分类账

8.3.1　客户分类账和客户往来账

客户分类账（guest ledger）是饭店目前顾客的对账单（记录顾客支付情况）的集合。客户往来账（city ledger）是还没有在饭店登记，但与饭店有账目来往的顾客的对账单的集合。这些顾客可能为将来购买饭店商品或服务预付了现金，例如一场宴会的定金，或是一个房间的预付房费。饭店也会为当地的商人提供个人账户，这也是客户往来账的一部分。有些未登记的顾客，可能会开一个账户来支付自己客户的娱乐消费项目。所有的对账单都存储在**对账簿**（filio well）中，这是储存客户分类账和客户往来账的硬盘设备，或者是整理好的纸质版的客户分类账和客户往来账中。

对这些文件及时准确的处理，有助于前厅经理维护顾客和饭店之间财务交易的副本。这些账户都可以称为饭店的**应收账款**（accounts receivable）——顾客欠饭店的账款。应收账款有两类，即客户分类账和客户往来账。

一位顾客从开始预订到结账离开，会有很多费用支付活动影响客户分类账（见表8—2）。类似的，也有一些未登记顾客的活动，会影响客户往来账（见表8—3）。

表 8—2　　　　　　　　　　　**影响客户分类账的交易**

顾客的活动	交易类型
预订	●为未来预订的提前支付 ●取消预订返还的定金
入住登记	●预付账款
住宿期间	●房费和税款 ●餐饮服务费用和小费 ●礼品店购物费用 ●停车费用 ●洗衣服务费用 ●电话费用 ●房间电影租赁费 ●提取款
结账离开	●支付未结余额 ●返还多支付款项 ●与其他账户之间的转移支付 ●过账错误的修正

表 8—3　　　　　　　　　　　**影响客户往来账的交易**

非登记顾客的活动	交易类型
餐饮	●提前支付 ●取消预订返还的定金 ●餐饮服务费用 ●餐饮服务支付
商务/娱乐	●餐饮服务费用 ●餐饮服务支付
办公室和零售租金	●租金费用 ●租金费用支付

续前表

非登记顾客的活动	交易类型
停车场租金	●停车费用 ●停车费用支付

8.4　为顾客费用和支付过账

　　正如前面提到的，处理顾客费用和支付的过程称为**过账**（posting）（增加或减少资产和负债）。过账增加或减少了顾客个人账户费用或支付的金额。同样，及时准确处理顾客费用和支付，对保持准确的财务记录十分重要，因为顾客可能会在一天的任何时间退房离开，随时都要求准确的交易记录。

　　使用 PMS 处理顾客费用和支付，极大提高了过账的准确性。PMS 将过账模块的每个选项都列示出来，供前台接待在顾客住宿期间处理费用和支付。同样，顾客电子对账单可以在顾客购买商品和服务时随时更新。图 8—1 显示的是已经在 PMS 中过账的顾客电子对账单。

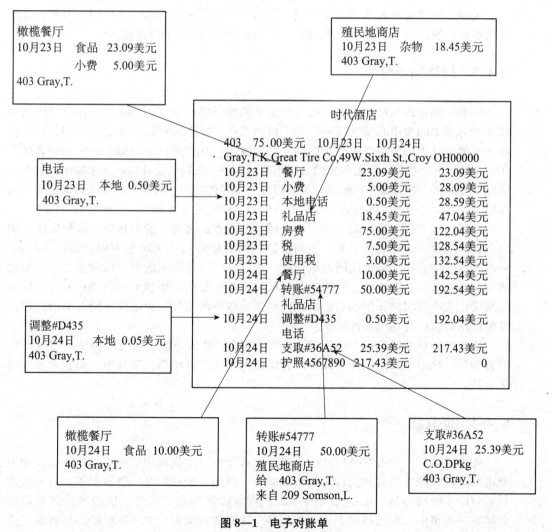

图 8—1　电子对账单

8.4.1　零售终端

零售终端选项可以使前台的电脑连接其他部门的电脑。在饭店，当前台连接餐厅的时候，前台的终端电脑可以自动接收餐厅（零售终端）开出的顾客消费账单。饭店中任何可以作为零售终端（出售产品或服务的地方）的部门（礼品店、娱乐部门、客房部和话务部）都能够与前台对接，来对顾客账户进行过账。这种电子过账可以及时准确地对顾客的对账单进行过账。

8.4.2　房费和税款

那些以前常常使用手工操作的过账机的前台接待认为使用过账模块中的房费选项是一件幸事。使用手工操作的前台办公系统，前台接待或夜审人员把每个顾客的对账单从文件中移除，并把这些对账单输入过账机，再输入正确的按键，将其从过账系统中移除，然后形成新的对账单。在有 PMS 的饭店里，前台接待通过激活房费选项自动为个人电子对账单过账。在 PMS 进行房费过账时，员工可以自由地做其他工作。

税款选项通常是和房费选项一同执行的，因为国家和当地的法律要求向顾客收取销售和使用税。在为房费过账的同时，税款选项会计算出准确的税金。

8.4.3　转移和调整

转换和调整选项可以使前台接待按要求调整顾客对账单上的错误。这时过账到顾客电子对账单的费用必须转移到另外一份对账单，或者调整到其他账户。例如，一位顾客可能发现他的账单要由该市的一个公司支付，而之前的账单则是绑定到顾客的信用卡上的。前台接待必须把顾客的对账单从客户分类账转到企业客户往来账中。另外一个顾客可能认为客房服务的账单应该和另外一个同住的人一起承担。在这种情况下，前台接待应该从一个顾客的对账单中调整（转移）相应的款项到另一个顾客的对账单中。

顾客可能质疑某项房间电话、电影或其他服务的收费。前台接待必须根据授权的财务调整政策，立即调整账单。这项政策为前台接待描述了调整准则和流程。例如，一位顾客可能会拒绝支付房间的电话费，因为这应该让同住的另一位顾客支付。如果政策不允许员工私自调整，那么前台的值班主管或是前厅经理则必须进行处理。重要的是要记住，及时修正错误会影响顾客对饭店服务的感知。灵活调整财务错误的授权政策反映出饭店传递服务的质量。

所有的转移和调整都可以很容易地在 PMS 中进行处理。同时，调整可以立即在顾客和部门账户中反映出来，几乎没有纸质的工作。这个系统使夜审人员整合账户时更容易。

8.4.4　提取款

提取款选项用来追踪授权从前台接待的现金抽屉中提取现金的请求。前台接待可能需要立即以顾客的名义支付商品或是服务，例如送来的鲜花、管家服务，以及货到付款（COD）的包裹。这些支付必须由饭店以顾客的名义支付。这些提取款可以放到顾客对账单中，在前台现金的平衡和某个过程的分类账户中得以反映。这省去了很多最初的纸质版对账单繁杂的手续，也减少了人工错误。

8.4.5　杂项费用

PMS 中的杂项费用选项允许前台接待录入一些非主营业务的收费。例如，如果饭店有一个娱乐设施没有零售终端，就可以使用这个选项。这个录入杂项费用的特性也可以在客户往来账中使用。

8.4.6　电话费用

如果饭店没有接入电话（自动）计费系统，电话费用选项也将包含在 PMS 中。如果有电话（自动）计费系统接口，对本地和长途电话的收费，以及额外费用的收费会自动过账。如果没有这个接口，前台接待必须手动将这些电话费用过账到电子对账单中。

一线问题

饭店的一位客人查看她的对账单，说 12.15 美元的电话费用是她的同住客人消费的，客人希望你来解决这件事。你会怎么做？

8.4.7　账单展示

账单展示选项可以让前台接待或其他获得授权的管理人员随时查看顾客的电子对账单。如果顾客要求查看他的对账单，前台接待按几个键就可以打印出顾客的对账单。顾客看完对账单可能会发现一些错误，那么这个错误就可以在退房离开前纠正。

8.4.8　报表

报表选项使得前厅经理可以以对财务总监和管理团队有用的方式组织数据。夜审人员可以检查所有部门的数据，包括餐厅、电话服务、礼品店或娱乐设施，来核查顾客的对账单。这些数据可以被部门经理使用，用作评估营销项目以及成本控制的反馈。表 8—4 举例说明了可获得的报表类型。

表 8—4　　　　　　　　　　　　　　使用过账模块制作的报表　　　　　　　　　　　　单位：美元

橄榄餐厅	1 月 28 日	2 315.92				
顾客	总计	房费	威士卡	万事达卡	JCB 卡	发现卡
B	750.25	125.90	67.50	35.87	234.00	0.00
L	890.67	25.00	124.50	340.00	150.00	75.00
D	675.00	235.00	56.98	75.00	221.75	125.00
桑拿休息室	1 月 28 日	1 496.48				
1.	780.09	121.00	0.00	0.00	45.00	0.00
2.	456.98	75.00	35.80	87.30	89.60	75.40
3.	259.41	12.90	0.00	0.00	0.00	0.00
殖民地商店	1 月 28 日	1 324.72				
1.	571.97	153.98	0.00	76.43	121.56	0.00
2.	752.75	259.93	82.87	83.76	25.71	0.00

续前表

房费　1月28日	4 529.56
税款　1月28日	452.95
调整费用　1月28日	66.04
橄榄餐厅	23.98　＃X4567
橄榄餐厅	5.98　＃X4568
电话	0.50　＃X4569
电话	0.50　＃X4570
橄榄餐厅	27.54　＃X4571
电话	7.54　＃X4572
支付费用　1月28日	143.20
橄榄餐厅	45.00　＃45A41－SUPPLIES
橄榄餐厅	12.00　＃45A42－SUPPLIES
房间701	32.45　＃45A43－FLOWERS
房间531	3.75　＃45S44－COD
管理	50.00　＃45A45－SUPPLIES
电话费用　1月28日	578.15
LD	450.61
LOC	127.54

8.5　将客户分类账和客户往来账转移到应收账款账户

饭店当前顾客的借方和未来顾客的贷方都会归到饭店应收账款（欠饭店的款项）账户。一旦顾客获得了商品或享受到了饭店的服务，这种财务记录就必须转移到饭店的应收账款账户中。如果一位顾客的对账单中显示有借方余额（顾客欠饭店的款项）291美元，顾客想用他的万事达卡支付这291美元，那么这笔款项就会转移到万事达卡的应收账款账户中。

另外一种转移涉及**后台应付账款**（back office accounts payable），是顾客为将来消费商品和服务预付的款项（有时候称之为后台现金账户（back office cash accounts）），比如一个顾客为将来入住饭店预付了一笔钱。举个例子，一位顾客为了12月21日在饭店入住，于2月5日送来一张个人支票，那么这笔款项必须先进入饭店的后台应付账款或是后台现金账户中，然后再转移到顾客对账单中。这笔钱一直在后台持有，直到顾客12月21日入住。当顾客在12月21日到达时，该顾客对账单就会调到前台，并激活预订。

这些例子说明了客户分类账和客户往来账的活动并不是孤立的，它们在后台账户中得以反映。客户分类账和客户往来账记录的顾客账户都是暂时的。而后台账户是财务事项的永久账户。

8.6　过账和夜审的标准操作程序的重要性

处理费用和支付的标准操作程序是夜审人员使用的，同时也是为了平衡每日的财务事项。财务活动记录在客户分类账、客户往来账以及饭店其他一些部门中，必须得到精确的处理。夜审人员花上几个小时来查看大大小小的款项，以纠正会计纰漏是很正常的事情。可能有前台接待把一项金额记错（35.87 美元记成 53.87 美元），或者把一项费用计入不正确的账户（把 20.50 美元的熨烫费用，计为 20.50 美元的餐饮费用）。然而，前台接待用错了对账单却很难察觉（把 626 房间弄成了 625 房间）。一个有经验的夜审人员通常可以精准地找到错误，并解决数目错误或账户错误等纰漏。

因为要解决这些错误需要花费更多的努力，前厅经理必须系统培训前台接待，以准确处理顾客费用和支付。这个培训项目必须包括对行为目标的陈述、准备和说明费用和支付的文字版过账具体流程、准备探讨和解释借方和贷方的材料、解释所有相关备用文书工作、分析前台会计程序和后台会计程序的关系，以及传达如何操作 PMS。同时一定要加入对员工成功完成个人和组织目标的激励。这样的培训可以有效减少错误，同时提供更好的对客服务。

8.7　开篇困境解决方案

夜审人员应该检查提取款清单，并核对花店、干洗店、特殊商店以及类似部门的发票或供应商的收据，来判断过账数目是否错误。

☐ 本章概述

本章介绍了在前台如何使用 PMS 来处理顾客费用和支付的程序。这个过程基于基本的会计概念——资产、负债、借方和贷方，这些程序应用在客户分类账和客户往来账中。对账单、转移凭证及支付凭证共同组成了一个沟通系统，使得可以在不同部门以及顾客之间追踪费用和支付的情况。PMS 与零售终端共同影响了顾客的会计账户体系。另外，本章也讨论了如何从客户分类账和客户往来账转账到后台会计账户，强调了坚持用标准操作程序处理顾客费用和支付对夜审的重要性。而准备好对前台新员工的培训课程，可以确保这个目标的达成。这些操作程序对整合顾客对账单，并汇集成饭店会计账簿是十分必要的。

☐ 本章思考题

1. 举出学生可能拥有的资产和负债。这两者的区别是什么？
2. 用自己的话定义会计术语借方和贷方。它们在会计背景下有怎样的功能？
3. 饭店各部门和前厅会使用哪些表格记录顾客的费用和支付？描述每一种表格。这些表格的目的是什么？
4. 什么是电子对账单？你如何向一个刚开始使用 PMS 的前台接待描述它？
5. 什么是客户分类账？举一个包含它的例子，说说你将如何处理预交的两晚住宿款。
6. 什么是客户往来账？举一个包含它的例子，说说你将如何处理一项预收的社会接待的款项。
7. 举一个顾客住宿期间可能发生的财务交易的例子。
8. 举一个由没有登记的顾客引发的财务交易的例子。
9. 如果你受雇于一个有 PMS 的饭店，这个 PMS 连接一个零售终端，描述一下对顾客费用和支付进行过账的过程。
10. 为什么客户分类账和客户往来账被认为是财务交易中的一个临时性账户？这样的记录永久保存在哪里？
11. 为什么仔细和准确的费用和支付过账对于夜审很重要？前厅经理如何确保过账的准确性？

☐ 案例分析

1. 安娜是一名前厅经理，刚刚和夜审人员辛西娅进行了交谈，这个夜审人员花了很长时间去寻找总值298.98美元的过账错误。周二，一份34.50美元的费用在客户往来账中被列入错误的部门；周三晚上，一份21.85美元的现金支出没有相关的财务证明文件；周四，一份250.00美元的预付款以520.00美元计入客户往来账中。辛西娅告诉安娜，她在时代酒店工作超过了10年，从她的经验来看，这样的错误主要是不合理的前台员工培训造成的。安娜很感谢辛西娅提供的信息，并答复她会处理这件事情。

安娜在办公室叫来了第一组当班的主管玛丽。玛丽负责培训前台新员工亨利和托尼。他们两个都是很好的实习生，似乎都明白操作PMS的工作。安娜询问玛丽她培训新员工的流程。

玛丽说，她先大致描述了PMS，并让他们在练习模块上做了一些过账训练，然后让他们互相纠正彼此的错误。他们练习了15分钟之后，前台忙起来了，他们必须关掉练习模式，进入常规操作板块。亨利处理了一些借出款和费用的过账。托尼操作机器看起来有点犹豫，但是休息之后，他也开始进行顾客支付过账。

安娜意识到培训项目的设计是她的责任，她没有负起这个责任。你会怎么帮助安娜准备一份高效的培训计划，来引导前台新员工学习如何进行顾客费用和支付的过账？

2. 时代酒店的前厅经理安娜召集她的员工讨论目前调整顾客费用的政策。填完并归还了意见卡的顾客中，有一部分人表示他们调整账户的要求没有得到及时处理。

路易斯想到一个顾客要求从其账户中删除一项10.25美元的电话租赁费，因为他根本没有拨打那个电话；另一个顾客要取消一项8.95美元的电影租赁费，因为她根本没有看那部电影。路易斯说他把这些顾客的问题反映到了主管那里，两位顾客感到十分气愤。那些等待的顾客也有点生气。

拉维娜也有类似的问题，但是她没经过授权便免除了一份有争议的32.95美元的午餐收费。当天值班的前台领班告诉她："所有的调整必须让我处理。"

安娜希望更新授权人工调整顾客账户的政策，希望可以给出一个不用领班授权就可以处理的金额，并描述一些可以应用调整的情况。

3. 时代酒店前厅经理安娜正忙着处理之前顾客的邮件。有很多人质疑他们对账单的费用是如何处理的。安娜意识到前台新员工犯了一些小错误，但是她以为这个问题已经在几周前通过加强培训解决了。她也引入了一些行为目标的陈述，准备和说明了费用和支付的文字版过账具体流程，准备了探讨和解释借方和贷方的材料，解释了所有相关备用文书工作，分析了前台会计程序和后台会计程序的关系，并演示了如何操作PMS。每个人都参加了这项培训，他们看起来都明白每个概念。

你有什么好办法帮助安娜进行一个成功的培训吗？

☐ 关键词

应收账款（accounts receivable）
资产（assets）
后台应付账款（back office accounts payable）
贷方（credit）
借方（debit）

对账簿（folio well）
负债（liabilities）
支付凭证（paid-out slip）
过账（posting）
收入账户（revenue account）
转移凭证（transfer slip）

第9章

退　房

本章重点

　　管理逾期费用以产生精确的顾客账单

　　客人退房的必要程序

　　顾客账户转移至后台

　　利用 PMS 完成退房报告

　　客史档案

开篇困境

　　饭店总经理在今天的员工会议上指出，公司预算允许购买 PMS 中的一个附加模块。她提出客史档案模块可能就是饭店增加客房销售所需要的模块。总经理已经安排好明天接见 PMS 供应商，并且希望你（前厅经理）、市场营销总监以及收益管理经理准备一系列问题向供应商提问，以帮助判断购买客史档案模块是否合适。

　　顾客退房的过程可能是一段混乱、烦躁和排长队的经历——对顾客与收银员双方耐心的考验。回想一下你上次退房离开饭店，是怎样进行的？收银员是否礼貌而又热情？如果不是，你因为他的不耐烦感到恼火吗？永远记得作为一位顾客的感觉，这一简单的方法在你整个接待业的职业生涯中会非常有帮助。

　　本章将帮助你透彻地了解顾客的退房过程，它并不是一个难以理解和实施的程序；然而，它确实需要策划，以提升客人住宿的感觉。有关 PMS 退房模块使用的讨论将贯穿整章。退房模块中的可用选项包括对账单、调整、现金、后台转账、报表以及客史档案。

9.1　管理逾期费用以确保准确性

　　正如你前面几章所学到的，如果一个饭店将 PMS 的所有模块应用到客人的整个住宿过程中，有关房费、税款、餐饮、服务员以及其他服务的收费一旦发生，都会转移到顾客对账单上。没有使用 PMS 或者退房模块的饭店，在退房时**逾期费用**（late charges）或者顾客的其他收费可能因为其他部门的转账延迟，而没有包含在顾客对账单上，从而导致收入的大幅减少，如表 9—1 所示。

表 9—1　　　　　　　　　　　转账失败导致的收入损失

早餐费用损失

平均每天早餐收费的数量	100
流失费用的比例	×0.03
每天流失费用的数量	3
每单收费平均值（美元）	×5.00
每天流失费用金额（美元）	15.00
每年天数	×365
每年流失费用总额（美元）	5 475

　　未能将客人本地或长途电话的费用在退房前转账，是可能导致收入损失的另一个原因。例如，一个饭店每天未能将 20 次通话费用转账，每次通话平均花费 50 美分，那么一年将损失 3 650 美元。

　　一个 PMS 可以将过账模块与零售终端以及电话（自动）计费系统相连，前厅拥有该系统就可以很容易地进行后期费用转账。只要在零售终端或者电话（自动）计费系统产生收费，它就会转移到电子对账单上。如果没有这个接口，零售终端收银员必须在客人退房前打电话通知前台接待。话务员与前台接待必须有一个良好的汇报系统，以记录所有的电话通话。当饭店没有使用 PMS 时，前厅经理与其他部门的经理应为他们的员工启动一个沟通方案，以确保最后一分钟收费的快速、准确。

9.2　退房流程

　　如果前台接待收集后续费用，并及时转账，客人退房时便可毫无阻碍。可是，当收银员或者前台接待必须通过打电话给餐厅、礼品店以及总机，才能确定收费金额时，就会导致延误或者纠纷。

　　退房主要包括以下步骤：

1. 客人要求退房。
2. 前台接待询问产品与服务的质量。
3. 客人将房卡归还前台。
4. 前台接待检索电子对账单。
5. 前台接待检查对账单的完整性。
6. 客人检查费用和支付。
7. 客人决定付款方式。
8. 客人付款。
9. 前台接待询问是否需要额外预订。
10. 前台接待将对账单以及相关文件归档，以便夜审。
11. 如果需要的话，前台接待就客人离开的信息与客房部以及其他部门进行沟通。

了解退房流程的目的是满足客人对迅速、高效地处理其账目的需求。饭店也想通过质量控制系统，对客人和饭店进行管理；过账出现失误意味着对客人错误收费，也意味着饭店所有者的利益受损。

在你饭店业的整个职业生涯中，会被要求制作各种操作程序。制作各种操作程序的第一步都是要制定简单易懂的目标。此处的目标是：为客人提供住宿，并且保留必要的数据，以便为饭店管理者提供饭店损益表的相关信息。当你牢记这些目标时，为客人退房所列的步骤可以显示建立操作程序是多么容易的一件事。接下来将详细介绍客人退房过程中的每一个步骤。

9.2.1　询问产品与服务的质量

当客人来到前台退房时，前台接待应询问客人对住宿、餐饮以及饭店提供的各种服务的满意度。前台接待应警惕可能发生的问题，对冰冷的客房、过低的水压、漏水的管道，或者损坏的家具等的附带评论都要留心，并且转达至相应部门的领导处。

因为顾客常常不会直接出口抱怨或者赞美，所有的饭店都应准备顾客意见卡，使其成为一种可选择的沟通渠道。在全球首屈一指的国际饭店连锁店中，他们的首席执行官会亲自回复这些卡片。独立饭店的总经理可以通过对负面评论表示感谢，并提供一个类似的亲身接触的机会。良好的公共关系可通过处理客人经历的可能不被关注的细小问题来增强。同样，对客人满意度的关注也影响着饭店的财务成果。

9.2.2　收回房卡

使用金属钥匙系统（hard-key system）的饭店会要求必须归还钥匙。顾客的安全以及在金属钥匙系统上的投资，都要求此程序成为退房的一部分。钥匙丢失或者未被归还将危及顾客的安全。一家拥有 200 间客房的饭店，每间客房大约有 5 把钥匙，并且需要不停地替换，它会发现需要花费大量的资金来维持钥匙供应。有些饭店需要预付钥匙定金，退房时归还。

一线问题

退房时，前台接待询问顾客对此次住宿是否满意，客人说昨天晚上客房内暖气没有供应。因为饭店采取百分之百满意度保证制，前台接待有责任对客房做核对检查。如果你是前厅经理，接下来会怎么处理这件事情？

使用 PMS 或者电子钥匙系统的饭店，可以很容易地改变再次进入客房时所使用的门卡的电子密码。尽管这样的系统起初需要大量的财务投入，但是采用这样的技术后，安全目标得以保证。

9.2.3　检索并检查对账单

在配置有 PMS 的前厅，收银员使用退房模块对账单选项，通过输入客人名字或者房间号检索出电子对账单，然后为客人打印一份。

客人与收银员都应对对账单进行核实。收银员核实一些很明显的收费：根据在饭店住宿天数（从抵达饭店当天到昨晚的天数）所收取的房费及税款、由个人而不是企业支付的临时支出（例如电影租赁费、个人电话费以及礼品购置费）等。收银员必须询问是否在餐厅或者饭店其他部门有过后续消费，或者是否在最后一刻打过电话。

客人也会对饭店出示的对账单副本进行最后确认，如果收费遭到质疑，前厅经理应基于需要，完成一系列工作，形成一套授权程序予以解决。有关收费的典型问题包括电话未打、没有就餐、没有购物、鲜花未收、衣物未送洗，或者客房电影未观看等。根据前厅经理提供的目录，前台接待或收银员可将这些收费调整到一定金额。一份详细的费用控制程序使得每个员工的各项调整有规可循，有助于保持类似调整的一致性。被质疑的金额较大时，应告知前厅经理解决。PMS 中退房模块的调整选项可用来进行相关调整。

授予员工部分权力是十分重要的，因为确实有很多客人对他们账目中的转账项目提出疑问。员工必须学会聆听技巧，以帮助他们识别客人寻求的是哪种形式的满意。员工应被鼓励尝试各种技巧，以确定在财务与服务的允许范围内，哪一种技巧可以满足顾客的需求。

9.2.4　客房内退房

在着手进行客人退房程序之前，必须注意客人是否选择使用**客房内退房**（in-room guest checkout），一种允许客人在客房内结账的计算机程序。在一些具有客房内退房功能的 PMS 中，客人可在离开前，通过客房内电视机旁边的一系列指示退房。客人可于退房当天早上，在电视屏幕上看到最终的对账单文本。这样可提醒前厅准备好账单副本，从而加快操作过程。如果客人表示，他将使用信用卡或者直接账单（direct billing，即汇总结算），客人就无须到前台结账。在 PMS 中需建立一项控制程序，阻止现金客人使用客房内退房程序，因为想要使用现金支付的客人并未在饭店建立信用评级。

9.3　确定付款方式

在入住登记的过程中，客人会表明他打算使用哪种付款方式。可能的方式包括信用卡、汇总结算、现金或者个人支票、旅行支票以及借记卡。退房时，客人会确认支付方式。

9.3.1　信用卡

当今的商务及休闲旅客通常使用信用卡支付。信用卡不仅有利于持卡人，而且有利于饭店。对于持卡人来说清偿债务的即时信用得以保证，一些商务人士需要进行大量的旅行，这使得他们对几乎恒定的现金预付款的需求难以管理。对饭店业的好处则是能够确保获得支付（需要支付给发行信用卡的公司一定的折扣）。值得重视的是，随着计算机应用的增加与不断进步，偿还期可降低到零——饭店立即收到付款。随着这些进步的产生，对信用卡使用的接受度将发生改变。

前厅通常与管理者进行合作，基于现金流动需求，以及所提供的折扣率的影响，建立一个接受信用卡的优先系统。一般的客人可能没有意识到折扣率，并且可能会愿意使用前台接待要求使用的任何信用卡。

在自动化饭店中，使用信用卡需要遵循一定的标准流程。制定标准流程的目的包括准确记录费用及税款的数量、持卡人姓名（持卡人的地址和电话可任选）、核查信用卡限额，以及捕捉虚假信用卡等。此流程包括以下步骤：

1. 核查信用卡的使用期限。
2. 输入 PMS 屏幕上核准的收费金额。
3. 使用信用卡验证机，核查信用卡的信用额度。
4. 让客人检查对账单并签字。
5. 检查客人对账单上的签名与信用卡上的签名是否一致。
6. 将信用卡及一份对账单副本交给客人。

一旦程序制定好，就必须严格地遵守，无一例外。信用卡的欺诈性使用会使饭店的利润遭受重大损失。可以在处理信用卡的标准程序中建立一项激励制度，以鼓励收银员与前台接待识破欺诈性的信用卡。比起可能永远不会收回的饭店对账单的损失，小小的金钱奖励只是象征性的。此外，饭店应制定一个程序以挽回虚假信用卡带来的损失。在这一程序中，确保前台接待的安全极为重要。

9.3.2　汇总结算（直接账单）

饭店客人，包括公司代表或者私人客人，可能会使用**汇总结算**（bill-to-account）——一种预先授权的、允许客人不使用自己的信用卡付账，而是在一个正常结算周期内结算的方式。汇总结算需要对组织（公司代表）或者个人（私人客人）的信用额度进行预先批准。通常需要汇总结算的企业会填写申请表获得信用批准。然后饭店管理者进行信用核查，以确定信用评级与信用额度。这种信用的**最高限额**（house limit），即饭店自身设置的信用额度，随着预计费用金额与允许支付收费的时间长度的变化而变化。上面提到的公司信用评级在分配信用限额方面起着非常重要的作用。

这种付款方式的申请通常会列出授权使用该账户的人，以及公司内部授权的职位。饭店将发布带有授权号码的识别卡。公司负责信用申请，以便有效监测信用的授权使用过程。收银员必须核实公司客人的身份。

我们应该以成本效益的眼光看待汇总结算。尽管饭店不必向信用机构支付 3%～8% 的折扣率，但必须考虑管理信用所引起的花费（信用审查、编制对账单、邮递对账单、坏账的收取等），同时现金流转的问题也必须考虑——信用机构几乎立即付款，相比之下，公司账户则需要等待 4～8 周的时间付款。汇总结算的市场反响也同样值得关注，这种付款方式的选择可能会给予公司代表和私人客人令人十分向往的地位。

以下为处理汇总结算所应用的流程：

1. 要求企业或者个人提供身份证明。
2. 检查并确定该客人已被账户拥有者授权结账。
3. 注意每个员工的信用额度。
4. 注意由于对账单拖欠而在信用档案上注明的红色标记。
5. 注意授权签名。
6. 将收费随同汇总结算证明输入零售终端。

当这些信息输入零售终端时，它也被同时记录到 PMS 客户往来账的电子对账单上。

9.3.3 现金与个人支票

当客人在登记入住的过程中表示，他们将会使用现金或者个人支票支付时，前台接待应立即警惕起来。这样的客人可能在他入住饭店的过程（可能只有一天时间）中消费任何东西，但却不付账就离开。因此，大多数饭店要求选择此种支付方式的客人提前支付现金，因为这些客人并没有在饭店建立信用评级。此外，夜审人员与前台接待对客人消费活动的紧密监视要井然有序。这样的客人在饭店其他部门消费时不能享受优惠。在安装 PMS 的饭店中，客人的名字与客房号会输入零售终端的收费模块进行结账。在一个存在餐饮部、礼品店以及健身俱乐部零售终端的饭店，前厅必须提醒这些部门，这位顾客并没有收费优惠权。

完成现金支付的流程如下：

1. 将外币兑换为本国货币时，要检查每日货币兑换比率。慢慢计算，确保运算准确。

2. 保持需要兑换的金额在现金抽屉之外，直到兑换结束。

3. 保持现金抽屉的秩序，将钱币按金额排放。

4. 形成一个有序的货币兑换过程。

5. 把兑换后的钱递给客人时，将数目响亮地读出来。

6. 一次只进行一道程序。如果前一次兑换没有完成，则拒绝兑换另一面额不同的货币。

7. 开付本次兑换的收据。

大多数饭店不接受个人支票，因为欺诈的可能性太大了。一些客人会觉得这项政策非常惊奇，他们可能抗议说这是他们唯一的支付方式。然而，饭店可利用商业支票授权公司以及信用卡公司，以保证客人个人支票的真实性。

处理个人支票的流程如下：

1. 要求客人出示个人支票。

2. 核查不允许将支票作为法定货币使用的人的名单。

3. 将写好的支票数目与数字进行比较，确保相符。

4. 注意低数值的支票。低数值可能表示新开通、未确认的账户，这种支票需要得到主管的批准。

5. 要求提供身份证明（有效的驾驶执照、主要的信用卡），并将号码记录在支票的反面。将印在支票上的姓名和地址与有效的驾驶执照作对比。

6. 对比支票及所要求的身份证明上的签名。

7. 通过商业支票授权公司以及信用卡公司确认支票金额以及客人的信用等级。

9.3.4 旅行支票

旅行支票（traveler's checks）是由银行或者金融公司发行的预先支付的支票；它们作为一种可以接受的法定货币的形式已经出现多年。在饭店业，旅行支票是一种非常受欢迎的支付方式。旅行支票的处理方式与现金一样。信用证明早已确认，而且饭店无须按销售额的一定比率支付给信用卡公司，因为客人已按照旅行支票票面金额的一定比率支付给发行机构。然而，身份证明（有效的驾驶执照或者主要的信用卡）的核查应在标准的旅行支票现金兑换政策的指导下进行。客人应在收银员面前签写旅行支票，而且此签名必须与支票上早已存在的签名相一致。一定要查看一下不被接受的旅行支票号码的清单，以确保支票的有效性，此清单通常由支票发行机构提供。

9.3.5 借记卡

借记卡（debit cards），或者支票保证卡（check cards），是一种在背面有一个磁条的压纹塑料卡，当客人购买物品和服务时，这种卡可授权将客人银行账户中的资金直接转移到商业公司的银行账户。目前借记卡有 MAC、NYCE、STAR、PLUS 等。在信誉保证方面，借记卡与信用卡有相似之处，饭店根据这一点对账单收费；不过，付款将立即直接从客人的个人储蓄中扣除，并转移到饭店的账户中，而不是按月向客人收取。随着使用信用卡对客人来说变得越来越昂贵，借记卡持续受到欢迎。然而，**浮账**（float）的概念，即使用信用卡可延迟付账，对某些客人来说可能仍然非常具有吸引力。有些借记卡上有凸起的信用卡标志，这表明他们可在那些接受此种特定信用卡的地方使用，并且通过信用卡金融机构进行账户处理。借记卡的处理过程与信用卡类似。

以下流程可用于处理借记卡付款过程：

1. 将借记卡插入验证机。
2. 请客人输入密码。
3. 将借记卡收据处理为客人对账单上的现金支出凭证。

9.4 帮助客人选择支付方式

客人可能发现自己缺少现金，或者由于高额花费的紧急情况、信用卡的过度使用或遭到偷窃等原因不能支付账单。当这些情况发生时，前台接待或者收银员应做好提供以下服务的准备。

9.4.1 电汇

西部联盟电报公司（Western Union）提供**电汇**（money wire），即一种授权，将一个人的钱汇给另一个人的电子信息；这种服务已经被旅行者使用好多年了，西部联盟电报公司从中收取一定的费用。这种便利的服务应成为客人的一种选择。前厅经理应沟通并制定一个程序，此程序应包含离饭店最近的电汇中心的电话号码与地址。

9.4.2 旅行者援助协会

旅行者援助协会（The Travelers' Aid Society）成立的目的是帮助那些身处陌生的城市、被一些紧急情况困住、穷困潦倒的旅行者。作为一种可选择的支付方式，该组织的电话号码以及地址一定要告知前台接待。国际旅行者援助组织（Travelers Aid International）网站将它的使命陈述为"推进并支持可以提供人性化服务的组织的网络工作，我们致力于帮助处于转型期或者危机中的个人或者家庭，以及与他们的支持系统失去联系的成员。"[1]

9.4.3　汽车俱乐部

汽车俱乐部——美国汽车协会（AAA）是其中最著名的——以及私营汽油公司在紧急情况下会为他们的会员提供即时预付现金。此外，一张为客人准备的汽车俱乐部的电话号码清单不仅会帮助客人，而且可保证饭店拿到支付款。

最终，客人支付的方式会影响到饭店的账本底限（bottom line）。在客人入住到结账离开的过程中，如果饭店准予其赊欠账目，那么对信用卡或者借记卡的持卡人预先制定准则就是非常重要的。发卡公司收取的折扣率，占据了总收费一定的百分比，也会影响利润表。然而，向处于逆境（严重的交通事故、失窃、意想不到的疾病等）中的客人表示关心也是非常重要的。前厅应准备好可供选择的信息，比如汽车俱乐部、电汇等；这些可被认为是一种真诚服务的表现。

9.4.4　国际货币兑换

当一位外国客人使用信用卡付款时，发行信用卡的机构将依据国家之间目前的汇率处理此次付款。如果客人想用本国货币支付，收银员必须进行汇兑折算。每日国际货币兑换率可以通过打电话给银行或其他金融机构获得，也可查询《华尔街日报》货币交易板块发布的国际货币兑换率。美元、英镑、欧元、比索、日元以及加元的汇率都会在那里一一列出。

1999年1月1日，**欧元**（euro）成为以下11个欧洲共同体成员国的通用货币：比利时、德国、西班牙、法国、爱尔兰、意大利、卢森堡、荷兰、奥地利、葡萄牙、芬兰。2001年1月，希腊加入欧元区，接着在2002年1月，欧元的硬币及纸币也传入希腊。欧元使得在整个欧洲范围内的旅行非常方便，因为旅行者进入每一个成员国时都无须兑换货币。

汇兑折算的目的是确定一个国际旅行者需要多少本国货币，以支付在美国的对账单。这里有一个简单的流程可以依循。若一个加拿大客人在美国饭店想要用加元支付500美元的饭店账单，汇率为1加元换1.25美元，运用以下公式进行汇兑折算：

$$\frac{500}{1.25}=400（加元）\qquad 需要支付给美国饭店的加元数$$

如果一位在美国饭店的英国客人想要用英镑支付500美元的饭店账单，汇率为1英镑换2美元，运用以下公式进行计算：

$$\frac{500}{2}=250（英镑）\qquad 需要支付给美国饭店的英镑数$$

再如，一位在美国饭店的德国客人想要用欧元支付500美元的饭店账单，汇率为1欧元换1.687美元，运用以下公式进行计算：

$$\frac{500}{1.687}=296.4（欧元）\qquad 需要支付给美国饭店的欧元数$$

一线问题

一位欧洲客人改变了使用信用卡来支付账单的想法，改用英镑付款。你将怎样处理？

要着重考虑收集国际货币并将其呈递到饭店银行账户存储过程中的浮动时间——也就是说，要花费几天甚至几周的时间，货币才会计入饭店账户。同样，在进行货币兑换的期间，汇率也可能发生改变。例如，一家美国饭店从一英国旅游团收取 10 000 英镑定金，当时认为可以因此获得 20 000 美元（汇率为 2 美元换 1 英镑），但是 3 个星期后进行货币兑换时，汇率可能变成大约 1.9 美元换 1 英镑。在这种情况下，美国饭店只能得到大约 19 000 美元（10 000×1.9＝19 000），而不是最初收取定金时计算得出的 20 000 美元。为了弥补这一损失，以及支付银行收取的兑换费用，饭店必须考虑对当天使用的汇率增加一部分额外费用。例如，在上面的案例中，美国饭店可预先按照 1 英镑换取 2 美元的汇率对 10 000 英镑定金换取 20 000 美元，这样可能比饭店采用 1 英镑换取 1.9 美元的汇率并支付银行兑换费用要好。美国饭店在结账付款时将获得 10 526 英镑（20 000 美元÷1.90＝10.526 英镑）来弥补国际货币浮动时间带来的损失。

9.5 获得未来预订

退房，与客人接触的最后一道程序，是获得额外预订的最好机会。就是在这个时候，收银员或者前台接待能够最好地协助市场营销部。前厅经理应制定一个可让员工依循的标准流程，主要步骤如下：

1. 退房流程开始时，询问客人的住宿情况。保持良好的眼神交流，并仔细聆听。
2. 询问客人近期是否会返回该地区，或者是否需要在连锁饭店或者转介集团下的任何一家饭店进行预订。如果是的话，询问客人是否愿意为下次入住做预订。因为所有客人的数据都已存档，预订确认单可稍后发送过来。如果客人很匆忙，预订人员可过后跟进补充。你的作用不仅仅是为未来的销售种下希望的种子，更是为客人提供住宿。
3. 继续帮助客人退房。再次强调，需要进行眼神交流。若客人对第一次的询问没有积极回应，提供离开手册或者指引，包含本饭店或连锁、转介集团下其他饭店额外预订的信息。
4. 与客人告别。
5. 向值班主管报告客人有关住宿期间的任何负面评论。
6. 处理预订，或者提醒前台接待这些请求。

以上标准流程应成为前台接待培训计划的一部分。与前厅其他销售成果一样，在退房时销售的额外预订也应通过员工奖励计划获得奖励。该流程为前厅的员工提供了一个在促进销售与为客人提供住宿的过程中使用的基本框架。员工可以按照自己的风格使用这种推销方法。

9.6 文件存档

当夜审人员开始工作后，记录当天交易的日常文书必须放在准确的位置。客人对账单、汇兑收据、付款单等必须依据标准系统存档。这项工作似乎非常简单，但是在繁忙的前台，聚集着大量的退房者与入住登记者，文件很容易放错。必须注意，应向夜审人员提供有关收费以及支付方式的一切原始收据。

9.7　将客人离店的消息传达给其他部门

　　将客人已退房的消息通知其他部门是十分必要的，有利于保证饭店顺利运营。PMS 可使前台接待与客房部员工就客人离开、逾期留宿、客房使用状况以及其他居住期间的细节等信息进行相互沟通。正如之前所提到的，一旦结账后电子对账单从活动内存中清除，客人离开的通知就会显示在系统的所有其他板块上。前台接待无须打电话通知客房服务员客房 203 是空房；客房服务员无须花费数小时向前台接待汇报客房使用状况。在需要从维修部获取目前信息的情形下，饭店仍需要拨打后台电话。客房服务员可以通过电子形式通知前台接待客房使用状况。

　　餐饮部应被告知已经结账的客人；其他部门，如礼品店、康体活动中心以及泊车服务等可能会收取客人费用的地方，一定要告知客人，也是为了防止发生未经批准就收取客人费用的情况。用于通知其他部门客人退房信息的系统，可能没有与 PMS 对接，它应成为前厅的基本操作程序。

　　当员工关注于将自己的工作做好时，前厅与其他部门的整个沟通系统就能得以加强。前台接待应确保显示为可用状态的客房确实可以入住。客房部员工在客房可以入住时一定要向前台接待汇报。对求职者的仔细筛选以及合适的培训，对于饭店顺利运作是十分重要的，这些培训包括对保持部门间沟通重要性的解释。当每个人都努力工作时，客人就会满意，饭店自然会从其投资中获得公正的回报，员工的职业机会也会有所增多。

9.8　将客人信息从系统中删除

　　在拥有 PMS 的饭店中，删除客人信息需要关闭电子对账单，客人的名字与房间号将会从电子数据库以及电话（自动）计费系统中清除。这些数据由财务部存储以便将来处理，市场营销部也会存储一份以便建立客史档案（本章稍后将予以讨论）。

9.9　将客人账户转移到后台

　　有一些支付方式需要将账单结余转移到后台做进一步处理。信用卡支付依据其类型（例如威士卡或者 JCB 卡）来处理，并添加到主要的信用卡账户。会计人员将此账户作为应收账款。汇总结算也要转移至后台应收账款。会计人员依据标准的操作流程处理这些账款，这些流程在 PMS 中通过电子手段操作。后台转账选项使得会计人员或者前台接待能够转移那些需要特别处理或者调整的账款。

9.10　利用 PMS 生成可用结账报表

　　前厅经理应审查，并分析退房过程中产生的数据，其中大多数都是财务信息。这些数据可以如前厅经理期望的那样，分为几个类别。分类选项包括付款方式及其相应的金额、客房销售总额、客人总数，以及各种类型客房的销售总额。客房状态与可用客房的状况都可跟踪查到。可以对比实际已退房的客人数量与本应该退房的客人数量之间的差异，还可以做一些有关未住满订房天数就离开，或者逾期未退房客人的分析报告。PMS 中退房模块的报表选项使得前厅经理、市场营销总监、财务总监，以及其他部门的领导能够核查这些数据。图 9—1 至图 9—4 都是从这个模块中获得的报告的例子。

2 月 15 日支付方式		
类型	毛利润（美元）	净利润（美元）
威士卡	456.98	431.56
万事达卡	598.01	565.20
JCB 卡	4 125.73	3 202.11
直接账单	105.34	105.34
现金	395.91	395.11
合计	5 681.91	4 700.12

图 9—1　PMS 中支付方式报告选项

9 月 22 日客房销售				
类型	住客房（间）	可用房（间）	销售额（美元）	客人数
特大床	35	37	2 698.12	42
两张特大床	50	50	2 965.09	65
特大床套房	10	15	1 000.54	11
豪华特大床	45	50	2 258.36	68
合计	140	152	8 922.11	186

图 9—2　PMS 中客房销售报告选项

11 月 1 日下午 2：19 的客房状态			
豪华特大床	特大床	两张特大床	特大床套房
104 住客房	101 待清扫房	201 待清扫房	108 待清扫房
204 可用房	102 待清扫房	202 待清扫房	109 可用房
209 可用房	103 待清扫房	203 维修房	205 可用房
210 待清扫房	105 可用房	206 可用房	208 可用房
211 待清扫房	106 维修房	207 可用房	301 住客房
304 待清扫房	107 待清扫房	303 住客房	308 可用房
309 可用房	302 住客房	307 住客房	
310 可用房	305 维修房		
311 可用房	306 待清扫房		

图 9—3　PMS 中客房状态报告选项

2 月 1 日开始的 1 周					
	2 月 1 日	2 月 2 日	2 月 3 日	2 月 4 日	2 月 5 日
预订客房数	125	54	10	5	2
住满日期客房数	125	50	7	3	1
差额	0	4	3	2	1
收入损失（美元）	0	480	630	480	300
总销售损失（美元）	1 890				

图 9—4　PMS 中提前离店报告选项

9.11　客史档案

　　分析**客史档案**（guest histories）是指对顾客的地理及人口统计信息进行营销分析，这些信息也提供了客人在入住饭店期间所进行的一些活动的资料。使用 PMS 可以简化这一分析过程。退房模块中的客史档案选项帮助前厅经理为市场营销总监准备此类数据报告。如果饭店需要，档案的细节也可以从入住登记卡、PMS 预订系统中的电子对账单与数据或者从网络中获得。

9.11.1　邮政编码

　　数据中最有用的部分就是**邮政编码**（ZIP or postal code），它是由国家分配的地方邮政通信专用代号。邮政编码为开发市场营销策略的人士提供了一个地理指示器，它指示着曾经在某个特定饭店尝试其产品与服务的顾客的地理分布状况。这些地理信息可以与当地可利用的传播媒体的人口统计（年龄、性别、收入、职业、婚姻状况等）与消费心理（生活方式）数据相互配合。这些媒体包括网站、无线电台、电视台、报纸等。将网站、无线电台、电视台和报纸等与构成饭店主要市场的群体相连，并且开发结构良好的直接邮寄活动，会是一个有利可图的市场营销战略。为持续的业务界定市场是完美的商务策划书的一个组成部分。

9.11.2　开发会议市场

　　首先，前厅经理审查饭店集团的登记卡与预订卡，为市场营销部发展潜在客户寻求数据。然后，市场营销部针对入住在饭店的一些公司代表做一些后续工作，由此可能会获得未来会议的预订。

　　会议设施需求的不断增加绝对不是偶然的。预订会议设施的企业客户想要确保所有的细节都处理得非常专业。对一个饭店的信任源于该饭店在过去处理服务细节的过程中良好的工作表现——预订、登记、退房等流程，以及干净、有吸引力的设施的维护等方面都处理得十分有效率。这种信任（包括合理的客房费用、足够的会议空间）会增加小型会议的客房销售。

9.11.3　考察团

　　客史档案还可以为广告方式的选择提供信息，有效的广告方式有助于确保预订和登记入住（见图 9—5）。如果客史档案显示一大批预订都来自某个旅行社，那么市场营销部应与那家旅行社保持较密切的联系。同样，在与其他公司发展关系时也要基于这样一个出发点。**考察团活动**（familiarization tours）——由饭店自身发起的，邀请旅行社、巴士协会、社会非营利组织，以及当地交通管理企业的代表到饭店免费入住的活动——可在将来为饭店增加客房收入。在这些活动的过程中，代表们可以直接感受到饭店所提供的服务。

1月1日至6月30日客史档案推介方式分析		
方式	客房数	所占比例（%）
直邮广告	300	19
广告牌	121	8
预订系统	420	26
当地推介	89	5
汽车收音机	35	2
报纸	35	2
网站	600	38

图 9—5　PMS 中传播媒介分析选项

9.11.4　预订来源

一个拥有 70% 企业客户市场的饭店也会想要弄清楚到底是谁在企业客户的办公室内，为这些商业人士预订饭店客房。行政助理、交通部门经理或者执行秘书都有可能是预订客房的那个人。如果是这样，饭店应建立一个能够鼓励这些人打电话到饭店预订的机制。例如，给予那些在特定时期内达到一定预订量的人一些报酬。

没有预约的客人也可以提供有价值的市场数据。如果客人表明自己通过"777N 路线上的广告牌"而知晓你们的饭店，你就会对这种广告的成本效益有所了解。如果客人是被当地加油站或者便利店推荐过来的，就要考虑给这些商业企业发放宣传手册或者其他信息。或许为传播媒介人士提供免费晚宴或周末度假会很有作用。

9.11.5　客人入住频率

客史档案中有关入住频率的数据也会揭示一些可进行后续工作的领域（见图 9—6）。对常客，即那些每月或者每年入住饭店的次数超过某个特定数值的客人，不管是商业顾客还是个人顾客，都可以提供一次免费入住的机会。这样的人及其公司的信息都应存入数据库以便进行广告促销等后续工作，吸引该细分市场。

1月1~31日客史档案——企业客户入住频率		
企业客户	入住日期	客房数
Anderson Corp.	1月4日	10
Anderson Corp.	1月7日	2
Anderson Corp.	1月15日	5
Dentson Co.	1月5日	9
Dentson Co.	1月23日	1
Hartson College	1月4日	16
Montgomery House	1月20日	7
Norris Insurance Co.	1月14日	50
Norris Insurance Co.	1月15日	65
Norris Insurance Co.	1月16日	10
Olson Bakery	1月18日	10
VIP Corp.	1月2日	10
VIP Corp.	1月9日	10
VIP Corp.	1月25日	14
VIP Corp.	1月26日	17
VIP Corp.	1月28日	5
VIP Corp.	1月30日	23

图 9—6　PMS 中企业客户数据选项

9.11.6　客房需求类型

客史档案在确定客房需求类型方面十分有用。双床房的需求量比一张大床的客房需求量大吗？无烟房要比吸烟房的需求量大吗？长期入住饭店的企业客户需要配有烹调设备的套房吗？面对这样的难题，饭店需要可量化的数据来建设及做出购买决定。

9.11.7　房价与入住模式

核查房价可以帮助财务总监以及市场营销总监完成损益表预测。特定价格的客房系列，其入住频率显示了特定细分市场的价格敏感性。如果价格敏感性是客房入住率的指示器，那么一定要实施使那个细分市场利润最大化的营销方案。

对饭店入住模式的调查有助于前厅经理合理安排工作人员。由于某些企业的市场特性，饭店可能从星期天到星期四都住满了客人，但是在星期五与星期六却几乎空无一人。如果一个饭店在周末有大量的入住业务，则情况正好相反。前厅经理应相应地安排好工作人员。

PMS 退房模块中的客史档案为前厅经理提供了一个非常先进的方法，来使用预订与入住登记数据库中的数据，这样很容易就可以划分营销模式。之前讨论过的那些概念可以帮助开发已有的数据。

9.11.8　追踪社交媒体

LinkedIn，Facebook，Twitter 以及 Flickr 等社交媒体的应用提供了一个获取用户邮箱地址与个人兴趣爱好的机会。此外，如果来自 LinkedIn 的饭店预订是由一群在某一特定的职业、运动或者社区范围内的商业人士做出的，这可能会提醒市场营销部门存在开发额外预订的广告机会。

9.12　对饭店的最后印象

前台接待担负着为客人营造饭店最后印象的重要责任。客人在入住饭店的过程中享受到的一切美好服务，在离开的那一刻都有可能遭到毁坏或者得以提升。体贴的话语、迅速结账、主动指引飞机场的方向等，都会让客人体会到你对他们的关心。例如，万豪集团提倡"随时为您服务"，这些服务包括有关当地天气预报的网络资源、机场航班信息，以及提前下载即将入住客人的邮件。所有这些服务使客人为自己的入住做好准备——而且，当客人退房结账时，前台接待可抓住良好的机遇继续通过营造一致的最后印象来展示饭店的热情服务。[2]

国际集锦

美国旅游协会的数据表明，从中国、印度、俄罗斯和波兰来美国旅游的游客数量将增多。[3]这样的预测或类似的估计，暗示着准备从事于饭店行业的学生必须熟悉外国游客的需求。学习外国语言、掌握外国文化常识、了解法定货币的区别，可以帮助学生成为饭店团队中的有用之才。如果饭店员工能帮助外国客人了解顾客对账单和汇率，这将大大提高这位顾客再次光临饭店的概率。

9.13　开篇困境解决方案 _____

按下列问题咨询供应商，可对购买 PMS 中客史档案的合理性提供帮助：

● 这一模块能使我们通过邮政编码查询登记信息吗？

● 我们可以将邮政编码与注册信息中显示的媒介，例如收音机、电视机、报纸、广告牌、第三方网站、中央预订系统、旅行社或者直邮广告相匹配吗？

● 我们能够打印出一份客人商业背景清单吗？

● 我们能够打印出一份为企业客户做预订的人的名单吗？

● 我们能够查询到私人客人预订客房的频率吗？

● 是否有一种可以显示我们的套房租用次数以及标准豪华客房租用次数的途径？

● 套房以及标准豪华客房的租用清单可以按组，例如按照企业、旅游者、政府或者商业分类吗？

● 我们能查询到因为某些类型的客房不可用而不得不拒绝的预订的数目吗？

● 此模块能够按周、按月、按年显示我们的入住模式吗？

● 我怎样链接诸如 LinkedIn，Facebook，Twitter 以及 Flickr 等社交媒体应用程序？

☐ 本章概述

本章介绍了饭店为了组织与运营客人退房系统所需要的概念与程序，讨论了与前厅沟通逾期费用以及告知零售终端区域结账情况的重要性，回顾了客人退房结账的程序，并提请读者注意此程序的交易过程以及服务细节。本章强调了客房部、餐饮部与前厅之间沟通的重要性，它有助于加强服务，并保证饭店的盈利性。根据客史档案将顾客数据分组，并加以分析，是营销反馈信息的重要来源。

☐ 关键词

汇总结算（bill-to-account）	考察团活动（familiarization tours）
最高限额（house limit）	电汇（money wire）
借记卡（debit cards）	浮账（float）
客房内退房（in-room guest checkout）	旅行支票（traveler's checks）
欧元（euro）	客史档案（guest histories）
逾期费用（late charges）	邮政编码（ZIP or postal code）

☐ 本章思考题

1. 为什么前厅经理应关心顾客逾期费用的收集问题？列举一个因逾期费用未支付而导致损失的例子。

2. 为什么前台接待应在客人退房时询问产品与服务的质量？是谁需要这些信息？

3. 为什么客房钥匙的收回对客人和饭店如此重要？

4. 你认为客人应在退房结账的过程中核查一下对账单吗？为什么？

5. 假设你在一家饭店入住时使用了客房内退房系统，描述一下你遵循的操作流程。你认为它很方便或者新奇吗？

6. 讨论客人可以使用的支付方式。为什么饭店不将这些支付方式在财务上视为平等的？

7. 讨论信用卡的类型，并向客人及饭店解释它们的优势。

8. 汇总结算是什么意思？这种支付方式的隐性成本是什么？

9. 为什么现金支付不是一个被热切追捧的支付方式？

10. 什么是借记卡？它与信用卡有什么不同？

11. 概括总结一下信用卡、汇总结算、现金、个人支票以及旅行支票等支付方式所要依循的流程。

12. 一个客人想要用加元支付439美元的账目。你怎样处理？

13. 你怎样看待在退房时获得预订？你将向前厅经理建议进行哪些步骤以确保获得额外预订？

14. 在夜审开始前，为什么夜审人员需要所有的纸质文件放置得井然有序？

15. 为什么前厅必须与没连接到PMS的零售终端沟通客人退房离开的信息？

16. 根据1欧元换1.592美元的汇率，将395美元的顾客账单转换成欧元。

17. 什么类型的客人账户需要转移至后台？

18. 列举可以从退房程序中获得的报告，并解释它们如何协助进行管理。

19. 讨论客史档案在开发营销战略的过程中所起的作用。

20. 如何在饭店中使用Facebook来补充客史档案？

□ 案例分析

1. 时代酒店总经理玛格丽特接到了来自服务反馈代理处的电话，该代理处由玛格丽特雇用，负责向其提供有关顾客服务的反馈信息。代理处经理说先前的15个客人中有6个人表示，由于前台接待不断地要求主管说明如何操作PMS，导致退房结账时耽误了很长时间。从服务的另一方面看，15个客人中没有一个人被问到是否需要进行额外预订。

玛格丽特女士打电话让前厅经理安娜到她的办公室来讨论这份报告。安娜对这份服务反馈报告感到十分忧心，她保证会纠正这一问题。当天晚些时候，她打电话叫收银员主管维森特到她的办公室。她让他详细写出客人退房时的步骤，特别要注意PMS的使用。她还打电话让预订经理安吉洛来到她的办公室，询问为什么在退房结账时，没有请求客人做下次预订。安吉洛表示前台接待太忙了，以至于没有时间请求客人再次预订。

你认为维森特制定的客人退房流程中会包括哪些步骤？为了激励前台接待在退房时主动请求额外预订，你会给安娜什么建议？

2. 时代酒店总经理玛格丽特刚从当地酒店协会的一个会议上回来。负责国际旅游方面的州政府机构的领导作了报告，并要求与会者支持该州为保证国际旅游者前往当地所做出的努力。他说，最近的报告显示该州的外国游客量在未来2年将增加25%，旅游业将会为当地经济带来超过1亿美元的经济效益。

玛格丽特女士给她在饭店行业的教授朋友，当地一所大学的博士莫尼卡打电话，告诉她酒店将制定一系列理念，以指挥前台接待为迎接国际旅游者做好准备，并询问她是否有1～2个学生想要参加这项任务。同学们将会与前厅经理安娜一起工作。

在拜访安娜女士之前，同学们接到指示要针对"如果一个国际客人想要在镇上玩得愉快，需要知道什么"这一问题准备一个大纲。

帮助这两位同学列一个问题清单，以便他们在与安娜见面时加以咨询。

3. 你所在区域的当地酒店协会打电话向你寻求帮助。它建立了一个有关社交媒体的委员会，想让你推荐最好的几名学生服务于该委员会。酒店协会的一些成员不是私家酒店专营权的所有者，而且不知道如何将社交媒体，例如 Facebook，LinkedIn 以及 Twitter 等，应用到预订中来。几天后将举行一个会议，请列举三个例子来展示如何利用这些社交媒体获得更多的客人。

□ 注 释

1. Travelers Aid Interational, September, 2009, http://www.travelersaid.org/.

2. John Wolf, "Marriott Launches At Your Service® Pre-Arrival Planning Across Hotels Globally," January 1, 2005, www.hotelonline.com/News/PR2005_1stJan05_MarriottAtYourService.htm.

3. Cathy Keefe "New TIA Report Examines Emerging Inbound Markets," Travel Industry Association of America, 1100 New York Avenue, NW, Suite 450, Washington, DC 2005-3934, www.tia.org/Travel. December 2004. http://www.hospitalitynet.org/news/4021634.search?query=tia+report+examines+emerging+inbound+markets.

第 10 章

夜审的准备和检查

本章重点

饭店夜审的重要性

夜审的流程

每日快速报告

阅读夜审报告

开篇困境

前厅经理让你培训一个新来的夜审人员，并要求你准备一份培训使用的大纲，明天完成。

饭店的财务管理始于前厅。当然，这份责任财务部也要分担，但是它始于准确和及时地处理顾客的账户。本章强调每一天顾客账户和饭店部门所有的财务事项的汇总和平衡。对于夜审来说这是一项耗时的工作，但是它提供了一份关于所有顾客和**部门账户**（departmental accounts）借贷平衡的汇报，包括所有饭店产生收入和费用的部门（例如餐厅、礼品店、宴会部）

10.1 夜审的重要性

夜审（night audit）是以维持、平衡顾客账户的财务活动为手段的控制过程。这个过程主要审查收费与付费（借方与贷方）、部门的收入和费用。这项工作不仅可用于对收入和费用进行汇总，同时也可用于管理人员在未来某个时间对账目活动进行回顾。通过夜审，前厅经理可以监控客人的信用活动、饭店出售客房的日常现金流，以及不同部门的项目与实际销售额。

学习夜审过程可以为那些想在饭店行业发展的人提供非常有用的信息。它同时为评估饭店财务活动提供必要的指标。因为夜审会涉及一个饭店一天内发生的所有财务活动，学生可以感受到总经理的角色。基于此，总经理必须决定采用什么样的夜审，来实现一个会计期间的费用和利润目标。它也可以让总经理检查营销计划以及经营活动是否完成了既定的盈利目标。夜审人员提供了深入的视角，来查看如何激励每个部门以产生可接受的盈利报告。它推动饭店每天的计划和经营，而不仅限于一个会计期间结束时。最终，夜审人员的工作使得总经理可以基于目前和累积的数据，做出最好的财务决策。

10.2　夜审人员

夜审人员除了准备夜审报告，还有很多责任。他必须为晚上 11：00 之后到达和离开的客人办理入住登记和退房手续、处理预订、担任安保的职责、监视消防安全系统、为宴会部担当收银员，并承担值班经理的工作。夜审人员承担的是在晚上 11：00 到早上 7：00 之间搭建顾客和饭店沟通渠道的职责，这是一个重要的职位。

10.3　夜审过程

夜审并不是那些搁置在架子上以至于被遗忘掉的报告，管理者通过它来确认顾客账户的统一性，并检查**运营效率**（operational effectiveness），这是总经理控制成本和实现盈利目标的基本能力。因此，准确性是非常重要的。未来的饭店经理人若想要理解夜审的重要性，就应该做好准备，参与其中。接下来关于夜审准备的讨论将会告诉你数据到底从哪里来。

夜审准备包括以下基本六步：
1. 客房收入和税款的过账。
2. 顾客的费用和支付的汇总。
3. 调节部门财务活动。
4. 调节应收账款。
5. 试算平衡。
6. 准备夜审报告。

这个列表可以引导你顺利完成看似无序的所有会计事项的检查，并且可以加速完成这个进程。

本章描述的夜审过程使用了 PMS。然而，学习手动处理夜审，将帮助前厅经理理解接下来顾客和部门交易事项的复杂性。毫无疑问，在 PMS 上处理夜审的方法应该大力推荐，但是你也需要熟悉它的组成部分。

10.3.1　客房收入和税款的过账

在夜审人员收到前台接待的相关资料、核查办理退房的客人、延长客人住宿时间、检查所有房价，同时打印一份差异报告之后，他的第一项任务是给所有账户进行客房收入和税款的过账。PMS 可以很容易地将这些费用过账到电子对账单中。

10.3.2 顾客的费用和支付的汇总

PMS 的模块（餐饮、电话费用、礼品店等）可以很容易地汇总顾客的费用和支付。下面是零售终端汇总的收入列表：

- 餐厅 1（早餐）
- 餐厅 2（午餐）
- 餐厅 3（晚餐）
- 客房送餐 1（早餐）
- 客房送餐 2（午餐）
- 客房送餐 3（晚餐）
- 吧台 1（午餐）
- 吧台 2（欢乐时光）
- 吧台 3（晚餐）
- 吧台 4（娱乐项目）
- 洗衣服务
- 电话
- 礼品店
- SPA 和游泳池
- 停车场
- 杂项

注意餐厅、客房服务，以及吧台的报告是进一步按用餐时间还是按功能划分，来显示消费记录的。把它们分开报告，总经理可以检查每个部门的收入产生活动记录。

夜审使用的 PMS 的顾客费用选项，可以分类和汇总所有部门过账到电子对账单的费用和支付，从与零售终端相接的系统中获取数据。只要在零售终端输入准确的费用，就可以得到精确的数据。

10.3.3 调节部门财务活动

PMS 夜审模块中的部门汇总选项，按照部门汇总所有的销售收入，如图 10—1 所示。这些报告会和从零售终端系统汇总的信息相比较。

部门汇总

项目	数额
房费	
税款	
本地电话	
长途电话	
现金支出	
饮料	
支票	
餐厅早餐	
餐厅午餐	
餐厅晚餐	
吧台啤酒	

```
吧台葡萄酒
吧台含酒精饮料
餐厅服务费
餐厅商品
餐厅税费
客房送餐
客房送餐服务费
礼品店
电影
洗衣服务
停车费
干洗费
报纸费
加床费
礼品券
复印费
传真费
邮票费
提前预订费用
宴会食物
宴会饮料
宴会服务费
宴会葡萄酒
宴会含酒精饮料
宴会啤酒
宴会会议厅
宴会税费
总计
```

图 10—1 部门汇总选项列出的销售收入①

　　另外一些部门汇总必须通过前台顾客的现金支付确认。不同饭店有不同的现金管理政策。有些前台会处理餐厅顾客的结账业务，或是其他部门顾客的现金业务，因为管理者希望集中现金的交易。在另一些饭店，这样做可能会显得很不方便，因为餐厅、大堂吧台，以及礼品店离前台很远，如果仍然采取这一政策，就需要有额外的员工拿着顾客账单、现金或是信用卡跑到前台去。

　　PMS 夜审模块中的现金选项可以汇总在夜班时间的现金、信用卡流量，以及收到的打折券和所打的折扣，如图 10—2 所示。所有通过每一个收银员收到的现金量必须和现金抽屉中的现金总量核对。

现金

```
    项目              数额
前厅
    现金收入
    销账
    旅行社佣金
    支票
```

---

① 图 10—1，10—2，10—3 由宾夕法尼亚州温德姆雷丁酒店（Wyndham Reading Hotel）提供。

```
        信用卡应收账款
            万事达卡
            威士卡
            大莱卡
            JCB卡
        礼品券
    餐厅
        现金收入
        信用卡应收账款
            万事达卡
            威士卡
            大莱卡
            JCB卡
        礼品券
        吧台
        客房送餐
        折扣
        折扣券
    宴会部
        现金收入
        信用卡应收账款
            万事达卡
            威士卡
            大莱卡
            JCB卡
        补贴
    总计
        收入总计
        现金/外币
        其他支付方式
        现金总计
        应收/付账款总计
        现金支出
        总现金量
    实际现金量
    溢额/短额
```

图 10—2　现金选项

一线问题

前台一名员工在当班时，现金收入比出纳报告上多了 2.75 美元。你认为这个超支来自哪里？你会怎样纠正这个错误？

10.3.4　调节应收账款

客户往来账是前台一个应收账款账户。第 2 章提到，客户往来账是那些没有在饭店登记的顾客的账户。他们有些是有过期支付的信用账户的优先授权，或是为未来的一次宴会、会议或住宿交了预订金。夜审人员把这些账户看做已经登记的客户分类账，合计费用并确认数字的准确性。从这些账户收到的现金也会反映在现金汇报中。

客户往来账的数额可以很大。一个把直接账单纳入顾客服务的一部分的饭店，它的借方应收款可能会高达 10 000～50 000 美元。饭店可能会有一个**贷方余额**（credit balance），即在未来的服务中需要补偿顾客的金额，可能会有 25 000～150 000 美元，若是为未来接待或是会议室预订的租金，则金额会更多。饭店的管理者必须密切关注这些账户，以进行有效的现金管理。

主要信用卡账户（master credit card account）是前台的一个应收账款账户，它记录银行、商业机构、自有品牌，以及集团内部所使用的信用卡，例如威士卡、万事达卡，或 JCB 卡。由于饭店的大小，提供给客人的服务，以及从信用卡账户退款的速度各不相同，这个账户的数额可能也会很大。对于一个中等大小的饭店，在某一个时段有 30 000～50 000 美元的数额是很正常的。随着支票从信用机构收回，这个数额会下降。当有新的顾客账单转入该账户时，账户的数额会增加。当从信用机构收回支票时，它们被转入相应的信用卡应收账款，如此就实现了现金的平衡。在 PMS 的夜审模块中，客户往来账以及应收账款选项会产生一个关于客户往来账以及信用卡账户活动的汇总。

一线案例

前厅经理要求你把威士卡账户中的金额转入应收账款账户中，你会怎么做？

10.3.5　试算平衡

试算平衡（trial balance）（见图 10—3）是一个判断借方和贷方精确性的快速运算。试算平衡帮助夜审人员把注意力放到那些汇总错误或是过账错误的项目上。正因为如此，对于夜审人员来说，比较各部门总额与由前台接待和收银员处理的过账和支取的各部门现金，显得很重要。

试算平衡

前厅的活动	金额
账户期初余额	
借方总额（房费和税款）	
贷方总额（不同支付方式）	
存款转账（为客房和宴会支付的预订金）	
账户期末余额	
提前支付（系统现金）	金额
账户期初余额	
借方总额	
增加/减少	
账户期末余额	
应收账款	金额
账户期初余额	
借方总额（企业和个人的总分类账）	
贷方总额（不同支付方式）	
账户期末余额	

应付账款	金额
账户期初余额	
借方总额（饭店支付给旅行社的费用）	
贷方总额	
账户期末余额	

图 10—3　试算平衡报告

10.4　准备夜审报告的目的

前面已经整合了所有的数据，我们该如何处理这些数据？学习前厅管理的学生可能会问"为什么要准备夜审报告？"一般来说，它提供了每天经营的财务状况反馈，并让总经理根据情况进行管理调控。总经理和主管必须利用这些信息，努力改善饭店的经营情况。夜审报告是饭店管理效率最大化的一个关键因素。每天客房出租率、收益率、平均每日房价，以及平均可出租客房收入，这些数据可以在销售低迷时期为饭店提供销售机会。这个过程也为那些需要一份精确对账单来查看收费项目的顾客提供了更准确的数据。

当你开始在饭店行业工作时，应该抓住机会看一看夜审人员提供的相关财务数据报告。这将会帮助你了解饭店不同部门财务活动的重要性，以及它们在饭店中的角色。而对背景的了解将会帮助你更有效地参与决策制定过程，从而帮助饭店各部门控制它们的预算。

10.5　准备夜审报告

夜审报告的制作通常是为了满足饭店某一特定的需要。有些经理人可能更需要某些财务数据，而不是其他的。图 10—4 是对每天财务活动所作的夜审汇报的一个样本。你可能会注意到有预期和完成率两列。预期数据是预计销售的金额，而完成率数据则是实际占预期的百分比。如果预期远远没有实现，可能意味着有些部门没有有效地工作。有些饭店经理需要每天累积数据的报告，从而对每天已经达到的财务目标有一个更全面的了解。

总经理把这份报告看做提供每天经营财务数据的工具。它的主要部分的重要性可能会超过总体的重要性。由经验可知，你可以学着分部分来看这份看似复杂的报告，每一部分会提供当日运营情况的反馈。每天回顾这些财务数据，可以让总经理尽量实现财务目标。

日期＿＿＿＿＿

	实际（美元）	预期（美元）	完成率（%）
客房收入	4 500.00	7 500.00	60.00
税款	450.00	750.00	60.00
餐厅 1	750.00	825.00	90.91
餐厅 2	1 200.00	1 500.00	80.00
餐厅 3	2 000.00	1 500.00	133.33

餐厅收入总计	3 950.00	3 825.00	103.27
销售税	197.50	191.25	103.27
餐厅服务费 1	112.50	123.75	90.91
餐厅服务费 2	180.00	225.00	80.00
餐厅服务费 3	300.00	225.00	133.33
餐厅服务费总计	592.50	573.75	103.27
客房送餐 1	125.00	350.00	35.71
客房送餐 2	150.00	300.00	50.00
客房送餐 3	300.00	250.00	120.00
客房送餐收入总计	575.00	900.00	63.89
销售税	28.75	45.00	63.89
客房送餐服务费 1	25.00	70.00	35.71
客房送餐服务费 2	30.00	60.00	50.00
客房送餐服务费 3	60.00	50.00	120.00
客房送餐服务费总计	115.00	180.00	63.89
宴会早餐	0.00	350.00	0.00
宴会午餐	200.00	500.00	40.00
宴会晚餐	4 300.00	6 500.00	66.15
宴会收入总计	4 500.00	7 350.00	61.22
宴会早餐服务费 1	0.00	63.00	0.00
宴会午餐服务费 2	36.00	90.00	40.00
宴会晚餐服务费 3	774.00	1 170.00	66.15
宴会服务费总计	810.00	1 323.00	61.22
吧台午餐	125.00	200.00	62.50
吧台晚餐	485.00	400.00	121.25
吧台收入总计	610.00	600.00	101.67
房间租金	200.00	250.00	80.00
大堂 1	125.00	85.00	147.67
大堂 2	780.00	950.00	82.11
大堂 3	500.00	450.00	111.11
大堂 4	600.00	575.00	104.35
大堂销售收入总计	2 005.00	2 060.00	97.33
大堂 1 服务费	12.50	8.50	147.06
大堂 2 服务费	78.00	95.00	82.11
大堂 3 服务费	50.00	45.00	111.11
大堂 4 服务费	60.00	57.50	104.35
大堂服务费总计	200.50	206.00	97.33
洗衣服务	350.00	250.00	140.00
本地电话	110.00	125.00	88.00
长途电话	295.00	300.00	98.33
电话费用总计	405.00	425.00	95.29
礼品店	212.00	350.00	60.57
销售税	10.60	17.50	60.57
自动贩卖机	125.00	100.00	125.00
SPA	450.00	500.00	90.00

停车费	500.00	350.00	142.86
收入总计	20 786.85	27 746.50	74.92
减支出			
洗衣服务	120.00		
服务费	0.00		
支出总计	120.00		
减折扣			
客房	0.00		
餐饮	25.00		
折扣总计	25.00		
减销账			
客房	75.00		
餐饮	15.00		
销账总计	90.00		
支出、折扣和销账总计	235.00		
现金收入	4 028.45		
今日应收/付账款	16 758.40		
今日收入	21 021.85		
昨日应收/付账款	75 985.12		
应收/付账款	92 743.52		
信用卡应收/付账款	37 500.12		
现金应收/付账款	5 390.87		
应收/付账款平衡	49 852.53	75 000.00	66.47
应收/付账款分析			
客户往来账	12 045.15		
直接账单	3 598.55		
威士卡	19 681.01		
万事达卡	13 788.24		
JCB 卡	4 939.03		
应收/付账款总计	54 411.98		

银行存款（美元）		银行存款分析（美元）	
现金	9 419.32	现金收入总计	4 028.45
威士卡	22 967.98	信用卡应收/付账款	37 500.12
万事达卡	11 687.05	现金应收/付账款	5 390.87
JCB 卡	2 845.09		
银行存款总计	46 191.44		46 919.44
转入应收账款金额	16 758.40		

现金报告

	实际（美元）	零售终端（美元）	差额（美元）
表1			
现金	907.25	907.29	−0.04
信用卡	29 750.67	29 750.67	0.00
总计1	30 657.92	30 657.96	−0.04

表2			
现金	7 884.81	7 883.81	1.00
信用卡	7 000.45	7 000.45	0.00
总计2	12 885.26	12 884.26	1.00
表3			
现金	628.22	628.22	0.00
信用卡	749.00	749.00	0.00
总计3	1 377.22	1 377.22	0.00
总计	46 920.40	46 919.44	0.96

现金报告分析

现金收入	4 028.45
信用卡应收/付账款	37 500.12
现金应收/付账款	5 390.87
总计	46 919.44

管理者报告

	实际	预期	差额
可供销售客房数	100	100	0
销售的客房数	65	85	20
空房数	30	15	—15
免费房数	0	0	0
维修房数	0	0	0
出租率	65.00%	85.00%	20.00%
双住率	15.38%	11.76%	—3.62%
收益率	52.94%	88.24%	35.30%
平均可出租客房收入（美元）	45.00	75.00	30.00
客房收入（美元）	4 500.00	7 500.00	3 000.00
顾客数量	75	95	20
平均每日房价（美元）	69.23	88.24	19.01
门市价（美元）	85.00	85.00	0.00
应到未到顾客数	3	1	2

图 10—4 夜审报告

10.5.1 部门汇总

饭店中每个部门都要向前厅提供当日的销售报告。这些数据要和预期目标比较。饭店总经理会利用这些数据来判断哪些是收益聚集部门，并作出合理的决策。

10.5.2 银行存款

银行存款也是夜审工作的一部分，在大型饭店中，出于安全考虑，一天中要多次检查银行存款。银行存款包括现金以及信用卡存款。需要意识到现金、商务支票，以及从信用卡公司获得的支票一天之内可以收到很多次。每次收到和记录之后，就需要收银员及时将其过账到客户分类账和客户往来账中。

10.5.3　应收账款

应收账款是目前饭店应收债务的持续更新的清单。正如第 8 章所提到的，这些潜在的收入是现金的一个重要来源。对这一账户的管理和更新，是管理者和总经理每天主要的工作。

10.5.4　现金报告

一些饭店的收银员有传统的工作时间段（上午 7：00—下午 3：00，下午 3：00—晚上11：00和晚上 11：00—上午 7：00）。在大型饭店中，每个时间段都有收银员工作。无论每个时间段有几个收银员，他们每个人都要对实际现金和信用卡收据负责，这些数据要和 PMS 中的数据相匹配。这里所说的**收银员报告**（cashier's report），涵盖所有现金活动，包括现金、信用卡收据，以及 PMS 中的所有数据。这是饭店财务控制系统中十分重要的一部分。前厅经理以及财务人员会查看夜审报告的这一部分，来寻找实际现金量和 PMS 中总量的差异，这也是评估收银员工作准确性的一个指标。

10.5.5　管理者报告

管理者报告（manager's report）列出前一天出租情况的各种指标，例如出租率、收益率、平均每日房价、平均可出租客房收入，以及顾客数量。这样的数据对于财务经营很重要。总经理、财务总监、前厅经理，以及市场营销总监每天都会查看这些数据。

10.5.6　平衡夜审报告的公式

下面的公式会让你理解如何平衡夜审报告。

平衡客户分类账的公式

总收入
— 支出和未收取的销售额
＝ 每天收入
— 所有现金收入
— 每天应收/付账款
＝0

平衡银行存款的公式

银行存款总额
— 所有现金销售收入
— 所有信用卡应收/付账款
— 所有现金应收/付账款
＝0

平衡客户往来账的公式

昨日应收/付账款余额
＋今日应收/付账款
＝所有应收/付账款余额
— 信用卡收到的应收/付账款
— 现金收到的应收/付账款
＝应收/付账款余额

10.5.7　客房收入和税款

客房收入数额（room sales figure）代表每天宾客所有客房的费用。夜审人员在

PMS 系统中通过激活一个**累积总数额**（cumulative total feature）获得这个数据，一个电子对账单会把所有入住客房加入最终汇总表。这个数据应和每日房价一样精确。如果前厅员工调整了数据，那么整个客房销售量就会不准确。因为客房收入很大一部分被认为是利润，管理者要密切关注这个数据。客房收入数据要和客房部的报告相匹配，客房部的报告是客房部列出的每间客房的实际状态。相关的税款通过激活**税收累积总数额**（tax cumulative total feature）来计算，这一选项会把所有房间的税款过账，是税收报告的必要组成部分。

10.5.8　餐厅收入和销售税

餐厅收入总额数据（total restaurant sales figure）包括餐厅和食品销售部所有的收入记录。餐厅 1 可能代表早餐销售，2 代表午餐，3 代表晚餐。或是餐厅 1 代表所有来自餐厅 A 的收入记录，2 代表游泳池零食吧台，3 代表餐厅 B。这些数据需要和**每日销售报告**（daily sales report）匹配，每日销售报告是根据饭店中每天零售终端柜员机打印的销售账单来汇总财务活动的报告。销售税也可从中获得。

10.5.9　餐厅、客房送餐、宴会以及大堂的服务费

支付给员工的服务费也是一项重要的控制事项。不仅要把金额汇总给州和联邦政府机构，这些金额还要从前厅和餐厅的现金柜中取出。在许多情况下，服务费的收取是加到顾客账单中的，服务费需要从前台现金柜、客房送餐账单以及信用卡支付账单中直接支取，支付给提供服务的服务员，这一项的总额需要得到信用卡持有者的确认。

10.5.10　客房送餐收入

一些饭店把客房送餐收入单独列出。如果饭店通过独特的营销机制鼓励客房送餐，或是极力想刺激这一有很大潜在利润的销售方式，单独列出是很有必要的，夜审人员也会提供这个数据。客房送餐 1 可能代表早餐的销售，2 代表午餐，3 代表晚餐。

10.5.11　宴会收入

那些拥有大型宴会部门的饭店需要把宴会收入独立于餐厅收入列出。这个数据是所有宾客宴会费用的总额。夜审人员也会通过检查每日营运报告来确认所有收费都已经入账。

总经理可以使用宴会收入数据考察餐饮部在这一部分控制开支的有效性。它也反映出市场营销总监的工作效率。早餐宴会、午餐宴会、晚餐宴会要单独汇总，因为它们提供了有效的市场信息，反映出哪些做得很好，哪些可以做得更好。宴会收入（以及客房收入）同样提供了饭店现金流的信息。如果饭店计划本周末有 25 000 美元的宴会收入，以及 25 000 美元的客房收入，基于不同的支付方法，就可轻易完成周一的销售指标。管理者因此很关注客房和宴会的收入。

10.5.12　吧台收入

吧台的收入都来自零售终端柜员机。饭店每天每个时段结束后，所有酒精类饮品的销售数据都要汇总给前厅。每份报告均由现金支付账单组成。

吧台和宴会收入的金额需要单独汇总给前厅，因为餐饮部总监需要根据其做出对各部门成本控制效果的评估，并且市场营销总监可能需要用这些数据进行成功的营销活动。

10.5.13　房间租金

房间租赁的费用——不是客房，而是会议室或者多功能室——在顾客对账单中作为特殊房间租金出现。夜审人员会对每日营运报告进行反复核对，以确认宴会部经理把费用对应到了正确的对账单上。有时客房也会被租用半天作为商务会议室。

在那些需要支付设备使用租金的饭店中，在没有饮食时，这份数据需要单独汇报。例如，宴会厅可能会被租用做研讨会房间、其他会议室、展示厅以及汇报厅。因为房间租金也是一项主要的潜在利润（尤其在宴会收入较少的时候），总经理想知道如何督促市场营销部最大化这一块的利润。

10.5.14　洗衣服务

许多饭店都提供干洗和洗烫服务。这一项服务要求饭店在衣服送回时，支付现金给干洗店和洗衣服务商。这项费用加上饭店的相关处理费用，将过账到顾客的对账单中。一些饭店会设有洗熨部门，或是提供干洗运送服务，涉及为衣服贴上标签、清点数目、过程管理、供应商、处理等费用。这些项目要列示在洗衣服务费用中，然后过账到相应的顾客对账单中。所有相关转移凭证共同组成了夜审报告。

10.5.15　电话费用

在20世纪80年代初期电话产业解除管制之后，电话计费即成为饭店的一项标准。饭店会收取**附加费用**（surcharge rates），或者省外长途电话费用。电话成为饭店业务中盈利的一项。由于所有的电话费用都会转移到顾客对账单中，因此这项费用必须得到精确计算。在一个有电话（自动）计费系统的饭店中，这些数据会自动生成，并进入PMS。

10.5.16　礼品店收入和销售税

饭店的礼品店也要为前厅准备每日销售报告。柜员机或是零售终端记录了这些数据。总经理会对这一利润中心的财务活动进行审核——这也是另一项潜在的现金来源。在会计程序处理中记录礼品店收入和相应税款，并汇报这些数据也是必要的。

10.5.17　自动贩卖机

那些设有自动贩卖机的饭店也可以通过这项服务每天收到现金。如果一个部门有很多台自动贩卖机，餐饮部总监就需要委派一个人负责核算自动贩卖机收到的现金，并准备相关报告。这些报告提供所有自动贩卖机的销售收入。

10.5.18 SPA

一些饭店的健身设施可能会免费提供给顾客。然而，其他产品和服务——例如泳衣、保健产品和设备、按摩、体育课，以及相关设备的使用——则可能会收费，这些费用会转到顾客的对账单中。健身/休闲中心需要准备每天销售报告。一些饭店也会向一般公众提供收费健身服务。相关费用就会被转到客户往来账和客户分类账中，汇总便形成了 SPA 费用总和。

10.5.19 停车费

饭店会提供门僮帮助顾客停车，这样会在经营日收取大量现金。顾客会为一般停车、长期车位、门僮停车服务支付相应的现金、商务支票，或是用借记卡或信用卡支付相关费用。对于那些住在饭店的顾客，饭店会通过他们的账户收取相关费用。停车场经理要准备每天现金收入报告。相应文件包括停车凭据、现金柜员机、转账凭证，以及每月停车准许证，它们共同组成每日报告。夜审人员需要准备这些数据的汇总报告。

10.5.20 所有收入和所有销账

所有的收入和销账数据记录了当天现金和费用的交易情况，汇总了之前所有报告的数据。总经理通过比较实际和预期的数据，可以获悉财务目标的完成情况。

在一个经营日中，前厅经理授权的现金支出（为洗衣服务、小费、供应商等）、折扣（例如客房和餐饮的打折），以及调整（例如房间、电话费、餐厅费用），都会通过销账的方式调整顾客账户。总经理会严格控制这些数据。这些数据会通过授权和转账凭证来证实。

10.5.21 现金收入和应收账款平衡

所有的收入等于现金收入和顾客费用之和。每天现金收入会单独汇总，可从各个部门的每日报告中得出，并最终调整银行存款数额。

费用是在应收账款余额中反映出来的（今日应收/付账款）。这个账户记录那些顾客待支付的金额。所有的现金支取、折扣、销账会从这些数据中扣除。今日应收账款加上昨日应收账款，等于应收账款总额。

10.5.22 现金和信用卡应收账款

管理者会要求前台接待和收银员汇报从信用卡公司、直接账单账户，以及客户往来账支付的现金和商务支票。这些费用通常源于应收账款，是为之前宴会、客房等类似事项支付的费用。总经理密切关注这些数据，以观察现金流。重复强调一遍，应收账款余额需要随时更新。

10.5.23　应收账款分析

前厅经理需要分析应收账款以查看每个应收账款的来源——客户往来账、过期付账账户，还是其他信用卡账户。（很重要的是要知道，客户往来账可能会有贷方余额，但是还放在应收账款项目中。例如，如果顾客为未来举办的宴会提前支付 500 美元，这个账户便会有贷方余额。当把其他借方余额汇总计算时，最终会出现一个借方余额。）管理者通过这些信息追溯**账龄**（aging of accounts），或是支付的状态——例如 10 天，30 天或更长，60 天或更长——并根据其进行追账。

10.5.24　银行存款和转入应收账款金额

在经营日收到的现金、信用卡收据和费用，必须转入饭店银行存款，或是过账到饭店内部应收账户。夜审人员会提供银行存款组成部分的报告，在整个经营日银行存款是随时变动的，汇总成银行存款总计。信用卡列示在这里，是因为在一些情况下，信用卡收据可以认为是现金。现金和信用卡的总计必须等于现金收入加上收到的应收账款现金减去现金支出。现金报告中的实际现金和收到的信用卡收据，要和银行存款数据匹配。转入应收账款金额会反映到今日应收账款中。

10.5.25　现金报告

在饭店前厅，前台接待和收银员负责收集各个部门的每日报告，并把相应的现金和信用卡收据归入每个收银员的交班报告中。同时，报告中还应包括那些归还应收账款的现金和信用卡收据。每个收银员的交班报告都应该和部门每日报告、现金和信用卡收据，以及归还应收账款的现金和信用卡收据相核对。这些数据必须与当日银行存款相匹配。

现金报告也指明每日实际金额和 PMS 中金额的差额。一般来说，饭店会根据情况给前台接待和收银员设定一定的灵活权限。例如，如果实际的现金比收银员汇报的现金少了 1 美分或是 1 美元，前台接待和收银员并不用为这些差额负责。前厅经理应该留意大于 1 美元的差额是否经常发生。如果有时收到的现金比现金报告中的现金要多，多余的部分可以留作饭店基金，用于弥补那些少于现金报告的金额。对于多出来的金额，需要留意它们的来源和发生频率。为了保证客户分类账的借方和贷方准确，大额的溢额和短额都需要深入调查。

10.5.26　经营指标

夜审人员要为总经理和部门经理准备经营指标报告。这是对每天营业活动的总结，可用于判断饭店是否成功实现了财务预期目标。饭店总经理将这些指标视作饭店经营状况的反馈，因为它们提供了是否需要调整目前经营产品的信息，并提供了了解如何制定未来经营预算的视角。这些指标将成为饭店的经营历史数据。

客房的销售、空置，以及维修状态，可以通过客房状态模块以及客房部的报告（见图 10—5）获得。客房状态的数目统计需要通过查看顾客预订信息、预订卡，以及电子对账单来获得。图 10—6 给出了出租率、双住率、收益率，以及平均每日房价、平均可出租客房收入的快速计算方法。

一线问题

PMS 崩溃了，而夜审人员还要准备夜审报告。你会建议夜审人员怎么开始工作？

日期

房间号	状态	房间号	状态	房间号	状态
101	O	134	OOO	167	V
102	O	135	O	168	O
103	O	136	V	169	O
104	O	137	V	170	O
105	V	138	O	171	O
106	V	139	O	172	O
107	O	140	V	173	O
108	O	141	O	174	O
109	O	142	O	175	O
110	O	143	O	176	O
111	O	144	OOO	177	OOO
112	O	145	OOO	178	OOO
113	O	146	O	179	O
114	O	147	O	180	O
115	O	148	V	181	V
116	V	149	V	182	O
117	O	150	O	183	O
118	O	151	O	184	O
119	O	152	O	185	O
120	O	153	O	186	O
121	V	154	O	187	V
122	V	155	V	188	V
123	V	156	V	189	V
124	O	157	O	190	O
125	O	158	O	191	V
126	O	159	O	192	V
127	O	160	V	193	O
128	O	161	V	194	V
129	O	162	V	195	O
130	O	163	O	196	V
131	O	164	O	197	O
132	O	165	O	198	V
133	V	166	V	199	V
				200	V

O：住客房　V：空房　OOO：维修房

图 10—5　客房部每晚客房状态信息确认表

指标	方法
出租率	$\dfrac{销售的客房数}{可供销售客房数}\times100$
双住率	$\dfrac{客人数-销售的客房数}{销售的客房数}\times100$
收益率	$\dfrac{销售的客房数\times平均每日房价}{可供销售客房数\times门市价}\times100$
平均每日房价	$\dfrac{客房收入}{销售的客房数}\times100$
平均可出租客房收入	$\dfrac{客房收入}{可供销售客房数}\times100$
	饭店入住率×平均每日房价

图 10—6　经营指标的简单计算方法

　　客房收入包括在每晚特定时间（晚上 11：00 到午夜）之后的所有整日客房销售收入，以及任意半天的客房销售收入。顾客数量可通过 PMS 入住登记模块获得。应到未到顾客数是指那些确认了预订信息，但是没有出现的顾客数量，不包括担保预订，担保预订无论客人是否出现，都会从信用卡中扣除相关费用。

　　准备一份夜审报告是十分费时的。然而，在使用了 PMS 和零售终端链接系统，并且有良好计划、组织合作的饭店中，花费的时间会有所减少。精确的夜审报告是管理中一个重要的管理沟通工具。

10.5.27　每日快速报告

　　在 PMS 中所列的**每日快速报告**（daily flash report），是各部门列示的当天，或一段时间截至当天，或是一年截至当天的数据，对总经理和部门经理都很有用。从这份报告中可以看出部门经理是如何达成前一天的销售目标的，它还是讨论如何成功实现财务目标战略的重要工具。图 10—7 给出了每日快速报告的主要内容。

每日快速报告　　　　　　　　　　　　　　　　　　　　　　　　　日期

	当天数据	当期累计	当年累计
收入类型			
客房			
电话			
餐饮			
相关部门汇总			
餐厅早餐			
餐厅午餐			
餐厅晚餐			
吧台啤酒			
吧台葡萄酒			
吧台饮料			
宴会食品			
宴会饮料			
宴会红酒			
宴会含酒精饮料			

```
宴会啤酒

入住信息汇总
所有客房
入住客房
单人间
双人间
免费客房
一日房
团体房
临时房
维修房
出租率
平均可出租客房收入
收益率
到店人数
离店人数
续住人数
下午 6：00 应到未到顾客数
担保预订但未到的顾客数
散客人数
到达取消数
接受的预订数
取消的预订数
```

图 10—7　每日快速报告

10.6　阅读每日快速报告

下面是一些每日快速报告的指标。

客房收入——总经理都会看这一数据，因为它是饭店的主要收入来源。客房收入提供了大部分的利润，因此这是一个需要每天查看的关键数据。市场营销部、前厅经理都需要了解这个数据。

餐饮部信息汇总——这些数据是总经理用来评估餐饮部总监以及相关员工工作效率的重要指标。需要每天定期查看，而不是每个星期或每个月查看一次。

入住信息汇总——这些信息为总经理、前厅经理，以及市场营销人员提供了饭店市场营销推广的反馈信息。它们会为分析网上广告、纸质广告、电话销售等促销方法哪个起作用，哪个不起作用，提供相关细节。如果每日汇总数据显示业绩正在下滑，那么就需要整个团队一起思考，为达到预期的营销效果需要做些什么。

回答了以下这些问题可能会对低出租率做出解释：为什么维修房的数量这么多？这对较低的出租率是否有影响？较低的顾客到达数目是不是因为航空公司的问题？较低的收益率是不是因为没有达到团队房间销售定额？是不是因为我们没有要求信用卡担保预订？饭店业的经验表明，通过不断地询问这种问题，可以为饭店将来的发展提供很多机遇。

当这些问题出现时，总经理需要根据问题，跟踪相关的部门主管，例如维修部经理（维修房情况）、前厅经理（航空公司、不用信用卡预订），以及市场营销总监（团队房间定额）。

10.7　阅读夜审报告

以下是一些夜审报告的指标。

客房收入——通过查看预期收入和实际收入，可以发现前一天的销售努力是否有效。如果没有，应该与市场营销部召开一个简短的会议，来讨论什么战略有效，什么战略无效。另外收益管理经理应该参与到价格和销售渠道的讨论中。

餐厅收入总计——通过查看每个时间段的餐厅收入，来判定是否达到目标。如果没有达到目标，相关负责人应该给出合理的理由（天气、食品质量、服务质量或是竞争对手等因素）。

客房送餐收入总计——因为这是饭店盈利空间较大的一块业务，所以应该予以重视。查看实际和预期之间的差额，并寻找原因。与放在客人房间静态的菜单营销相比，可能客房送餐服务需要进一步做相关营销。

宴会收入总计——这也是饭店很大的一个盈利业务。然而，这类活动需要提前很多天计划，因此需要不断查看进度。有时候无法预期的事件，例如天气或是一些意外的事情可能会导致预订的取消。管理者需要密切关注哪种类型的餐饮产生收益。例如，如果所有的宴会收益来自午餐，那么意味着早餐和晚餐还存在销售空间。

吧台收入总计——午餐和晚餐的吧台收入也是饭店的另一利润来源。因为是整个餐饮环境的一部分，它们的销售情况应该得到重视。

房间租金——房间的租金为饭店提供了支付取暖费、照明费、空调费等其他设备的使用费用。因此，需要利用机会收取相关费用。

大堂销售收入总计——根据所服务的市场，整个饭店的大堂需要为每天晚上设置一个销售目标。总经理需要比较实际收入和预期收入，来考察大堂员工的工作。如果没有达成目标，就需要和大堂负责人以及餐饮部总监进一步协商讨论。

洗衣服务——这是一项处于饭店外的服务，一项应该放在顾客对账单中的费用。这项服务收费也是饭店的基本利润来源。总经理需要和前厅经理商量出如何确保前厅员工为顾客做好这项服务，以及如何做好相关的营销工作。

电话费用总计——装有PMS电话（自动）计费系统的饭店中，电话费用自动计入顾客对账单中。总经理通过这个数据可以看到获得了多少收入。在那些客房中配备了高速网络的饭店，这个数据更应该受到重视，因为饭店在这些技术方面投入了成本。

礼品店——如果饭店把礼品店外包给第三方，饭店会从销售收入总额中抽取一定的比例，总经理需要在报告中知道这一部分的销售收入总额。如果礼品店由饭店经营，总经理需要比较实际收入和预期收入之间的差额，以判定礼品店经理的工作。

自动贩卖机——如果自动贩卖机外包给了第三方，那么在报告中应该列示涵盖了每天、每半周、每周的存货清单。如果自动贩卖机由饭店经营，那么每天的现金收入应该夜审并报告。因为很容易被小偷盯上，所以总经理需要密切关注饭店中所有自动贩卖机的销售额。

SPA——如果SPA外包，饭店将根据销售收入总额抽取一定的比例，总经理需要在报告中找到销售收入总额数据。如果 SPA 由饭店经营，那么总经理就需要比较实际收入和预期收入，来和 SPA 经理讨论营销的技巧。

停车费——如果停车场外包给第三方，饭店需要抽取占销售收入总额一定比例的佣金，总经理需要在报告中看到销售收入总额数据。如果停车场由饭店经营，总经理就需要比较预期收入和实际收入的差额，并据此与停车场经理探讨相关营销技巧。停车场的经营成本是很高的，但是它也会为饭店带来现金流。

支出总计——这个金额一般来说是较低的，因为较少的人被授权可以从前台接待那里直接支取现金用于紧急事项。如果这个金额很大，就意味着存在问题。

折扣总计——一些饭店有 100％满意政策，如果的确有这个政策，那么相关折扣就要反映在这个项目中。如果餐厅中顾客可以记账消费，也需要反映在这里。人总是会犯错误的，但是必须为弥补错误做出努力。

销账总计——夜审报告中的这一部分是为那些没有支付账单（客房和餐饮）的顾客销账的金额。这在饭店中很普遍。

支出、折扣和销账总计——这是所有支出、折扣和销账的总额，总经理必须把这个数额控制在可控范围之内。

现金收入——这个数据表示非信用卡收入部分。通常来说这个数额比较低，因为饭店主要是信用卡收入。一个较高的现金收入，对于那些用现金而没有建立一个信用账户的顾客来说是一笔较大的支出，同时也增加了饭店潜在安全问题的隐患。

今日应收账款——这是所有部门顾客对账单的汇总。

今日收入——这是当天饭店所有现金和费用的总额。

昨日应收账款——因为从信用卡公司收到现金的推延，这个数据通常比较大。例如，如果一个顾客用信用卡支付了一晚的房费，可能在实际中需要 5 天之后才能由饭店银行账户结清这笔款项。在结清之前，这笔钱都会在应收账款账户中。作为预防机制，管理人员必须随时跟进应收账款的账龄，尤其是那些由饭店内部员工管理的客房。

应收账款——这是今日和昨日应收账款的汇总，再次重申，这也是一个很大的数据。

信用卡应收账款——这个数据告诉总经理有多少钱是通过信用卡账户接收的，并从信用卡公司收到了多少支票。接下来的数据（银行存款）会显示总共有多少收入是信用卡支付的。为了进行有效控制，一个员工只负责接收支票并过账，接下来的工作会让另外一个员工处理。

现金应收账款——这个数据代表用现金归还信用卡账户的金额。

应收账款总计——这个数据是饭店所有应收账款账户的汇总——客户往来账、延迟支付账户和信用卡。这个数据在应收账款分析之后进行分析，这两个总额必须相等。

银行存款——这是一个列示现金和信用卡收据的数据。这个数据必须和信用卡应收账款相匹配，这是一个控制因素。对银行存款的分析，会让总经理了解存款的大致来源。记住，用信用卡销售的确存在折扣费用，而且会随着时间而增加。

现金报告——这份控制报告要包括在夜审报告中所有由收银员经手的现金、信用卡销售，以及归入应收账款的收入。现金报告分析总结了这三个部分，总数必须和每个时期的总数相匹配。

管理者报告——这是一份对总经理很有用的报告，因为它提供了前一天员工的财务成果情况。对实际与预期数据的比较，对各部门经理的工作也很有益处。

10.8　开篇困境解决方案

为了让前厅经理尽可能地训练好夜审人员，准备一份培训提纲是很重要的。可以从解释夜审的目标——也就是评估饭店财务行为——以及夜审人员监视部门财务活动开始。这份大纲需要涵盖为客房收入和税款过账的主要概念、整合客人的费用和支付、调节各部门的财务状况、调节应收账款、进行试算平衡，以及准备夜审报告。前厅经理需要解释用来平衡夜审报告的相关公式：平衡客户分类账、平衡客户往来账、平衡银行存款，以及计算经营数据的公式。夜审人员也需要了解如何履行一个前台接待的职责——预订、登记、过账，以及退房。

☐ 本章概述

本章强调了将饭店一天中发生的经济交易形成一份准确总结的重要性，描述了夜审的主要工作内容。它包括为客房收入和税款过账，整合客人的费用和支付，调节各部门的财务状况，调节应收账款，进行试算平衡，以及准备夜审报告。同时解释了夜审报告、管理者报告、每日快速报告，并讨论了具体管理指标的含义。有了精心准备的夜审报告，以及及时更新的数据，饭店管理团队便会根据情况调整财务计划。最后本章总结了如何解释和理解夜审报告中的主要数据。

☐ 关键词

账龄（aging of accounts）
收银员报告（cashier's report）
贷方余额（credit balance）
累积总数额（cumulative total feature）
每日快速报告（daily flash report）
每日销售报告（daily sales report）
部门账户（departmental accounts）
管理者报告（manager's report）

主要信用卡账户（master credit card account）
夜审（night audit）
运营效率（operational effectiveness）
客房收入数额（room sales figure）
附加费用（surcharge rates）
税收累积总数额（tax cumulative total feature）
餐厅收入总额数据（total restaurant sales figure）
试算平衡（trail balance）

☐ 本章思考题

1. 为什么饭店需要每天平衡财务交易？
2. 什么是夜审？夜审需要哪些步骤？
3. 什么是管理者报告？它告诉了总经理什么信息？
4. 为什么夜审报告需要很系统地准备？
5. 什么是试算平衡？它为夜审人员提供了什么信息？
6. 为什么应收账款必须放在夜审中？应收账款主要由哪些部分组成？
7. 讨论夜审对于一个饭店日常管理的重要性。是谁在看夜审报告？他们为什么会对这些财务数据感兴趣？
8. 如果你查看夜审报告，哪些数据会告诉你餐饮部总监是否实现了他的销售目标？你怎么知道前一天餐饮部采购各项杂物的开支？你怎么知道昨天顾客一共支付的房费总额？哪些数据表示所有应收账款的总额？

9. 为什么要分析应收账款？

10. 为什么要把银行存款以及应收账款收到的回款列示在夜审中？这些数据表示什么？

11. 前厅经理是怎么管理前台现金柜中的现金的？

12. 帮助夜审人员准备 10 月 14 日的经营数据：20 000 美元的客房收入，有 306 间可供出售客房，211 间客房被出售，有 265 位顾客，门市价为 147 美元。

（1）出租率。

（2）平均每日房价。

（3）平均可出租客房收入。

（4）收益率。

13. 帮助夜审人员准备 10 月 15 日的经营数据：32 000 美元的客房收入，有 306 间可供销售客房，280 间客房被出售，有 300 位顾客，门市价为 147 美元。

（1）出租率。

（2）平均每日房价。

（3）平均可出租客房收入。

（4）收益率。

14. 帮助夜审人员准备 10 月 16 日的经营数据：38 350 美元的客房收入，有 306 间可供销售客房，295 间客房被出售，有 409 位顾客，门市价为 147 美元。

（1）出租率。

（2）平均每日房价。

（3）平均可出租客房收入。

（4）收益率。

15. 为什么准备饭店经营数据很重要？

16. 每日快速报告对于总经理的用途是什么？对于前厅经理呢？对于餐饮部总监呢？

□ 案例分析

1. 时代酒店今天发生的财务交易，产生了如下一些数据。把这些信息整合到夜审报告中，并使用图 10—8 来表示（那些空着的地方需要你根据下面的数据填写）。

部门每日销售报告

日期_____

	实际（美元）	预期（美元）	完成率（%）
餐厅 1	299.57	825.00	
餐厅 2	500.00	1 500.00	
餐厅 3	1 200.00	1 500.00	
销售税（比率＝5%）			
餐厅服务费 1	45.00	123.75	
餐厅服务费 2	75.00	225.00	
餐厅服务费 3	180.00	225.00	
餐厅服务费（比率＝15%）			
客房送餐 1	45.00	350.00	
客房送餐 2	200.00	300.00	
客房送餐 3	135.95	250.00	

销售税（比率＝5％）		
客房送餐服务费1	9.00	70.00
客房送餐服务费2	40.00	60.00
客房送餐服务费3	27.19	50.00
客房送餐服务费（比率＝20％）		
宴会早餐	0.00	350.00
宴会午餐	675.00	500.00
宴会晚餐	3 021.45	6 500.00
宴会早餐服务费	0.00	63.00
宴会午餐服务费	121.50	90.00
宴会晚餐服务费	543.86	1 170.00
宴会服务费（比率＝18％）		
吧台午餐	85.00	200.00
吧台晚餐	587.25	400.00
房间租金	100.00	250.00
大堂1	165.00	85.00
大堂2	346.75	950.00
大堂3	295.00	50.00
大堂4	420.00	575.00
大堂服务费1	16.50	8.50
大堂服务费2	34.68	95.00
大堂服务费3	29.50	45.00
大堂服务费4	42.00	57.50
大堂服务费（比率＝10％）		
洗衣服务	45.00	250.00
本地电话	125.00	125.00
长途电话	87.90	300.00
礼品店	150.68	350.00
销售税（比率＝5％）	7.53	17.50
自动贩卖机	86.25	100.00
SPA	211.00	500.00
停车费	397.50	350.00
支出		
洗衣服务	85.00	
服务费	0.00	
折扣		
客房	0.00	
餐饮	15.00	
销账		
客房	0.00	
餐饮	122.89	
现金收入	2 906.98	
今日应收/付账款	12 513.56	
昨日应收/付账款	43 900.11	

信用卡应收/付账款	7 034.76	
现金应收/付账款	2 098.63	
应收/付账款	47 279.76	75 000.00
应收/付账款分析		
客户往来账	3 078.00	
直接账单	5 901.00	
威士卡	15 623.01	
万事达卡	15 540.45	
JCB 卡	7 137.30	
银行存款		
现金	5 005.61	
威士卡	3 532.98	
万事达卡	1 656.69	
JCB 卡	1 845.09	

现金报告			
表 1	实际（美元）	零售终端（美元）	差额（美元）
现金	3 754.21	3 754.21	
信用卡	5 276.07	5 276.07	
总计 1	9 030.28	9 030.28	
表 2			
现金	1 001.12	1 002.50	
信用卡	1 406.95	1 406.95	
总计 2	2 408.07	2 409.45	
表 3			
现金	250.28	250.28	
信用卡	351.74	351.74	
总计 3	602.02	602.02	
总计	12 040.37	12 042.75	
现金报告分析			
现金收入	2 906.98		
信用卡应收/付账款	7 034.76		
现金应收/付账款	2 098.63		
总计	12 040.37		

管理者报告			
	实际	预期	差额
可供销售客房数	125	125	0
销售的客房数	60	85	25
空房数	65	40	−25
维修房数	0	0	0
免费房数	0	0	0
客房收入（美元）	4 500.00	7 500.00	3 000.00
客房税款（美元）	450.00	750.00	300.00

顾客数量	93	95	2
平均每日房价（美元）	80.00	80.00	0.00
应到末到顾客数	1	1	0

银行存款（美元）		银行存款分析（美元）	
现金	5 005.61		
威士长	3 532.98	现金收入总计	2 906.98
万事达卡	1 656.69	信用卡应收/付账款	7 034.76
JCB 卡	1 845.09	现金应收/付账款	12 040.37
			12 040.37

日期＿＿＿＿＿＿

	实际（美元）	预期（美元）	完成率（%）
客房收入		7 500.00	
税款		750.00	
餐厅 1		825.00	
餐厅 2		1 500.00	
餐厅 3		1 500.00	
餐厅收入总计		3 825.00	
销售税		191.25	
餐厅服务费 1		123.75	
餐厅服务费 2		225.00	
餐厅服务费 3		225.00	
餐厅服务费总计		573.75	
客房送餐 1		350.00	
客房送餐 2		300.00	
客房送餐 3		250.00	
客房送餐收入总计		900.00	
销售税		45.00	
客房送餐服务费 1		70.00	
客房送餐服务费 2		60.00	
客房送餐服务费 3		50.00	
客房送餐服务费总计		180.00	
宴会早餐		350.00	
宴会午餐		500.00	
宴会晚餐		6 500.00	
宴会收入总计		7 350.00	
宴会早餐服务费 1		63.00	
宴会午餐服务费 2		90.00	
宴会晚餐服务费 3		1 170.00	
宴会服务费总计		1 323.00	
吧台午餐		200.00	
吧台晚餐		400.00	
吧台收入总计		600.00	

房间租金	250.00
大堂 1	85.00
大堂 2	950.00
大堂 3	450.00
大堂 4	575.00
大堂销售收入总计	2 060.00
大堂 1 服务费	8.50
大堂 2 服务费	95.00
大堂 3 服务费	45.00
大堂 4 服务费	57.50
大堂服务费总计	206.00
洗衣服务	250.00
本地电话	125.00
长途电话	300.00
电话费用总计	425.00
礼品店	350.00
销售税	17.50
自动贩卖机	100.00
SPA	500.00
停车费	350.00
收入总计	27 746.50
减支出	
洗衣服务	
服务费	
支出总计	
减折扣	
客房	
餐饮	
折扣总计	
减销账	
客房	
餐饮	
销账总计	
支出、折扣和销账总计	
现金收入	
今日应收/付账款	
今日收入	
昨日应收/付账款	
应收/付账款	
信用卡应收/付账款	
现金应收/付账款	
应收/付账款平衡	75 000.00
应收/付账款分析	
客户往来账	

```
    直接账单
    威士卡
    万事达卡
    JCB卡
应收/付账款总计
            银行存款（美元）                          银行存款分析（美元）
现金                  _____          现金收入总计
威士卡                _____          信用卡应收/付账款
万事达卡              _____          现金应收/付账款
JCB卡                _____
银行存款总计          _____
转入应收账款金额      _____

现金报告
                                实际（美元）    零售终端（美元）    差额（美元）
表1
    现金
    信用卡
总计1
表2
    现金
    信用卡
总计2
表3
    现金
    信用卡
总计3
总计
现金报告分析
现金收入
信用卡应收/付账款
现金应收/付账款
总计

管理者报告
                                实际            预期            差额
可供销售客房数
销售的客房数
空房数
维修房
出租率
双住率
收益率
平均可出租客房收入（美元）
客房收入（美元）
顾客数量
平均每日房价（美元）
门市价（美元）
应到未到顾客数
```

图10—8　时代酒店夜审报告

2. 巴林顿酒店（Barrington Hotel）今天发生的财务交易产生了如下一些数据。把这些信息整合到夜审报告中，并使用图 10—9 来表示（那些空着的地方需要你根据下面的数据填写）。

部门每日销售报告

日期_____

	实际（美元）	预期（美元）	完成率（%）
餐厅 1	500.00	475.00	
餐厅 2	650.00	755.00	
餐厅 3	1 905.00	2 100.00	
销售税（比率＝5%）			
餐厅服务费 1	75.00	71.25	
餐厅服务费 2	97.50	113.25	
餐厅服务费 3	235.75	315.00	
餐厅服务费（比率＝15%）			
客房送餐 1	235.00	300.00	
客房送餐 2	120.00	250.00	
客房送餐 3	458.00	700.00	
销售税（比率＝5%）			
客房送餐服务费 1	47.00	60.00	
客房送餐服务费 2	24.00	50.00	
客房送餐服务费 3	91.60	140.00	
客房送餐服务费（比率＝20%）			
宴会早餐	579.00	250.00	
宴会午餐	2 458.00	3 500.00	
宴会晚餐	5 091.00	7 250.00	
宴会早餐服务费	104.22	45.00	
宴会午餐服务费	442.44	630.00	
宴会晚餐服务费	916.38	1 305.00	
宴会服务费（比率＝18%）			
吧台午餐	326.00	450.00	
吧台晚餐	2 987.50	3 950.00	
房间租金	725.00	1 000.00	
大堂 1	350.00	400.00	
大堂 2	2 104.00	2 000.00	
大堂 3	581.00	675.00	
大堂 4	695.50	850.00	
大堂服务费 1	35.00	40.00	
大堂服务费 2	210.40	200.00	
大堂服务费 3	58.10	67.50	
大堂服务费 4	69.55	85.00	
大堂服务费（比率＝10%）			
洗衣服务	210.00	350.00	
本地电话	68.00	125.00	
长途电话	201.00	300.00	
礼品店	277.00	450.00	

销售税（比率＝5%）	13.85	22.50
自动贩卖机	121.00	100.00
SPA	293.00	500.00
停车费	417.00	350.00
支出		
洗衣服务	132.00	
服务费	0.00	
折扣		
客房	0.00	
餐饮	32.00	
销账		
客房	0.00	
餐饮	87.97	
现金收入	2 906.98	
今日应收/付账款	28 259.21	
昨日应收/付账款	57 880.11	
信用卡应收/付账款	2 091.50	
现金应收/付账款	322.65	
应收/付账款	70 525.17	80 000.00
应收/付账款分析		
客户往来账	13 278.00	
直接账单	15 999.00	
威士卡	25 623.01	
万事达卡	11 487.34	
JCB 卡	4 137.82	

银行存款（美元）		银行存款分析（美元）	
现金	6 429.63	现金收入总计	2 906.98
威士卡	7 509.34	信用卡应收/付账款	12 091.50
万事达卡	2 828.00	现金应收/付账款	3 522.65
JCB 卡	1 754.16		
			18 521.13

现金报告

	实际（美元）	零售终端（美元）	差额（美元）
表1			
现金	4 822.22	4 822.50	
信用卡	9 068.63	9 068.63	
总计 1	13 890.85	13 891.13	
表2			

现金	1 285.93	1 286.00
信用卡	2 418.30	2 418.30
总计 2	3 704.23	3 704.30
表 3		
现金	321.48	321.48
信用卡	604.58	604.58
总计 3	926.06	926.06
总计	18 521.14	18 521.49
现金报告分析		
现金收入	2 906.98	
信用卡应收/付账款	12 091.50	
现金应收/付账款	3 522.65	
总计	18 521.13	

管理者报告

	实际	预期	差额
可供销售客房数	143	143	0
销售的客房数	92	112	20
空房数	51	31	−20
维修房数	0	0	0
免费房数	0	0	0
客房收入（美元）	6 500.00	8 200.00	1 700.00
客房税款（美元）	650.00	820.00	170.00
顾客数量	100	160	60
平均每日房价（美元）	95.00	95.00	0.00
应到未到顾客数	2	1	−1

日期_____

	实际（美元）	预期（美元）	完成率（%）
客房收入		8 200.00	
税款		820.00	
餐厅 1		475.00	
餐厅 2		755.00	
餐厅 3		2 100.00	
餐厅收入总计		3 330.00	
销售税		166.50	
餐厅服务费 1		71.25	
餐厅服务费 2		113.25	
餐厅服务费 3		315.00	
餐厅服务费总计		499.50	
客房送餐 1		300.00	
客房送餐 2		250.00	
客房送餐 3		700.00	
客房送餐收入总计		1 250.00	

销售税	62.50
客房送餐服务费 1	60.00
客房送餐服务费 2	50.00
客房送餐服务费 3	140.00
客房送餐服务费总计	250.00
宴会早餐	250.00
宴会午餐	3 500.00
宴会晚餐	7 250.00
宴会收入总计	11 000.00
宴会早餐服务费 1	45.00
宴会午餐服务费 2	630.00
宴会晚餐服务费 3	1 305.00
宴会服务费总计	1 980.00
吧台午餐	450.00
吧台晚餐	3 950.00
吧台收入总计	4 400.00
房间租金	1 000.00
大堂 1	400.00
大堂 2	2 000.00
大堂 3	675.00
大堂 4	850.00
大堂销售收入总计	3 925.00
大堂 1 服务费	40.00
大堂 2 服务费	200.00
大堂 3 服务费	67.50
大堂 4 服务费	85.00
大堂服务费总计	392.50
洗衣服务	350.00
本地电话	125.00
长途电话	300.00
电话费用总计	425.00
礼品店	450.00
销售税	22.50
自动贩卖机	100.00
SPA	500.00
停车费	350.00
收入总计	39 473.50
减支出	
洗衣服务	
服务费	
支出总计	
减折扣	
客房	
餐饮	
折扣总计	

减销账
　　客房
　　餐饮
销账总计
支出、折扣和销账总计
现金收入
今日应收/付账款
今日收入
昨日应收/付账款
应收/付账款
信用卡应收/付账款
现金应收/付账款
应收/付账款平衡　　　　　　　　　　　　80 000.00
应收/付账款分析
　　客户往来账
　　直接账单
　　威士卡
　　万事达卡
　　JCB 卡
应收/付账款总计

银行存款（美元）	银行存款分析（美元）
现金	现金收入总计
威士卡	信用卡应收/付账款
万事达卡	现金应收/付账款
JCB 卡	
银行存款总计	
转入应收账款金额	

现金报告

	实际（美元）	零售终端（美元）	差额（美元）
表 1			
现金			
信用卡			
总计 1			
表 2			
现金			
信用卡			
总计 2			
表 3			
现金			
信用卡			
总计 3			
总计			
现金报告分析			

现金收入

信用卡应收/付账款

现金应收/付账款

总计

管理者报告

	实际	预期	差额
可供销售客房数			
销售的客房数			
空房数			
维修房			
出租率			
双住率			
收益率			
平均可出租客房收入（美元）			
客房收入（美元）			
顾客数量			
平均每日房价（美元）			
门市价（美元）			
应到未到顾客数			

图 10—9 巴林顿酒店夜审报告

3. 坎顿酒店（Canton Hotel）今天发生的财务交易产生了如下一些数据。把这些信息整合到夜审报告中，并使用图 10—10 来表示（那些空着的地方需要你根据下面的数据填写）。

部门每日销售报告

日期_____

	实际（美元）	预期（美元）	完成率（%）
餐厅 1	850.00	650.00	
餐厅 2	1 034.00	1 200.00	
餐厅 3	2 896.00	3 200.00	
销售税（比率＝5%）			
餐厅服务费 1	127.50	97.50	
餐厅服务费 2	155.10	180.00	
餐厅服务费 3	434.40	480.00	
餐厅服务费（比率＝15%）			
客房送餐 1	456.87	500.00	
客房送餐 2	355.00	450.00	
客房送餐 3	760.75	1 000.00	
销售税（比率＝5%）			
客房送餐服务费 1	91.37	100.00	
客房送餐服务费 2	71.00	90.00	
客房送餐服务费 3	152.15	200.00	

客房送餐服务费（比率＝20％）	314.52	390.00
宴会早餐	890.00	450.00
宴会午餐	1 785.71	2 500.00
宴会晚餐	4 951.71	7 500.00
宴会早餐服务费	160.20	81.00
宴会午餐服务费	891.32	1 881.00
宴会晚餐服务费	321.43	450.00
宴会服务费（比率＝18％）	1 372.95	
吧台午餐	508.75	350.00
吧台晚餐	1 907.25	2 500.00
房间租金	2 000.00	500.00
大堂 1	495.00	500.00
大堂 2	2 951.50	3 500.00
大堂 3	724.75	450.00
大堂 4	805.00	750.00
大堂服务费 1	49.50	50.00
大堂服务费 2	295.15	350.00
大堂服务费 3	72.48	45.00
大堂服务费 4	80.50	75.00
大堂服务费（比率＝10％）	497.63	520.00
洗衣服务	350.00	400.00
本地电话	85.00	150.00
长途电话	241.00	350.00
礼品店	650.00	500.00
销售税（比率＝5％）	32.50	25.00
自动贩卖机	190.00	250.00
SPA	293.00	650.00
停车费	627.00	750.00
支出		
洗衣服务	256.00	
服务费	0.00	
折扣		
客房	85.00	
餐饮	46.95	
销账		
客房	0.00	
餐饮	0.00	
现金收入	3 759.32	
今日应收/付账款	36 851.24	
昨日应收/付账款	64 258.18	
信用卡应收/付账款	22 681.15	
现金应收/付账款	5 390.97	
应收/付账款	73 037.30	90 000.00
应收/付账款分析		
客户往来账	14 671.05	

直接账单	12 784.09		
威士卡	29 712.01		
万事达卡	10 254.81		
JCB 卡	5 615.34		
应收/付账款总计	73 037.30		

银行存款（美元）		银行存款分析（美元）	
现金	9 150.29	现金收入总计	3 759.32
威士卡	15 685.26	信用卡应收/付账款	22 681.15
万事达卡	4 230.88	现金应收/付账款	5 390.97
JCB 卡	2 765.01		
			31 831.44

现金报告

	实际（美元）	零售终端（美元）	差额（美元）
表 1			
现金	6 862.72	6 861.05	
信用卡	17 010.86	17 010.86	
总计 1	23 873.58	23 871.91	
表 2			
现金	1 830.06	1 829.83	
信用卡	4 536.23	4 536.23	
总计 2	6 366.29	6 366.06	
表 3			
现金	457.51	457.51	
信用卡	1 134.06	1 134.06	
总计 3	1 591.57	1 591.57	
总计	31 831.44	31 829.54	

现金报告分析

现金收入	3 759.32
信用卡应收/付账款	22 681.15
现金应收/付账款	5 390.97
总计	31 831.44

管理者报告

	实际	预期	差额
可供销售客房数	200	200	0
销售的客房数	135	150	−15
空房数	65	50	−15
维修房数	0	0	0
免费房数	0	0	0
客房收入（美元）	10 500.00	11 200.00	700.00
客房税款（美元）	1 050.00	1 120.00	70.00
顾客数量	155	225	70
平均每日房价（美元）	105.00	105.00	0.00
应到未到顾客数	4	2	−2

日期_____

	实际（美元）	预期（美元）	完成率（%）
客房收入		11 200.00	
税款		1 120.00	
餐厅 1		650.00	
餐厅 2		1 200.00	
餐厅 3		3 200.00	
餐厅收入总计		5 050.00	
销售税		252.50	
餐厅服务费 1		97.50	
餐厅服务费 2		180.00	
餐厅服务费 3		480.00	
餐厅服务费总计		757.50	
客房送餐 1		500.00	
客房送餐 2		450.00	
客房送餐 3		1 000.00	
客房送餐收入总计		1 950.00	
销售税		97.50	
客房送餐服务费 1		100.00	
客房送餐服务费 2		90.00	
客房送餐服务费 3		200.00	
客房送餐服务费总计		390.00	
宴会早餐		450.00	
宴会午餐		2 500.00	
宴会晚餐		7 500.00	
宴会收入总计		10 450.00	
宴会早餐服务费 1		81.00	
宴会午餐服务费 2		450.00	
宴会晚餐服务费 3		1 350.00	
宴会服务费总计		1 881.00	
吧台午餐		350.00	
吧台晚餐		2 500.00	
吧台收入总计		2 850.00	
房间租金		500.00	
大堂 1		500.00	
大堂 2		3 500.00	
大堂 3		450.00	
大堂 4		750.00	
大堂销售收入总计		5 200.00	
大堂 1 服务费		50.00	
大堂 2 服务费		350.00	
大堂 3 服务费		45.00	
大堂 4 服务费		75.00	
大堂服务费总计		520.00	
洗衣服务		400.00	

本地电话	150.00
长途电话	350.00
电话费用总计	500.00
礼品店	500.00
销售税	25.00
自动贩卖机	250.00
SPA	650.00
停车费	750.00
收入总计	4 529 360.00
减支出	
洗衣服务	
服务费	
支出总计	
减折扣	
客房	
餐饮	
折扣总计	
减销账	
客房	
餐饮	
销账总计	
支出、折扣和销账总计	
现金收入	
今日应收/付账款	
今日收入	
昨日应收/付账款	
应收/付账款	
信用卡应收/付账款	
现金应收/付账款	
应收/付账款平衡	90 000.00
应收/付账款分析	
客户往来账	
直接账单	
威士卡	
万事达卡	
JCB卡	
应收/付账款总计	

银行存款（美元）	银行存款分析（美元）
现金	现金收入总计
威士卡	信用卡应收/付账款
万事达卡	现金应收/付账款
JCB卡	
银行存款总计	
转入应收账款金额	
现金报告	

	实际（美元）	零售终端（美元）	差额（美元）
表1			
现金			
信用卡			
总计1			
表2			
现金			
信用卡			
总计2			
表3			
现金			
信用卡			
总计3			
总计			
现金报告分析			
现金收入			
信用卡应收/付账款			
现金应收/付账款			
总计			

管理者报告	实际	预期	差额
可供销售客房数			
销售的客房数			
客房数			
维修房数			
出租率			
双住率			
收益率			
平均可出租客房收入（美元）			
客房收入（美元）			
顾客数量			
平均每日房价（美元）			
门市价（美元）			
应到未到顾客数			

图 10—10　坎顿酒店夜审报告

第 11 章

接待管理

本章重点

接待对顾客与饭店经营者的重要性

接待管理

全面质量管理的应用

制定服务管理程序

开篇困境

一位客人在办理入住手续时指出，全国预订代理商把他本应是 89 美元每晚的房价，错记为 99 美元，前台接待回答说："先生，您必须在退房后 3 天之内，找我们的收银员处理这个事情。我现在只能按照之前输入电脑的房价帮您登记，30 美元对您来说不算什么。"

接待（hospitality）的概念，即大方、热情地为客人提供服务，位于我们这一行业的核心位置。这些服务包括客房住宿、餐饮、会议设施、预订、饭店服务信息、当地旅游景点的信息等。接待是一个非常主观的概念，客人所感知的接待等级，会影响饭店的整体经济效益。那些感受不到被尊重或者物有所值的客人，将会寻求他们认为会提供更好服务的饭店。本章的目的是向你——未来的饭店专业人员，灌输热情服务的责任意识。如果你准备在一个通过持续、高效地提供专业接待服务而使其产品产生差异的行业中获得一份职业，本章将会成为你发展的启蒙书。

本章的灵感来自由卡尔·阿尔布雷克特（Karl Albrecht）和罗恩·泽姆克（Ron Zemke）合著的《服务美国！》一书。[1] 这些管理顾问是商业服务理念的早期支持者。他们的著作，以及本书作者在饭店和餐厅的专业经验，是本章的基础。专门设置一章来介绍接待十分有必要，因为前厅的工作人员往往是唯一直接接触客人的饭店人员。位于西弗吉尼亚州白硫磺泉镇的绿蔷薇酒店（Greenbrier Hotel）发布的公共关系条款声称，为了强调品质的重要性，饭店聘请了质量总监，以追求五星级美孚评级（five-star Mobil rating）。[2]

11.1 接待的重要性

接待服务是一个对客人和饭店经营者都非常重要的因素。每一位客人都期望并且值得享受热情的服务。为满足客人需求而提供的接待服务，包含的不仅仅是一种积极的态度，而且是一系列使客人愉悦的服务。如果饭店的目标市场是商务旅客，员工会发现，他们的需求主要集中在日程安排和饭店服务的灵活提供方面。商务旅客可能会晚到早退。必须安排好饭店餐厅为客人提供健康、快速的早餐。叫早服务必须设置在客房内，或者由一个高效率的工作人员提供。饭店也应该提供办公服务，如文字处理设备、先进的电话系统、传真及复印设备、电脑和 Wi-Fi。有重要会议的客人可能要提前入住，延迟退房，并且需要饭店提供全方位的服务。如果会议在星期二中午开始，客人可能会在上午 9 时抵达，希望能放好行李，在中午会议开始之前养好精神。如果会议在星期四下午 3 点结束，在超过正常退房时间的情况下，客人可能想要继续占用客房。客人在饭店时，可能需要在游泳池、健身俱乐部、休息室、现场娱乐节目、礼品店、咖啡厅，以及其他饭店服务方面，能够有灵活的时间安排。国际客人可能在使用电子设备、将本国货币转换成当地货币，或给他们指明地理方向时需要一定的帮助。

接待服务的好坏，往往决定着饭店的成败。抓住一切机会提供接待服务是十分有必要的。正如阿尔布雷克特和泽姆克在《服务美国！》中所表明的，这些机会如果不能很好地利用，将直接影响饭店的财务成果。

一项业务，对它不满的客人中平均有 96% 从来不会进行投诉。对公司而言，事实上，平均每收到一份投诉，就有 26 位客人存在问题，其中 6 位还是严重问题。抱怨者比不抱怨者更有可能再次与令他们不满的公司做生意，即使问题得不到圆满解决。如果能够有效解决客人的投诉，投诉过的客人中有 54%～70% 将再次与公司进行业务往来。如果客人感觉投诉能够快速解决，那么这一数字将会惊人地上升至 95%。当对某个公司产生不满时，平均 1 位客人将会复述给超过 20 位客人。那些向公司投诉，而且投诉得到圆满解决的客人，会将他们所受的待遇平均告诉 5 个人。[3]

为客人提供热情接待服务对饭店经营者来说意味着什么？他们强调，没有受到热情接待（记住接待的定义是主观的）的顾客将会转而选择你的竞争对手，甚至可能会导致其他人不再尝试或者继续与你的饭店做交易。感受到竞争压力的企业家都明白，这种负面广告将严重影响损益表。阿尔布雷克特和泽姆克用数学的方式拓展了他们的理念。让我们来看看下面的例子中差评服务所产生的累积效应。

假设某一天饭店未能向 10 位客人提供理想水平的服务，只有 1 位客人会向饭店工作人员投诉。如果投诉得到快速解决，这位顾客肯定会选择下回继续入住该饭店。他也将有机会影响 5 个人选择该饭店。另一方面，那 9 位没有向饭店工作人员投诉的顾客，可能不会再次与饭店合作，而且他们每个人可能会告诉约 20 人——也就是总共 180 人将听取他们对饭店的负面评价。如果这种模式扩展至全年产生不满的客人，将有 68 985 人对饭店产生负面印象（（被告知的 180 人＋原来不满意的 9 位顾客）×365 天），2 190 人对饭店产生积极印象（（被告知的 5 人＋原来满意的 1 位客户）×365 天）。

这么多人对饭店有负面印象，其所产生的财务后果显然是灾难性的。热情为顾客服务不应该仅仅是一种选择，它必须成为标准的操作流程。这一概念必须作为企业的宗旨，有效地进行传达。

国际集锦 ∿∿

　　全世界各个地方的饭店，向顾客提供的服务水准是不同的。有些饭店提供标准操作流程内的基本服务，而其他饭店则集中精力提供接待服务。有关这些差异性的很多解释都涉及一个民族的服务文化。有些国家的文化把服务视为伺候，这样的文化会培养出在标准操作流程内提供服务的员工。但当服务被视为一种专业时，这种文化培养的专业人士以及员工会喜欢为客人提供向导、方便和照顾的机会。在那些不把服务作为文化一部分的国家，其经营的饭店必须建立一定的系统，以支持员工在饭店接待服务过程中取得成功。

∿∿

11.2　接待管理

　　只靠前厅经理认为前厅所有工作人员应给客人提供热情的接待服务是远远不够的。为了每时每刻给所有客人提供让其满意的服务，前厅经理必须开发和执行一套**服务管理程序**（service management program），该程序强调饭店的重点是满足客户的需求，并能帮助饭店实现其财务目标。该程序必须基于健全的管理原则和满足客人需要的承诺。

11.2.1　管理层的作用

　　在开始讨论提供接待服务时，提到管理层可能显得很奇怪。毕竟，难道不是前台接待、话务员，以及门僮这些人在前厅迎接、问候，并且满足顾客需求吗？不错，这些员工直接提供接待服务，但是总经理必须在幕后制定一个工作计划，以确保员工的共同努力是持续及专业的。例如，在了解到客人的需要被忽视的问题后，管理层决定实施一两个特殊而急速的改变。管理层可能会觉得粗鲁、懒惰或粗心员工的负面影响已不必要地造成了不良的公共关系。如果一组员工未按管理层的标准操作，顾客将会感知到该组员工累积的负面印象。这种负面印象从长远来说将会不断增加。虽然一个两个指令可解决个别客人的问题，但是饭店只会获得短期收益。旨在满足饭店主要细分市场——继续与饭店做生意的客人——需求的全面计划，是长期提供成功的接待服务的基础。这也是饭店盈利的原因所在。

　　管理层对于服务管理程序的责任，必须和有效的市场规划、成本控制计划、预算和人力资源管理一样，成为企业不可或缺的一部分。事实上，服务管理是最主要的责任，因为它直接影响饭店的其他所有目标。往往饭店服务员习惯于他们日复一日的文件工作和等待下班的生活，以至于忘记了他们为什么在工作。他们可能并不是有意忘记的，但一切发生得太频繁。服务管理通过任命专门负责开发、组织和传递它的人，确保兑现长期提供优秀服务的承诺。四季酒店和度假村（Four Seasons Hotels and Resorts）已退休的人力资源执行副总裁约翰·W·杨（John W. Young）告诉我们：

　　　　我们期望总经理们尊重每一位员工的尊严，了解他们的需要，以及承认他们的贡献，并与他们一起努力使其工作令人满意——还要鼓励他们最大限度地扩展自身的能力和才华，实现自己的成长。总的衡量标准基于外部公司进行的详细的员工态度调查，以及员工在饭店内部流动和晋升或转向其他酒店的影响因素设定。相关人员的特殊目标也是根据饭店的需求或总经理的个人需要来设置和衡量的，例如，实施一个有计划的改变，以解决态度调查中反映的问题。[4]

前厅经理通常监督服务管理工作。其他关键部门负责人，如餐饮部总监和市场营销总监，负责监督接待客人的员工，他们都依赖于前厅经理的组织领导。值得注意的是，向客人提供热情的接待服务，是各部门的主管或**领班**（shift leader）工作的一部分，领班即是负责指导特定工作的人。前厅经理提供的组织工作是饭店同类计划的制定基础。

饭店所有者和总经理必须作出财务承诺，以确保程序的成功。通过激励计划来激励员工持续地提供热情的接待服务，是程序中一个重要的组成部分。**激励计划**（incentive programs）是指管理层努力确定员工的需求，并制定方案，以帮助他们实现自己和饭店的目标。这种方案奖励那些为客人提供持续满意服务的员工，并且通常以奖金的形式发放，当然这些奖金必须在年度预算中做好预算。奖励形式可能包括货币奖金、更高的小时工资、轮班调休，或者额外的假期或休假日等，可以让员工自己选择。

总部位于得克萨斯州卡罗尔顿的 UniFocus 公司的董事长兼首席执行官马克·海曼（Mark Heymann）认为，应同时考虑顾客满意度和员工满意度（饭店中）。他说："鉴于当今非常严峻的就业市场，不满意的工人不会留下来。所以快乐的员工是顾客快乐的关键"。海曼先生还报告了与 UniFocus 合作的饭店客户的反馈："当持续向员工提供金钱时，主要的驱动力已不再是金钱，而是管理与环境的相互作用。"[5]

每个饭店设立的目标都应该是，无论顾客在忙碌的周一早上到达，还是在轻松的周六晚上到达，我们都提供相同水平的服务。思想意识上的管理和财务上的承诺，以及前厅经理组织上的努力，将确保对这些客人一视同仁。

一线问题

一位国际客人的女儿来到前台，对工作人员说，她的母亲正胸口疼痛得厉害。前台接待能获得什么样的服务机会？

11.2.2 服务战略声明

要生成一个有效的服务管理流程，管理人员必须制定**服务战略声明**（service strategy statement），这是管理层发出的一份正式承诺：饭店会以专业的态度致力于提供顾客想要的产品和服务。要实现这一点，管理层必须首先确定顾客的需求。

那些在饭店基层职位上工作的员工，如门僮、前台接待、总机接线员、餐厅服务员、客房服务员或礼品店主管，可能对客人的需要有些了解。客人希望获得快速、高效的服务，他们希望避免排长队，他们希望在饭店周围和附近很容易找到路，他们希望饭店的产品和服务正常运转。在饭店居住时，他们希望感到安全。如果将这些意见作为了解远离家乡的客人的需求的基础，那么你将能更好地满足他们的需求。约翰·W·杨指出："市场调研、内部客人的意见和普通员工的态度调查都已经证实，四季酒店和度假村有别于我们的竞争对手，并将继续保持下去的原因就是个性化服务的提供。"[6]

埃里克·约翰逊（Eric Johnson）和威廉·莱顿（William Layton）提出："我们

只有从客户眼中才可以获得服务质量的定义。只有通过系统的消费者调查研究，完成顾客偏好的全面评估后，高层管理人员才能充分确定什么是顾客所需。"[7]因此，除了要确定客人一般想要什么，管理者还应调查具有特定属性的客人，以确定他们需要什么样的服务，他们希望饭店如何满足其需求。饭店总经理可将此任务分配给市场营销总监，市场营销总监可能会从审查和总结顾客意见卡着手，而顾客意见卡（见图 11—1）通常 6 个月至一年调查存档一次。审查饭店在哪些领域令客人失望，为从何处开始调查顾客提供了基础。这种调查反映出来的问题可作为深入调查（见图 11—2）的资料。调查中所提供的历史数据对制定服务管理方案至关重要。然而，应对员工面临的日常挑战，解决改善服务的要求永远是一线员工、主管、总经理的共同责任。

产品/服务	9 月	10 月	11 月	12 月
超额预订	41	20	8	20
登记入住慢	50	31	12	25
退房较慢	10	15	10	4
房费太高	10	7	9	8
推迟入房	35	12	18	5
客房服务慢	90	3	3	10
餐厅食品质量差	6	10		8
菜单选择项目较少	2	5	7	12
菜价偏高	2	10		20
房间不卫生	3	4	8	15
客用品选择少	—	—	5	
床上用品不足	10	10	12	5
客房服务员缺乏回应	9	15	7	9
行李员无礼	1	—	5	
餐厅工作人员无礼	1	—	10	—

图 11—1　9～12 月时代酒店顾客意见卡总结

1. 请您列出并评价行李员提供的服务。

_____　　极好　好　一般　差

_____　　极好　好　一般　差

2. 请您列出并评价前台接待提供的服务。

_____　　极好　好　一般　差

_____　　极好　好　一般　差

3. 请您列出并评价客房服务员提供的服务。

_____　　极好　好　一般　差

_____　　极好　好　一般　差

4. 请您列出并评价餐厅工作人员提供的服务。

_____　　极好　好　一般　差

_____　　极好　好　一般　差

_____　　极好　好　一般　差

图 11—2　时代酒店进行的顾客评价调查

　　该调查可以由市场营销部的人员在一天内的不同时间进行。最终产生的数据，连同从意见卡上获取的信息，给出了客人想要什么的总提示。有时客人的需求并不容易满足，因为它们会随时间改变。在图 11—1 所示的案例中，服务提供的速度、较高的价格、较少的产品选择、低质量的产品和粗鲁的工作人员都是存在问题的领域。这些领域应是服务战略声明的重点，因为它们似乎是客人的主要关注点。

　　欧内斯特·卡多特（Ernest Cadotte）和诺曼德·特金（Normand Turgeon）分析了一份关于投诉和赞赏的发生频率和类型的调查，这些投诉和赞赏来自全国餐馆协会及美国酒店和汽车旅馆协会（现为美国酒店与住宿行业协会）的顾客成员。结果显示：

　　　　将赞赏和投诉的频率进行比较，这些数据似乎形成一个四分的拓扑结构。

　　　　1. 不满意因素——对低性能的投诉，例如，停车。

　　　　2. 满意因素——能获得赞美的不寻常的表现，但是平常的表现或者甚至某些特征的缺少可能并不会引起不满或投诉，例如，中庭式大堂。

　　　　3. 关键变量——能够引出正面和负面的情感，视情况而定，例如，清洁情况、服务质量、员工的知识和服务水平、周围环境安静程度。

　　　　4. 中性因子——既没有受到大量的赞美，也没有接到很多投诉，可能是问题不突出或容易满足客人的标准。[8]

　　阿尔布雷克特和泽姆克指出，一般客人的期望如下：

- 来自服务提供者的关心和照顾
- 自发性——员工被授予权力思考
- 解决问题——员工能解决错综复杂的问题
- 恢复——任何员工都会作出特别的努力，将问题正确解决[9]

　　他们将另一个因素添加到服务战略声明中。除了想要某些可识别的产品和服务以一定的速度和质量水平提供，客人还期望员工能够承担解决问题的责任。客人不应该遇到漠不关心的服务员，或为了解决一个问题员工之间相互推脱责任的情况。管理部门必须培养可以思考和解决问题的工作人员。服务战略声明的这一方面为专业接待服务的提供带来了挑战！

服务战略声明的开发

　　一旦管理层明确顾客需要什么，它就可以开发服务战略声明。该声明应包括：

- 上至所有者和高级管理层，下至服务人员，在饭店内服务享有最高优先权的承诺
- 发展及执行服务管理程序的承诺
- 培训员工有效地提供服务的承诺
- 为提供服务的员工制定奖励机制的财务资源方面的承诺

　　这些承诺作为指导方针用于服务管理程序的开发。更重要的是，它们能够激励管理层将服务作为一项长期的工作，而不是快速的修复工作。

　　约翰·W·杨将四季酒店和度假村提供的服务战略陈述为：

　　　　……超高水平的个性化服务。人是我们最重要的资产。每个人都有尊严，并希望对自身的职业以及所工作的地方感到自豪。能否成功地提供优质服务，取决于能否作为一个团队同心协力工作，以及能否理解同事之间的需要和贡献。我们必须培训和激励自己以及我们的同事。我们必须处理好与他人的关系。我们必须谨防为了追求短期利润而牺牲长期利益。[10]

　　下面是一个服务战略声明的示例：

　　　　时代酒店的所有者、管理者和员工将联合起来，建立一个为我们的顾客服务的项目，由管理层管理，服务人员实施。顾客服务的提供对酒店十分重要。酒店

所有者将为进行日常接待服务的员工提供财务支持。

下面是另外一个例子：

酒店不断努力以保持在行业的领先地位，我们将开发一个 VIP 顾客服务方案。这个方案的管理及实施，对酒店财务上的成功至关重要。方案将包括奖励机制，并获得了本年度财政预算的优先支持。

这些声明以文字的形式，传达来自所有者和管理层的信息，即一个成功的服务管理程序取决于各级管理人员和员工的支持。

11.2.3 财务承诺

在前面对服务管理所展开的讨论，来自管理层的财务承诺一再被强调。总经理要想开发和执行一个成功的服务管理程序，必须给工作人员足够的时间，使他们能够想出一套计划，并制定出激励员工的方法。安排时间进行规划和举行战略会议需要增加财务预算。确定和提供激励的机会也会增加财务投资。通常情况下，如果这些财务方面的考虑因素缺乏计划性，将打击实施服务管理程序的积极性。

一线问题

一位总经理向她所在饭店的所有者提出了一个服务管理方案。前厅经理已制定了一个 10 000 美元的预算，其中包括对员工的激励措施。饭店所有者很喜欢这套方案，但想要将预算减少到 0 美元，所有者认为员工应该为自己的动机负责。如果你是前厅经理，你将如何证明你计划中预算的合理性？

11.3 全面质量管理应用程序

如第 2 章所述，为了引入全面质量管理，有必要就开发一定能力以管理接待服务这一问题进行预先讨论。如果饭店所有者和管理者没有制定一个清晰的服务战略声明，也没有做出提供接待服务的财务承诺，那么他们在实施全面质量管理时，将会遭遇极大的困难。全面质量管理需要一个承诺，以保证有充足的劳动力来分析客人和员工的互动、重新分配责任和权力以促进服务的改善，还需要一个长期承诺，以学习一种新的管理方法。采用全面质量管理之前所做的充分准备是成功的先决条件。

接待业人物简介

帕特里克·梅内（Patrick Mene）是丽思卡尔顿酒店负责质量管理的前副总裁。该酒店凭借著名的识别能力、卓越的总体性能、领导、盈利能力和竞争力，在 1992 年和 1999 年两次赢得了马尔科姆·鲍德里奇奖（Malcolm Baldrige Award）。大学毕业后，梅内在希尔顿酒店做管理培训生。他还曾在凯悦酒店、威斯汀国际、欧姆尼（Omni）、旧金山的波特曼酒店（Portman Hotel）以及 L'Ermitage 酒店任职酒店管理职位。他还进行了大量的研究，特别是受到了在质量规划、改善和控制管理方面的专家约瑟夫·朱兰（Joseph Juran）的指导。

梅内先生表示在争夺鲍德里奇奖的过程中，酒店获得了大量的反馈信息。他解释说，酒店过去采用的是垂直的组织形式；现在它采用水平的组织形式，将更多的精力集中于推动酒店发展的关键流程上，并提供更多的员工授权。例如，一个传统的酒店可能有 30 个部门，而丽思卡尔顿酒店却只有 4 个；每个部门都由一个水平组织的团队来经营。一个团队将重点放在抵达前的过程（客户联系销售办事处，预订，安排会议、研讨会和宴会），一个团队将重点放在抵达接待工作（洗衣房，客房部，前台），一个团队负责经营餐厅，一个团队负责举办宴会。这种横向结构建立了一个"精简、链接、授权的组织"。

梅内先生将处在这种类型的组织内的管理者描述为教练和顾问，而在传统的组织内部管理人员更多地是首席技师和善于解决问题的能手。梅内先生汇报说，客户的不满减少了。新结构导致较少的故障发生，并减少了返工的需要。过去，酒店时常会遇到不正确的问题，或逾期未结算的吧台账单；客房虽然总是干净，但有时会丢失用品；并且有些时候，当客人需要信息或协助时，却联系不到代理商，打电话也没有回音。这些问题已大幅减少。

他指出质量管理科学是知识的新分支。传统的管理方法集中于努力销售、提高价格以及强制盈利，不能识别并消除浪费。他补充说，在任何酒店中，30% 的支出都是由于质量问题而产生的，并且是不必要的。他觉得全面质量管理是实现革命性成果最有效的方法。

戴明的全面质量管理原则[11]可以应用于前厅的管理实践。管理者必须把重点放在前厅服务水平不一的问题上。管理人员和一线员工必须审查顾客和服务人员之间的互动情况。前厅要开发一个**流程图**（flowchart），用于分析特定产品或服务的提供，以此来说明顾客在要求了某产品或服务后，接下来会发生什么。对提供产品或服务的一群人之间的这种互动进行分析，有助于提出改进建议。全面质量管理的一个关键组成部分是对顾客服务提供过程进行不断分析以及改善的承诺。

11.4 服务管理程序开发

参与规划服务管理程序的员工，和从饭店所有者那里获得财务保证以建立这样一个程序的员工是同等重要的。很多时候，员工没有参与规划阶段，他们看着最终方案会说："这太荒谬了，一点都不适合我，让市场营销部的人烦恼去吧。"在许多情况下，服务被视为只是管理层提出的一个花哨的概念。管理层必须从一开始就纠正这种态度。如果员工尽早参与，他们更有可能融入整个程序中，因为他们已经是它的一部分。

11.4.1 顾客服务周期

前厅经理在与其他部门经理一同负责开发一种有效的服务管理程序时，应该先看一下他们所管理的员工。所有参与工作和轮换的员工都应包括在计划委员会中。采用计划委员会的方式可能很麻烦（调度、计划会议、增加额外的工资，等等），但是这样更可能产生一个有效的方案。工作人员为了方案能够实施并确保操作方法清晰、可行，可在计划阶段制定一个可变更的草案，这样可使员工在制定采纳程序时有一定的时间适应这种新的概念。在每一个计划阶段，员工将学习他们会怎样受益于该方案。这是一个切实可行的方式，可将管理层的努力集中在推行这一重要概念上。

一旦计划委员会成员被选择出来，他们的第一步就要分析客人对接待服务系统的感知情况：

> 想象你的公司正在按照服务周期处理与客人之间的交易。所谓服务周期，是指一系列重复的事件，在这些事件中，所有的人都在努力随时满足客人的需求和期望。这一周期可能始于客人看到你的广告，接到你的一个销售人员的电话，或者拨打询问电话的瞬间。结束只是暂时的，当客人认为服务到位，他决定再次入住时一切又重新开始了。[12]

图11—3展示了一个**顾客服务周期**（circle of service），即顾客在饭店各个部门中享用产品和服务的过程。这个大纲只是前厅经理用来分析饭店为客人服务的情况的工具，而不是一个完整的列表。要记住这些服务都是由饭店内部员工提供的。在为某一特定的饭店制作列表时，员工的参与是至关重要的。

市场营销
- 顾客调查（入住前后）
- 广告：广告牌、直邮、电台、电视台、印刷品、网络；奖励促销，独立或与其他饭店集团合作；社交媒体

预订
- 免费热线电话、传真、国际预订系统（轻松访问）、互联网
- 预订时的电话服务礼仪
- 取消预订的政策（合理的限制）
- 信用卡的可用性
- 住宿性价比（价值和成本的考虑）
- 赠送的服务和产品（价值和成本的考虑）
- 饭店的航空和公共交通信息
- 社交媒体

入住登记
- 饭店的航空和公共交通信息
- 问候（门僮、行李员、前台接待）
- 行李服务
- 入住的程序（排队等候时间、提前打印的登记卡或者自助登记的便利性）
- 客房设施（价值和成本的考虑）
- 信用卡的可用性
- 赠送的服务和产品（价值和成本的考虑）
- 客房状态/可用性
- 饭店其他服务的信息
- 洁净度以及休息室、电梯、客房的内部设计

- 空调、暖气、电视机、收音机、房间水管的运转情况
- 便利设施可得性
- 社交媒体

顾客入住期间

饭店其他部门：

- 餐饮部（提供的菜单、营业的时间、价格、服务水平、环境氛围）
- 礼品店（选择性、纪念品、价值/价格）
- 休息室（价格、娱乐、时间、服务水平）
- 客房服务（提供的菜单、服务时间、托盘收集的及时性）
- 洗衣服务（取送的次数、价格、服务质量）
- 家政服务（客房的日常清洁、物品的补充、公共区域的清洁、饭店内方向的询问）
- 住宿可能性（价值和价格的考虑）
- 技术设施（商务服务、Wi-Fi、计算机）
- 安全（24 小时的安保、消防设施、匿名钥匙的分配、钥匙和锁的修理服务、饭店内方向的询问）

前厅：

- 信息和协助的需求（叫早服务、其他部门的工作时间、向其他部门传达需求）
- 电话系统（需要员工的帮助）
- 顾客对账单的更新
- 入住时间的延长

结账

- 合理和灵活的结账时间期限
- 行李服务
- 电梯的可用性和及时性
- 客房内视频退房
- 排队时间
- 顾客对账单即时打印的可能性；费用的准确度
- 额外预订
- 社交媒体

图 11—3　顾客服务周期综述

分析服务周期的另一个好处就是该过程可以揭示整个系统中存在的低效率问题。将这些进行整合有助于提供一流的服务，下面的案例由纽约华尔道夫阿斯托利亚酒店质量保证和培训部门的南希·J·艾琳（Nancy J. Allin）和凯利·哈派恩（Kelly Halpine）报道，该案例指出：

> 虽然可能会有很多合并前台接待和收银员的理由，而且华尔道夫阿斯托利亚酒店考虑到了很多方面，但是做出这个决定的最终原因是期望能够提升前台顾客服务的质量，而顾客服务的影响在前台是最明显的。受过综合培训的员工通过执行这两种功能加快了登记入住和退房结账的速度。前台接待能兑现支票，而收银员能签发房间钥匙，在很多情况下可以让客人不必再排两队等待。[13]

11.4.2　饭店服务管理的关键时刻

顾客服务程序的核心在于由阿尔布雷克特和泽姆克提出的**关键时刻**（moments of truth）管理："如果一位顾客之前与公司的任何一方面有过接触，这样的一段情节不管多么遥远，都有可能会留下印象"。[14] 每次饭店顾客接触饭店的某一方面时，他都在评判饭店的服务质量。如果预订人员告知顾客必须"以这个价格获得这个房间，否则只能住到别处"，那么他们将感受不到热情接待是这个饭店的主要考虑因素。当一个潜在顾客打电话来要和总经理谈话时，总机接线员回应："你是谁？"客人将预计如果他决定入住饭店，以后会受到同样草率而不礼貌的对待。当顾客挤进一个电梯，发现电梯里一半空间都被客房工作人员以及他们的真空吸尘器和脏衣服占用时，他会觉得自己不受欢迎。所有这些印象都会让客人觉得这家饭店的服务是糟糕的。

这些案例仅仅是可以从顾客服务周期分析出的部分关键时刻。不管一位客人将一件事视为关键时刻，还是基本不会予以注意，它都是对饭店接待服务累积起来的评价。阿尔布雷克特和泽姆克告诉我们，每一位客人的心里都有一份成绩单，那是引导他们决定是再次接受本饭店服务还是到别处消费这一评级系统的基础。[15] 如果想要一个顾客在饭店接待服务成绩单上给饭店一个 A+ 的评价，就必须管理好饭店所有的关键时刻。这个挑战不应该看成一项不可能完成的任务，而应该是饭店所有者、管理者和员工有组织、齐心协力的成果。当你按自己的想法开发服务管理程序时，要将顾客成绩单的概念牢记于心。

一线问题

时代酒店的前厅在向客人提供服务的过程中，在某一特定方面显得十分不足——当地特殊事件的相关知识。客人抱怨前台接待不能给出明确的方向、大概的旅行时间、某些事件的及时信息、进入的成本，或者有关大众运输工具的建议等。客人到前台接待那里讯问，他们只是做出简单回答。

前厅经理已经决定利用全面质量管理来解决这种情况。酒店已经声明给这个目标服务承诺和财务上的支持。如果你是前厅经理，你将如何开展工作？

11.4.3　员工买进的概念

阿尔布雷克特和泽姆克注意到，任何一种零售或服务业，销售量的最大影响因素是"最后四英尺"（last four feet）。这取决于接管"最后四英尺"的饭店员工。[16] 换句话说，所有成熟的营销方案、有成效的促销活动、杰出的建筑设计、高学位和多证书的管理层员工都是提供热情接待服务的前提。一线员工是服务管理程序的纽带，他必须提供这种服务，这个简单的事实仍然令许多人感到吃惊。前厅经理怎样才能确保一线员工提供一种持续的、高水平的服务呢？

阿尔布雷克特和泽姆克提出了如下建议：

要达到高标准的服务水平，创造和维持一个激励环境是十分有必要的，在这样一个环境中服务人员能找到全心全意为顾客服务的理由。人们只会在得到他们想得到的东西时，才会最大程度地将精力投入其中。他们想要的东西可能是心理上的——一种感觉、一个状态，或者一种经历；也可能是物质上的——金钱是一种最理想的回馈方式。任何情况下的管理工作都是要创造一个激励环境。[17]

约翰·W·杨响应了他们的看法："现在面临的挑战是要激励你的员工，使他们提供顾客需要的服务，并一直坚持下去……如果我们想要成功地提供卓越的服务，就必须确保每位新员工相信按照企业的愿景和标准'买进'的好处。"[18]

简而言之，只有员工致力于服务管理程序，我们才能提供一种持续的、高水平的服务，这种承诺是饭店的管理者培养出来的。它要求前台接待告诉新登记的客人在休息室表演的特殊音乐组合团队，或者询问一下从机场过来时的交通状况如何，又或者建议顾客向大堂的礼宾员咨询一下该城市旅游景点的方位。第 12 章将进一步探讨员工激励问题，这对于服务管理程序的开发和执行是至关重要的。

考虑每一个饭店内的每一位员工，并决定如何激发他的服务承诺。如果用金钱来激励员工，财务激励程序应井然有序，以便用来奖励提供热情接待服务的员工。员工持股计划能够激励他们，让他们从经济上意识到持续提供高质量服务的重要性。其他的奖励系统包括安排班次的优待、更长的休假和额外的假期等，长期的奖励还包括晋升机会。

11.4.4 筛选提供热情接待服务的员工

在开发服务管理程序时，另一个需要考虑的因素就是提供热情接待服务所需要的员工个性特征。如果正在评估一线服务职位的候选人，结构化面试应该能剔除不能或不愿意与客户需求打交道的应聘者。阿尔布雷克特和泽姆克提出了选择一线员工时应考虑的一些因素："一个服务人员至少需要拥有适当水平的成熟度和自尊。他必须有正常的表达能力，了解社会背景下的一些正常规则，并且能够说出和做出一些有助于与顾客建立和维持良好关系的事情。此外，他对与他人接触需要有相当高的忍耐力。"[19]约翰·W·杨说：

> 激励过程始于员工的筛选，这一点是十分重要的。一位求职者在申请一个工作时，平均要接受至少四个人的面试。四季酒店和度假村开业之初，每位被雇用的员工都要被酒店总经理面试。首先我们寻找那些已经被激励了的人。我们设计补偿政策来支持和加强我们在员工招聘、训练和发展的过程中投入的努力。我们不仅把他们当作一个激励者，而且把他们当作我们经营理念和策略的持续传递者——就如员工交流方案本身一样。[20]

管理人员之间进行的小组讨论，有助于凸显服务人员的品质。这些小组讨论应产生一个非正式的员工筛选程序，确定员工是否展现出自信，是否具备表达能力、社交礼仪和持续与顾客接触的高忍耐力等，这些问题可以以小组的形式进行讨论。那些知道他们需要什么样员工的管理者，更能够保证在正确的职位上安排正确的人。

11.4.5 授权

授权（empowerment）——管理层将权力和责任委派给**一线员工**（front-line employees）的行为，一线员工即那些直接为客人提供服务的员工，比如前台接待、收银员、总机接线员、行李员、礼宾员、客房服务员。授权是服务管理程序的基石。员工授权的过程需要前厅经理分析客流量，并确定一线员工如何与顾客互动。是否有一些服务点，顾客要求在其提供的服务水平方面有所变化？有时是否会有顾客询问标准操作流程，比如收费、客房入口或房间住宿？是否有员工经常告知顾客"我没有权力决定这件事，你需要见我们的经理"？如果对顾客服务周期的审核显示出下放权力和责任的机会已经来临时，就应该实行授权了。

前厅管理授权

不习惯解决问题，并且不被视为管理团队成员的前厅员工，可能会不愿意突然接受责任和作出决定。习惯了管理者解决所有难题的员工，或许会认为没有必要对常规安排做出改变。然而，前厅经理越来越清晰地认识到，不允许员工参与制定决策的管理方式是不会取得成功的。因而，前厅经理所面临的挑战就是要开始将授权引入前厅。

客流量分析（如上所述）是开始授权过程的最好办法。但是，这样的分析必须由前厅经理连同一线员工一起进行。如果一线员工没有参与分析过程，有价值的数据可能会被忽视，员工做主人公的机会就流失了。员工加入决策制定过程是积极授权的开始。

员工授权参数

包含在授权中的权力和责任必须充分表达和传送到员工那里。如果客流量分析表明顾客对对账单金额有所质疑，那么就必须对对账单金额加以讨论。如果问题金额少于5美元，收银员有权把这笔金额记在客人的账户上吗？如果问题金额少于25美元，收银员有权把这笔金额记在客人的账户上吗？如果超过25美元呢？收银员有这个权力吗？

在给员工授权设定参数的同时，要建立一个提供有关收银员财务活动和顾客满意度信息的管理反馈系统。例如，如果客人对累积账目以及前台职员接待返还收费的个人账目有争议，应该由前厅经理重新核查。超过员工授权参数的财务总额应该受到质询。

一线问题

284房间的客人打电话到前台，想通过客房服务订购比萨饼，但是房间内没有客房服务菜单。前台接待想将此需求传达给客房服务员，不料电话没有打通。之后，前台接待给餐厅打了电话，要求餐厅服务生处理顾客的需求。这种情形下潜在的全面质量管理工作起了什么作用？

授权培训

在给员工授权之前，需要对员工进行培训。培训课程应强调一种意识，即要求员工去解决顾客所关心的问题并不代表管理阶层放弃了他们的责任。员工在和心烦意乱的顾客打交道时，也会忐忑不安，前厅经理必须制定出灵活但又相对程序化的方法让员工使用，以提供一种规范的服务。

授权培训应该从询问员工给顾客提供良好服务时的感受开始。前厅经理或许可以询问员工，饭店如何才能让顾客感觉最舒服。针对员工近期在帮助顾客入住登记或退房结账的过程中所亲身经历的问题，可能会创造一些讨论的机会。接下来是一系列授权政策标准的培训，这些标准描述了包含在他们岗位描述中的一系列权力及责任。员工与前厅经理之间关于这些标准的对话，能够帮助员工清晰理解、关注并且明确沟通的事宜。前厅经理应该向员工展示，并且要求员工通读授权政策标准。前厅经理也要举行包括审查员工表现和为员工提供反馈的后续培训课程。

11.4.6　接待服务管理培训

一个良好的服务管理程序应该包含对员工进行有关提供接待服务的培训。正如管理者讨论他们想从一名员工身上得到什么一样，为了向远离家乡的游客提供接待服务，管理者要决定必须做什么。当然，这个讨论并不能孤立进行，需要有员工的参与。运用顾客服务周期，规划小组要决定每一个一线员工在每个工作点上必须做什么，以提升服务质量。

> 使培训有所回报的关键，是知道我们想让员工在结束培训之后能做什么。一个良好的培训过程从绩效分析开始，我们必须对为顾客提供良好服务时要做的各种各样的工作进行分析，然后讲清楚负责该工作的员工必须具备的知识、态度和技能等。[21]

你不能理所当然地认为，前厅接待在使用电脑登记入住时，知道要与顾客进行眼神交流；或者当一个顾客打电话询问信息中途却莫名其妙地挂断时，总机接线员知道通知保安部总监；或者一个行李员在把顾客的行李拿进房间时，知道检查暖气、换气扇、空调设备和电视机的工作情况。接待服务的表现方式必须明确，因此每个员工都能够通过培训来传达它们。

10.4.7　服务管理程序评估

每个计划都必须通过一定的方法来评估该计划是否成功达到了它的目标。本章一开始就把接待定义为大方、热情地为客人提供服务。饭店所有者和管理者如何知道是否正在提供热情的接待服务呢？

阿尔布雷克特和泽姆克将明确顾客服务的关键时刻作为有效评估流程的基础。图11—3大致展现了顾客服务周期的关键时刻。[22]这个框架指导我们应该评价什么。为明确某一特定饭店顾客服务周期的组成，所做的工作越多，管理者和员工在评估服务提供时越有效率。如此，特定的预期行为能够被确定和衡量。例如，部分登记入住的过程依赖于饭店快速巴士将客人接至饭店，那么顾客关于较迟或者较慢服务的抱怨就能告诉所有者、管理者及员工，一线员工没能正确地提供必要的服务。顾客意见卡可以作为管理者和员工获得反馈意见的一种办法。但是，并不是所有满意或者不满意的顾客都会完成这些意见卡。致力于改善服务管理程序的饭店所有者、管理者和员工必须为确定顾客满意度想出其他办法。

另一个可以用来获得顾客反馈意见的方法就是要求一线员工，比如前台接待，在顾客退房时进行询问。只是简单的询问"一切都还好吗"并不够。如果顾客对账单中表明顾客在食品、饮料、客房服务、长途电话或者洗衣服务等方面进行了消费，前台接待可以询问这些服务的提供情况——"您的食物是否是热的、提供是否准时、是否及时从走廊撤走？""您在休息室得到的服务还满意吗？"将顾客的反馈向具体部门反应，这一沟通方式能够纠正一线员工的错误，或是以此奖励他们，同时可以完成有效的服务管理程序评估过程。例如，及时将从顾客处得到的信息打电话告知正在值班的经理，能够帮助补救潜在的顾客服务问题。

前台接待在顾客退房时的一次询问，为以后的服务质量提供了反馈信息。餐厅、休息室、行李员、客房部、维修部的监管人员等，必须同他们的员工一起开发一个沟通程序，以监测顾客体验的过程。服务员必须对顾客关于菜单和价格的反应保持敏感性；行李员必须持续了解顾客的信息需求、导向需求，或者帮助顾客搬运行李；客房服务员要清楚顾客额外需要的设施、布草或者公共区域的清洁问题。所有的反馈信息必须传达给一线员工，以便持续不断地改善服务。

11.4.8　后续培训

随着时间的推移，持续管理程序对每一个服务管理程序来说都极为重要。在饭店业，持续管理很困难。饭店时时刻刻都在运营，不计其数的工作参与到保持饭店顺利运转并盈利的过程中。管理者都会以最好的初衷应用服务管理程序，但是大多数情况下，都在日常的一系列操作中失败或者被忽视。阿尔布雷克特和泽姆克告诫我们："孤立的改变和改善计划开始会有使饭店业务顺利运行的趋势，但之后就会向着引入程序前的服务水平走下坡路。程序和持续承诺的差别就在于管理。"[23]管理是执行高效的顾客服务程序的关键。接待服务的承诺不是偶然的；它需要持续的关注、研究、培训和评估。只有具备了这种承诺，才能保证一个饭店每天为每位顾客提供热情的接待服务。

11.4.9　与其他部门合作提供接待服务

运用全面质量管理的众多好处之一是参加者能够了解团队其他同事的具体职责。饭店中由来自各个部门的成员组成的团队，有机会深入洞察每个员工的工作。有时候全面质量管理的过程就像杂乱的图表、流程、互动或类似的东西，倾向于使未参与其中的人感到迷惑。但是这个过程能够使员工全面了解顾客是如何贯穿整个接待服务系统的，以及员工在提供服务时所做的各项工作。全面质量管理的参与者会意识到，接待服务的提供并不仅仅是哪一个人的职责。对于感觉自己是在独立承担提高顾客满意度责任的员工来说，这是一个惊人的发现。全面质量管理让所有的参与者都有机会了解，每个部门的员工在为顾客提供接待服务的过程中是如何合作的。

在没有使用全面质量管理的管理系统中，像"这不是我的工作"这种态度很常见。那些部门内部和部门之间感觉到自己有明确工作职责的员工，并不会在不给报酬的情况下冒险做他们工作之外的事情，相反，他们或许会提供不被顾客接受的服务。运用全面质量管理的部门经理有机会和员工一起优化服务的概念以及提供服务的方法。这种互动给管理者和员工提供了发表观点的机会，可共同讨论狭隘的岗位描述所带来的局限性是如何影响员工为客人提供服务的能力的。

一个典型的全面质量管理团队将来自各个部门的代表指派到具体的顾客服务的改进工作上。比如，顾客或许会投诉客房里面没有足够的毛巾。这样的投诉，特别是在晚上客房服务结束后，在降低顾客满意度的同时，还额外增加了单独值班的前台接待的工作。

一开始，答案可能是"在每个客房里面放更多的毛巾"。饭店管理者或许认为这样会增加库存采购和洗涤的成本。客房服务员意识到，客房内供应品过多会有丢失的可能，而且增加了成本。然而，如果由一个团队来处理看似如此微小的问题，也许能够发掘出一系列可能被某个员工忽视的解决办法。

由前台接待、客房服务员、行李员、服务员、厨师、总机接线员、收银员和监督人员组成的团队负责审查这一项具体的服务以及它是如何提供的。对服务组成部分的客观评价，能够让员工了解部门之间该如何合作，以完成他们的任务。头脑风暴会议识别出员工可以讨论的有待改进的地方。其他会议会发现团队成员形成了建设性概念，并获得了一定的见解，这些会议同样也尊重团队成员所完成的工作。团队或许会决定，要求前台接待在超过两个人入住同一间客房的情况下通知客房服务员，这样客房服务员就能每日为客人增加额外的毛巾。这个决定不仅可以解决因为毛巾不足引发顾客不满的问题，而且还能给一线员工提供一个发现并且为顾客服务的机会。赢得一位满意的顾客，不仅是一个前台接待或者客房服务员的问题，还是一个团队的共同努力。

希尔顿集团的"希尔顿骄傲计划"就是一个服务管理程序的案例，它表彰卓越的饭店业绩和顾客满意度。"骄傲计划加强了我们在工作地点为顾客提供超出一般水平服务时的自豪感。这种自豪感能够让我们创造出使顾客成为回头客的服务水平。"希尔顿集团执行副主席、公司董事会和酒店运营管理主席迪特尔·H·胡克斯汀（Dieter H. Huckestein）说。

> 执行标准包括以下几个方面：
> - 顾客满意度追踪研究
> - 顾客意见卡回应
> - 神秘顾客评价
> - 团队成员调查
> - 利息、税收、折旧和分期付款前的收入（EBITDA）
> - 平均可出租客房收入
> - 平均可出租客房收入指数
> - 品牌管理和产品标准[24]

德尔塔酒店集团（Delta Hotels）在 2000 年和 2007 年获得了著名的"卓越奖"，这是加拿大国家质量委员会（NQI）在"加拿大卓越计划奖"中颁发的最高荣誉奖项。这个奖项是对酒店在质量、顾客服务和健康的工作环境中所取得的突出成就的一种认可。

"自从 1996 年以来，从我们的一线员工到酒店核心员工，到我们的管理团队，7 100 名员工中的每一个人都以服务质量为工作重心。"德塔尔酒店集团的主席汉克·斯塔克豪斯（Hank Stackhouse）说。[25]

一线问题

1104 房间的客人要求在他房间内举办的酒会结束后再进行客房清扫。现在他正在等候两个小时内将要到达的商务客人。他想要你确保客房部能够在接下来的半小时内作出回复，你应该怎么做？

11.5 客户关系管理

客户关系管理（customer relationship management，CRM）是一个允许饭店管理者整合能够为客户提供一流服务的方法和技术的系统。在 CRM 中技术明显扮演第二角色，因为与顾客一对一的互动才是顾客再次光临的原因。尼尔·霍尔姆（Neil Holm），Hypen 公司（一家信息系统管理公司）的总裁，将 CRM 描述如下：

虽然经常被认为是一种技术方式，但 CRM 首先是一种经营理念——一种始终如一地正确对待顾客的方法。技术是能够让管理者和员工获得有用信息，以便更好地培养顾客满意度和忠诚度的一个推进者。[26]

哈利（Haley）和沃森（Watson）将顾客认可，数据获得和维护，渠道整合和一致性，排名和歧视以及双向个性化的对话框列为 CRM 的五个基本元素。获得顾客对日常工作的认同很简单，但是当顾客消费群体是零星的或者全球性的消费群体时，我们就需要相关信息数据的辅助了。这就是将顾客喝咖啡或者打高尔夫的时间偏好的相关信息计算机化的重要原因所在。为保持这个系统正常运转，必须进行数据的获取和维护。每次顾客信息发生变化，都应在系统中反映出来。[27]

11.6 开篇困境解决方案

补救这种顾客服务状况的即时反应，就是让前台接待为那个顾客先以每晚 99 美元的价格登记入住，在顾客离开前台之后和主管商讨这种情况，然后前台接待打电话给顾客以确认房价。然而在未来，处理这种相似情况更加有效的方法，就是和总经理或者所有者制定出一种服务战略声明，并且得到一定的资金来支持这个服务管理程序。探索和运用员工激励机制和授权机制，能够促进服务管理程序的有效运行。全面质量管理团队能够帮助员工决定提供服务时要做的工作。前厅经理不要认为提供良好的服务是理所当然的。高质量的服务是有计划地提供的，而非偶然出现的。

☐ 本章概述

本章着重强调了饭店中持续提供顾客所定义的高质量服务的重要性。接待服务的成功扩展，始于管理层对服务管理程序的承诺。准备一份服务战略声明，需要饭店所有者、管理层和员工共同开展规划工作。全面质量管理的原则给管理者和一线员工提供了一个分析服务组成部分和改进现有服务方法的机会。服务管理程序的实施包括一线员工的参与、顾客服务周期的讨论、关键时刻、员工参与、有潜力员工的筛选、授权、培训、服务管理程序的评估和在提供接待服务时与其他部门的合作等。长期承诺对于一个成功的服务管理程序来说是必不可少的。

☐ 关键词

顾客服务周期（circle of service）

客户关系管理（customer relationship management，CRM）

授权（empowerment）

流程图（flowchart）

一线员工（front-line employees）

接待（hospitality）

激励计划（incentive programs）

关键时刻（moments of truth）

服务管理程序（service management program）

服务战略声明（service strategy statement）

领班（shift leader）

☐ 本章思考题

1. 你认为接待服务对饭店顾客来说有多重要？如果你就职于一家饭店，所有者是如何看待为顾客提供热情接待的重要性的？

2. 如何制定一份服务战略声明？为什么这是服务管理程序的一个重要开端？

3. 服务管理程序中为什么要涉及一线员工？

4. 在具体工作中你将如何运用全面质量管理？你认为在运用这种管理概念时会出现什么困难？你会给领导什么样的建议来克服这些困难？

5. 如果你在一家饭店工作，请参照图 11—3 准备一个顾客服务周期大纲。

6. 在提供服务的过程中，关键时刻指什么？一个前厅经理如何才能识别它们？

7. 员工为什么要加入到服务管理程序当中？你将如何保证员工的服务承诺？

8. 讨论出分辨未来的员工是否具有提供热情接待服务所需要的品质的有用办法。

9. 在服务管理程序中，培训为什么是一个很重要的组成部分？前厅经理如何识别给顾客提供接待服务所需要的技能？如果你就职于一家饭店，你是否愿意接受有关接待服务的培训？

10. 前厅经理如何衡量服务管理程序的有效性？

11. 在接待管理中，后续培训为什么如此重要？

□ 案例分析

1. 时代酒店新的所有者刚从亚洲一个城市登机，他们在文华大酒店（Mandarin Hotel）享受到了一流的住宿服务。酒店服务意识很强，令他们感觉很满意。在航行过程中，一名所有者阅读了流行杂志上关于美国酒店基本服务的一篇文章。文章详细介绍了很多酒店存在缺少对顾客的关心、客房的高成本，以及酒店工作人员态度粗鲁等问题。所有者发现在时代酒店可以找到文章中提到的很多问题。

第二天，在全体员工会议上，所有者与管理人员分享了他们所关注的事项。全体人员仔细倾听时，会不由自主地认为："我们以前听说过这个——只不过是为了使我们已经过度劳累的工作人员有更多的工作，所有者的另一个想法"，然而，这一次所有者声称他们不知道从哪里开始；他们对问题的规模感到不堪重负。"让我们制定一个计划。"他们建议，所有管理人员都必须做一些关于这一主题的研究，并在两个星期以后重新召开头脑风暴会议。

前厅经理安娜认为这是一个挑战！她看了一些商贸杂志上关于服务管理的文章，决定做更多的关于这个专题的研究。

安娜女士通过阅读，学习到需要由所有者所做的资金承诺，以及工作人员所做的管理承诺来共同完成这项工作。如果员工参与计划制定阶段，应该会很有成效。她认为，如果所有者能保证他们的财务承诺，他们将很容易得到员工的合作。她猜测其余的管理人员对强加在他们头上的项目可能会半信半疑。

在接下来的头脑风暴会议上，安娜概述了她的研究成果。所有者都不愿意承担额外的费用来激励员工。他们回应说："让我们来找出一些更有创意的方式。"其他经理建议准备一份海报来放置工作表现好的员工的照片，把这些员工的名字放在字幕上，以及在员工餐厅放置意见箱。团队在财务方面的关注，转移了讨论服务管理程序内容的注意力。经过两个小时徒劳的讨论后，所有者决定搁置服务管理程序。

如果你是前厅经理，你会在关于制定有效的服务管理程序的演示文稿中包含什么内容？

2. 时代酒店的前厅经理安娜和市场营销总监罗林，了解到下一届奥运会将在他们的城市举办。市政府和旅游发展局正计划开发一个程序，以确保所有机构、个人和商业企业能向客人提供高质量服务。个人和商业企业（酒店、餐馆、公共交通等）将召开会议并决定如何采取行动。时代酒店总经理玛格丽特希望安娜和罗林代表酒店加入酒店接待委员会。因为奥运会是在几年后举行，所以有足够的时间让各部门参与计划。

经过几次会议，大家认为应该形成各个小团队，以讨论提供高品质服务的具体组成部分。安娜和罗林将负责国际游客团队的服务。针对安娜和罗林带领的这个团队，你会给他们什么建议？起草团队第一次会议的议程。

3. 时代酒店前厅经理安娜和市场营销总监罗林，正在审查最近从顾客意见卡总结中获得的统计数据。事情看起来十分具有挑战性。安娜和罗林是好朋友，他们知道必须拿出对策来处理为什么不能提供良好的顾客服务这一问题。如果他们想要将顾客服务作为时代酒店的一个优势，你会给他们什么建议？

时代酒店
200×年 11 月 17 日顾客意见卡总结

产品/服务	11 月 17 日
超额预订	10
登记入住慢	5
退房较慢	3
房费太高	8
推迟入房	12
客房服务慢	6
房间不卫生	7
设施选择少	2
床上用品不足	5
客房服务员缺乏回应	4
行李员无礼	1

□ 注　释

1. Karl Albrecht and Ron Zemke, *Service America!* (New York: Dow Jones–Irwin, 1985).

2. InterContinental Hotels Group, Total Quality Manager, ph.jobstreet.com/jobs/2005/3/default/20default/20/372616.htm, March 26, 2005.

3. Albrecht and Zemke, 6–7.

4. John W. Young, "Four Seasons Expansion into the U.S. Market," paper delivered at the Council on Hotel, Restaurant, and Institutional Education, Toronto, Canada, July 30, 1988; edited July 17, 2001, p. 29.

5. Cheryl Hall, "Data Crunchers at Irving-Based UniFocus Help Hotels Improve Customers Service, Maintain Employee Morale," *Dallas Morning News*, July 16, 2000. Reprinted with permission of the *Dallas Morning News*.

6. Young, 22.

7. Eric J. Johnson and William G. Layton, "Quality Customer Service, Part II," *Restaurant Hospitality* (October 1987): 40.

8. Ernest R. Cadotte and Normand Turgeon, "Key Factors in Guest Satisfaction," *Cornell Hotel Restaurant Administration Quarterly* 28, no. 4 (February 1988): 44–51.

9. Albrecht and Zemke, 33–34.

10. Young, 9–10.

11. Don Hellriegel and John W. Slochum, Management (New York: Addison-Wesley, 1991), 697.

12. Albrecht and Zemke, 37–38.

13. Nancy J. Allin and Kelly Halpine, "From Clerk and Cashier to Guest Agent," *Florida International University Hospitality Review* 6, no. 1 (Spring 1988): 42.

14. Albrecht and Zemke, 27.

15. Ibid., 32.

16. Ibid., 96–97.

17. Ibid., 107–108.

18. Young, 14, 35.

19. Albrecht and Zemke, 114.

20. Young, 25–26.

21. Albrecht and Zemke, 112–113.

22. Ibid., 139.

23. Ibid., 144.

24. Jeanne Datz, "Hilton Hotels Corporation Selects 16 out of More than 300 U.S. Hilton and Hilton Garden Inn Hotels for the 2000 Hilton Pride Customer Satisfaction Awards," Hilton Hotels Corporation, Beverly Hills, CA, April 16, 2001.

25. Sandy Indig, October, 2007, http://www.deltahotels.com/fr/about/press_view.html?id=207.

26. Neil Holm, "Understanding the Power of CRM," www.hotel-online.com/News/PR2003_4th/Nov03_UnderstandingCRM.html, April 7, 2005.

27. Mark Haley and Bill Watson, "The ABCs of CRM," www.hotel-online.com/News/PR2003_1st/Mar03_CRMHaley.html, April 7, 2005.

第 12 章

饭店业培训

本章重点

饭店员工质量的决定因素

审查饭店业质量

开发饭店入职培训计划

开发饭店培训计划

员工交叉培训

培养培训师

实行授权

《美国残疾人法案》

开篇困境

一家饭店的总经理恩里克·加西亚（Enrique Garcia），听说了顾客对其饭店员工的抱怨。他已经疲于因为饭店服务的问题而写致歉信挽留顾客了。最近，有一位顾客抱怨，当他坐着轮椅离开饭店前台时，无意间听到一名接待员对其不大友善的言论。在此两天前，另一名饭店员工花了足足 45 分钟才应顾客的要求，帮忙把一个很重的行李箱从顾客房间搬运到饭店大堂。同时，这名顾客还抱怨他花了 10 分钟才办理完入住手续。加西亚先生想要联系一家广告公司来帮助他重塑饭店的形象。

12.1 饭店员工质量的决定因素

评估员工对某项工作的适用性，需要识别员工的才能和性格特征是否适合该项工作。前厅经理通常可以列举出一系列前厅员工所存在的问题，但却不能说出他们的优点。识别优点的能力——现有员工的能力以及潜在员工应当具备的能力——不仅仅有助于为特定的职位选择合适的候选人，也能根据员工的能力指派合适的任务给他们。

如果你不了解现有员工的才能，以及未来员工将要具备的才能，你就无法雇用到一名匹配你需求的员工，或是不能有效利用员工的才能。

12.1.1 工作分析与岗位描述

前厅经理应当从饭店某个部门每个职位的工作分析和岗位描述入手，确定每个职位的责任和目标，然后考虑个人在工作中需要具备的特质、才能和经验。例如，前厅经理可能希望前台接待可以出售更加昂贵的饭店套间或是其他服务。为了达到这个目标，员工就必须具有爽朗开放的个性，或乐于接受新的责任义务，并将其作为一项挑战或是一个寻求发展的机会。饭店前厅经理可能希望前台接待可以熟练、准确并更有效率地处理各种文书工作。这些特质可以在一个具备文书处理能力或者是销售经验的人身上找到。除了作为劳动力，一个人的其他工作经验，例如曾是服务性俱乐部或者社团的领导，可以显示出其具备的领导才能和项目组织能力。上述各种特质和其他的特质可以视为一个完整的才能包。在本章后面所探讨的一些概念，将帮助前厅经理识别并发展员工的各项有利特质。

12.1.2 优秀饭店业员工的品质特征

根据以往的经验，前厅经理必须考虑到员工的品质特征在服务传递中的重要心。这些特质包括成熟的思想、开放的个性、耐心以及乐于接受建设性的批评或建议。员工也应当在销售过程中安下心来，因为他必须销售饭店的服务。

性格开朗的员工会主动去发现其他员工，并一开始就积极与之建立联系。性格外向的员工享受与顾客之间的交流，也会使顾客感受到自己是受欢迎的。多数情况下，这类员工会把所遇到的困境转化为对自己的挑战。例如，如果一名顾客表示他绝对不会答应换到另一家饭店去——"毕竟担保预订是一种对顾客的承诺"——性格外向的员工可能会更善于说服顾客，并许诺另外那家饭店肯定会"达到您最高的标准"，而不是完全保持沉默。

思想成熟的员工会从饭店的整体来考虑问题，并能在作出行动以前，快速分析所处的形势。这类员工在作出反应以前，会聆听顾客的忧虑，而不是直接受形势的控制。在需要时间考虑，或者需要满足一项需求时，成熟的员工也会显示出其所具备的耐心。顾客可能会在陌生的环境中对周边的地理环境不知所措，这时，成熟、有经验的员工会很乐意一遍遍地为顾客提供方向上的指引，或者是画一张草图，以使顾客有足够的时间来消化这些指引信息。

12.1.3 练习销售技巧

对建设性的批评或建议抱有积极态度的员工，在其饭店业职业生涯中会取得进步与成功。所有员工都会在作出判断时犯错，或许也会有不遵守饭店规定的时候。有意进一步学习的员工，会寻求用一种管理者应有的视角，来解释其行为带来的某种后果。

前厅那些乐于不断练习销售技巧的员工，对前厅经理来说是一笔巨大的财富。这类员工在整个饭店任职期间，接受着产品和服务销售的挑战，并寻求达到或超越销售定额。这些特质使前厅的员工了解到，为饭店创造收益，所有努力都是必要的。

12.2　审查饭店业质量

在对求职者进行面试，并要确定他是否具有满足某项工作需求的个人特质时，预先设计的面试问题是十分有用的。前厅经理可基于职位的描述展开一系列问题，以此推动面试工作顺利进行。

他要判断这位求职者是否具有外向的性格，是否具有耐心，是否具有接受建设性的批评或建议的能力，以及是否具有销售能力。这些只是前厅经理在一次面试过程中想要了解的一小部分个人特质。

12.2.1　外向的性格

第一个问题用来判断求职者是否外向。尽管面试过程中，通过观察可以给予这个问题一些回答，以说明他怎样与人相处，但你可以通过以下问题进行更深入的了解："请告诉我，你上次与朋友吃晚餐是什么时候。你觉得朋友怎么样？"求职者如果对朋友的友好招待表示了感激，则表示求职者是了解"热情接待"这个概念的。

一线问题

你计划明天有3场招聘面试。在过去的6个月里，你已经失去了6个前厅员工。作为前厅经理，你会如何准备这次招聘面试，以确保找到最合适的员工？

12.2.2　耐心

为了了解求职者的耐心，可以问他："跟我谈谈你最近参与的一项事件吧，比如运动、社会活动或工作实践，这一事件达到甚至超越了你的期望值。"例如，如果你是一个运动团队的一员，你参与了最后的决赛，但是输了，你要怎样从失败中恢复过来？或者你的好朋友没有获得他所希望的工作，你会怎样安慰他？有的回答反映出求职者会忽视某些细节上的问题，但是觉得总体获得的经验对其来说是值得的，那么表明这名求职者具备团队精神。

12.2.3　接受建设性的批评或建议的能力

为了评估求职者接受建设性的批评或建议的能力，类似如下的问题非常有用："在你之前的工作中，如果没有达到规定的目标，比如工作迟到了，或者是没有遵守公司的规定，上级会怎样处理你的行为？"求职者的回答可以反映出他如何合理理解其被惩戒的原因；其如何改正错误可以反映出求职者怎样接受建设性的批评或建议。

12.2.4　销售能力

求职者为慈善组织公开募集捐赠物的热情度可以帮助面试官了解求职者为饭店出售产品和服务的欲望。

　　这些问题并不能保证前厅经理可以做出英明的抉择，但是可以为饭店业的整体审查提供更有效的可追踪记录。

12.3　开展入职培训

　　前厅员工处于一个特殊的位置。在饭店只有这个部门要求每一个员工了解其他每个部门的运营、部门特征和部门设施设备的布局。前厅员工会不断地遇到顾客和其他员工狂轰滥炸式的提问，包括何时举行宴会，核心管理者在哪，或者是如何找到休息室或游泳池。**入职培训**（orientation process）向新员工介绍饭店组织架构和工作环境，关键是要让他们了解饭店的背景信息。这个过程让新员工了解饭店的各项活动、章程、人员和布局。这是新员工培训关键的第一步。

　　最重要的是，要确保这第一步走得彻底，而且是经过细致规划的。一个只对自己同部门的同事简单介绍自己、粗略地观看一下客房，并只关注考勤信息的员工，是不能胜任这项工作的。当入职培训结束时，新员工应当可以简单回答顾客的问题。如果他们不能立刻回答，也应该知道如何快速地找到答案。例如，如果有人找总经理，但直接只说了总经理的名字，前厅员工却反问"他是谁?"如此一来，就反映出不合格与不称职的饭店形象。新员工应当知道那个名字代表谁，并知道怎么找到他。而且，入职培训应该让所有新员工可以为顾客、公众或者是另外的员工提供准确详尽的信息。

　　前厅员工的入职培训别于其他部门。尽管如此，接下来的要点分析也可以为任何一个部门的培训提供参考。这些要点包含了涉及所有部门的一般要素，如在社区中饭店的经济地位、饭店的概览、员工手册、工作准则与工作规程指南，以及前厅的介绍。

12.3.1　饭店在社区中的经济地位

　　新员工要了解一家饭店是怎样配合当地社区的经济发展规划的，并可从中有所收获。例如，他可能牢记，某家饭店应当对当地 10% 的劳动力负责。员工所了解到的税收情况、旅游市场情况、依赖饭店服务的会议和顾客数量、饭店实现的有效增长，以及饭店在经济上的另一些贡献，不仅可以使新员工确定其选择了正确的饭店，而且可以使员工逐渐对饭店产生自豪感。这些指标以及另一些经济指标使新员工认为饭店在当地的商业领域是值得敬仰的。更大的饭店可以准备幻灯片或多媒体形式的演讲，来展示它们在商业上的贡献。

12.3.2　饭店概览

　　饭店概览的内容包括饭店客房数量（包括一张详细的客房布局图）、饭店提供的服务清单、饭店各个部门的组织结构图，当然，还有对饭店的参观。

　　客房

　　在前厅员工日复一日的工作中，客房是一个十分重要的部分。员工越快地了解饭店客房的位置和内部设施，他就能越快地喜欢上这份工作。每一位新员工应当都能非常便利地随时查阅有关每一个楼层的基本信息和每一间客房特有设施设备的手册。例如，如果奇数的楼层有 3 个套间，偶数的楼层为商务人士准备的学习区域，那么在培训过程中，这些信息应当都包括在培训所用的手册中。

服务区

在入职培训中就应当明确地定义饭店所提供的服务（餐饮、宴会设施、客房服务、大堂吧台、泳池、健身房和礼品店），以便新员工可以准确地帮助和引导顾客。将每一个部门的工作时间罗列出来，有助于新员工了解饭店的运作系统。

组织结构图

应当向新员工指明组织结构图中列出的人物。这些人，以及他们的权力和职责都要清楚地阐明。这些背景信息可以在决策制定和信息交流方面给予部门主管帮助，也能使新员工产生融入饭店这个集体的感觉。

参观饭店

如果不先来细心欣赏一下饭店，那么对饭店的整个纵览就是不完整的。对饭店的参观包括参观客房和客房区域、主要的部门、服务区（如餐饮、宴会、礼品店和休闲设施）。这样的参观可以是非正式的，在内容上可以别出心裁。这样可以让员工发现，饭店既是一个工作场所，也是一个让顾客休闲放松的地方。同时可以帮助员工了解前厅与整个饭店的关系。

12.3.3　员工手册

员工手册（employee handbook）为规范员工的行为提供了一般的指导方针，对于新员工来说，是一份十分有价值的资源。在这本公共阅读刊物上，饭店管理者描述了众多关乎员工个人的问题，包括：

- 薪酬分类
- 评估程序
- 假期
- 事假
- 节日
- 发薪日
- 管制物品的使用
- 与顾客的社会交往
- 解决顾客与其他员工之间的纷争
- 福利待遇
- 制服要求
- 养老保险计划和退休计划

有时候职位申请者或新员工不会问有关这些政策方面的问题，因为他们感觉这样问，雇主会觉得他们贪心、懒惰，或对某一问题过于关注。不过，这些问题是形成好的雇佣合同的基础。雇主应当努力去讨论和解释这些规章政策。

12.4　工作准则与工作规程指南

饭店的**工作准则与工作规程指南**（policy and procedure manual），也称标准操作程序（standard operating procedures，SOP），概述了每一个工作的具体职责怎样执行。这是对员工培训特别有价值的指导方针。工作准则与工作规程指南的主题如下：

- 前厅 PMS 和其他设备的操作
- 预订

- 登记
- 过账
- 与顾客和饭店其他员工的书面和口头交流
- 结账
- 夜审准备
- 安保措施

前厅经理花时间来制定这些指导方针的同时，也为自己准备了一套有用的监管工具。书面的这些材料是对口头培训的补充，让新员工可以回顾他们必须掌握的技能，并记住更多培训的内容。

12.4.1　前厅工作入门

入职培训的最后一个环节就是对前厅工作本身的入门学习，这个部分让新员工可以为后续的培训计划做准备；可以让新员工熟悉同事，熟悉他们将来要使用的设备，熟悉人事部门程序，以及熟悉饭店内各部门之间的关系。

应当向目前在职的前台接待、行李员、话务员、预订员、夜审人员、管理者，以及其他员工，介绍新员工。确保新员工在开始上班的几天里，能见到饭店所有的员工，前厅经理应当将此作为计划的一部分。在新员工进行入门学习的时候，简单说说每一个员工的职责，不仅可以使新员工对他们的同事感到更加安心，也会使已在职的员工感觉到自己是饭店组织中特殊的一部分，并使他们因受到新的关注而心存感激。入门学习经常会被忽略，由此导致的后果就是新员工会因此连续几天或数周感到不适。

12.4.2　设备概览

应当对前厅的设备进行描述，并展示给新员工。在培训过程中，对每一项服务的简单介绍可以作为一个参考标准，而必备的技能则应当详细描述。这一部分的入职培训可以慢慢进行，使新员工渐渐熟悉前厅的设施设备。操作电话（自动）计费系统，可能就需要新员工坐在旁边，看着电话是怎样处理的。新员工可能会被鼓励去观察前台的同事是怎样处理登记和结账事宜的。前厅经理应该确保新员工的培训持续进行，这只是一个熟悉了解的阶段。

要向新员工展示怎样在 PMS 上为顾客办理入住，或是记录时间表。已安排入住的房间位置以及时间也应该标明。同时，及时汇报的重要性以及这对其他同事的影响，也应当向新员工阐述清楚。

12.4.3　部门间的协作

部门间的协作必须在前厅工作的入门培训期间强调。这对于同时在客房部、维修部、市场营销部、餐饮部和前厅之间建立起联系来说，是一个绝佳的时期。前厅必须在建立良好的部门间沟通上起到主导作用。因为前厅是顾客最开始接触的部门，获取顾客信息、保持与顾客的交谈，并获悉每一天举办的活动，都是前厅员工的责任。忽视与其他部门之间存在的误解，有时候会花费后期巨大的精力，因此前厅员工必须保持顺畅开放的沟通。顾客也可以从消息灵通的前厅获益，并会对此赞赏有加。

12.5   入职培训的执行

入职培训计划的执行要求前厅经理来规划。前厅是一个繁忙的地方，这里有新员工要学习的许多东西。关注顾客、关注服务、关注他们需要的信息，是前厅员工优先考虑的事情。一个标准的**入职培训目录**（orientation checklist）上应当概述所有的项目，如图12—1所示。在培训完成以后，目录应当由新员工和进行入职培训的管理者签名，以证实所有项目都涵盖进去了。这样，不会遗漏任何一项，因为在入职培训过程中会有书面的材料证明所有的项目都包含其中。

12.5.1   培训师的选择

入职培训应当由前厅管理团队中的一员，或者有培训经验的高级员工来实施。这个人必须有能力传递整个组织的精神和员工需要担负的职责。不管是谁来进行这次培训，都不应该同时有其他任务在身，因为不可能在执行其他任务的同时，还要向新员工解释那么多关于饭店的情况。

```
——饭店在社会上的经济地位
——社区环境
——打印的饭店楼层平面图
——参观客房
——提供服务的时间
——组织结构图
——核心管理人员的描述
——部门间的联系
——参观：
  餐饮区        财务部
  客房部        人力资源部
  维修部        礼品店
  市场营销部     游泳池与健身区
——餐厅菜单样本
——员工手册：
  着装标准       病假
  卫生标准       休息日政策
  员工福利       药物和酒精政策
  薪酬等级       与顾客的社会交往
  带薪假期       工作时间表
  评估程序       投诉
  休假政策
——工作准则与工作规程指南
——前厅的同事
——前厅的设备
——定时系统
——消防安全程序
——培训计划

培训管理者签名/时间            员工签名/时间
```

图12—1   情况介绍的目录清单

一线问题

作为一个前厅经理，你知道对新员工直接叙述入职培训的重要性是困难的，也知道你的一个朋友由于缺乏入职培训经验所遭遇的困境。你想组织一次全面彻底的入职培训，并向总经理汇报你的想法，你会如何着手？

入职培训有助于员工与雇主的关系朝正确的方向发展，它向新员工介绍了工作场所、指导方针和规程，以及管理人员。入职培训将员工带入了他们的工作环境，并鼓励他们成为其中的一部分。

12.6　开发培训计划

培训是一项重要的管理职责，必须开展培训才能确保高质量的绩效。[1]在住宿业中，一些饭店对其高度重视，另一些则只侃侃而谈，却没有实际操作。那些已经开发、设立和继续升级培训计划的饭店，将其视作人力资源管理的一笔重大财富。他们要求管理团队开发高质量的员工，这些员工能根据饭店已有的标准执行工作。一个好的培训计划可以减少错误的发生，因为所有的工作规程都已经得到解释和展示。

计划并开发前厅员工的培训计划，包括明确前厅员工的工作职责、起草每一项工作的程序、决定由谁对员工进行培训、管理培训计划，并监管培训的每一个进程等步骤。

12.6.1　任务和工作管理技能的明确

每一个员工的工作职责经常在岗位描述中得到明确。岗位描述基于工作分析（第2章中有所讨论），并按时间顺序来记录员工的日常工作。例如，前厅员工一天的工作如下：

上午 6:00	开始进入饭店 PMS。
6:05	与夜审人员讨论从晚上 11 点到早上 7 点之间的轮班活动；查阅前厅信息册上的操作笔记。
6:10	领取**现金柜**（cash bank），即管理者发给收银员的特定数量的纸币和硬币，以便用来找零；计算并核查数量。
6:30	查阅关于每日入住率与平均每日房价的报告。
6:35	获取当日活动清单（活动和特殊事件、宴会、接待以及类似活动）。
6:37	获取前一天客房部的报告。
6:40	从客房部和维修部的上一期值班人员了解相关内容（这是前厅员工应当知道的不经常发生的、特殊的信息）。
6:45	联系餐饮部，了解午餐和晚餐的特色菜品。
6:50	回顾当天预期的结账与预订。
6:55	为顾客结账，直到上午 9:30。

在工作分析中，确定的所有工作任务必须进一步分解成详细的技能，以便建立有效的培训计划。这看起来像是一个苦力活。是的，它就是！但是第一步一直都是最难走的。必须对前厅的每一项工作进行工作分析，确保将所有有关推销饭店给顾客的工

作都包括在培训计划中。

12.6.2 起草程序

每一项工作任务的程序，可以帮助受训员工了解怎样正确执行任务。这个方法也可以帮助培训师更有效地准备和进行培训课程。

如果饭店前厅有 PMS，电脑终端的操作员必须学会连续输入数据或指令。**文件材料**（documentation）——关于怎样操作电脑软件的书面说明，为整个 PMS 进行补充。通过使用 PMS，文件材料可以用作制定培训计划的基础，它可以作为起草其他任务工作程序的范例。在 PMS 上完成客人结账的手续包括如下步骤：

1. 询问客人的房间。
2. 进入客人的房间系统。
3. 询问滞纳金。
4. 确认支付方式。
5. 打印顾客对账单。
6. 让客人检查对账单。
7. 接受现金、信用卡或者支票支付。
8. 输入支付金额。
9. 输入支付方式。
10. 输入部门密码。
11. 核对零点平衡。
12. 给顾客对账单副本。
13. 询问是否需要额外预订。
14. 请顾客作出点评。

以上程序中的每一步都可根据需要再进行细分。例如，对于第6步，应该教会新员工指出对账单中的主要部分以及顾客所产生的费用，以便顾客清楚地了解其所有的消费。这样顾客会马上问一些关于费用的问题，而不是在付钱以后再问，因此可以为财务部减少额外工作。

12.6.3 管理观念

除了执行工作任务，前厅员工在培训时，也要掌握些许切实可行的技能。压力管理、时间管理和组织能力都是需要关注的领域。尽管在研讨会上常常会提及这些能力，但是许多人并没有意识到是不能将它们孤立起来考虑的。当把它们作为一个整体整合到培训过程中时，这些就能更好地理解，因此也就能应用于工作绩效的提升中。例如，员工在接受为顾客结账的培训时，可能会感到结账的过程是在一个充满压力的环境下进行的；他会面对一条长期战线，许多客人会质疑他们在饭店的消费，而来自其他客人的压力会使得这条长期战线永不停歇。在这样的环境下，学会保持冷静是需要经验累积的，但是有关压力管理的培训会帮助新员工处理困难的情形。自我控制和关心顾客利益是最重要的。

时间管理是另一项重要的技能，它可以使员工在规定的时间内完成要求的工作。例如，各个部门经常需要依靠前厅员工给顾客和其他部门传递信息；如果前厅没有成功传递信息，由此便会引发混乱。组织能力有助于员工有条不紊地处理他们的工作，而不是在各项工作中换来换去，最后连一项都没有完成。迅速完成文书方面的工作，而不是让它继续堆积如山，这是体现组织能力的一个例子，有助于提高工作绩效。

12.7　培训的步骤

培训过程中值得推荐的步骤包括：预备、演讲、试讲与修正，以及后续跟进。

12.7.1　预备：做好准备

行为目标：你想要受训者做什么

培训师必须规划好培训的细节。第一步是起草针对受训者的行为目标。这些目标要明确在培训结束后受训者应该了解什么，受训者在行为上发生的预期变化有哪些。培训帮助受训者建立起知识基础，形成必要的技能。行为目标确定了受训者应该能做什么，怎样有效率地做，何时做完。例如，对办理顾客入住手续的培训的一个行为目标是："员工在 5 分钟内，要准确地在 PMS 上为有预订的顾客优先办理入住手续。"这就强调培训师要培训员工为有预订的顾客办理入住，而不是培训员工为没有预订的顾客办理入住。也必须掌握在 PMS 上办理入住登记的程序。在实际的培训期间，由于现实条件，达到在 5 分钟内百分之百准确这一目标可能是不大现实的，但是员工必须不断练习来达到这个速度。

培训培训师：培训师必须准备好

除了准备好每一期培训的行为目标，培训师还必须知道怎样将新的技能传递给受训者，如何将这些技能与员工的其他工作相结合，如何检查培训地点和培训日程，以及如何提供辅助材料，例如演讲视听设备和印刷品。

介绍技能要求培训师一步步根据员工的需要来展示，这并不是要培训师炫耀可以多么迅速地为顾客办理入住。培训师必须耐心，要从一个初学者的角度来考虑。首先，培训师要阐明受训者应当学会什么。然后，他必须重复关键的指示，尤其是展示复杂的设备时。还要告诉受训者，如果他们需要帮助，他可以在哪里得到协助（在培训材料的末尾，应当列出可提供帮助的人员或部门清单）。培训时，培训师要慢慢地讲述，以确保受训者能理解其所有的解说。

培训师也要考虑，饭店或者是前厅的哪个场所，以及一天中哪个特定的时间，才能最有效地对员工进行培训。这个培训的场所是否可行，会不会分散员工的注意力？早晨、下午还是晚上进行培训较好？在早上的高峰时段，培训员工使用 PMS 基本上都以失败告终。当然，新员工必须在繁扰混乱的情况下工作，但他们要在一个不受打扰、有序的环境中接受培训，以便专心掌握好各项技能。

培训师应该确保所需的培训辅助材料已经有序地准备好了。DVD 和 CD 都已经订好了吗？已经拿到了吗？已经试映过了吗？投影仪可以正常工作吗？装备有麦克风的扩音讲台已经准备就绪了吗？三脚架和摄像机准备好了吗？盒式磁盘的 DVD 准备好了吗？便携式电脑已经连上网了吗？培训室可以接收信号吗？培训室的电话线可以发送和接收视听影像吗？**电话启动与接收**（telephone initiation and reception）（卫星信号接收方和发送方之间的有关电话接收说明和电话费付费方法）合同已经拟定好了吗？已经调整好卫星电视接收天线了吗？培训以及后续跟进所需的辅助材料已经备好了吗？复印材料足够吗？对于一个专业的培训，这些前期的准备都是必要的，可以使深入的培训在无干扰的情况下进行，也可以使受训者在培训之后对培训进行回顾。

培训是一个交流的过程：你必须帮助他们彻底弄清楚

解释清楚一项技能与其他工作的相关性，可以促进员工学习，会使他们从整体上了解一项特殊的技能是怎样与工作匹配的。当受训者了解了为什么一项工作是重要的，他们学得就会更多。对技能与工作相关性的解释，使员工明白准确执行个别任务的重要性；逐渐地，就为其他一系列工作打下了基础。例如，鼓励前厅员工在为顾客登记时准确获得信息，饭店的市场营销部就可以使用这些顾客的历史信息发展其市场，这也会使前厅员工感到他们同样在为饭店创造经济效益贡献力量。

12.7.2　演讲：表达自己

接受受训者的观点：他会学得更好

培训师在展示自己的技能时，要考虑受训者感知的内容。例如，在展示的时候，让受训者站在你的旁边，以便他们能准确地观察你的操作。没有看到技能展示的受训者很难在后期理解和记住这项技能。如果受训者惯于使用左手，就需要特殊的培训。也许站在这些受训者前面做介绍会让他更容易接受。如果培训师知道受训者是惯于使用左手的（在需要使用右手的操作中），培训时间以及员工犯的错误就会减少许多。

培训师的交流技巧：精通清晰的表达方式，解释术语，以及有逻辑地阐述

培训师的演讲要清楚明确，含含糊糊或者是说得太快只会让受训者更加迷惑。培训师不仅要考虑说什么，也要考虑怎样说。如果培训师的语气在暗示受训者并不称职，那他就会与受训者疏远。相反，培训师应当鼓励受训者，在其掌握一项技能的时候予以表扬，而且从始至终都要有耐心。

每一个行业都有自己的行业术语。受训者要通过培训，学会饭店的行话。例如，出租客房数（house count）、应到未到（no-show）、沉睡客房（sleeper）、满房（full house）、逾期到达饭店（late arrival）都是饭店业的术语。即使受训者有过在其他饭店工作的经验，仍然有必要回顾这些术语，以确保他在现任的饭店能准确使用每一个术语。例如，在先前的饭店，逾期到达可能是指在晚上9点以后才到达饭店的客人，但是在现在的饭店，逾期到达指的是在下午4点之后到达饭店的客人。

培训要分解成有逻辑顺序的步骤来进行。这方面的准备让前厅经理可以按部就班地阐述培训材料。相比"这里有一个顾客预订清单……等等，让我们先回到顾客预订清单上来"这一表述，"在键盘上按下这个键，可以激活顾客预订清单"这种直截了当的表述让受训者更容易理解。辅助材料上的操作步骤可以帮助受训者在实践中学习这项技能。

轻松地做好一个培训师：犯点错误没关系

培训师要胆大心细，在讲授技能的时候，解释清楚每一个步骤及其重要性。培训师可以讲述一两个他在第一次培训课上犯的小错。受训者此时的思维就会跟随培训者的演讲，并会更加耐心地提问。这个交流过程能帮助培训师观察受训者是否已经掌握了该项技能。受训者在这个过程中越投入，学习也就越有效率。

培训完成以后，前厅经理应当观察员工在工作中是如何实际操作的。员工可以准确地运用技能，表示培训是成功的。相反的话，培训师就要对这名员工进行进一步培训。如同技能的掌握一样，一个好的培训师也是逐步积累经验的结果。

展示的方法

培训师依据各种主题对员工进行培训。文书方面和电脑方面的技能可以通过技能展示与在职培训相结合来培训。维护客户关系的培训则可以通过角色扮演来进行，需要对角色扮演过程录像并不断分析，或者是观察和分析商业上通用的一些 CD 和 DVD 材料。

技能展示

在**技能展示**（skill demonstration）时，培训师会展示完成一项工作所需的具体任务。培训师有序地完成这些任务，当有受训者提出建设性的建议时，培训师可以让他自己来实践应用。这样的实践操作极大地提高了受训者的技能，并有助于其建立自信心。

在职培训

当员工在工作中观察到或遇到一项任务时，**在职培训**（on-the-job training）就开始了。这是饭店业培训的核心方法。如果这个方法被证明是成功的，那么已计划好的培训课程也要配合这样的在职培训。这样的培训教会员工根据需要来执行任务，只有当员工在现实工作中使用这项技能时，他才算是真正学会了。但是，采用这样的方法进行培训，其他的培训课程似乎就退居二线了。而如果在职培训失败了，就意味着员工从来就没有被教会用正确的程序来完成一项工作。这也就意味着好的培训应当是有计划、有进步、有组织、有传递、有后续发展的，而这样的培训通常并未实现，导致的结果就是，一个并没有掌握全部必要技能的员工却要去做最重要的工作。

角色扮演

角色扮演（role-playing）给受训者提供了机会，在真正接触顾客之前，让他们可以事先模拟为顾客服务的场景。前厅员工必须常常充当顾客投诉的留言板和问题解决者的角色，甚至有时候这些问题根本与前厅无关。经验告诉他们，每一个前厅员工迟早会面对这样的问题：顾客已经预订成功了，但是现在没有空房；顾客只能拿到还没有清理干净的房间钥匙；或者是在外长时间等候，直到可以进入自己的房间。处理这种问题的可行方法通常是没有教过新员工的。只能通过反复试验，他们才会学会当饭店超额预订时，可以在另一家饭店为顾客找到安身之所；或者当顾客被分配到一间未打扫的房间时，向顾客表达真挚的歉意，为顾客更换房间；或者当顾客必须等一个小时才能进入房间时，给顾客推荐餐厅的一种小甜点，或引导顾客先去休息室。角色扮演让新员工提前面对这些情况。目标是当类似的情况真正发生时，员工可以专业地进行处理，并能面带微笑为顾客提供服务。

商用的 CD 和 DVD

许多为商用准备的培训影像通常都是由美国酒店与住宿行业协会的教育机构提供给前厅经理的，并在前厅培训时使用。这些影像将顾客服务的场景戏剧化了，使得新员工可以看到其他前厅员工是怎样处理与顾客的关系的。培训师应当预先观看这些培训影像，并准备好一系列需要讨论的问题，以确保员工理解影像表达的意思，并能在现实工作中合理运用。

反复尝试：看我的！

在培训阶段，新员工向培训师展示技能，培训师同样会观察，并给出建设性的批评或建议。培训师可以根据行为目标来确定员工的技能是否已经达到预期标准。

员工应当尽可能经常使用技能，以掌握它，并达到最终目标。培训师要注意需要经过多少次的实践操作，员工才可以学会某项特殊技能。例如，如果说"许多员工要实践五六次才能理解，并到达这个速度"，那么员工就会意识到立即掌握这项技能是不可能的。培训师应当规定，反复试验的阶段最多能持续多久。否则，就需要额外的培训。

循序渐进的培训有助于员工逐步学会工作技能。技能展示部分的困惑与模糊不清可以通过自己的努力逐渐明晰。

后续的跟进：检验我的进步

培训师在培训完成后要对员工进行后续跟进。在有效的培训中，这是最后的，也是必要的一步。培训师要制作一个**培训备忘录**（training tickler file）——全程跟踪记录整个培训过程的数据库，该数据库提醒培训师对每一个新员工的最近情况进行记录，列出培训的名称、培训时间、对培训的评论，以及后续跟进的情况。图 12-2 展示了怎样使用这种管理工具。这类信息可以在 PMS 上建立独立的数据库，以便于保存，或者是保存在索引卡文件中。

员工姓名：_____	
内容：	入职培训
日期：	12 月 1 日
评语：	员工很有激情，可能对预订系统很感兴趣
接下来的内容：	12 月 5 日再次参观客房
	12 月 6 日与夜审人员会面
培训者：	JB
内容：	顾客登记
日期：	12 月 6 日
评语：	80％的比率，12 月 6 日第一次尝试
	85％的比率，12 月 9 日第四次尝试
接下来的内容：	12 月 15 日检查是否已掌握
培训者：	JB

图 12-2　培训备忘录

后续跟进使培训过程更加完整，因为它为培训师提供了反馈，以达到既定的行为目标。它也确保了饭店业必要的管理技能已经按计划展示、实践，并被掌握了。

12.8　执行培训计划

培训计划还包括为其执行制定条款。要制定并维持精确又有弹性的培训计划，许多细节问题都需要协调。培训材料的准备和复印要快速。要制定员工培训的进程表，并展示出来。

一线问题

当地一家饭店的前厅经理要你为前厅新员工的培训提供一些建议，你会提供什么指导？

执行培训计划的责任在于前厅经理。如果委任了前厅或者是人力资源部的助理来处理，关于执行的细节问题也应当与之商议。

进行有效的前厅员工培训并不简单。前厅稳定的人流量、顾客的登记和特殊事件、电话呼叫、紧急事件、供应商的电话和另一些要求，需要前厅经理时刻对目前的需求与未来的需求进行平衡处理。尽管如此，如果饭店提供的是高质量的产品和服务，那么新员工的培训计划一定要充分计划和开发。

12.9　交叉培训

最基本的培训计划必须包含相应条款，以培训员工发展有利于饭店的技能，由于不可预知的行业特性和员工的实用性，饭店业需要万能的员工。**交叉培训**（cross-training）是必要的，也就是要教会员工各项工作岗位上各种各样的技能。能够执行各种任务的员工在关键时刻可以给前厅经理很多帮助。前厅经理如果发现前厅员工和话务员在同一天无故缺勤，就会发现交叉培训的重要性。如果一个行李员知道如何操作 PMS，而预订员也知道如何使用接线总机，那么他们就可以不用同时在同一天上班。尽管如此，只有当前厅经理计划好交叉培训，才不会使他陷入紧张压迫的氛围。如果要进行交叉培训，则可将其纳入岗位描述和薪酬标准部分。但要注意，在进行交叉培训以前，某些劳动力联盟禁止任何非契约性的劳动力分配。所以，在这种情况下，交叉培训是不被允许的。

12.10　培养培训师

选择培训师时，要慎重考虑。这个人应当秉着专业的态度，可以在受训者面前树立积极的态度，并对自己的工作充满激情。培训师应当是管理者或者高级雇员，必须精通与员工工作相关的各项规程，并熟悉各种培训的方法。

12.10.1　工作知识

在正规的培训以后，在实践中要运用所学的知识。逐步积累的经验是无可替代的。受训者不可避免地会在实践操作中遇到问题，培训师则要准确全面地回答这些问题，答案不一定能在方针手册和培训手册找到，通常只有通过亲身实践问题才能得到解决。

教导的能力

具备教导的能力是十分重要的。培训师必须能合乎逻辑、逐步递增地进行培训。培训师的沟通能力也很关键。培训包括展示、讨论和研究。培训师应当熟悉前厅的所有设施设备，并知道如何准备材料，如何操作视听设备。他应该对培训的每一步都了如指掌（前面的章节中有讨论）。最后，培训师应该尝试着设身处地地为新员工着想，可以试着回想一下，他们自己接触新工作时的那种不适应感。在进行详细解说时，耐心也很重要。培训师如果匆匆忙忙地进行解说，那么受训者也会丧失很多提问的机会，并最终感觉自己无法胜任工作。

专业的态度

培训师必须持有专业和积极的态度，以协助企业达到提供高质量服务产品、实现利润最大化以及控制成本的目标。员工在执行其工作职责时，可以很明显地体现其专业的态度：在房间预订的时候处理故障，帮助顾客在饭店找到所需的部门，参与提高饭店房价，并控制运营成本。前厅员工如果对上述职责的反应是"今年此时饭店已经超额预订了"，"跟着墙上的标示去找餐厅吧"，"我不能帮助饭店实现更高的房价"，以及"去休息 15 分钟吧，现在已经有人在应付了"，这些都不能体现出员工具备专业的态度。

有经验的总经理都清楚地知道，具备良好技能的高级员工能够熟练掌握工作所需的技能，但是却往往对饭店或是饭店的管理持有消极的态度。在新员工的培训过程中，最好不要请这些员工来帮忙。管理者有责任塑造员工积极的态度，教会他们专业技能，并向他们传递知识和技巧。培训时，在员工面前显露出不专业的消极态度，往往会削弱培训的效果。培训师应当代表饭店，并向员工展示良好的雇佣关系。

12.11　授权的培训

　　我们在第 11 章讨论过员工的授权，这在培训的时候一定要教给员工。向前厅员工授予某项工作的权力和义务，这对有效的前厅运营至关重要。作为培训课程的一部分，前厅经理必须明确规定，在不需要征得前厅经理的意见下，员工可以给顾客借贷多少现金。培训师也要阐述授权的概念，以便员工知道如何调和借贷现金金额与顾客满意度的关系。有时候，前厅员工可能确实要放大借贷的额度，以缓和当下的形势。但是，在每日的借贷报表的核查中，员工要解释其为顾客、其他员工和前厅所做的授权工作。劳伦斯·E·斯滕伯格（Lawrence E. Sternberg）说，"当今的管理就是要达到效益最大化、生产最大化、顾客的满意，这些都是通过系统的改进来实现的。当员工被授权可以自主推荐和补充些许改变建议时，这些进步也就发生了。"[2]

国际集锦

　　前厅员工必须了解接待国际顾客的重要性，他们需要了解当地时下的信息、地理位置或当地的时间。这些国际客人可能对吸烟的规定、餐厅的运营或者当地的习俗都不了解。培训员工接待国际客人时，要包括员工角色扮演和先前相关工作经验分享的环节。员工对国际客人需求的敏感度对饭店的正常运营大有影响。

12.12　《美国残疾人法案》

　　《美国残疾人法案》（Americans with Disabilities Act，ADA）是美国在 1990 年为保护残障人士在寻求公共服务和工作时免受歧视而制定的法律。法案分为两个部分：为行动不便的人提供方便，以及残疾人雇佣条例。考虑到这项法律在法庭中不时被引用，对雇佣条例的审查是非常重要的。拥护这项法律的条例固然重要，基于个人的才能而将其雇佣也是值得称颂的。

　　《美国残疾人法案》规定，雇主必须为残障人士提供合理公道的方便服务，除非雇主可以证明这会带来过多的困难。该法案第 1211 节规定，提供合理公道的方便服务，是指现有员工使用的设施设备能够让残疾员工使用，并考虑到残疾员工工作改组的方便、兼职的方便或者是变更工作计划时的方便、重新分配时的方便，以及残疾人读物和解释程序的条款。[3]

　　关于这项重要法案目前的信息，可以从美国的立法机构，还有网上找到。

　　前厅经理必须关注每一项工作申请者的能力而非其身体条件。书面的岗位描述阐述了执行一项工作时明确的工作任务，这些岗位描述为评估所有的工作申请者提供了基础。如果一个申请者身体上的不便使其在执行某项规定的任务时遭遇了困难，那么前厅经理应当与总经理商议，重新安排工作环境，使申请者可以成功完成任务。例如，如果一位坐着轮椅的申请者申请做前厅的工作，人们最初的反应可能是"这不行"，"前台没办法容纳下轮椅"，或者是"坐着轮椅在各项设备之间穿梭太麻烦了"。前厅经理此时应当分析怎样让现实的工作环境与这名员工的需要相契合。那些零散的设施设备可不可以集中到一起让轮椅上的员工更方便工作？前厅员工的柜台高度可不可以调节，以便满足残障员工？所有这些都必须根据相关的财务成本进行评估。但是财务成本必须根据员工的雇佣成本、员工的奖励计划成本、新员工犯错误造成的花费，以及类似的成本来考虑。

大部分情况下，对残障员工进行的培训与对其他员工的培训没有什么不同。所有的方法都是必需的。但是，培训师可能要重新思考培训的四个步骤，从另一个角度再来审视已熟悉的培训计划，可能会带来以往常规培训中所有内容的进一步改进。

万豪集团残障人士基金会（Marriott Foundation for People with Disabilities）是一个典范，它为残障员工的工作提供了指导方针，并开发出了"雇用残障人士的担忧与现实"系列培训项目。

万豪基金会在采访了雇主，以及基金会"从学校到工作的桥梁"项目中年轻残障人士的工作伙伴之后，开发出了"雇用残障人士的担忧与现实"系列培训项目。"从学校到工作的桥梁"项目通过为即将毕业的残障学生提供带薪实习的机会，鼓励年轻残障人士就业。（1989—2001 年）桥梁计划联合 1 300 多名雇主安排了超过 5 000 名残障学生带薪实习。完成这个项目的 87% 的学生已经获得了继续工作的机会。"对年轻人来说，找到有意义的工作很难，更不用说年轻的残疾人了，"万豪基金会主席理查德·E·马里奥特（Richard E. Marriott）如是说。"通过与学校和雇主共同协商，基金会的桥梁计划正在帮助这些年轻人打破与雇主之间'恐惧'的阻碍，并根据'能力'而非'残疾'来定人才。"[4]（从 1990 年开始，万豪基金会已经联合 3 200 多名雇主，帮助超过 10 000 名残障年轻人在 7 个大都市找到了工作。）

"雇用残障人士的担忧与现实"的七个部分如下：

1. 担忧——残障人士需要更加昂贵的公共便利设施。

现实——往往不需要便利设施。当需要时，大部分便利设施只需要很少的成本或者根本不需要任何成本。

2. 担忧——我必须做更多的工作。

现实——并非如此，尤其是当个人的能力和技能与工作相匹配时。与前厅工作的匹配越有效，越会使得身体的残疾根本不值一提。

3. 担忧——我必须做更多的监管工作。

现实——大部分残障员工可以胜任他们的工作，甚至比相似领域的其他员工做得更好，而且他们往往会更有动力，也更可信。

4. 担忧——人员流动与缺勤率会更高。

现实——研究证明残障员工的出勤率高于平均出勤率。

5. 担忧——残障人士不可能胜任这项工作。

现实——由于需要更加努力，以获得他们想要的工作，因此残障人士领会到拥有工作意味着什么，他们往往会达到或者超越你的预期。关键是要有效地将其技能与工作的需求相匹配，注重他们的能力。

6. 担忧——残障员工需要特别的关照。

现实——残障员工不需要也不想受到与其他正常员工不一样的对待，残障员工需要的是公平的机会。

7. 担忧——残障人士能适应吗？

现实——作为劳动力的一部分，残障员工往往具备独特的生活经验，对整个企业都是一剂良药。他们对工作的见解以及工作方式会在企业蔓延，引起连锁反应。[5]

一线问题

前厅经理面临一个困难，即决定雇用哪个员工。马克和赛有一些共同的特质。马克有两年的前台工作经验，但是最近遭遇了车祸，使得他右腿瘫痪，只能靠轮椅行走。赛有两年电子公司的销售经验，对饭店行业表达了愿意学习的浓厚兴趣。你会怎样选择？

12.13   开篇困境解决方案

虽然说可以利用广告公司为饭店解决形象的问题，但是真正解决问题，还是要取决于传递饭店服务的人。找到影响饭店服务质量的关键因素，以及为传递高质量的服务寻找合适的员工，对于树立良好的饭店形象至关重要，从中可以反映出饭店服务者对工作的热情以及其专业化程度。

☐ 本章概述

如果前厅经理想要确保员工可以准确无误地传递饭店的服务，他们必须从雇用那些具有处理前厅工作事宜的必要技能的人着手。本章开篇就回顾了有关前厅工作的性格特质——性格外向、思想成熟、有耐心、对建设性的批评或建议持有积极态度，以及有销售产品和服务的能力。具备这些能力的员工可以通过专门设计的面试环节来发掘。饭店业员工培训开始阶段的入职培训是必要的。入职培训的备忘录应对如下的项目进行全面的解释：饭店在社区中的经济地位，饭店的布局、饭店的服务、饭店员工的纵览，以及对饭店的参观，这是十分有用的。入职培训也应当包括对员工手册，以及工作准则与工作规程指南的回顾。把新员工介绍给前厅其他员工和管理层的人员，会使培训更加完美。实行入职培训为后续跟进提供了基础，同时，也使员工的个人才能得到有效发挥。

本章对培训的实际操作也进行了讨论。前厅经理应该从明确工作任务和执行一项初级前厅工作所需的工作技能开始着手。起草培训计划的程序为培训师制定培训课程提供了必要的帮助。培训的四个步骤——准备、展示、执行和修正——有助于培训师完善培训的细节问题。

对培训方法的讨论包括技能展示、在职培训、角色扮演以及商用的 CD 和 DVD。执行培训计划是饭店服务得以持续传递的关键因素。

员工的交叉培训帮助前厅经理处理前厅员工的日常工作。员工参与各种工作和任务的交叉培训，帮助前厅经理传递顾客所需的各项服务。

培养培训师是饭店业培训的一个重要环节。选择培训师应当基于个人对于饭店工作和任务的熟知度、教导的能力以及能否代表饭店的专业态度。

在培训计划中，授权被作为一个关键的部分讨论。因为授权制度可以让饭店蒸蒸日上。

有关《美国残疾人法案》的部分探讨了这项重要的美国法律的背景知识、概念理解和适用性。它强调了为身体不便的劳动者提供工作机会的重要性，以及雇用这些劳动者所获得的益处。

关键词

美国残疾人法案（Americans with Disabili-
　ties Act，ADA）

现金柜（cash bank）

交叉培训（cross-training）

文件材料（documentation）

员工手册（employee handbook）

在职培训（on-the-job training）

入职培训目录（orientation checklist）

入职培训（orientation process）

工作准则与工作规程指南（policy and pro-
　cedure manual）

角色扮演（role-playing）

技能展示（skill demonstration）

电话启动和接受协议（telephone initiation
　and reception）

培训备忘录（training tickler file）

本章思考题

1. 怎样评估个人需要，以便获得更有效的前厅管理？

2. 如果要对一位前厅工作的求职者进行面试，你将如何准备？为这次面试设计一系列问题。

3. 如果你现在正被一家饭店雇用，描述一下你接受的入职培训。如果你是管理者，你会为你所接受的入职培训增加点什么内容？

4. 如果你现在正被一家饭店雇用，描述一下你接受的培训。与本章推荐的培训方式相比，有什么不同？

5. 试着准备一个培训课程，针对怎样为顾客办理退房手续，你会怎样开始？把本章所提到的培训四步法运用到你的培训课程中。组建一个团队，检验和评估一下你的培训课程。

6. 你怎样理解使用互联网作为 24/7 的培训资源这一概念？

7. 交叉培训对于前厅运作的重要性如何？

8. 如果要求你选择一个培训师，你会考虑哪些因素？你为什么会觉得这些因素对于成功的培训十分关键？

9. 对于你来说，授权意味着什么？在你的职业生涯中，你体验过授权制度吗？你觉得怎样？顾客对此的感受又如何？

10. 如果你有机会雇用一个身体不便的员工做收银员，你会对这种情况做一个怎样的现实评估？

案例分析

1. 安娜是时代酒店的前厅经理，正在为前厅的新员工组织一次入职培训。作为培训的一部分，她将会介绍前厅的设施设备和相关的文书工作。对每一项设备的进一步培训将会在以后做进一步计划。

安娜首先准备了一张清单，并列出了所有设施设备的功能。她还清楚地介绍了每一项设备与前厅各项工作的相关性。由于大部分的前厅员工都是新人（人员的流动性很高），因此安娜决定自己来进行这项入职培训。

保罗和布莱恩被雇用为时代酒店的前厅员工。保罗在星期一早上 7 点开始培训，而布莱恩在星期一下午 3 点开始培训。

星期一，酒店满房，要到上午 11：15 分才能完成顾客的离店手续办理，下一波的酒店预订将在下午 2 点开始。安娜在上午 6：45 开始对保罗进行培训，但前厅的 PMS 此时发生了故障，而一名接线员正好生病请假。在注意到这些紧急状况以后，安娜收到了另外 20 个房间预订的要求。一直到下午 1：30，保罗都在尽其所能地帮助前厅解决问题，但是仍然没有接受入职培训。安娜觉得这并不意味着完全失败。布莱恩可以在下午 2：45 开始培训。她将为保罗安排另外的时间，并在那时同时为两个人进行培训。

布莱恩在下午 2：45 分准备去工作。安娜带着保罗和布莱恩来到咖啡厅，开始向他们简要讲述时代酒店的入职培训。半小时后，安娜回到酒店前厅，她告诉保罗"可以打卡下班了，明天我再来对你进行培训"，并让布莱恩与接线员一起工作，"直到解决前厅目前的问题"。

到下午 5 点的时候，问题终于得以解决。布莱恩急切渴望学习前厅的相关事务。但让他失望的是，安娜详细绘制了一张清单，并让他去找接线员克里斯和前台接待霍昂，让他们向布莱恩解释怎样运营总机和如何在 PMS 上进行顾客登记。

与本章的阐述相比，安娜制定的入职培训的计划如何？她在培训过程中忽略了什么？她的培训计划效果怎样？可以让一名高级员工来引导这次培训吗？在什么情况下可以？你认为酒店前厅的高人员流动率与安娜的培训方法有关吗？

2. 安娜是时代酒店的前厅经理，正在为一个专业组织的团队——区域酒店管理者（RHA）——制定一个前厅员工的筛选程序，以便其他的前厅经理也可以采用。许多团队成员都觉得这个招聘程序会以被一般求职者拒绝而告终，因为面试中存在太多的可变因素。

安娜并不同意这种说法，她认为如果招聘团队看到他们在员工雇用上成功和失败的普遍原因分别是什么，他们就可能会致力于去证明某些东西真的有用。特里娜是 RHA 南部分会的代表，她认为这个方法可行，但仍是一项难以置信的工作。RHA 西部分会的代表汉普说："我们必须试一试。我们那里的失业率很低，我们很难雇用到员工，所以我们找到的一定要是最好的"。看起来，这个团队内部凝聚了一股强大的力量准备实行这个计划。团队成员选择安娜作为领导者，她从召开头脑风暴会议开始入手。

组建一个 5 个人的团队——每个人都是前厅经理——目标都是确定员工所需具备的特质，这些个人特质反映了其传递酒店服务的能力，并决定在面试时如何使用这些信息。

3. 杰里是由当地员工雇用协会（EWA）推荐的一个前厅员工候选人。EWA 是一个非营利组织，旨在帮助在身体上和情绪上有障碍的人士。杰里有较好的情绪控制能力，并愿意在前厅工作，但是他靠轮椅行走。帮助他的社会工作者认为 EWA 可以帮助杰里进行前厅工作的培训。杰里可以一天工作 4 小时，一周工作 3 天。他先前在一家杂货店做过收银员，在博物馆做过服务员，并在折扣店做过接待。他是一个十分外向的人，他以前的雇主对他的评价都很高。

你怎样为杰里设计入职培训和其他培训计划，以使他能融入前厅的工作环境，融入酒店所有的员工群体中？

□ 注 释

1. The content of this section relies on ideas found in *Supervision in the Hospitality Industry*, 4th ed., Chapter 6, "Developing Job Expectations" (New York: John Wiley & Sons, 2002), by Jack E. Miller, John R. Walker, and Karen Eich Drummond.

2. Lawrence E. Sternberg, "Empowerment: Trust Versus Control," *Cornell Hotel and Restaurant Administration Quarterly* 33, no. 1 (February 1992): 72.

3. J. Deutsch, "Welcoming Those with Disabilities," *New York Times*, February 3, 1991, quoted in John M. Ivancevich, *Human Resource Management*, 6th ed. (Chicago: Richard D. Irwin, Inc., 1995), 75.

4. Marriott Foundation, "'Fear of the Unknown' Invisible Barrier to Employment, Says Marriott Foundation for People with Disabilities," Washington, DC, September 30, 1997; edited July 23, 2001. Copyright Marriott Foundation for People with Disabilities.
5. Ibid.

第 **13** 章

促进在店销售

本章重点

前厅在饭店营销计划中的角色

规划一个零售终端前厅

开篇困境

餐饮部总监已经在一个营销调研上花费了数千美元，来确定内部客人的用餐需求。厨师已经重新写好了每个菜单来反映需求。然而，门僮和前台接待仍旧推荐拐角处的市中心熟食店，称其为"一个好地方，可以在一天中的任何时间，拿一些好东西来吃"。

随着接待业的发展更加成熟、更加关注高质量服务的传递，在饭店所有利润中心实现销售最大化是非常重要的。以未来预订、内部用餐、客房服务、酒廊和娱乐消费、礼品店消费以及类似的消费形式对当前客人所进行的额外销售，有助于生成一个良好的损益表。前厅在促进这些销售上扮演了一个关键角色，前厅经理必须建立和实施一个计划，使前厅员工尽最大可能去利用一切销售机会。这个计划包括：关注促销的领域；建立目标和程序，开发激励计划，开发对个人的培训项目，制作预算以及建立员工反馈系统；关注利润。

13.1 前厅在市场营销上的角色

前厅对客人和饭店员工来说，经常被看做资讯来源和需求中心。前厅的员工可能需要回答一些问题："前厅经理已经做了客房销售预测吗？""6月3～7日有一批客房可出售吗？""这个研讨会的团队客人被分配到了哪些房间？""有迎接今天下午抵达的游客团，并为其提供信息的人值班吗？""每日事件信息板已经设立了吗？""每日信息已经做了重要标记吗？"这些都是饭店其他部门向前厅询问的典型问题。回答这些问题是任何饭店运营过程中必要的一部分。现在，饭店管理比以前更要依靠前厅。

在发表于《加拿大酒店与餐馆》上的一篇文章中，阿维纳什·纳鲁拉（Avinash Narula）汇报说：

> 随着市场环境的改变，前厅所起的作用、性质和重要性也发生了改变，从一个处理订单的部门变为产生订单或者销售的部门。查看任何饭店的资产负债表都会发现利润的大部分，平均 60% 来自客房销售。[1]

道格·肯尼迪强调，潜在的无预订散客为销售提供了一个极好的机会。

> 无预订散客的销售为饭店提供了比其他分销渠道更显著的优势。首先，销售人员可以直观地估计客人的需要。他们的穿着像是在商务旅行，还是度假旅行？他们年龄多大？是单独旅行，还是和家人一起？他们可能入住何种房型？是停车且携带行李入住，还是仅仅走进饭店了解价格？
>
> 其次，可以使客人直接看到产品，并产生良好的第一印象。（这就是为什么饭店要维持看起来更有吸引力的形象的原因。）向无预订散客销售的另外一个显著优势是，这些散客需要付出更多努力来货比三家。回到车里沿路行驶要比点击下一个饭店的网络链接或者拨打下一个饭店的电话更困难。

肯尼迪建议采取一些销售措施，例如与客人建立联系、提供选择、描述客房和房价选择、避免把客房置于销售剩余或者房价过高的不利位置。[2]

这种前厅角色性质的改变，从一个被动的订单接受者到一个主动的订单生产者，向前厅经理提出了挑战，来重新审视前厅员工已确定的日常工作程序。前厅经理必须找到最好的方式，引导员工去支持市场营销部的工作。

前厅经理必须首先考虑前厅员工的态度。这些员工已经在特定任务的精确执行、服务销售中扮演被动角色方面，获得了培训和嘉奖。把他们转变为主动的销售人员，说服客人购买额外的预订产品、餐厅和酒廊的服务或者礼品店的商品，容易吗？刚开始，大多数前厅经理会说这是一个难以完成的任务。因为日常的工作习惯舒适，没有压力。然而，前厅经理是管理团队的一员，必须在一个计划建立时，与其他管理者和员工相互作用。

接待业人物简介

李·约翰逊（Lee Johnson）是马里兰州巴尔的摩 5 号码头酒店（Pier 5 Hotel）以及布鲁克希尔套房酒店（Brookshire Suites）的市场营销总监。他从宾夕法尼亚州立大学贝克斯分校的酒店、餐厅、制度管理的学位项目毕业以后，在宾夕法尼亚州的雷丁酒店工作，曾为伯克郡喜来登酒店（Sheraton Berkshire Hotel）的高级销售经理以及水秀轩（Riveredge）的市场营销总监。

约翰逊先生将其依赖前厅的两个基本方式联系到自己的工作上——传达一个团队的需要和操作问题。第一，他的办公室准备一个团队客人的一系列摘要，这个摘要概述了支付对账单的详情，开对账单、管理对账单的人的许可，以及前厅员工礼宾服务的描述，还有有关这个团队性质和需求的其他详情。他的部门也准备了一个宴会项目订单，总结了项目详情，例如地点、时间、菜单。第二，每天都会召开一个指导会，各部门经理参加，讨论办理入住和退房的模式、存储需要，以及查看意见卡。

　　　　他的部门依赖前厅的员工筛选电话访问，并将其引导到适当的人。这节省了销售部员工的宝贵时间，使得他们可以将时间花在销售上，而不是筛选上。约翰逊先生依靠前厅在销售洽谈中传递承诺，因为前厅处在接待业的第一线。他也依靠前厅员工将团队客人登记的准确详情输入到电脑中。

　　　　约翰逊先生鼓励饭店管理的学生打开择业视野，研究饭店前场和后场的机会。

13.2　规划一个零售终端前厅

　　　为了打造一个合格的**零售终端前厅**（point-of-sale front office），前厅必须提升为饭店的利润中心。规划包括设定目标，集思广益讨论促销的领域，评价各种选择，拟定预算，开发一个反馈的评估工具。没有计划，前厅几乎没有机会成功。这个规划需要与饭店管理层、部门经理以及各部门一线员工磋商建立。应该挑选团队成员来协助建立一个有效的、有利可图的规划。

　　　因为前厅要接受成为一个销售部门这件事，纳鲁拉建议前厅的目标包括以下内容：

- 出售客房给没有事先预订的客人。
- **向上销售客房**（upsell）（鼓励顾客购买较昂贵的商品或服务）给事先预订的客人。
- 维护库存，即客房。
- 传达饭店销售的其他产品的信息给客人，例如餐饮。前厅的目标是出售饭店所有可利用的设施给客人。要让客人了解哪些服务是可获得的，前厅员工可能是最重要的途径。
- 通过达到超额预订和出租全部客房的平衡，确保客房销售产生最大收益。
- 获取客人的反馈。[3]

　　　如果我们达到这些目标，以及纳鲁拉的其他关于促进前厅与市场营销部之间沟通交流的目标，规划就可以开始了。客人的有价值的信息对制定有效营销策略是必要的，而这些信息可以由前厅员工来传递。不断变化的市场环境要求这样的信息被市场营销部利用。[4]基于这一建议，我们可以推断市场营销部需要客人对饭店产品和服务可用性满意度的重要反馈信息。

13.2.1　设定目标

　　　一个销售导向的前厅，其最终目标是客房销售、餐饮销售，以及饭店其他部门销售收益的提高。前厅经理想要为前厅建立一个计划，必须设定切合实际的目标。想要完成的是什么？餐厅销售提高 10%，酒廊销售增加 15%，礼品店销售增加 20%，还是商务中心销售提高 25%？建立这些目标时要与饭店总经理及其他部门经理共同磋商。磋商的结果可能是达成一个切合实际的目标共识："利润中心销售增加 15%。"这可能是接下来几个月内的目标，然后再规划未来几个月内的新计划。

13.2.2　集思广益讨论促销领域

建立计划来增加前厅的销售时，前厅经理与其他部门总监及员工磋商讨论时，应该尽可能具体地定义要被促销的饭店产品和服务。下面是对促销领域的一个典型概括：

Ⅰ. 前厅

  A. 预订

    1. 接受预订时向上销售客房

    2. 登记和办理退房手续时的额外预订

  B. 客房

    1. 登记时升级预订

    2. 促销的包价产品

    3. 办公室租赁

    4. 电影、图书租赁

    5. 儿童电脑游戏

  C. 办公服务

    1. 复印、影印

    2. 口授笔录

    3. 打字

    4. 传真

    5. 笔记本电脑租赁

    6. 室内 DVD 租赁

  D. 个人服务

    1. 托婴服务

    2. 购物

    3. 门僮搬运行李和设备

    4. 礼宾服务

      a. 电影票/音乐会票/艺术演出票

      b. 一般旅游信息

      c. 地区旅游

      d. 航班预订

      e. 紧急服务

      f. 当地交通信息

Ⅱ. 餐饮部

  A. 餐厅

    1. 当天特色菜单项目

    2. 签名菜单项目（signature menu items）

    3. 为用餐者特别定价的组合

    4. 预订

    5. 礼品券

  B. 客房服务

    1. 餐点

    2. 早起者早餐服务

    3. 派对服务

    4. 小吃

    5. 饮料/酒水

  C. 宴会服务

  D. 酒廊

    1. 当天特色菜

    2. 当天特色主题

    3. 特色表演者

    4. 促销的包价产品

Ⅲ. 礼品店

  A. 应急物品

    1. 衣物

    2. 浴室用品

  B. 纪念品

  C. 正在进行的促销

Ⅳ. 健身设备

  A. 游泳池

    1. 可得性

    2. 会员资格/礼品券

  B. 有组织的每日团体慢跑

  C. 健身俱乐部

    1. 可得性

    2. 会员资格/礼品券

13.2.3　评价各种选择

规划团队必须判断头脑风暴会议过程产生的想法中哪些是需要进一步考虑的。这项任务并不总能轻易完成，但是如果团队参考设定的目标，那么这项工作就简单多了。在这种情况下，计划的整体目标是，通过前厅员工、餐饮部、礼品店、健身设施产品和服务，达到销售最大化。团队必须判断哪个领域或哪些领域对饭店及其员工来说将是最有利可图的。

13.2.4　设计奖励计划

在规划零售终端前厅的头脑风暴会议过程中，团队应该把奖励作为成功实现销售计划过程中重要的一部分。零售终端计划应该包括一个 **奖励计划**（incentive program），这个奖励计划需要理解员工的动机关注点，并为他们达到目标提供机会，这将会鼓励执行零售终端计划的一线员工之间的合作。

前厅经理有责任决定如何激励每一个员工。许多激励策略需要财务支持，这些成本必须包含在预算中。如果业主看到了这些计划所创造的额外销售，分享部分利润的想法就更可以接受了。

激励（motivation），或者理解员工的需要和渴求，并建立一个实现它们的框架，是建立零售终端前厅必需的一个部分。一个前厅经理怎样才能发现员工想要什么呢？大量的理论家对这一领域进行了探索；深刻理解什么激励员工以希望的方式做出行为，道格拉斯·麦格雷戈（Douglas McGregor）、亚伯拉罕·马斯洛（Abraham Maslow）、埃尔顿·梅奥（Elton Mayo）以及弗雷德里克·赫兹伯格（Frederick Herzberg）的理论对此提供了理解的视角（见表 13—1）。一旦一位前厅经理了解了员工想要什么，他必须开发一个能够达到员工需要的方法，作为对得到期望行为的回报。前厅经理必须与饭店总经理以及人力资源部合作，开发满足员工需要的有效方案。在这个过程中，有效方案是由员工评定的。

表 13—1　　　　　　　　　　　　　　激励理论

麦格雷戈	X 理论	人们对工作有一种固有的厌恶。
	Y 理论	工作像娱乐和休息一样自然。
马斯洛	需求层次理论	用金字塔表明了人类的需求层次。在更高层级的需求，例如自我实现需求满足之前，食物、穿着、住所这些最基本的需求必须满足。
梅奥	人际关系理论	认可每一个员工都是特殊个体的管理者，将比那些把员工视为一个群体的管理者收获得多。
赫兹伯格	双因素理论	导致积极工作的唯一因素是成就、成绩、责任、有趣的工作、个人成长以及晋升的认可。

前厅员工销售奖励计划的目标是鼓励员工促销饭店多种领域的产品和服务，包括前厅、餐饮部、礼品店，以及健身设施。可以关注每一个促销领域，或者前厅经理只选择几个领域——也许是那些产生最多利润的——作为奖励目标。下面是一些例子：

1. 登记时升级预订：如果一个前台接待可以以 95 美元的价格，向一位预订了 75 美元客房的客人，出售一个客房包价产品，那么销售提高的 20 美元中，有一部分比例就会奖励给那位员工。

2. 饭店餐厅销售：如果一位前台接待成功鼓励一个客人光顾餐厅，客人账单的一部分是可以作为该员工的回扣的。在餐厅，当客人出示前台接待签发的 VIP 卡给餐厅服务员，并接受 VIP 服务时，该前台接待将收到回扣。

3. 客房服务销售：如果一位前台接待成功说服客人使用客房服务，客人账单的一部分是可以作为该员工的回扣的。客人出示前台接待签发的 VIP 卡给客房服务人员时，证明这一销售是该前台接待促成的。

13.3　激励理论

13.3.1　道格拉斯·麦格雷戈

道格拉斯·麦格雷戈提出了管理者在管理过程中处理员工关系的两种方式。这些理论称为 X 理论和 Y 理论。X 理论表明每一个人天生不喜欢工作，只要有可能，他们就会逃避工作。[5]Y 理论表明工作上体力和脑力的消耗如娱乐和休息一样自然。[6]

这是两种截然相反的对人们工作态度的观点。X 理论表明管理者必须持续采取直接的措施，来强迫员工工作。Y 理论表明员工会将天生的能力和潜力带到工作上，管理者可以通过有效的管理和沟通网络来加强。仔细思考过这两种理论观点的管理者会发现，有时他们感觉一个员工在采用 X 理论下工作效率最高，另一个员工在 Y 理论下工作效率最高，也有另外的员工在两种理论的结合下工作效率最高。这正是麦格雷戈努力的意图所在，他希望管理者将每个员工看待成一个独立的个体，并对每个个体进行相应特定类型的管理。

13.3.2　亚伯拉罕·马斯洛

亚伯拉罕·马斯洛的理论认为人的需求可以根据重要性划分层级，最基本的需求是最重要的。他定义的需求层次理论是：

第五层次：自我实现、自我认识，以及自我完成需求。

第四层次：自我尊重和外部的尊重需求。

第三层次：爱情、友谊和归属需求。

第二层次：安全（远离恐惧、紧张和混乱，获得安全和自由）需求。

第一层次：生理需求（食物、穿着和住所）。

马斯洛进一步阐释了该理论，认为人们考虑第二层次的需求之前，力图满足第一层次的需求，需求是逐渐上升的。员工在关注生命安全、稳定和其他安全之前，食物、穿着和住所这一生理需求必须（由薪水）满足。直到人们已经满足了生理和安全需求，爱情的需求才可能被关注。[7]

前厅经理可以利用马斯洛的理论来识别每个员工的需求，进而设计适当的计划。如果一个员工的工资还不足以支付住房租金，那么他将需要满足住所这一生理需求，你就会发现一个学费援助项目对他毫无意义。

通过正式的和非正式的沟通，雇主应该知道对每一员工来说哪些需求是最重要的。每一个员工已经达到了需求层次的不同层次，管理者意识到这一点很重要。前厅经理试图提供满足下一层次需求的条件时，应该考虑每一位员工什么层次的需求已经满足了。

13.3.3　埃尔顿·梅奥

霍桑实验是 1927—1932 年在美国伊利诺伊州芝加哥西部电器公司（Western Electric Company）所属的霍桑工厂进行的研究，据此，埃尔顿·梅奥总结出，认可每一个员工都是特殊个体的管理者，将比那些把员工视为一个群体的管理者收获得多。[8]被认可有独特潜力和能力的员工将会感觉，这种认可是使其继续做好工作的激励。被认可具有销售额外服务能力的前厅员工，可能会认为这是一种嘉奖；这将符合他职业发展规划。这种认可可能激励员工在其他领域和其他时间进行一样的工作。

13.3.4　弗雷德里克·赫兹伯格

弗雷德里克·赫兹伯格认为像监督、人际关系、有形工作环境、薪水、公司政策和行政规定、补贴以及工作安全这样的因素，实际上是不满意因素或者说是保健因素。当这些因素恶化到某一层次，低于员工可以接受的水平时，工作不满意将接踵而来。那些带来积极工作态度的因素之所以有效，是因为它们满足了员工工作中的自我实现需求。[9]

根据赫兹伯格的理论，最低的保健因素必须保证，用以防止无成效的环境出现。他相信不能达到这一水平的组织会创造一个员工不满意的氛围。然而，真正有成效的组织要在激励因素上有所提高：成就、成绩的认可、责任感、有趣的工作、个人成长以及晋升。赫兹伯格不能肯定的是，如果一家饭店每年提供五天的假期给员工，而当地的其他饭店也提供给他们的员工五天的假期，这对之前那家饭店的员工是否是一个激励因素。[10]

13.4 应用激励理论

应用这些激励理论对前厅经理是一个挑战，它为重新审视员工需求、建立日常的联系和奖励计划提供了机会。

13.4.1 马斯洛

应用激励理论的前厅经理知道他的每一位员工需要不同类型的激励。例如，马斯洛的需求层次理论提供了一个根据需求层次决定激励技术的方法。为了喜欢和别人一起工作的员工，为了给家庭额外收入而从事第二职业的员工，以及为了成为部门管理者而工作的员工，每一个都需要不同的激励策略。为了维系社交关系的人，不会在乎每小时 50 美分的额外收入，这个人通过知晓自己可以轮班，可能更会受到激励。从事第二职业的人不会被医疗保险激励，如果他的第一工作提供了这项福利的话。然而指定数量的工作时间能够保证，每小时多得 50 美分可以激励这个人。为了晋升到管理岗位的人不会被一个较好的工作时间表激励，但是在前厅所有工作岗位培训的机会或者参加一般员工会议的机会则会激励这个人。

13.4.2 梅奥

梅奥在认可个人努力上的研究，给了前厅经理一个探索沟通、满意度和成本节约之间关系的机会。关于继续努力做好工作的简短话语鼓励，对员工家庭或好朋友表示关心的一个个人问候，或者对突出表现的认可，会使员工感觉自己很独特，特别是在一家大饭店。

13.4.3 赫兹伯格

赫兹伯格给管理者提供了一个不同的激励途径。他提出自我实现，即个人成长和实现的机会提高了绩效。员工需要足够的薪酬、工作安全、福利以及类似的东西，这些都是希望在工作中展现出来的。任何东西少于期望都会导致不满意。应用这一理论要求管理者分析工作的保健因素以及工作中的自我实现的机会。饭店所提供的本应该被员工感激的却没有受到感激的东西是什么？为什么饭店的野餐或者假期派对没有将团队聚集起来？这些问题的答案关键在于员工激励。

13.5　零售终端前厅的培训计划

规划的头脑风暴会议使销售技术的成功传递成为可能，另一个需要考虑的支持性概念是培训。

13.5.1　销售技能的培训

假设所有的前厅员工天生就是销售人员，这是没有确凿依据的；实际上，假设没有人是天生的销售人员，可能会更准确一点。进行一项销售时，对很多人来说都担心被拒绝，或者担心干涉别人，这样的想法太真实不过了。前厅经理必须通过培训和鼓励员工，减少这种销售的消极观念；否则，计划注定会失败。培训的目标是开发和教授员工方法，用以促销饭店各种各样的产品或服务。

13.5.2　建立一个提供机会的态度

如果员工认为他们是在向客人提供机会，那么销售工作会更加吸引人。认为他们的建议是在有意提高客人的住宿体验，这种员工会感觉销售更加愉快轻松。如果该零售终端计划逐渐引入、不断提升，给员工机会去尝试各种技术，那么销售信心便树立了。奖励计划会加强员工的承诺。

13.5.3　让员工体验饭店的服务

一个经常忽视但很有效的做法，是允许前厅员工体验他们销售的服务和产品。熟悉和鉴赏主厨的特色菜、一间升级房的豪华、健身俱乐部的设备、礼品店的新商品和礼宾部提供的个人服务，使得员工胸有成竹、满腔热情地进行促销。列示在促销目标概述里面的每一个领域的培训内容必须详尽。简单地告诉一个员工登记时向客人销售高价房是不够的。员工应该得到关于说什么和何时说的建议，把握时机是销售中很重要的一部分。

13.5.4　使用角色扮演制作培训视频

运用第 12 章探讨的影像技术，比如录制前厅员工在饭店内向客人推销饭店产品和服务的角色扮演片断，是一个极其有效的培训程序。这些片断不需要精心制作。它们只需要突出简单的方法，来展示加强客人体验的机会。

想要用视频作为培训方法的前厅经理必须先做一点功课。准备培训视频需要一些关于哪些能力和行为要讲授或者强化的思考，和饭店其他部门（市场营销部、餐饮部）的探讨提供了促销内容的基础。前厅经理应该客观了解一下前厅员工的销售技术或能力，他们的友好程度如何？他们在识别客人需求上的技巧如何？

然后，前厅经理必须决定哪些推销领域要在视频中凸显。一开始，他可能只想选择一两个领域。有这些促销领域在头脑里，前厅经理应该写一个角色扮演片断的剧本，里面包含具体的、员工预期应掌握的行为或能力。

制作视频需要安排有助于摄制的时间，员工工作轮班必须相应地做出调整。排演时间也必须进行计划，计划需要考虑有关录像机以及相关设备的租赁或购买的预算问题。

一线问题

一小部分资深前台接待在办理退房手续时，对进行未来预订的推销表示厌恶。你认为他们持有这种观点的原因是什么？你如何处理这种情况？

13.6　零售终端前厅的预算

前厅经理承担着零售终端前厅运营的成本，包括实施奖励计划的费用、制作培训材料的费用、规划的时间成本。这些成本，尽管不是巨大的，但也应该预先考虑。如果采取了所有适当的措施，销售增长所带来的收入增量应该会超过额外成本。在进行营销想法探索的决策时，销售以及相关费用的预测是十分有益的。

13.7　反馈

在准备一个零售终端前厅的计划中，评估前厅员工在促销饭店其他领域的成绩是很重要的。前厅经理如何知道员工有没有使用培训过的销售技术？他如何判断新颖性逐渐消失以后，员工对这项计划的感受？客人对这些可供选择的服务感觉如何？计划如何在财务上获得成功？前厅经理可能不能准确地说出推广策略的有效性怎样，但是他们必须努力从员工和客人那里得到尽可能多的反馈信息。这些信息在未来的推广想法、奖励计划、培训计划上是颇有价值的。计划的这一部分目标可以表述为："建立关于员工绩效、员工态度、顾客感知和盈利能力的反馈系统。"

13.7.1　客人测试

标准的**客人测试**（guest test）是饭店雇用一个外部人员（**暗访人员**（plant））来饭店体验服务，并向饭店管理层进行汇报。这个测试使得前厅经理能够评估前厅员工的销售绩效。如果一个有预订的陌生暗访人员出现在饭店，迎接的话语是"是的，已经预订，请登记"，前厅经理就会知道员工忽视了销售程序，前厅经理应该与员工讨论为何不遵守程序，也许员工的目标已经从更多的薪水转向了更合理的工作安排；或者也许他忘记了还有工作的奖励；也许太多的客人对促销反应很消极，员工放弃了努力，这个信息可能暗指将不需要的产品或服务作为了促销的对象。

当饭店设计顾客意见卡时，涉及备选促销项目的问题应该列示在上面。饭店员工提供的选项可以包括在内，例如升级预订或者关于餐厅、礼品店的信息，额外预订，饭店其他方面的信息。答案将显示出员工是否提出建议，以及这些建议如何被客人接收。这样会使客人感觉饭店是有进取心的。

13. 7. 2　财务成果

评估计划的另一种方法是计算实际财务成果。预算中概述的预期利润达到了吗？VIP卡的使用向餐厅经理表明客人是由前厅员工指引的。相似的控制模式使管理人员可以精确地找到客房预订、礼品销售以及其他销售的来源。必须建立一个记录存储系统，来反映在提高目标领域销售方面给予前厅员工的奖金数量，这一记录存储系统的详情需要与各部门经理和财务总监共同制定。

13. 8　规划一个零售终端前厅——一个例子

准备一个零售终端计划的典型会议应该像下面这样：前厅经理安排一个非正式会议，市场营销总监、餐饮部总监以及个别领域的少部分一线员工共同参加。会议之前，她要求每一位与会成员思考一些他们愿意在下一季度加强的促销策略。餐饮部总监通过叙述下面将在餐厅实施的促销策略，开始了讨论：

1. 1月"吃得明智"（Eat Wisely）：提供午餐或晚餐菜单的主菜选择，包括一张饭店健身俱乐部的免费入场券。

2. 2月情人节巨献（Valentine Special）：两人餐带有免费的餐前开胃菜、餐后甜点，或者饭店特选葡萄酒。

3. 3月午餐精选（Luncheon Special）：和主菜一起的汤和沙拉免费。

市场营销总监想在这个季度提高客房销售量，建议如下：

1. 以"我来过"（I've Been There）为主题，增加会议预订。

2. 开发周末城市包价产品。

讨论完这些促销策略后，所有的成员都同意"吃得明智"以及"我来过"促销应该成为前厅销售努力的目标。可以考虑使用这样的奖励措施：给参与两项促销的前厅员工现金奖励。另外，需要制作一个内部视频，以协助培训员工。

前厅经理安排了一个录制培训视频的时间，选择和安排了一些资深员工作为演员，租赁了录像机和相关设备，并且争取到了预算的支持。经过几天的编辑，剧本准备好了，如下：

前台接待：早上好！欢迎光临时代酒店。来我们城市的路上还算愉快吗？

客人：机场太繁忙了，打一辆出租车都很不容易。这里总是这么繁忙吗？

前台接待：每年这个时候，在这里经常会召开一些会议。城市安排了额外的交通工具，但是有时早到的代表会陷入这种状态。您有预订吗？

客人：是的，我是托马斯·兰顿（Thomas Renton），投资集团会议（Investment Group Conference）的成员，我的预订是与迈克尔·多德森（Michael Dodson）共住一间房。

前台接待：好的，兰顿先生，我这里有一个您的预订，离店日期是1月28日，星期五。多德森先生明天会与您同住，所有的费用由劳森投资公司（Lawson Investment Firm，Inc）支付。已经为您准备好了房间，请签一下登记卡。

客人：谢谢。这并没有花费很长时间，在经历了机场等出租车之后，我很感激你的服务。

前台接待：我们很感谢您入住时代酒店。先生，我看您的登记发现你是这次投资集团会议的董事会成员。我们的市场营销部很高兴能提供给您这个特殊的周末使用券，祝您居住和餐饮愉快。您再来的时候也许会看到我们的会议厅正在扩建，计划今年夏天开放。总经理告诉我们这个会议厅可以容纳10 000人。

客人：这听起来很棒啊。这个月晚些时候我可能有空过来使用这张周末券。

这项计划的预算包括以下收益和费用。将预期收益和相关费用直观化后，计划就变得更加具体和现实了。显示了极少的现金支出如何产生明显收益的预算，在说服所有者和高层管理者承认一个零售终端前厅计划是一个可行且有利可图的概念上，是十分有效的。

时代酒店销售预算——前厅

预期销售增长

10 份午餐 @20＝200×365	73 000 美元
15 份晚餐 @50＝750×365	273 750 美元
5 次客房服务 @20＝100×365	36 500 美元
5 个客房预订 @110＝550×365	200 750 美元
5 个礼品店推荐 @20＝100×365	36 500 美元
总计	620 500 美元

预期成本增加

奖励（午餐、晚餐、客房服务、客房预订、礼品店推荐的现金奖励）

	15 000 美元
管理规划时间	5 000 美元
制作三段视频的员工加班时间	4 000 美元
复印	300 美元
录像设备租赁	500 美元
硬件配件	50 美元
DVD 播放机和监控器的购买	500 美元
其他	500 美元
总计	25 850 美元

出售产品的相关成本：

食物｛午餐 73 000×0.35＝25 550；晚餐 273 750×0.35＝95 812.5；客房服务 36 500×0.35＝12 775｝ 134 137.5 美元

客房 5×365＝1 825×15＝27 375	27 375 美元
相关商品	10 950 美元
	172 462.5 美元
合计 25 850＋172 462.5＝198 312.5	198 312.5 美元
预期利润 620 500－198 312.5＝422 187.5	422 187.5 美元

在决定使用这两种促销策略方面收集的资料，在判断这些想法能否产生利润方面也是有用的。设计奖励计划、开发培训、建立预算有力地支撑了计划的操作成果。反馈机制包括客人测试、顾客意见卡和对两种促销销售来源的监管。

13.9   开篇困境解决方案

在很多饭店，推荐外面的餐厅是很常见的，原因在于前厅员工还没有认可饭店的利润目标。将一线员工纳入建立零售终端前厅中来是管理者的职责，在这种情况下，改善饭店餐厅设施成为中心任务。一线员工也应该有机会参与判断哪些促销计划对饭店和员工是最有益的。

□ 本章概述

前厅管理包括帮助饭店提升整体盈利能力。建立一个零售终端前厅需要制定一个行动计划，这个计划包括设定目标、集思广益讨论促销领域、评估各种选择、探讨供选择的支持措施（例如奖励计划和培训计划）、建立预期利润和相关费用的预算，以及开发反馈机制。这个简单的规划框架可使前厅经理对这个问题有一个更开阔的视野，而不是拼命地推进销售。

各个部门经理组成的团队应选择一些促销策略，并向前厅员工讲解，以创造额外的收入。前厅经理有责任建立零售终端前厅规划，这是一个成功、连续的项目的基础。这个计划必须包括需要促销的产品和服务，目标和程序，奖励计划，培训计划，预算，员工绩效、客人反馈、盈利能力的追踪系统。在饭店业开始职业生涯的学生会发现提升内部销售在前厅经理通往成功的道路上是占有很重要地位的。

□ 关键词

客人测试（guest test）   暗访人员（plant）

奖励计划（incentive program）   零售终端前厅（point-of-sale front office）

激励（motivation）   向上销售客房（upsell）

□ 本章思考题

1. 为什么前厅经常被认为是市场营销部的一个延伸？

2. 是否有可能引导前厅员工支持市场营销部的工作？试解释。

3. 如果你正在一家饭店的前台工作，你感觉自己是市场营销部的一个延伸吗？试解释。

4. 什么是零售终端前厅？

5. 如何建立一个零售终端前厅？

6. 一个零售终端前厅计划的主要目标是什么？

7. 探讨最大化销售机会的领域。

8. 奖励计划对一个零售终端前厅运营的重要性如何？举例说明。

9. 如何制作一个前厅员工销售技巧的培训视频？

10. 和一位同学一起，使用本章中的剧本，做一个模拟培训。请一些其他同学观察你们的表演，并要求他们对自己学到了什么做出回应。你觉得它们是你所想要传达的吗？解释你的答案。

11. 为什么预算对这个计划的成功如此重要？

12. 一个结构周密的反馈系统是如何帮助实施零售终端前厅计划的？反馈系统应该覆盖

哪些内容？它们告诉了管理层什么？

13. 如果你在一家饭店的前厅工作，这家饭店有一个网站，试探讨网站上的反馈选择。

□ 案例分析

1. 时代酒店的员工大会上，响亮而又清晰的主旨就是增加销售！前厅经理安娜以及管理层的其他成员，当晚召开非正式会议，来进行酒店销售增长想法的头脑风暴。餐饮部总监埃里克带来了最新的一份接待业刊物，上面有一篇如何提高酒店内部促销成果以及酒店外部营销成果的文章。这个概念给了安娜一个想法：或许前厅员工和酒店的其他员工，都有关于提升销售的想法。埃里克不认同这种观点，认为这只是那些获得薪水或者接受培训的团队考虑的事情。维修部经理弗兰克希望安娜可以进一步解释她的观点。

安娜认为前厅是所有客人的信息焦点。或许让她的员工充当内部的销售代理人员，可以提高酒店的销售。她和她的员工保持着和谐一致的关系，感觉他们愿意尝试一下。她愿意做出制定计划的尝试。

安娜该如何开始建立一个内部的销售代理计划？

2. 时代酒店的夜审人员辛西娅与市场营销总监罗林正在探讨减少的餐厅销售。罗林最近开发了一份计划，需要前厅员工负责提升餐厅销售。这个计划经过了仔细思考，甚至包含了一个奖励计划，即所有的前厅员工（其中有一些人是大学生）会得到牙齿保健补贴。

罗林走向前厅经理安娜，问道："你的员工出了什么问题？为什么他们不能像我们计划的那样推动餐厅销售？"安娜问罗林她指的是什么计划。罗林提醒她是那个在前厅员工协助下提高餐厅销售的计划。安娜说她在一次会议上含糊地提醒过员工要关注这个计划，但是并没有后续行动。

罗林的计划失掉了哪些部分？你会如何修订计划以重新执行？

3. 时代酒店的所有者最近在做一项调查，以确定客人为何不想使用酒店内部的便利设施，如传真机、Wi-Fi、复印机、客房服务、自动贩卖机、餐厅等。一部分答复表明那些机器被置于不方便的地方，而且有时不能正常运营。但是大多数回答集中在"我并不知道你们酒店有这些东西"。这项调查在最近一次员工会议上进行了讨论，这里有一些员工的意见：

餐饮部总监埃里克说："对于客人找不到餐厅这件事，我并不感到奇怪，前厅员工总是躲在后面。那一天，我不得不花费一分钟的时间转移某个员工的注意力使他来接待我，并且我觉得我是某个在这附近做事的人！"行政管家托马斯补充说："上周末，两位客人询问前厅员工为什么电脑系统不能工作了，他得到的回复是'我将记录下来这件事，并且明天早上回复你。'"总工程师李尹焕开始了他的陈述："现在让我们以另外一个视角看这个问题，这里面一些问题不在我们的控制范围内。例如，那些售货机已经旧了。我已经下了 10 台新机器替代旧机器的购买清单，但是我还没有听到任何回复我的信息，我们不能够总是责备员工。"前厅经理安娜回应说："谢谢李尹焕看到了员工做得好的方面，他们确实尝试了，但是客人不想听到理由。我对那些不尝试站在客人角度看问题的员工感到失望，员工没有意识到我们大家都在这里。"

总经理玛格丽特接着说："我认为我们正处一个关键点上，如何让我们的酒店对客人来说更加容易使用的关键点是针对此事进行提建议。"

建立一个讨论小组，针对时代酒店的员工应该如何改善自己的处境，向他们提出建议。

□ 注　释

1. Avinash Narula, "Boosting Sales Through the Front Office," *Canadian Hotel and Restaurant* (February 1987): 37.

2. Doug Kennedy, "Front Desk Training Is The Key to Capturing More Walk-In Business" June 2, 2009, http://www.hotel-online.com/News/PR2009_2nd/Jun09_FrontDesk.html.

3. Narula, 38.

4. Ibid.

5. Douglas McGregor, *The Human Side of Enterprise* (New York: McGraw-Hill, 1960), 33–34.

6. Ibid., 47–48.

7. Abraham H. Maslow, *Motivation and Personality,* 3d ed. (New York: Harper & Row, 1987), 15–22.

8. Elton Mayo, *The Human Problems of an Industrial Civilization* (New York: Viking, 1960).

9. Frederick Herzberg, B. Mausner, and B. B. Snyderman, *The Motivation to Work,* 2d ed. (New York: Wiley, 1967), 113–114.

10. Frederick Herzberg, personal communication with the author, June 1, 1989.

第 14 章

安 保

本章重点

保安部对有效的前厅管理的重要性

保安部的组织结构

内部保安部与承包的安保服务

饭店法律

客房钥匙安保系统

消防安全

应急通信程序

员工安全计划

开篇困境

总经理一直在考虑建立一个内部的保安部。在过去的 5 年内，饭店的安保服务都是外包的，被给予了最低限度的关心。然而，随着最近媒体对客人和员工安全的强调，总经理认为是时候准备一个行动计划，来研究建立一个内部保安部的可行性了。

提供食宿接待的行为被认为是自然发生的。然而，贯穿本书的一种观念是接待过程都是事先充分计划好的，由客人需求调研、政策和项目开发、培训计划的建立和传递，以及后续的信息系统共同完成。接待也包括为客人提供一个安全的环境，这需要一个良好组织的部门来监督和执行安保计划。一家饭店的保安部对向客人提供接待是至关重要的。这个部门负责建立以下方面的细则：

● 客人和员工安全

● 客房钥匙安保

● 消防安全系统

● 炸弹威胁

● 紧急疏散计划

● 员工安全培训计划

● 应急通信计划

这些操作程序直到一起犯罪事件或一场灾难降临饭店，才会真正启用。它们被假定为已经准备就绪，但是与迎合客人更即时的需求以及满足组织的财务目标相比，却处于次要地位。2001年9月11日发生在纽约和华盛顿的恐怖袭击事件与其他任何事件都不同，它对安全问题产生了深刻的影响。罗尔夫·温克勒（Rolfe Winkler）在一篇报道中这样写道：*

> 随着在亚洲及亚洲以外的饭店逐渐成为激进分子袭击的普遍对象，饭店安保以及适当的旅行预防措施，对商务旅行者和游客的重要性越来越大。在2009年，在伊斯兰堡万豪酒店发生的自杀性爆炸袭击事件中，激进分子杀害了至少54人，在印度孟买泰姬陵玛哈酒店（Taj Mahal）和奥贝罗伊酒店（Oberoi），71人被困，在巴基斯坦北部城市白沙瓦的明珠洲际酒店（Pearl Continental）发生的自杀性袭击事件中，9人被杀，2009年6月发生在印度尼西亚首都雅加达丽恩卡尔顿酒店以及万豪酒店的爆炸袭击事件中，7人被害。[1]

国家、州及地方的安全规范和法令都要求饭店经营者为客人提供一个安全的环境。这一章探讨安全意识，因为其与前厅的工作息息相关，所以同时讨论前厅是如何提供这项必要服务给客人的。

14.1 保安部的重要性

前厅是一个饭店的通信中心；它是联系饭店和客人的至关重要的环节。当一个客人因为火灾、疾病、盗窃或者其他紧急情况而拨打求助电话时，通常前厅必须回应。但是，前厅值班员工不能够离开前台去解决突发事件，因为他们必须继续提供通信服务以及处理财务交易事项。这就需要保安部的员工必须既有速度又有效率地做出反应去服务客人。

保安部经常被认为是一个被动的部门，只有要求时才会行动。事实上，它是一个主动的部门，通过建立政策、组织程序，以及传递培训计划，来提升客人和员工的安全。保安部总监是一个训练有素的专家，必须保证维持一个承载客人、员工及设备的繁忙饭店处于安全状态。这个部门的目标之一就是通过规划它的服务来预防紧急情况的发生。然而，另外一个目标是，培训所有饭店员工对紧急情况做出反应。

帕特里克·M·墨菲（Patrick M. Murphy）在发表于《饭店安全报告》上的一篇报告中强调了一家饭店安保的重要性，帕特里克·M·墨菲是美国注册专业采购人员（CPP），万豪集团的损失预防服务总监。万豪集团在它的全世界1 900家拥有和管理的一系列连锁饭店中，采用了通过环境设计预防犯罪指导原则（crime prevention through environmental design，CPTED）。帕特里克·M·墨菲指出：

> CPTED 是整个安保服务包的一部分。它包括从安保人员或者饭店的损失预防人员，到为保护内部（大堂、客房）、外部（停车场）以及周围而做的计划等一切事情。它的目标是阻止罪犯入侵饭店的任何领域；它通过巧妙地使环境不适合犯罪的发生，来达到这一目标。

> 在 CPTED 中，饭店优先考虑的领域包括以下内容：

> ● 饭店入口——看一家饭店我们会注意到所有的入口都是吸引人的、灯火辉煌的、没有障碍物阻碍的。夜间，侧门必须通过读卡机进行限制，以确保非登记客人的进入必须通过大堂和入住登记处。

> ● 饭店大堂——必须设计得视野开阔，以保证前厅员工拥有最小限度的盲区。大堂也应该这样设计，即前门走入的人必须经过前台才能到达客房走廊或电梯。

> ● 客房——这些（电子锁系统）创造了一个环境，即当一个新客人登记入住时，钥匙自动更换；也可以记录以判断最后一个进入房间的人。

> ● 客人便利设施——万豪在游泳池、健身房、售货区域，以及洗衣设施区域，以玻璃门和玻璃墙构造饭店，以达到最大的可视性。在这些区域增加了内部电话，如果客人感觉不舒服或者被任何人威胁，都可以打电话求助。

> ● 饭店外部——CPTED 要求通道和入口有明亮的照明设备。交通必须指向饭店前方，以使可能的罪犯尽可能被看见。通向饭店庭院的入口必须有限。绿化景观，例如树篱和灌木丛，也能够创造美学上令人愉快的屏障，来促进想得到的车流和人流。

> ● 停车场——首选的照明设备是金属卤素灯。高压钠灯不应该使用，因为它会发出刺眼的黄光。最佳的停车场或车库只有一个入口和一个出口，并且为车辆和行人提供良好的标识路线。车库必须尽可能地开阔，以提供清晰的视线。车库通向饭店内部的电梯应该终止于大堂，在那里需要电梯中转或者走一组不同的楼梯到达客房。车库的其他 CPTED 特征包括闭路电视摄像头、紧急报警箱装置，以及墙体涂白以增加灯具的亮度，从而对眼睛产生一种吸引。[2]

在当今**好诉讼的社会**（litigious society）中，消费者会因为产品和服务提供者没有按照预想的操作标准提供产品和服务而控告他们，这样的环境中维护一个有良好组织的保安部是很重要的。由于疏忽而造成一个人生命丧失进而产生的成本，或者由于火灾导致的财务损失，远超运营一个保安部的费用。

下面的例子说明了安保缺口可能导致的费用：

> 也许最显著的（高可见度的饭店犯罪）是 1974 年发生在纽约韦斯特伯里一家饭店的女明星康妮·弗朗西斯（Connie Francis）强奸案，该案有一个广为人知的裁决：饭店赔偿了数百万美元。这个案件就法律责任而言，还被认为是行业的"警钟"。[3]

14.2　保安部的组织结构

　　一家饭店的保安部和其他部门一样，在部门的顶端是保安部总监，负责为客人和员工维护环境安全。保安部总监需要员工、技术和预算来为饭店运营一个 24 小时的控制系统。根据饭店规模，可能会有一个助理保安部总监，在总监不在的时候承担职责，并协助行使部门的管理和监督职能。保安部总监向总经理汇报工作，并与其他部门经理相互影响。每一个轮班（上午 7 点到下午 3 点，下午 3 点到晚上 11 点，晚上 11 点到次日上午 7 点）都配备轮班主管和保安人员，这些人负责巡查饭店，观察客人和员工的活动，以及检查安保设备。这个部门需要配置的员工数量取决于饭店的规模。图 14—1 是一家大型饭店保安部的组织结构图。

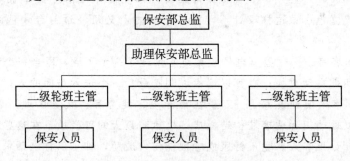

图 14—1　保安部的组织结构

14.3　保安部总监的工作分析

　　一个保安部总监的工作分析概述了管理团队中这个成员的管理和监督任务。为了保证快速有效地对问题和紧急情况进行反应，积极的规划是成功工作绩效的基础。

　　一个典型的工作分析如下：

上午 8：00　　　向饭店总经理汇报工作。

　　8：05　　　与停车场的服务员讨论前一晚的活动。

　　8：15　　　与值班的轮班主管或者保安人员讨论前一晚的活动。

　　8：30　　　获得来自夜审人员的涉及前一晚活动的记录。

　　8：40　　　检查关于置于前台的消防安全设备的夜审报告。

　　8：45　　　与维修部经理讨论供暖设备、通风设备、空调设备的状况。

　　9：00　　　与第一班轮班主管或保安人员会面，交流当天的活动和职责。

　　9：30　　　与行政总厨会面，更新其所在部门当天的具体职能和偶发活动。

　　10：00　　与客房部经理会面，讨论其所在部门的偶发活动。

　　10：30　　回到办公室查看交班报告。

　　10：45　　向总经理提供饭店内安保数据和重要的偶发部门活动状况的最新信息。

　　11：00　　与餐厅经理讨论当日的活动。

　　11：30　　回到办公室准备每周计划表。

11：45	回应来自前厅关于客人被困电梯的电话，协助维修部维持秩序。
中午 12：45	与市场营销总监会面，判断即将到来的高校学生项目和保险管理会议的安保需求。
下午 1：00	回到办公室制定下一财务年度的预算。
1：30	与城市消防局长共进午餐，探讨整修新侧翼的自动喷水灭火装置的计划。
2：15	与前厅经理会面，探讨前厅员工的火灾与炸弹威胁行动计划。
2：45	为第一班和第二班换班，与轮班主管会面，探讨操作程序。
3：15	管理四楼和五楼的客房部员工的一个火灾培训计划。
4：15	回到办公室，修订前厅员工的火灾与炸弹威胁行动计划。
5：00	与总经理会面，探讨所有部门的消防安全培训状况。
5：30	回应来自前厅关于客人在饭店跌倒的电话，帮助对客人进行急救护理，并安排运送客人到医院。完成一个事故报告。帮助客人的家属延长住宿时间。
6：00	与维修部员工商讨消防设备的运行状况。
6：15	为下一天准备一份要做的工作清单。
6：30	与宴会部经理共同核查排好的宴会的客人状况。
6：45	与行政酒廊经理共同核查客人的状况。
6：55	与前厅经理共同核查登记入住客人的状况。
7：00	与车库服务员共同核查活动的更新信息。
7：05	与轮班主管共同核查巡逻活动的更新信息。
7：10	结束一天的工作。

这个工作分析表明保安部总监参与管理人们行踪的细节，并对他们的安全表现出积极的关注。这项工作要求与各部门总监、员工、政府官员以及运行设备进行不断的配合。这些任务在饭店中责任重大。下面对饭店客人安全的评论概述了一家饭店对客人的责任：

饭店不是客人安全的保险人，但是必须在保护客人方面践行合理的、谨慎的经营者应该负责的事。这个职责扩展至一位饭店总经理保护客人的责任，保护客人免受以下事项的影响：

- 饭店员工疏忽的、故意的行为
- 其他客人的行为
- 在某些前提下作出承诺的非客人的行为

未能确认这三个方面的合理标准会给饭店带来责任风险。[4]

保安部总监的岗位描述中所概述的职责，在某些饭店中由于预算的原因，可能会分配给其他员工。例如，在一家提供有限服务的饭店中，总经理可能将紧急情况维护控制的**危机管理**（crisis management）职责分配给值班经理，行政管理职责可能与助理总经理、预订经理或客房部经理共同分担。

一线问题

客人打电话给前台，说她 6 岁的儿子没有从自动贩卖机那里回来，已经走失 25 分钟了。前台接待该如何回答？必须设置什么系统来确保采取迅速、有效的行动？

接待业人物简介

约翰·尤利亚诺（John Juliano）是马萨诸塞州剑桥皇家颂乃斯塔酒店（Royal Sonesta Hotel）的保安部总监。获得了犯罪学学士学位以后，他在私人安全部门工作，然后去酒店工作了22年。

尤利亚诺先生认为，一个安全的、稳固的环境对旅行者来说非常重要。有客人告诉过他，他们住在皇家颂乃斯塔酒店时感觉自己像是住在家里一样；他们希望在那里可以感受到与在家里一样的安全。

他负责保安部的日常经营，包括计划和管理。他调查突发事件（盗窃、损害财产等），并作为饭店安全委员会的联络人。他参与员工的培训（心肺复苏术、空气传播的抗原等）；传播有关州、联邦政府及职业安全与健康管理局（Occupational Safety and Health Adamination，OSHA）对监管者的要求的信息；帮助实施新的安保程序。

尤利亚诺先生说，他的工作在管理方式上比在操作方式上要求得更多。他建立防范措施以保护饭店免遭安保问题和法律诉讼的影响。他必须在地方法律，以及州法律、OSHA条例方面有广博的知识。尤利亚诺先生的部门像前厅、宾客服务部和礼宾部一样，涉及客户关系。他与前厅经理保持了良好的关系，向前厅经理提供收集信息的指导方针。前厅经理和员工通过遵照这些指导方针，建立了在某些情况下要怎么做的指南。虽然尤利亚诺先生不是每天都与前厅经理交流，但前厅经理会找他谈一些发生的情况，并要求他提供建议。大部分时候，他直接处理客人或员工的事情。

14.4 内部保安部与承包的安保服务

2001年的"9·11"事件、近期更多的饭店爆炸事件，以及挟持饭店运营者的事件，要求认真对待客人安保责任问题。然而，饭店总经理必须决定如何运营一个有成本效益的内部保安部。考虑雇用一家外部的安保公司之前，内部运营一个组织良好的保安部必须作为首要考虑。就像保安部总监的工作分析所表明的，这个岗位有比巡逻饭店大堂和庭院更多的工作要做。**步行巡逻**（foot patrol）——步行巡视大堂、走廊、饭店外部财物，以侦查客人和员工安全的缺口——是安保的一个重要特征，但是这只是一个预防措施，不是组织安保工作的一个主动方式。然而，在一些情况下，由于经济的原因，总经理会被迫考虑购买外部的服务。运营一个保安部的行政管理和规划程序被委派给其他部门领导。成本考虑必须与为客人规划、协调一个安全的环境进行权衡。

安保服务公司对**安全护航服务**（security escort service）的每小时收费，或者穿制服的保安员护送一位饭店客人去一个金融机构存款的收费，对完成日常大堂巡逻工作的收费，对维持车库监督的收费，与运营一个每天24小时都工作的保安部所产生的每年的薪水与管理费用相比，似乎很有吸引力。但是需要考虑比成本更多的事情。谁与其他部门经理合作，建立消防安全程序？谁来规划和进行消防安全培训？谁来监测消防安全设备？谁与政府官员合作，来诠释消防安全法规？谁来向管理层提供最新的确保一个安全环境需要使用的技术的信息？如果所有者和管理者对安保负责的话，必须解决这些问题以及其他问题。

如果雇用了外部的安保服务，维护安全的职责就分配给了各部门经理。维修部经理管理消防安全设备，提供消防安全设备和电梯的报告，以及应对危险情况。如果时间允许，总经理应成立一个安保委员会，对政府指导方针和潜在危险做出回应。如果时间允许，每位部门经理应根据个人经验制定安保指导方针。在这些环境下，安保变为低优先级的事情。当紧急情况发生时，缺乏协调几乎会保证灾难发生。

下面是有关印度尼西亚首都雅加达的酒店爆炸事件讨论的摘录，强调了设置一个有关客人安保的职位的明智性，它鼓励分享经验，而不是独立工作。

恐怖主义继续对像饭店这样的软目标构成威胁，正如最近（2003 年）发生在雅加达万豪酒店外的爆炸事件所证明的，安保更重要。伴随这一事实，全球的酒店毫无疑问会关注如何达到安保和客人方便之间的平衡。尽管这是饭店经营者每天都要面对的议题，但很多酒店继续回避谈论它们的安保程序。部分原因是饭店不想因为暴露它们正在采取的措施而危害自己的安保。另外，饭店经营者必须学会把安保看做一个积极主动的事，而不是一个必不可少的灾祸。

"我们面临的挑战远远超过了这种看似消极、灾难性的情境，"纽约半岛酒店（Peninsula）的风险管理总监吉米·金（Jimmy Chin）说："我们需要努力研究是否可能发生其他事情，并且我们需要处理这件事，调查可以采取什么措施来保护或回应它。这应该是积极的，因为客人把我们看做可能罪行和恐怖主义的一个威慑。客人期望得到保护，酒店也应该开放地探讨安保措施，分享最好的实践行为，而不是担心这件事看上去会如何不利于饭店的安保。"[5]

给客人和员工提供安保所面临的挑战需要由专人来处理，饭店采用兼职人员来控制危机只是一种目光短浅的做法。下面的故事说明了没有提供足够安保的后果。

接待业的法律专家认为，在"尾钩号"丑闻事件中对希尔顿酒店的判决可以对饭店为客人提供安保的责任产生意义深远的影响。在这一事件中，前任海军少尉保拉·科格林，（Paula Coughlin）控告希尔顿酒店在 1991 年拉斯维加斯希尔顿酒店的"尾钩号"协会聚会中，没有提供足够的安保。陪审员在补偿性赔偿中奖励科格林 170 万美元，以及惩罚性赔偿中奖励 500 万美元。希尔顿酒店声称，在事件中 3 名保安人员能胜任 5 000 人的安保工作。[6]

14.5 客房钥匙安保

保安部总监的职责之一是建立和维护一个**客房钥匙安保系统**（room key control system），即一个行政管理程序，该系统授权给特定员工和已登记客人，有权使用到达客房和公共区域的钥匙。一个委员会发现"作为普遍意义上的说法，一个客人在房间有隐私期望，一家饭店有责任阻止未登记的客人、未授权的员工以及第三方接近该客人的房间。"[7]饭店有几种可以保护隐私的选择提供给客人，包括传统的硬钥匙/金属钥匙、电子锁、智能卡技术及使用无线射频识别技术的非接触式电子锁。

14.5.1 硬钥匙/金属钥匙系统

硬钥匙/金属钥匙系统（hard-key systems）由传统的大钥匙组成，这种钥匙刚好可以插入一把锁上的钥匙孔；锁里面预调好的制动栓只能被指定的钥匙转动。硬钥匙/金属钥匙系统在最初的购置上，比其他系统费用低。然而，在长期运营过程中，购买传统钥匙和换锁的成本必须考虑在内。并且重新发行同样的钥匙给一个又一个客人，会出现安全问题。经常会有客人在离店的时候未能交还钥匙，如果一个粗心的客人丢弃了一把客房钥匙，或者一个罪犯偷了一把钥匙，客人的安全就会受到威胁。如果定期的维护和换锁工作没有成为预防性维护计划（以及预算）的一部分，客人的安全也将受到威胁。尽管硬钥匙/金属钥匙系统是饭店已经使用了很多年的传统方法，但是它经常的且高成本的维护表明它应该被先进的技术代替。这也许是一个缓慢的过程，但是它将极大提高客人、员工和库存的安全。规模经济使得电子锁系统成为饭店负担得起的必需品。

14.5.2 电子锁系统

电子锁系统（electronic key system）的特点如下：

电子锁系统包括长时间电池供电的、硬接线的锁，一个电脑主机和多个终端，键控打孔机及特殊的用作钥匙的进入卡。电脑主机生成锁与锁之间的暗码组合，取消旧的暗码，并与主要的系统保持联系。前厅员工使用至少一台电脑终端为客人注册，使用附随的键控打孔机制作钥匙。一个电子锁系统允许饭店发给每一位客人新钥匙。客人把钥匙插入房门，那把锁的智能微芯片扫描写入钥匙的暗码组合，接受它作为新的、有效的暗码组合，同时登记先前的所有暗码组合为无效的。[8]

电子锁系统、智能卡和生物识别系统也可以用于客房以及饭店的其他领域，都属于客人安保方面的投资。每登记一位新客人，一张新的塑料钥匙或适当的电子器件就同时制造出来。客人房间锁或公共区域/存储区的新密码组合只会对新的客房钥匙或万能钥匙做出反应。这个程序可以保证客人和员工的安全。必须评估这类系统的初始投资，并与所有的硬钥匙/金属钥匙系统维护和更换的成本进行比较。

电子锁系统是设施设备经理可以选择的多种替代物之一。这一系统包括了一个电子编码的钥匙，门机控制器，这些控制器可以很容易地被预设识别一个或多个密码。因为这些电子钥匙从几十亿可能的密码组合中被分配密码，所以几乎不可能被复制。

高端电子的访问途径控制系统可以被装备有很多的……特性……（例如）报告谁何时进入了一个区域……而且可以将这一信息与中央电脑相连，使得设施设备经理可以报告出数以千计的使用者通过数以千计的房门所进行的活动。在犯罪事件调查阶段，这些报告是极其有益的。访问途径控制系统也可以装备恐慌警报功能，万一他们被胁迫开门，该功能准许个人发送一个危险信号。[9]

下面的文章描绘了在旧金山圣弗朗西斯的历史威斯汀酒店（Historic Westin）使用的一个 SAFLOK MT™电子锁装置。这家酒店有1 200间客房以及 28 个会议室。

SAFLOK MT 电子锁是这家公司的旗舰产品。它有读取三种不同类型钥匙卡介质（keycard media）的能力：智能卡、记忆系统、磁卡技术。这种多技术的性能是在没有附加费的情况下，SAFLOK 提供的一个标准功能。这种锁储存了多达5 900次的进入使用历史。

System 6000 操作程序是窗口基准的系统，包括一些用户友好界面：点选式的操作性能、用户姓名和密码保护，以确保每一个使用者获得指定访问级别的使用权利，丢失或被盗的钥匙的注销和替换的权利；定制化的钥匙卡可编制程序性；以及详细的系统报告。System 6000 也具有远程技术支持的特性，使得 SA-FLOK 技术员可以远程地访问酒店的系统，以修复和排除任何问题、故障。对于酒店的安保来说，这个访问途径是受密码保护的。[10]

14.5.3 智能卡

电子钥匙的另一个版本是**智能卡**（smart card），一个带有电脑芯片的电子设备，允许饭店的客人或员工到达一个指定的区域，具有追踪、借记卡性能。布鲁斯·亚当斯（Bruce Adams）对智能卡的介绍如下：

饭店管理中从来都不容易对房间通道进行追踪。员工有智能卡，可以允许他们获得不同级别的安全保护。这些卡可以追踪哪个级别的钥匙使用过，谁在那里，并制造一个容易管理的检查索引。

除了最先进的锁定和追踪性能，智能卡作为客人身份识别卡，包括了在环球影城主题公园的菲诺港海湾酒店（Portofino Bay Hotel）居住的客人姓名和居住日期。"他们的卡有身份证的功能，给了他们在主题公园特定的特权，"桑斯伯里（Sansbury）（洛兹酒店（Loews Hotels）的区域副总裁）说："好处包括交通工具和活动方面的前线特权，提前入园和有关就餐座位的优先权。"智能卡也可作为酒店和公园的付款卡。"智能卡是与客人在酒店的账户相联系的，"桑斯伯里说，"在酒店的信用限度被转移到了智能卡。在环球影城的任何商店的购物或餐厅的消费，都可以刷智能卡，就像刷信用卡一样。它有像信用卡一样的操作方式……如果他们丢失了智能卡，很容易使这张卡失效。"[11]

14.5.4 非接触式电子锁

手环、密钥卡、钥匙卡形式的**非接触式电子锁**（contactless locks），也已经在接待业使用，它们使用**无线射频识别技术**（radio frequency identification，RFID）作为一种电子钥匙。

来自 Kaba Ilco 的非接触式 790 电子锁可以读写信息到各种各样的 RFID 介质中，例如钥匙卡、手环和密钥卡，适用于酒店和度假胜地。它以工效学意义上的非接触式读取器为特色。客人和员工只要在读取器上放一下他们的钥匙卡就可以进入。详细说明了每把锁被打开的日期和时间的检查索引，可以记录在员工的钥匙卡上。[12]

RFID 的另一个用处是通过一部手机传送房间钥匙号码。

全球酒店电子锁供应商 SAFLOK™宣布了它与 OpenWays（为接待业提供基于移动的通道管理和客户服务方案的一个全球供应商）的合作。通过这种联盟，SAFLOK 和 OpenWays 建立了一个界面，使得 SAFLOK 的锁可以读取一个通过 OpenWays 开启的手机传递的"钥匙号码"。

这种在两种方案间的"交互"使得客人可以通过手机安全地接收他的房间和钥匙号码，从而允许客人不必在前台办理一些手续，使得入住登记和办理离店手续的过程流线化。

OpenWays 和 SAFLOK 电子锁对接，无须理会使用的卡片技术，这种方案与饭店的 PMS、CRS 和 CIS 对接，可以促进移动式预订、移动式确认、移动式升级、电子支付/电子购票、电子礼宾，以及更多方式的发展。[13]

特伦斯·龙森（Terence Ronson）指出，另外的安保措施——**生物识别**（biometrics）——饭店正在考虑使用，一些饭店已经将它投入使用来控制通道。

生物识别是一种人类特性的测量，例如声音、笔迹或面部特征。一些人可能看到过仿制品的例子，在许多的电影中都有这样的设备。基于卡片的通道系统已经出现很久了；它们利用授权的塑料卡片控制通道，但是不能追踪谁真正拥有那张卡。使用个人识别码（personal identification number）的系统，例如 ATM（automatic teller machine）只需要个人知道一个特定的号码就可以获得进入性，实际上不能判断是谁进入了那个密码。另一方面，生物识别装置通过判断他们是什么，那是否是他们的手、眼睛、指纹或声音，来核实一个人是谁。我希望饭店对指纹识别通道控制系统感兴趣，也许因为成本和相对简洁性，它们可以实施到现有的饭店运营中。

例如，当捕获一个指纹时，通过提取一个特征集合，指纹图像转换成数字形式。从报告中得到的抽象数据被编码和存储在数据集中，作为一个模板，稍后会为比较提供一个参考。用户通过提取和比较来自指纹的独特的弓形、环、斑纹和凸纹信息而被鉴别。这个信息集叫做特征点，是一种数学上的表示法，被采集作为一系列指纹螺环和凸纹间的数字和关系。没有存储指纹的实际图，保证隐私和安全，是用户的首要考虑内容。[14]

14.6　消防安全

对任何一个没有做出处理危险情况准备的人来说，听到有人喊"着火了"一定会感到恐慌。精心策划的安全程序可以拯救客人和员工的生命，这些程序在火灾一开始就需要管理得很好。前厅经理和保安部总监必须建立一个有效的消防安全和疏散计划，以及员工的培训计划，并确保它们的有效性。

14.6.1　一般的消防安全规范要求

消防安全计划始于饭店所处地区的市政当局的消防安全规范，这些规范规定了建筑材料、室内设计面料、入口和出口要求、空间限制、烟雾报警器的安装和维护、喷水设备的安装和维护、消防演习测试、火灾报警装置的运行和维护及类似的事项。建立这些大量而又详细的规范，是为了确保客人的安全。这些可能要求额外的财务投资，但是它们能够保护客人和所有者的安全。

14.6.2　客人的期望

饭店的客人在他们的旅行中会下意识地期望寻找一个安全的环境。一些客人可能会要求低楼层的房间，或需要有烟雾报警器。然而，大多数客人关心的是其他问题，并不询问消防安全程序。客人入住一间客房后，可能会粗略看一眼房门后面的火灾疏散程序。一些客人甚至可能会数一下距离最近的出口有多少房门。这足够了吗？客人把自己的生命安全放在了饭店管理者和员工的手上，那他将处于危险之中吗？

14.6.3　消防安全计划

想要采取积极措施确保客人安全的前厅经理，必须建立一个简洁的消防安全计划，与员工和客人沟通这个计划，并培训员工如何处理紧急情况。这包括下面一些内容：

1. 所有客房和公共区域配备烟雾报警器，与一个中央通信区相连。
2. 定期检测和维护烟雾报警器；保持最新的检测记录，如表 14—1 所示。
3. 根据当地消防安全规范条例的需要，安装、维护和检测火灾报警器，同时不断更新检测记录，如表 14—2 所示。
4. 时常监控烟雾报警器和火灾报警器，最好放在前台。
5. 准备和张贴楼层计划，展示各区域的安全出口位置——公共区域、工作区域和客房区域（见图 14—2 和 14—3）。
6. 告诉员工和客人最近的灭火器和火灾报警器在哪里，以及如何撤离饭店，对其进行消防安全指导方针的教导（见图 14—4）。
7. 为前厅员工建立一个消防行动通信程序。

表 14—1　　　　　　　　　　烟雾报警器检测和维护报告

401	12 月 1 日	状况良好	检查员 JB	1 月 10 日	状况良好	检查员 JB
402	12 月 1 日	状况良好	检查员 JB	1 月 10 日	状况良好	检查员 JB
403	12 月 1 日	更换电池	检查员 JB	1 月 10 日	状况良好	检查员 JB
404	12 月 2 日	状况良好	检查员 JB	1 月 10 日	状况良好	检查员 JB
405	12 月 2 日	状况良好	检查员 JB	1 月 10 日	状况良好	检查员 JB
406	12 月 2 日	状况良好	检查员 JB	1 月 10 日	状况良好	检查员 JB
407	12 月 2 日	状况良好	检查员 JB	1 月 10 日	状况良好	检查员 JB
408	12 月 2 日	状况良好	检查员 JB	1 月 13 日	状况良好	检查员 JB
409	12 月 2 日	状况良好	检查员 JB	1 月 13 日	状况良好	检查员 JB
410	12 月 2 日	状况良好	检查员 JB	1 月 13 日	状况良好	检查员 JB
411	12 月 2 日	状况良好	检查员 JB	1 月 13 日	状况良好	检查员 JB
412	12 月 2 日	状况良好	检查员 JB	1 月 13 日	状况良好	检查员 JB
413	12 月 3 日	更换电池	检查员 JB	1 月 15 日	状况良好	检查员 JB
414	12 月 3 日	更换电池	检查员 JB	1 月 15 日	状况良好	检查员 JB
415	12 月 3 日	状况良好	检查员 JB	1 月 15 日	状况良好	检查员 JB

表 14—2　　　　　　　　　　火灾报警器检测和维护报告

1 楼	A 处	4 月 10 日	状况良好	检查员 JB
1 楼	B 处	4 月 10 日	状况良好	检查员 JB
2 楼	A 处	4 月 10 日	状况良好	检查员 JB
2 楼	B 处	4 月 10 日	状况良好	检查员 JB

续前表

3 楼	A 处	4 月 10 日	状况良好	检查员 JB
3 楼	B 处	4 月 10 日	状况良好	检查员 JB
4 楼	A 处	4 月 10 日	状况良好	检查员 JB
4 楼	B 处	4 月 10 日	状况良好	检查员 JB
5 楼	A 处	4 月 10 日	没有声音，4 月 10 日已维修	检查员 JB
5 楼	B 处	4 月 10 日	没有声音，4 月 10 日已维修	检查员 JB
6 楼	A 处	4 月 10 日	状况良好	检查员 JB
6 楼	B 处	4 月 10 日	状况良好	检查员 JB
厨房		4 月 10 日	状况良好	检查员 JB
面包房		4 月 10 日	状况良好	检查员 JB
宴会厅 A		4 月 10 日	状况良好	检查员 JB
宴会厅 B		4 月 10 日	状况良好	检查员 JB
行政酒廊		4 月 10 日	状况良好	检查员 JB
大堂		4 月 10 日	状况良好	检查员 JB
洗衣房		4 月 10 日	状况良好	检查员 JB
礼品店		4 月 10 日	状况良好	检查员 JB

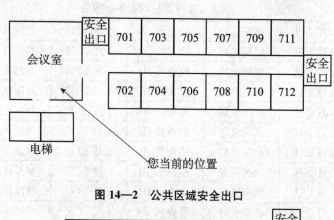

图 14—2　公共区域安全出口

图 14—3　挂在客房门后的标记

1. 当你登记入住任何一家饭店或汽车旅馆时，请索要一份消防安全程序计划的副本，如果他们说没有，请问一下为什么。

2. 检查你的房间是否有一个烟雾报警器，如果没有，要求换一间有的客房。

3. 熟悉安全出口的位置，并数一下安全出口距离你的房间有多少个房门。（如果走廊有烟雾，你可能看不到安全出口，但可以沿着地板感受到路线。）

4. 养成一个习惯，就是每次入住一家饭店或汽车旅馆，都把钥匙放在相同的位置，这样的话，你就总是知道它的确切位置了。然后，如果你要离开房间，确保带着钥匙。（如果由于通道有火或烟雾，你不能到达安全出口，那么你可能不得不回到房间。）

5. 如果你醒来发现房间逐渐开始充满烟雾，请抓起钥匙，迅速下床，匍匐前进到门口。你要尽可能长时间地保护眼睛和肺，因为空中五六英尺以上可能会充满无味的一氧化碳。

6. 离开房间之前，用手掌摸一下门。如果热的话，或者甚至是温暖的，都不要打开它！如果它不热的话，缓慢地打开一条缝，保持手掌始终贴在门上（以防你必须猛地把门关上），查看一下走廊发生了什么事情。

7. 如果没有危险，缓慢进入走廊，沿着墙的安全出口一侧探路。在烟雾中很容易迷路或迷失方向，边走边数门的数量。

8. 不要使用电梯作为走火通道，烟、热和火会使它不能正常运转。

9. 当你到达安全出口时，走下楼梯到一楼。（楼梯间的门是锁着的，因此你不能进入任何一个其他楼层。）

10. 如果你在下楼的过程中，在楼梯间突然遇到烟雾，烟雾可能正在下面的楼层堆积，并且楼梯间可能无法通行了。不要尝试跑着穿过它，转身回到楼顶。

11. 当你到达楼顶，打开门，并保持它一直开着，以确保楼梯间能够排出烟雾。找出大楼的迎风面，这样你就能不被烟呛到。然后，坐下来，等待消防员来找你。

12. 如果你不能安全地逃离房间，把你的浴缸或水池装满水。浸湿毛巾，塞住门下面和门缝，把烟挡在外面。用你的冰桶、戽斗向门上面倒水降低它的温度。如果墙热了，也向墙体泼水。弄湿你的床垫，举起它抵住门。弄湿所有东西。

13. 如果烟雾开始渗入你的房间，打开窗户。（如果没有烟，请紧关窗户，因为烟可能在外面。）如果你透过窗户看到了火，请把窗帘拉下来，这样它们就不会着火。同时，弄湿一块手帕或面巾，并通过它来呼吸。

14. 除非你确定若在房间多待一分钟你就会受伤害，否则不要跳楼。大多数人是在向外跳的时候伤到了自己，即使是从二楼跳下去——从三楼会更严重。如果你处的位置高于三楼，很可能发生的情况是，你不可能通过跳下去获救。你最好在房间更好地救火。

图 14—4　饭店的消防安全程序

资料来源：National Safety Council. Courtesy of Knights Inn. Cardinal Industries，Inc.，Reynoldsburg，OH © 1989 Cardinal Lodging Group，Inc.，management company for Knights Inns and Arborgate Inns.

14.6.4　员工的消防安全培训

给员工提供消防安全培训，包括对安全出口位置、灭火器、火灾报警器以及逃生方法的培训，提高了所有参与者必要时安全逃生的可能性。教会了新员工和现有员工有关饭店内安全出口位置、灭火器、火灾报警器等内容以后，监管者可以用一些随机问题抽查一下培训的效果，例如“当你在清洁 707 房间时，哪里有最近的安全出口？当你在面包房时，哪里有最近的灭火器？当你在洗衣房时，哪里有最近的火灾报警器？"这些简单的问题，经常足够多次的重复，可以向员工强调消防安全的重要性。

当地的消防部门或保安部总监都能够培训员工使用灭火器，这些非正式的培训应该包括操作程序和使用合适灭火器的信息。不是在火灾之中才开始阅读使用说明，这些培训给了员工处理紧急情况的能力上的信心。

14.6.5　客人的消防安全指导

对客人进行消防安全指导常常被忽视。他们在饭店是为了一个轻松、愉快的旅行，但是火灾可以在任何时间发生，甚至是在轻松、愉快的旅行中。告诉客人所有的房间都装有烟雾报警器，从任何房间看，安全出口是在房间的右侧，最多不超过 4 个房门的位置，每一楼层的电梯旁边都有一个灭火器，以及可以拨打电话号码 0 向饭店运营者报告火警。客人会感激饭店关心他们的福祉，会感谢饭店采取了所有预防措施来保证设备可用，并且能发挥正常功能。

管理者可以希望通过诱人的推广策略，鼓励客人阅读客房门上的火灾疏散指南。例如，登记的时候，客人得知有一种特定的优惠券，放在门上的火灾疏散指南上。这个优惠券可以兑换一种特定的买一送一早餐，行政酒廊的一次免费消费，一份免费早报，礼品店的一次折扣，或者某些其他的奖励。

为身体上有缺陷的客人提供食宿也应该是饭店管理者关心的事情。应该安装**可视报警系统**（visual alarm systems），即表明客房火灾或其他紧急情况的闪光信号灯，以向听力受损的客人报警。从 PMS 的登记模块种应该可以很容易获得关于有身体缺陷的客人位置的报告，以防紧急情况发生。

14.6.6　消防行动通信程序

前厅员工必须控制火灾发生时可能引起的恐慌。前厅经理制定的消防通信培训计划必须被所有前厅员工掌握。如果某天中午火灾发生了，那么有很多人可能会帮助控制情况。但是如果灾难发生在晚上 10 点 30 分，可能只有值班的员工配合沟通了。

一个客人或员工打电话给总机报告火警，通信程序便开始了。遗憾的是，在很多案例中，时间都被浪费在试图灭火上。在报警给当地消防站时，一秒钟都是很重要的。在一些饭店，通过饭店火灾报警和市政或私人监控站的交互，消防站立即被告知火灾情况。但是前厅员工不应该假定消防站已经被通知了，而是应该打电话给消防站报警。这个电话可能与之前较早的电话重复，但是两个电话总好过没有电话。

报告火灾之后，应该发出安保和管理警报。必须启动和组织客人和员工疏散程序。已制定的程序，规定了应该告知谁，以及以何种方式告知，谁要协助客人和员工疏散，明确这些，会使疏散工作卓有成效。前厅员工必须立即制作出一个占用房清单，包括在火警发出的楼层的客房及那些与发生火灾客房直接相邻的楼上、楼下的房间，这对协助疏散的消防员和志愿者来说非常重要。

消防员一到达就会向前台报告。他们需要知道火灾发生的地点以及哪些客房有人住。占用房的清单和关于客人是否是小孩或身体有缺陷的特殊注释，能为营救工作提供帮助。

前厅员工必须在严酷的考验中保持冷静。总机要主动积极，处理饭店内外部的电话。消防急救人员、急救和搜救队对信息的需求，会与来自媒体、与饭店客人相关的人员的电话混在一起。总机操作员应该保持电话简短，这样，电话线路才会畅通。

在危急关头，安保不应该被遗忘。一些人会利用这样的混乱进行抢劫和偷盗，现金抽屉和其他文件应该保护好。

每一家饭店都必须建立自己的消防通信程序。每一个计划要根据前厅员工的优势而不同。用消防演习培训员工，有助于员工处理紧急情况；每一个人都必须是这个演习的一部分，无论他们对平常的危机反应有多么镇定。每班次举行的消防演习锻炼了员工的能力，是值得尝试的。

下面的故事强调了做好准备应对紧急情况的重要性：

培训服务教育机构（Training Services Educational Institute）的执行理事詹姆斯·T·戴维森（James T. Davidson）在 1976 年纵火暴乱时期是百慕大酒店（Bermuda）的一个前厅员工。暴乱分子到酒店顶层纵火。（酒店的）通信塔在楼顶，并且瞬间失去了联系。虽然（酒店管理层）认为（它）有安全自锁装置系统，但一些人还是丧失了生命，包括一些试图使用电梯的客人——电梯直接带他们走向了烈火。本来有一个疏散客人的紧急计划，但是没有真正带他们远离燃烧的建筑到达一个安全距离的计划。

几年以后，在两次蓄意政变期间，他是塞舌尔群岛上一家酒店的总经理。两次蓄意政变中都强行实施完全戒严，第二次更糟糕，因为发生在半夜，员工数量有限。持续 6 天的时间里酒店只有 13 个员工为 300 位客人服务，并且只能与依靠酒店现有的食物。这 13 名员工在几乎每个部门工作。他们赢得了客人的帮助，帮助酒店运作，并且使大多数人都愿意加入进来。

每一次偶然事件都教告诉他计划和通信的重要性，以及组织定期的紧急情况程序演习是多么必要。[15]

虽然这些事件发生在 2001 年 9 月 11 日和 2009 年国际安全事件之前，但是为现在和过去的一般重大灾难和灾难通信做一个计划仍然是至关重要的。

14.7 应急通信

有时客人和员工需要在一个非紧急的情况下撤离饭店。尽管让饭店空置出来是势在必行的，但是这时的疏散并不像火灾时那么紧急。这种情况包括一次炸弹威胁、一幢临近建筑物的火灾、气体泄漏或者电力中断。这些情况发生时，一个应急通信系统必须到位，以确保有效的撤离工作。

保安部总监与前厅经理和民防局的人员协作，应该为所有部门建立一个计划。在引导员工和客人的通信上，前厅的角色是非常重要的，前厅负责警告员工和客人紧急情况出现了。应急通信计划应该建立一个**通信层级**（communications hierarchy）或命令，在这个通信层级或命令中的人可能会被叫来；应该强调饭店和民防局的合作；应该提供培训。

1993 年的世贸中心爆炸事件提供了关于准备方面的一个警示教训：

当灾难降临时，不充分或不完整的准备工作将明显暴露出来，并带来沉痛的代价。1993 年 2 月 26 日纽约世贸中心爆炸事件发生后不久，当隔壁 Vista 酒店的员工英勇地对非常令人却步的情况做出反应时，这些教训变得更加清晰。主要电话交换器的缺乏使与管理层的交流和安排紧急复原服务不可能实现。移动电话在那天本可以挽回数千美元的损失的。酒店建造图纸难以看懂，给营救团队带来了困难。[16]

下面是另一个更紧迫的突发事件：

2000 年 8 月 6 日，天然气爆炸撕裂了达拉斯沃思堡国际机场的大使馆套房户外世界酒店（Embassy Suites Outdoor World）的游泳池维修室，酒店刚刚开业四天，客人被迫逃离酒店。由酒店总经理比尔·布雷特切斯（Bill Bretches），以及警方、消防人员和医护人员引导的酒店员工的迅速回应，帮助迅速地清理了酒店，并且降低了受伤人数。酒店 329 间客人套房中的 215 间在爆炸时都住了客人，酒店大堂的客人中有很多人都是那天晚上要接待的。

客人被带到酒店的停车场，在那里，巴斯户外世界专卖店（Bass Pro Shops Outdoor World），酒店综合体的一部分，提供给他们水和衣物。员工通过将客人姓名与登记清单匹配，向客人解释原因。所有的客人，在员工的组织下，在 90 分钟之内转移到了附近的酒店。[17]

下面对应急通信有效规划的探讨，概述了这样一个计划最重要的特性。

14.7.1 建立应急通信计划

应急通信计划是在与保安部总监、前厅经理和地方民防部门的协作下建立的。这些人负责建立一个计划，在将来发生的危及生命的紧急事件中使用。这个计划必须包含员工培训。

应急通信值班经理

每一个管理岗位的岗位描述都包括名为应急通信值班经理的一项任务。这项职责要求其成为饭店和民防部门的联络人，管理人员中的每一个人都接受了这项工作责任的培训。

应急通信值班经理的任务按照下面的顺序设定：

总经理

助理总经理

保安部总监

维修部经理

餐饮部总监

宴会部经理

餐厅经理

市场营销总监

财务总监

客房部经理

前厅经理

前台接待

夜审人员

前厅的职责

当饭店收到客人和员工面临危险的电话时，以下程序随即启动：

1. 保持冷静。记下打电话人的姓名、电话号码、所属机构和位置。

2. 立即向应急通信值班经理报告即将发生的危险。如果饭店干线电话服务无效，用手机拨打电话。

3. 通知前台接待即将发生的危险。制作一份饭店所有登记客人的客房清单，一份进行中的所有社交活动的清单。

4. 警示饭店每一个部门的应急通信领导。这些人立即和前厅联络，和应急通信值班经理举行一个应急行动会议。已登记客人的清单和进行中的所有社交活动的清单将有助于疏散工作。

5. 应急通信值班经理将建议你警示哪些民防部门：

警察局：000-000-0000

消防局：000-000-0000

防爆小组：000-000-0000

电力公司：000-000-0000

煤气公司：000-000-0000

自来水公司：000-000-0000

抢险救援队：000-000-0000

红十字会：000-000-0000

饭店所有者：000-000-0000

总经理：000-000-0000

6. 根据应急通信值班经理的指导，回应电话要求。

7. 留在前厅管理应急通信，直到应急通信值班经理引导撤退。

饭店其他部门的职责

应急通信值班经理向其他部门负责人员委派任务时，需要考虑以下内容：

● 每一个部门总监建立一个岗位层级，来设定应急通信值班经理的职责。

● 每一个应急通信值班经理接受充分的职责培训。

● 接收到饭店客人和员工都处于直接危险当中的信息后，立即传达这一信息给前厅——拨打 0。

● 所有应急通信值班经理均要参加紧急会议。协助客人和员工撤离的指导要在会上给出。

● 值班员工从应急通信值班经理那里得到关于协助客人和员工撤离饭店的指示。

接待业人物简介

约翰·尤利亚诺是马萨诸塞州剑桥皇家颂乃斯塔酒店的保安部总监，他参加了安保总监网络，这是一个很多酒店组成的组织，收集和分享安保问题的信息。例如，如果一个突发事件发生在皇家颂乃斯塔酒店，涉及一个不付费（nonpaying）客人，他就会填写一份报告，用电子邮件发送到 ILISA（International Lodging Safety & Security-Boston Network），这个组织再将信息发送到大波士顿地区的 40～45 个其他酒店和执法机构。当这个人从一家酒店到另一家酒店滋事时，这一信息尤为有益。例如，几年以前在波士顿，一位男士先后到几家酒店，弄响火警报警器（实际上他在一家酒店纵火了）；当毫无戒备心且恐慌的客人从房间跑出来时，他进入房间偷走客人的财物。这个网络在追踪他的行动方面很有帮助。但是，当他被要求提供一个特定的人的信息时，尤利亚诺先生十有八九并不会提供。

培训

应急通信值班经理应该接受十个小时或以上的指挥危急情况的培训。这个培训必须有相关证明文件，伴随每年两个小时的进修培训。

当前，员工都会接受两个小时的紧急疏散程序方面的培训。新员工在入职时接受紧急疏散培训。每年两个小时的进修培训，所有员工都要接受。

14.8 员工安保计划

接待业存在着大量的员工发生事故的机会。在美好景象的背后是很多员工拥挤在很小的工作场所，忙碌于准备餐饮、提供其他服务给客人。处于最危险境地的员工包括那些急需修理设备的人、工作在狭小工作区域的人，或依靠其他员工的人，而所依靠的这些员工又不细心于手上的工作。前厅也有很多发生事故的可能，员工和客人必须共用公共区域，这些区域由于持续使用，可能过于拥挤或有些破旧。为了遵从饭店规章，"必须分时段地检查设施，以发现隐藏或潜在的缺陷，然后移除或修理这些问题。修理之前那段时间，饭店有责任警示客人危险的存在和危险存在的位置。"[18]

饭店该如何建立员工安全的指导方针？

14.8.1 员工安全委员会

开始的最好方式是建立员工**安全委员会**（safety committee），一个由一线员工和主管组成的团队，探讨有关客人和员工安全的问题。一线员工了解日常灾害的详情，他们处理出故障的设备，穿行于拥挤的宴会厅，在安排无序的厨房里紧挨着另一个人工作，清洗脏衣物，在繁忙的通道推送货车，在客人办理退房手续时听客人的抱怨。这些人都是员工安保程序保护群体的一部分。为什么不给他们一个机会来使自己的环境变得更好呢？虽然有些员工不想承担这个责任，但是其他人愿意接受。积极的结果是，下一次会有更多志愿者。

管理人员也是这个委员会的一部分，不仅因为用于执行长期计划，而且因为这也提供了实施计划所需要的影响力和支持。

14.8.2 安全委员会的构成和活动

安全委员会应该包括来自饭店所有部门的代表。如果这么做不现实，那么每一班次的合作委员会可能是一个选择。精力应该用于传达安全委员会的重要性，来自成员的每个意见都是有价值的，应该记录在会议记录上（见图 14—5）。在下次会议上要汇报的实情调查过程的任务分配检查表，应该在会议开始时分发下去。会议不应该仅仅是一个仪式，对各自的内容有很少的思考，很快就进行完了。在每一次会议上，应该阅读上一次会议的记录，并且汇报在达成目标过程中的进展。成员应该看到，洗衣房的瓷砖、堆叠蒸笼上的裂缝、大堂地毯上的破损已经按照建议修复或替换了。

14.8.3 部门主管的责任

每一个部门经理必须鼓励一种安全意识。管理人员可以通过运行设备时遵循安全程序、繁忙时期安排充足的员工，以及及时跟进维修的需要来以身作则。如果员工知道你把安全放在第一位，那么他们也会接受这一点。

一线问题

一位前厅员工在帮助客人搬运行李时，踩到碎片而滑倒，之后对伤痛耸肩表示蔑视地说："无论如何我也要休几天假。"讨论这种员工态度的危险性。

---

5 月 19 日饭店安全委员会会议记录

与会成员：

A. Johnson，客房部	F. Black，礼品店	M. Povik，酒廊
S. Thomas，客房部	B. Lacey，保安部总监	A. Smith，维修部
L. Retter，食品加工间	T. Hopewell，餐饮部总监	J. Hanley，维修部
K. Wotson，食品加工间	J. Harper，宴会部	D. Frank，停车场
M. Benssinger，前厅	T. Senton，餐厅	A. Gricki，财务部
V. Howe，前厅		

1. 阅读了 4 月 12 日的会议记录。M. Benssinger 解释了这个会议记录，会议记录指出约翰逊地毯有限公司在进行大堂地毯的维修，这根本不是事实，据她了解没有人修理地毯上的裂缝，这个会议记录被更正了。

2. B. Lacey 按照 3 月 1 日的会议要求，对提高安全方面的进展进行了信息更新。

● 厨房蒸汽压力设备上的安全阀已经更换。

● 11 楼和 15 楼的真空吸尘机上的电线已经修理好了。

● 5 名厨房员工已经加入到一个保持环境卫生的课程中，T. Hopewell 正在监督他们的进展。

● 地下室已经清理干净，额外的废物已经移走。存储在供暖设备附近的旧家具已经移开，并将在一次拍卖会上卖掉。

● 一次新一轮的垃圾清理工作已经确定，定期的废物清除工作将会每天进行，而不是一周三次。

● 东区电梯间的灯已经更换，维修部已经开始一个新的预防性维护计划，换掉电梯间和车库的灯。

● 3 名员工已经自愿加入一个物质滥用计划，他们的加入是对所有管理人员和员工保密的。

3. M. Povik 汇报说，啤酒冷却器不能维持在合适的温度，制冷服务要求被忽略。应该告知维修部经理此情况。

4. A. Gricki 汇报说，自己联系约翰逊地毯公司维修地毯的努力还没有成功，这个情况是很危险的，昨天有一位客人在大堂差点被绊倒。应该告知客房部经理这件事。

5. A. Johnson 想从委员会获得支持，要求购买关于抬重物的正确程序和化学品的合理使用方面的培训影片。委员会同意写一份备忘录给总经理，来支持这个请求。

6. 委员会成员会在方便的时间开会，进行一次非正式的对维修部、客房部、厨房的安全调查。调查结果将会反馈给各个部门经理，所有的调查结果将于 6 月 1 日前反馈完。

7. 会议于下午 4：42 结束，下一次会议将于 6 月 10 召开。

图 14—5　一次安全会议的会议记录

14.9　安全培训计划

具体的安全培训计划应该由各个部门经理建立。经理检查自己的部门来判断哪里需要安全培训。安保、设备运行、环境卫生、化学用品使用、材料运输以及设备的搬运都是编制计划过程中要检查的方面。入职培训计划是给员工提供安全培训的最好机会，为教导员工以安全方法完成任务而专门制作的影片、印刷品、小册子强化了工作中的培训和实践。

定期安排的培训会议，以及年度员工评审使用的标记法是必需的；否则，员工会有一种印象，就是管理层又在播放旧电影，这么做仅仅是为了达到保险公司的要求。安全培训会议应该安排在员工能够集中精力时，而不是员工被任务分心时。这可能意味着会议应该安排在一次换班之前或之后，并提供额外的报酬。如果管理人员想要通过培训加强安全，那么这必须是一个预算项目。为安全进行计划需要时间和财务投资。

14.10 开篇困境解决方案

建立一个内部保安部的调查研究要包括以下题目：

- 如何处理就安全议题与公共安全官方机构进行的沟通交流？
- 消防安全和应急通信计划如何建立？
- 谁负责建立和维护一个员工安全委员会？
- 谁负责维持饭店钥匙系统的完整性？
- 谁负责现金存款的安全传送？
- 如何管理烟雾报警器和火灾报警器的检测和维护记录？
- 谁负责管理火灾和紧急疏散培训？
- 如何使饭店所有员工接受一种对潜在恐怖活动的谨慎态度？

□ 本章概述

保安部的成本是一项很重要的费用。这一章研究了安保，因为它在为客人和员工提供一个安全的环境方面，与前厅和饭店的整体目标都有关系，尤其是鉴于 2001 年 9 月 11 日事件和最近一些国际安保灾难。一个保安部的组织和运营，连同保安部总监的工作分析，都进行了概述，以展示这个部门很多方面的内容。使用一个内部保安部，还是承包安保服务，这一决定应该主要基于确保饭店客人安全这一目的，而不是成本。

前厅和保安部都与客房钥匙安保有关，使用电子钥匙、智能卡和非接触式电子锁，要比使用硬钥匙/金属钥匙系统，更容易保证客房钥匙安全。建筑物疏散系统要求已建立的程序就绪，并且要求员工和客人接受火灾中的引导。一个员工安全计划应该涉及员工和管理层，包括一个安全委员会，基于定期的原则进行安全关注，并制作所有员工的安全培训计划。应该建立一个应急通信程序，配合以一个涉及管理人员、员工和民防部门的计划。

□ 关键词

生物识别（biometrics）

通信层级（communications hierarchy）

非接触式电子锁（contactless locks）

危机管理（crisis management）

电子锁系统（electronic key system）

无线射频识别技术（radio frequency identification，RFID）

步行巡逻（foot patrol）

硬钥匙/金属钥匙系统（hard-key systems）

好诉讼的社会（litigious society）

客房钥匙安保系统（room key control sys-

tem）

安全委员会（safety committee）

安全护航服务（security escort service）

智能卡（smart card）

可视报警系统（visual alarm systems）

□ 本章思考题

1. 保安部是如何与前厅相互作用的？举例说明。

2. 参观一家拥有内部保安部的饭店。这个部门是如何组织的？需要多少员工提供 24 小时有效安保覆盖？在这个部门，员工典型的工作职责是什么？

3. 访问一家与私人安保服务代理订约购买安保服务的饭店。这个代理商提供什么服务？管理层对于提供的服务的水平和范围满意度如何？

4. 比较思考题 2 和思考题 3 的答案。

5. 比较使用硬钥匙/金属钥匙系统的饭店与使用电子钥匙或智能卡系统的饭店两者的安保水平。

6. 讨论一个硬钥匙/金属钥匙系统的特征。

7. 讨论一个电子钥匙系统的特征。

8. 讨论一个智能卡系统的特征。

9. 讨论一个非接触式客房安保系统的特征。

10. 生物识别技术为客人和员工安全提供了哪些优势？

11. 一家饭店如何在消防安全上占据一个积极主动的位置？

12. 为什么烟雾报警器和火灾报警器的检测和维护如此重要？

13. 考虑客房内的消防安全程序。你认为它们应该详细到什么程度？饭店如何鼓励客人阅读？

14. 为什么对管理人员来说，建立安全计划时，包括员工在内是很重要的？

15. 回顾图 14—5 的安全委员会会议记录。你认为哪些议题是具有高优先级的？哪些是具有低优先级的？

16. 你认为准备一个在饭店中使用的应急通讯程序系统有什么价值？

17. 回顾这一章介绍的应急通信程序计划，它最重要的特征有哪些？

□ 案例分析

1. 时代酒店的前厅经理安娜安排了与保安部总监西尔弗的一次见面。西尔弗先生刚刚得知，附近一家酒店，雷明顿阳台酒店（Remington Veranda）最近接到一个炸弹威胁，要求所有客人和员工撤离酒店。这一情况导致了恐慌，一些员工尖叫着"炸弹！炸弹！快逃命吧！"其他员工和客人完全惊呆了，站在原地一动不动。尽管炸弹威胁不是真的，还是有 5 位客人和 3 位员工由于在撤离酒店过程中受惊过度或者骨折，不得不在急救室接受治疗。

回顾了保安部的档案文件以后，西尔弗先生觉得他和安娜应该建立一个应急通信程序来确保发生在雷明顿阳台酒店的情况不在时代酒店重演。安娜同意；她先前在东海岸一家酒店的经验使她意识到这样一个计划的重要性。

给安娜和西尔弗一些建立一个应急通信计划的建议。

2. 时代酒店的夜审人员辛西娅在她的班次结束后，等着与前厅经理安娜见面。她向安娜介绍了在她值夜班时候发生的一些事情。她说，他接到了 470 房间客人的一个电话，客人说他在凌晨 1：45 时接到了一个威胁电话。辛西娅向客人询问了情况，并告知他，她会报给值班经理。在 2：05 时，辛西娅打电话给那位客人看他是否很好。他感谢辛西娅的关心，并准备立即退离酒店。

在 2：35，521 房间的客人打电话给正在前台的辛西娅，告诉她他楼下的房间有很大的噪音传出。辛西娅通知了值班保安员，并要求他去 421 房间调查一下情况。保安员发现 421 的房门半开着，房间是空的，没有打斗的痕迹，客人的行李搬走了；看起来像是正常自行离店。

在 3：29，辛西娅注意到一辆绿色跑车沿着酒店的门廊行驶，司机停了一次车，15 秒钟后开走了。辛西娅又一次通知值班保安员。安娜要求辛西娅多停留几分钟，做一份关于这三件事的报告存档。她说她稍后会把这些事告诉时代酒店的保安部总监西尔弗，并与他探讨这些事。这些事件在过去的几周里面好像有所增加，安娜觉得可能有一些问题。

与西尔弗的谈论很简短。他说他认为这些事件没有理由报警，但是应该开始一项前厅员工安保程序方面的培训。安娜提出，类似的情况在她以前工作过的其他酒店发生过，对它们来说，这只是更大问题的开始。安娜说她想让当地警察局参与进来，并且对保安部总监关于安保程序方面的培训的重要性表示同意。

你如何看待安娜要警察参与进来这一建议？在一项前厅员工安保程序方面的培训中，哪些重要题目需要包含在内？

3. 时代酒店的保安部总监西尔弗要求把探讨客房非接触式电子锁提上下一次主管会议的会议日程。最近他参加了一个酒店业博览会，展示了一些看起来很先进的产品，客人可以在手机上办理入住手续，而不需要停留在前台。他说如果安保方面的缺口出现了，这会协助客房部和保安部的沟通。西尔弗非常激动，想要组织一个委员会，一起研究这个系统的成本，希望不久时代酒店就可以安装这个系统。

前厅经理安娜最近接收你和你的两名同学作为半年的实习生，想要你们研究一下非接触式电子锁。制作一个产品描述、可能的供货商以及成本范围的概述。

□ 注 释

1. Rolfe Winkler, September 25, 2009. Avoiding And Surviving Hotel Terrorism, http://www.reuters.com/article/idUSTRE58O1ZT20090925.

2. Patrick M. Murphy, "How Marriott Employs CPTED in Its Properties' Total Security Package," *Hotel Security Report* 19, no. 2 (Port Washington, NY: Rusting Publications, January 2001): 1–2.

3. Timothy N. Troy, "Keys to Security," *Hotel & Motel Management* 209, no. 20 (November 21, 1994): 17.

4. Mahmood Khan, Michael Olsen, and Turgut Var, *VNR's Encyclopedia of Hospitality and Tourism* (New York: Van Nostrand Reinhold, 1993), 585.

5. Mary Gostelow, "Security Challenge: In Today's Reality, Do Hotels Need to Take a Stronger Stand?" *Hotels*, October, 10, 2003, http://www.hotelsmag.com/archives/2003/10/gu-security-marriott-security-sheraton.asp.

6. Toni Giovanetti, "Looking at the Law," *Hotel Business* 3, no. 23 (December 7–20, 1994): 1.

7. *Campbell v. Womack*, 35 So. 2d 96 La. App. (1977), quoted in Khan, Olsen, and Var, 586.

8. "Securing Guest Safety," *Lodging Hospitality* 42, no. 1 (January 1986): 66.

9. Richard B. Cooper, "Secure Facilities Depend on Functional Design," *Hotel & Motel Management* 210, no. 9 (May 22, 1995): 23. Copyright *Hotels* magazine, a division of Reed USA.

10. Yvette Felix, "Historic Westin St. Francis Installs SAFLOK MT™ Locks" March 30, 2009, http://www.saflok.com/saflok/news/pr/historic_westin_stfrancis.aspx.

11. Bruce Adams, "A Few Hotels Are Reaping Benefits from Smartcards," *Hotel & Motel Management* 215, no. 12 (July 3, 2000): 62.

12. Access Control & Security Systems, 2008. "Kaba Key Contactless Electronic Lock," July 30, 2008, http://securitysolutions.com/new_security_products/Kaba-Contactless-Electronic-Lock/.

13. Yvette Felix, "SAFLOK™ Unveils Integration with OpenWays SAFLOK™ Introduces New Remote Access Technology at IH/M&RS 2009" November 9, 2009, http://www.hotel online.com/News/PR2009_4th/Nov09_SaflokOpenWays.html.

14. Terence Ronson, "Biometrics Lend a Hand to Hotel Security," February 2002, www.hotel-online.com/News/PR2002_1st/Feb02_HotelBiometrics.html.

15. James T. Davidson, "Are You Ready for an Emergency?" *Hotels* 28, no. 10 (October 1994): 20. Copyright *Hotels* magazine, a division of Reed USA.

16. Michael Meyer, "Girding for Disaster," *Lodging Hospitality* 50, no. 7 (July 1994): 42.

17. Stefani C. O'Connor, "Embassy Suites Hotel in Dallas Exhibits Exemplary Crisis Management Skills," *Hotel Business*, August 16, 2000, www.hotelbusiness.com.

18. Mahmood Khan, Michael Olsen, and Turgut Var, VNR's Encyclopedia of Hospitality and Tourism, 585.

第 15 章

行政管家

本章重点

客房部的重要性

客房部的概况

行政管家和总经理的关系

管理客房部

饭店中总工程师的角色

管理部门间的沟通

能源管理

绿色饭店业

开篇困境

总经理要你到他的办公室去谈谈有关上个星期你的客房部工作缺乏效率的事情。你的客房部员工没有完成每人每天清洁 18 间客房的任务；他们每人每天仅清洁了 15.5 间客房。你该如何解释这件事呢？

15.1 客房部的重要性

客人重复入住一家饭店，在某种程度上，是由于饭店的整洁卫生，而不是最初市场营销部用价格、产品和服务特征来吸引顾客的广告。这是基本的运营理念，需要特别考虑到如何让客房部和维修部配合市场营销部的努力。这章的重点是行政管家对那些可以影响到顾客再次入住的人、过程、沟通和互动的管理。这些操作程序对饭店的财务有巨大影响。那些第一次接触饭店，并有不好体验的顾客，例如不干净的大堂，看上去阴暗的浴室或者旧的床品，是不会对饭店有好印象的，顾客再来饭店的机会很小。同样，负面的口碑宣传也会成为管理的另外一个问题。

此外，这一章还关注住宿业中客房部和维修部在运营上如何相互合作，总工程师的角色，维修部和客房部之间的沟通，能源管理以及绿色饭店业。

下面是《酒店管理》中一篇文章中的一段，反映了客房部员工在提供给顾客极佳的居住体验上的重要性：

> 客房清洁对饭店成功运营的功能性影响是不能低估的。尽管员工提供这些服务没有必要跟公众直接接触，但是他们工作的质量对顾客形成他们的停留回忆有显著影响。"客房清洁是顾客体验的重要部分，"柏林的雷迪森 SAS 酒店（Radisson SAS Hotel）总经理沃纳·克内克特里（Werner Knechtli）说道，"其他的事情也很重要，例如安保，但是客人真正想要的是感觉像在家里一样舒适。"同样，随着顾客对他们的住宿越来越挑剔，得到干净、高效和友好的服务的基本原则变得不仅仅是一种挑战。"顾客的期望值越来越高，尤其是对于最后限期，"沃纳·克内克特里观察到。"他们想要客房在他们吃完早餐回来后就已经打扫好。"即便行业中基本标准在变革，也必须密切管理、持续重视和改进客房清洁功能。[1]

巴巴拉·伍斯特（Barbara Worcester）同样阐述了客房清洁对顾客的重要性：

> 床单、毯子、枕头、毛巾和浴帘不仅仅是纺织品……如果床单是脏的，毯子是粗糙、会"沙沙"作响的，枕头是薄又没有支撑力的，浴帘是发霉、有污渍的，顾客对整个酒店的印象就会有污点，很有可能不再光顾。[2]

以上所述都关注一个问题，即客房部如何确保顾客的再次光顾进而提高饭店利润的财务基准线。现在先让我们回顾一下客房部的组织结构。

15.1.1　客房部的回顾

客房部通常都是由一个行政管家作为领导者来组织的。行政管家的工作内容是有标准的，即使是在选择型服务饭店。在全服务饭店，一个助理行政管家和楼层主管负责管理客房服务员。在选择型服务饭店，客房服务员还需要清洁和维护公共区域。运营饭店内部的洗衣房的责任也会落到客房部。客房部的人员配备包括一个主管、多个轮班主管和服务员。图 15—1 是一家大型饭店的客房部组织结构图，图 15—2 是一家选择型服务饭店的组织结构图。两种饭店都运营着一个内部的洗衣房。

由于顾客离开饭店的时间不同，不同饭店的换班时间也不同。一些行政管家在早上 7 点到下午 3 点安排很少的客房服务员，根据饭店团队客人的规模和特性，错峰安排客房服务员的工作时间；根据前一天是否有需要清洁的宴会和餐厅的布草，洗衣房服务员可能会早一些开始工作。

15.1.2　行政管家和总经理的关系

行政管家通过运营影响顾客的满意度，影响饭店的财务状况，从而协助总经理的工作。例如，一群为饭店带来 10 000 美元销售增长的商务客人是满意的，因为在他们到达的那天，员工提供了快速的客房轮转服务，保持了过道中没有送餐服务的盘子，快速满足了客人对额外毛巾和浴室用品的需求，维持了浴室的格外清洁。这时客房部的员工就能看到他们的角色对于为饭店创造利润有多么重要。

工作分析通常用于描述那些管理团体中一个成员的行政管理工作。以下是对一个行政管家一天工作的分析描述。

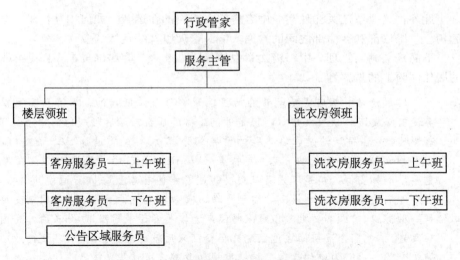

图 15—1　一家大型饭店客房部的组织结构图

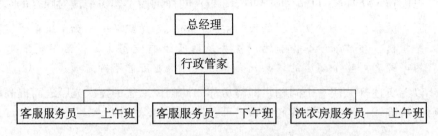

图 15—2　一家选择型服务饭店客房部的组织结构图

上午 6：30	向洗衣房员工问好，检查为宴会清洗的布草，查收电话留言。
	查看需要清洁的客房状态，分配客房服务员。
	如果需要，召集额外的人。
6：50	与前厅一起检查最新的客房状态报告，分配客房给客房服务员。
	主持和客房服务员的会议，用 5 分钟时间进行例行安排。
	通过小组和分配表安排万能钥匙的发放。
7：00	补充客用品——牙刷、吹风机、毛巾、婴儿床。
	查收邮件。
	检查客人的肥皂、厕纸、药品、咖啡、纸、布草等的发放。
	和客房服务员一起到工作站。
7：45	制定工作计划，例如排班和员工保险计划。
9：00	和洗衣房主管见面，讨论购买新烘干机的事宜。
9：30	参加员工会议——讨论近期的事件、出租率、业绩等。
9：35	与总经理会面，讨论新广告项目及客房部将如何参与之。
11：15	和助理行政管家见面，探讨员工激励计划。
中午 12：00	和前厅经理共进午餐。
12：45	和客房服务员一起视察房间，并讨论床上用品的情况。
下午 1：15	和保安部总监见面，以更新消防培训会议信息。
2：30	和前厅经理见面，讨论最近客人离开时的评价。
2：45	为第二天列出要进行的工作清单。

3：00　　　　和前厅经理确认明天和未来几天可能的用房数量。

3：15　　　　修改客房服务员第二天的排班情况。

4：00　　　　下班。

　　这个工作分析显示了行政管家关注一个部门运作的细节处，同时关心和其他部门的互动，例如前厅和保安部。行政管家应该意识到他的部门也向客人提供服务，这些服务有赖于员工和各部门经理之间良好的沟通。

接待业人物简介

　　马蒂·坎农（Marti Cannon），是位于宾夕法尼亚州喜来登雷丁酒店（现在是雷丁皇冠假日酒店（Crowne Plaza Reading））的前任行政管家，毕业于拉斯维加斯内华达大学的酒店管理专业；她最喜欢的课程有食品、赌博和酒店娱乐。她在大学做过一些兼职，包括在桑兹酒店（Sands Hotel）的前台工作，在拉斯维加斯不同的酒店做库存控制、神秘顾客和餐厅服务员。

　　她的住宿业事业开始于万豪集团，在拉斯维加斯一家拥有 1 000 间客房的万豪酒店担任前厅经理。她后来到了纽约，被推荐到一家拥有 1 800 间客房的万豪侯爵酒店（Marriott Marquis）担任前厅经理。之后又去了圣安东尼奥万豪酒店担任前厅经理。当万豪集团开始扩张它的品牌时，坎农也开始发展她的事业，基于她的专业背景，她成为得克萨斯州达拉斯万怡酒店的培训经理。她不断迎合挑战，进入了接待业的另一个领域，并运营了 10 年自己的私人生意——坎农酒吧（Cannon's Pub），一家位于纽约的爱尔兰酒吧。她之后又重回到酒店业，这次是在宾夕法尼亚州拥有 250 间客房的赫希酒店（Hotel Hershey）担任行政管家。她继续发展她的事业，先后又在在旧金山拥有 750 间客房的凯悦摄政酒店（Hyatt Regency）和宾夕法尼亚州拥有 250 间客房的雷丁旅馆（Inn At Reading）担任行政管家。

　　坎农女士认为行政管家的存在可以让总经理放心去考虑酒店运营的事情。总经理知道客房会是干净的，并且客人将会很满意。如果客房部没有有效运作，它将会花费总经理用在其他项目上的部分时间，例如酒店的营销。

　　担任行政管家期间坎农女士加入了国际行政管家协会（IEHA），她认为这个组织提供了非常有用的信息资源，尤其是它的每月杂志《今日行政管家》。她目前经常阅读《酒店和汽车旅馆管理》和《今日洗衣房》，每天登录 www.hotel-online.com 查看最新信息。

　　她想向那些认为行政管家是通向成为总经理的一条路的学生强调一些重要事情，比如要懂得如何准备预算，如何计算工资成本，如何通过激励管理员工，如何与他们一起工作，如何通过一对一的方式培养他们的忠诚感。

15.1.3　客房部的管理

　　行政管家是客房部第一个也是最重要的管理者。这个部门，像饭店其他部门一样，需要计划、组织、控制、指导和沟通的能力。有许多系统要开发，有许多细节要检查，有许多员工要监督，从而保证这个部门运作良好。前面的工作分析显示了行政管家一天的工作涉及的一系列员工、各部门经理，以及饭店程序。下面我们将回顾一些辅助行政管家管理实践的话题，包括：

- 客房清洁数量/工作量
- 培训
- 客房检查
- 客房清洁活动外包
- 客房服务员报告
- 沟通——把英语当作第二语言
- 库存管理——布草、顾客日用品、清洁用品、家具
- 清洁控制
- 饭店内洗衣服务和洗衣服务外包
- 职业安全与健康管理局
- 物资安全数据表
- 环保
- 专业协会

一线问题

在你的客房部，员工说他们对每小时工资率感到不满意。他们告诉你，在隔壁饭店，可以比这里每个小时多赚 50 美分，而且每天可以少清洁一间客房。你将会如何回答呢？

15.1.4 客房清洁数量/工作量

每个**客房服务员**（room attendant）应该清洁的客房数，对饭店所有者和总经理、行政管家、客房服务员都是十分有意义的。饭店所有者和总经理将这个数字看做人力资源有效利用程度、每天收入数量和顾客接待质量的测量标准。行政管家将这个数字作为他的员工每天工作效率及顾客接待效率的衡量指标。客房服务员将这个数字看做他"一天的工作量"——实现生理、安全和社会需要，同时也向顾客表达好客之情。

决定每个客房服务员一天需要清洁的客房数，需要考虑到客房的设计、客房家具摆放、布草、客房入住的人数、顾客的特征、提供给员工的培训和奖励等因素。通常这个数字在 15～20 之间，取决于饭店和它的政策。

分配房间给服务员这件事，始于行政管家或者助理行政管家从 PMS 的客房模块那里查到的前一晚入住的客房数（我们假设为 180 间），将这个数字除以每个客房服务员清洁的客房数（我们假设是 18），可得出 10，因此，那天需要安排 10 名客房服务员。行政管家可以通过类似于图 15—3 的图表，来实现每天客房的分配。然而，前面提到的客房的特性，通常会降低这个图表的便捷性。

饭店的客房数	出租率（%）	需要的客房服务员数
180	100	10.00
180	99	9.90
180	98	9.80
180	97	9.70
180	96	9.60
180	95	9.50

180	94	9.40
180	93	9.30
180	92	9.20
180	91	9.10
180	90	9.00
180	89	8.90
180	88	8.80
180	87	8.70
180	86	8.60
180	85	8.50
180	84	8.40
180	83	8.30
180	82	8.20
180	81	8.10
180	80	8.00

图 15—3　客房服务员数量需求表

说明：每个服务员要求每天清洁 18 间客房。

MTech 公司的 REX 软件通常用于客房分配。

REX 是一个以服务软件（software as a service，SaaS）为基础的客房应用程序。这个软件以 PMS 的客房数据和预订数据为基础，快速将客房分配给每个客房服务员或者几个客房服务员，MTech 公司主席路易斯·塞格雷多（Luis Segredo）解释道："一旦客房被分配出去，客房服务员收到的不再是客房的清单，而一台 iPod Touch，""在客房服务员登录 REX 之后……REX 会分析一系列和客房分配有关的变量。"这些变量包括 PMS 中目前的出租率、顾客的 VIP 级别、续住/离店、估计到达时间、急需的客房、客房类型，以及实际出租率。

通过这些信息，REX 确定需要清洁的最重要的客房，并将它展示给客房服务员。客房服务员有选择地去清洁客房，或者由于以下某个原因而减少清洁客房的数量：拒绝服务，请勿打扰（do not disturb，DND），或者顾客要求晚点再来。

"当客房服务员清洁完房间，客房状态需要在 PMS 中更新。如果顾客带着行李离开，REX 会将这个信息告知前台。这就是一个应用的例子。"[3]

培训

培训是行政管家的必要工作。员工每时每刻都会受到顾客和饭店所有者的关注，顾客想要得到热情接待，饭店所有者要寻求效率和安全。罗伯特·J·马丁（Robert J. Martin），在他的文章《专业客房运营管理》中，列出了以下所需的技能培训：铺床、吸尘、擦灰、清洁窗户和镜子、形成对客房的感知、清洁浴室、设定每天的工作流程、进行设备的维护和使用，以及行业安全法规。[4]这些主要领域关注于那些时间、劳动力、安全和成本节约能被评估的部分。培训的客观目标应该是传达一种好客感，必须通过计划实现这个目标。行政管家应该如何有效地培训他的员工呢？需要考虑许多因素，例如时间的可利用性、这个部门从事培训工作的技艺娴熟的员工、购买的 DVD 器材和物资、可用于培训的房间等。然而，根本的问题在于饭店的所有者或者总经理是否相信培训可以提高接待能力。如果是，那么在培训上投入较少的资源也会得到很大的收获。哈里·诺布尔斯（Harry Nobles）向行政管家和他们的员工提出了以下建议。

> 温斯顿·丘吉尔先生因为这句话而为人所知——"真相最容易导致战争。"一个应用在我们行业的短语应该是"培训通常最容易导致经营的衰败"。因为没有效率的培训通常直接导致低质量的对客服务，这个损失是你可以承担的吗？[5]

对于新员工和有经验的员工来说，培训都是非常重要的。培训可以让新员工提高技能，这帮助他们适应新的环境。培训可以帮助各个不同经验层次的员工充满信心地承担新责任，使他们更有效率。[6]

客房检查

如果客房部的培训合理地开展了，接下来的任务便是对客房的检查，以确保所有客房清洁任务都已完成，所有客房家具都摆放整齐，这对整个管理战略有积极影响。在一些饭店，在客房被放到前台安排出租前，会指定一个人去检查客房的每一个角落。这个人通常是主管，去每一个客房检查它的干净、整洁程度以及各种细节。尽管这个系统在一些饭店运作得很好，但是行政管家应该考虑让客房服务员自己检查自己的工作，这样会节省时间并建立员工的自信。如果在这种情况下建立激励机制，这个机制就可以有效地运转。应把所有因素都纳入评估机制，包括顾客意见卡、前台接待随机向离店的顾客获取反馈，如浴室、床上用品的清洁程度，电器是否使用正常等。

另一个提供接待服务，并和客房部工作密切相关的部门是维修部。下面一段文字描述了一个饭店是如何结合这两个部门有天分的员工自我检查客房，并建立一个激励方案的。

> 在 PMHS 酒店，管理者向他们的员工授权。除了清理客用品及更换纺织品，客房服务员还会带着一个黄色的"零缺陷"的小工具箱，装有新的电灯泡和遥控器电池，小的螺丝刀用以修理松了的马桶盖。尽管客房服务员从来不做重大的维修工作，但是全部都接受过必要的培训，从而他们可以察觉得出哪些维修他们有能力完成，哪些需要填写工作单。

> 吉姆·洛（Jim Lowe），PMHS 酒店的设备总监，解释了零缺陷背后的逻辑。"在客房服务员清洁客房的半个小时中，他使用了全部的设备、遥控器、空调或者加热器，以及水龙头。"

> 为了鼓励他们的客房服务员采取这个积极的行动，PMHS 酒店提供奖励给每一间被检查的达到零缺陷的客房，客房部也会收到团队奖励。每及时完成一个工作单，维修技术人员也会收到相同的奖励。

> 零缺陷方案会使得客房部和维修部更加团结。"取代之前两者之间只有文书沟通情况的是，我们的员工自由去与其他人商量，并一起工作，这使得他们的工作更加容易，"米勒（Miller）解释道，"这些部门确实是'酒店的核心'，零缺陷方案使这一点更明确。"[7]

15.1.5   客房清洁活动外包

供行政管家和总经理考虑的另一个选择是将客房清洁活动外包，包括客房和公共区域。卡罗尔·肯德里克（Carol Kendrick）提供了如下建议。

> 为实现饭店降低成本的目标，某些饭店功能越来越重要。通常可以考虑外包的

一个服务功能就是客房清洁。服务外包怎么起作用呢？以下是服务外包的一些优点：

- 允许客房服务员专注于他们工作的核心竞争力，比如维持一个清洁的客房和公共区域
- 允许运作，也就是人力资源的使用和流转更有弹性
- 向不同区域的维护提供特殊和专业的指引
- 减少人事问题，如招聘、培训、分配、评估、增加人员、裁员等

当饭店可以证实服务外包对它们是有好处的，并且能够签订一份它们满意的服务外包合同时，这些优点就会起作用。[8]

柏林的拉迪森 SAS 酒店每年开房数达到 115 000 间，平均出租率基本在 75%。该酒店的总经理沃纳·克内克特里提供了他对酒店将客房部功能服务外包的看法。

> "我们聘请了 1 个行政管家，1 个助理行政管家，7 个主管和 8 个客房服务员，但是大部分的客房服务是外包的。当然他们会接受我们的服务态度、标准和理念的培训。"

这样安排最主要的优点是减少了员工成本。酒店可以以客房服务员的工作量为基础付酬，这个费用是随出租率变化的。

这同样保证了工作可以完成，即使有员工请了病假。供应足够员工去完成工作任务变成了服务供应商，而不是酒店的责任。这也减少了高员工流失率的部门直接招聘员工的需要。

然而，使用服务外包员工也带来了某些责任。克内克特里承认持续的监控是必要的，但收益仍多过成本："我们检查每一间客房，它必须达到我们政策要求的标准。员工客房清洁质量的波动被我们降到最小，同时，我们按照被清洁客房的数量付款。"[9]

15.1.6 客房服务员报告

客房服务员报告已经在第 10 章进行了介绍。这个报告确定每晚卖出的客房数、未占用的客房数，以及不能出租的客房数。夜审人员收集该天活动的财务数据时，该报告是非常必要的沟通工具。

这个报告给前厅提供每天的客房状态，可以通过 PMS 或者电话、语音信息、文本信息、电子邮件、电子数据传递信息，在一些饭店也可以直接走到前厅去传递目前的客房状态。这个由行政管家提供的功能保证了会计工作的有效开展。

15.1.7 沟通

把英语当作第二语言

饭店业总是能提供给个人职业生涯的最初工作。比如做一个门僮、前台接待，或者在饭店业的餐饮部工作，以赚取学术生涯的深造基金或者支撑一个成长中的家庭。饭店业同时吸引了那些把英语当作第二语言的人们。行政管家在管理那些英语能力有限的员工的过程中面临着很多挑战，例如分配日常责任、培训和沟通。怎样才能架起一座沟通的桥梁呢？

开始时，行政管家可能会任命一个说英语的组长，让这个人和那些少数群体沟通合作会比较容易，从而形成组内合作发展战略。这个战略的目的是强调交流和信任的重要性，尤其是在向顾客提供接待、工作绩效，以及员工安全上的重要性。行政管家

在雇用小语种员工的过程中，也可能获得把英语当作第二外语的员工。进一步，通过使用市场上的外语资源，行政管家可以进行语音发音的培训。

部门间的沟通

前厅和客房部之间的沟通，在为顾客提供接待过程中极其重要。客房服务员完成了任务后，必须把这个信息传到 PMS 中。如果他们的工作延时了，也要通过信息交换告知前厅，这样提供接待也会延迟。以下情境阐述了一个小手势如何避免了顾客的不满，成功地满足了他们的需求。

国际集锦

一个地区会议策划者的客户来自全球，他计划在你的城市举行会议。你的酒店总经理，也是当地旅游者咨询中心的成员，同意举办这个会议，并要求她的团队展示出对这个国际性团队的热情欢迎。行政管家在他的演示中提出了几个方式：（1）让客房服务员意识到国际顾客已经入住；（2）确保客房服务员能至少说两种语言；（3）让客房服务员主动询问国际顾客是否需要相关的旅行用品，以使他们的旅程更加便捷。

15.1.8 情境：为什么客房服务员不能更快地把房间打扫好，或者，如果顾客要求再清洁一次……

这是前厅繁忙的一个星期二，玫瑰协会（350 名顾客）正在办理离店手续。富克林保险精算师协会（250 名顾客）正陆续抵达办理入住。昨天玫瑰协会的主席乔斯·罗德里格斯（Jose Rodriguez）要求他的全部会员延时退房，因为他们必须为一件重要的立法事件投票。主席询问了前台接待萨曼莎（一个前厅新员工），她同意了延时退房。萨曼莎没有想到任何理由不同意这个请求，允许离店时间为下午 2：30。

现在是上午 11：15，前厅经理打电话给客房部询问为什么这么多房间都没有放出来。行政管家向前厅经理保证他会立即调查这个情况，然后直接到饭店一楼、二楼和三楼，去跟楼层主管交谈。他们告诉他大部分房间的门上都挂着"请勿打扰"的牌子。其中一个顾客跟二楼的楼层主管说他们被允许待在房间直到下午 2：30。当客房部将这个情况告知前厅经理时，如何提供专业接待的交接问题出现了。

现在是下午 3：15，饭店的大堂挤满了办理离店手续和入住手续的顾客。大概只有需求量 20％的房间被客房部放出来。餐饮部总监建议前厅经理告知顾客饭店的咖啡厅和酒廊是可以利用的。前厅经理觉得这是一个好建议，但是担心在这么混乱的情况下，没有人会听到这个通知，因此他没有通知。

晚上 7：20，最后一个顾客入住了。前厅经理松了一口气，碰巧发现一份给萨曼莎的礼品盒，她打开并读了卡片上的内容："非常感谢你的友好照顾。"前厅经理提醒萨曼莎，饭店不鼓励员工收取顾客的礼物。萨曼莎说这来自之前的一个顾客，"你知道，那个玫瑰协会友好的罗德里格斯先生，他为他们全部的成员请求延时退房。"

分析

这个案例中的沟通失误在于前厅经理。在新员工的入职培训中，前厅经理必须就政策、流程和授权的权限进行沟通。运行良好的操作政策、流程和培训手册会使沟通更加顺畅。例如，新员工的入职培训中应该包括对跟值班主管沟通请求延时退房的讨论。对值班主管必须遵从的流程进行深度清晰的回顾，会让新员工了解在前厅不能独自决策。

一个员工做的决定会影响许多人的工作。一个典型的流程回顾应该包括以下内容：

　　1. 询问预订经理，以确定饭店目前的顾客或者团队顾客的预期离店时间，以及第二天入住顾客的预期到店时间。

　　2. 向市场营销总监确定是否有特别的团队延时退房的要求被批准。

　　3. 向客房部确定延时退房对于客房部日常运作的影响。

　　4. 如果请求的延时退房的时间和另外一个团队的入住时间有冲突，而且这个请求已经批准，就请餐饮部总监在大堂为不能入住的顾客准备特别的小零食。

　　当前厅经理花时间去解释部门的政策和流程时，新员工会考虑整个情况，而不是不经思考地做出决策。饭店服务的传递要求员工通过不断练习如何授权，以及如何承担责任，从而传达友好的氛围来满足顾客的需求。

15.1.9　库存控制

　　库存货控制是行政管家的主要责任。布草、顾客日用品、清洁用品、维修用品和家具全部需要及时检查、补充和替换。

布草控制

　　布草控制基于一个**标准系统**（par system）——一个足够提供服务的库存水平。这个标准系统是由饭店总经理建立的，因为布草是一个重要的成本项目。例如，如果饭店决定将被单平均分为四份（一张被单在洗，一张被单铺在客床，两张被单准备使用），而不是分为三份（一张被单在洗，一张被单铺在客床，一张被单准备使用），额外的一张被单可能在每年的库存中占用了数千美元。同样的道理也适用于浴巾、地巾、手巾、面巾、枕套、毯子、床单等。

顾客日用品

　　顾客日用品，通常指的是**顾客日常用品**（amenities）——个人清洁或者护理物品，是饭店的另一种成本，需要密切关注，因为它们为顾客提供辅助接待，但是也容易遭窃。顾客喜欢小瓶的沐浴露、洗发水、润肤露、香皂、牙刷、擦鞋巾、针线包等物品。然而，饭店供应这些物品每间夜的成本至少是 1.5 美元，一个拥有 250 间客房和年平均出租率在 65％ 的饭店，它的花费达到 88 968.75 美元。

$$250 \times 0.65 \times 365 = 59\ 312 \times 1.50 = 88\ 968.75\ (美元)$$

　　要记住这是最小值，一些饭店可能会花费更多。有时饭店的这笔费用不仅产生于对客服务中，这些产品还很容易被顾客和员工从仓库和客房服务员清洁时停在过道的手推车中拿走。由于这些原因，一个可行的库存系统必须在确保预算的情况下开展。图 15—4 展示了一个简单的申请，图 15—5 展示了一张一周库存清单。

时代酒店客房部			
服务员姓名：＿I. Maid＿	楼层：＿2＿		编号：＿4＿
数量	**物品编号**	**物品**	**型号**
24	4530	小肥皂	1.5 盎司
24	6309	洗发露	2 盎司
12	6555	护发素	2 盎司
6	9845	针线包	小号
授权人：John Housekeeper	领取人：I. Maid		日期：5 月 1 日

图 15—4　提取日用品申请

时代酒店客房部库存清单

类型：_____

物品编号	型号	期初存量	＋购买量	一期末存量	使用量	单位价格	总额
4530	1.5 盎司	3	13	15	3	40.00 美元	120.00 美元
4535	1.5 盎司	3	7	6	4	30.00 美元	120.00 美元
4540	1.5 盎司	2	5	5	2	45.00 美元	90.00 美元

核算人：L. Smith　　　记录人：D. Manager　　　日期：5 月 8 日

图 15—5　每周顾客日用品库存

顾客日用品的定义最近开始包括其他客房设备，例如在 2005 年 2 月 15 日一篇文章中提到："希尔顿花园酒店发展新的客房日用品：26 寸平板电视、符合人体工学的桌椅和新技术的充气床垫"。[10] 2009 年 8 月 3 日，佐治亚州比福德万怡酒店的开业致词中将顾客日用品的界定范围继续扩大。

顾客有以下餐饮选择：花园咖啡厅，早餐餐厅；超市，一个 24 小时自助服务的食品室；中心花园酒廊和酒吧。酒店将大堂的商务图书馆变得很有特色，融合了个人工作间、人体工学的椅子、个人电脑、高速的网络接口、打印机、复印机和电话。其他顾客日用品包括室内的恒温游泳池和漩涡水疗，一个健身中心和大堂室外的一个精致的壁炉。[11]

一线问题

一个客房服务员问你怎样才能找到清洁浴缸时所使用的清洁剂的信息。最近她的前臂长了皮疹，她认为这个清洁剂是引起皮疹的原因。你如何帮助这个客房服务员获得信息？

清洁用品

客房的清洁用品包括清洁器、消毒剂，以及用于窗户、瓷砖、浴室配件、办公室家具、厨房设备、起居室家具等的磨光器。出于经济性的考虑，这些可能以 1～5 加仑或者更大的容器或是汽化罐的形式购买。大容器装的产品存放在客房部，同时将适合客房清洁时使用的容量存放在客房服务员的手推车中。这些产品被分装到这些小的、更适合客房服务员使用的容器中。分装必须由行政管家通过申请单和存货清单控制，如图 15—6 和 15—7 所示。

时代酒店客房部

服务员姓名：I. Maid　　　楼层：2　　　编号：4

数量	物品编号	物品	型号
1	290	窗户清洁剂	12 盎司
2	387	瓷砖清洁剂	12 盎司
1	6555	20 盎司喷雾剂	24 盎司

授权人：John Housekeeper　　　领取人：I. Maid　　　日期：5 月 1 日

图 15—6　提取清洁用品申请单

时代酒店客房部库存清单

类型：_____

物品编号	型号	期初存量	＋购买量	一期末存量	使用量	单位价格	总额
387	12 盎司	5	13	15	3	2.10 美元	6.30 美元

核算人：L. Smith　　　　记录人：D. Manager　　　　日期：5 月 8 日

图 15—7　每周清洁品库存

15.1.10　家具

各种种类、结构和尺寸的家具会使得客房、大堂和公共区域更加光亮，也会使顾客感到更愉悦。然而，全部家具必须维修保养，保持光亮的外表和良好的工作状态。在一些饭店，这些是客房部的责任。整个饭店全部灯和装饰灯的灯泡、运作手持设备的电池和烟感器（如果饭店不是用电线的），必须定期检查，以确定它们是否需要更换。

在对灯泡和电池进行更换时，顾客的安全必须放在首位来考虑，因此必须采用一个预防性维护计划。例如，一个客房服务员可能被分配对电视遥控器电池的电量情况进行常规性检查，而不是等到顾客打电话到前台要求更换电池时再去检查。这些活动可以通过电脑程序跟踪一个特定单元的灯泡和电池的更换痕迹来控制。灯泡和电池的分配同样需要控制（申请单和库存清单），类似于那些分配给客房的其他清洁用品。

饭店的地下室摆满了用过的、用坏的家具。这些淘汰的家具占据了那些本可以花在客房装修上的库存资金。客房的每个项目——油画、床、床垫、床头板、办公椅、桌子、扶手椅、可移动衣柜、电视、电脑、大型衣柜——都是饭店在商业活动中的投资。需要随时维护来使它们保持最佳状态。家具的每个细节都要按照说明书来维护，这可能是很简单的操作，例如"使用干净的湿布"或者"抛光木质表面，如果有需要可用柠檬油抛光。"系统需要确认每件设备的购买日期、花费、位置/改变后的位置、翻新情况，以及饭店想要跟踪的任何其他数据。例如，如果一个饭店有一群固定的商务游客，饭店可以考虑定期地更换墙上的油画。同样，电视机也有寿命；应该跟踪它们，并将数据应用在预算中。饭店可以考虑将这些用过的家具捐给慈善机构，以维护家具库存的良好状态。

15.1.11　库存的偷窃控制

遗憾的是，在客房部，顾客和员工的偷窃行为非常常见。"美国酒店与住宿行业协会估计酒店房间的偷窃——从毛巾到电视机——每年花费了接待业 1 亿美元。"马克·斯奈德（Mark Snyder），假日酒店品牌管理的资深副主席称，非正式研究估计每年有 56 万条毛巾被偷。[12]这是不应该接受的，而应该与小偷展开智斗。客房服务员手推车中的小东西很容易被顾客走过通道时拿走。通常这些手推车都摆满了容易看到的物品。将物品放在塑料的透明盒子中，可以防止别人将它们拿走。

比开发控制偷窃的方法更重要的是，行政管家需要估算偷窃会带来多少成本，然后将这些转化为对员工的挑战。例如，如果根据经验，一个饭店一年小偷偷取毛巾、布草、厕所用具、遥控器、厕纸、面纸、灯泡、电池、电视机等造成的成本是 45 000 美元，行政管家可以建立一个激励机制去面对这个挑战。这个激励计划应该包括按照一定的百分比，将减少的偷窃资金中的一部分转给员工。

清洁控制

客房部的标志就是清洁。大部分的客房部都有一套标准的房间清洁流程，以及一套更周密的家具和配件、窗户、地板和墙壁**深层清洁**（deep cleaning）流程，这个流程涉及客房和公共区域。这个计划需要和前厅经理沟通，确定什么时候出租率最低；和维修部工程师确定维修的日程安排；和餐饮部总监确定什么时候宴会厅是空的，可以进行深层清洁。电子表格可以促进这个计划，可以显示需要深层清洁的房间和区域，以及房间和区域的哪个部分需要关注。特定深层清洁活动的日期需要记录在连续工作日志中。图 15—8 是一个深层清洁工作控制记录的例子。

时代酒店深度清洁日志						
房间号	毛毯清洁	墙体清洁	墙体粉刷	窗户外部清洁	水泥灰清洁	床垫旋转日
101	1 月 10 日		12 月 15 日	7 月 1 日	12 月 1 日	4 月 5 日
102	1 月 10 日		12 月 15 日	7 月 1 日	12 月 1 日	4 月 7 日
103	1 月 13 日		12 月 15 日	7 月 1 日	12 月 5 日	4 月 9 日
104	1 月 13 日		12 月 15 日	7 月 1 日	12 月 5 日	4 月 20 日
105	1 月 13 日		12 月 15 日	7 月 1 日	12 月 7 日	4 月 23 日

图 15—8　深度清洁日志

15.1.12　饭店内洗衣服务和洗衣服务外包

选择如何清洗饭店的布草、制服和其他纺织品取决于几个因素。根据马丁（Martin）的看法，规划一个饭店的洗衣房应该包括以下概念：需求的测定，系统的定义和空间的分配，设备的布局，设备的挑选、规格和预算，细节描述和规格，设备的采购和装运的协调，安装流程和监督，安装、测试和运作，操作培训，维护，以及售后服务。[13]进行周详考虑是很花时间的，但是行政管家需要保证饭店的洗衣房运作正常，并有效率。

为什么饭店要考虑将这个功能服务外包，即使运作得很好？回顾刚才提到的清单，你会发现这需要大量资金投入，包括设备更换成本、设备维护成本、运作这些设施的人力成本、员工培训成本、最初的布草和制服库存的投资。不过，饭店内部洗衣服务对在哪里和何时清洗、存放及准备库存品，拥有更大的控制权。

外包的洗衣房不需要饭店做任何计划准备，除了给出期望库存。不需要最初设备和库存的现金花费及更换设备的成本，同样，设备的预防性和紧急性的维护费用也不需要考虑。然而，有些饭店仍不会选择外包，因为它们认为不稳定的收集和分配，以及清洁过程中的错误，将会失去对库存的控制。[14]

15.1.13　职业安全与健康管理局

OSHA 于 1971 年成立，它的目标是保证每个员工家庭每天的完整和健康。OS-HA 执行以下任务，它们在运营一个客房部的过程中是很重要的：

● 鼓励雇主和员工减少工作区域的危险，并实施新的安全和健康计划，或者改善现有的计划

● 开发强制性的工作安全和健康标准，并由雇主通过工作地点检查强制实施，有时候也会通过表扬、惩罚或者两者兼具去强制执行

● 确定雇主和员工的权利和义务，以达到更好的安全和健康条件

● 直接或者通过授权合同来引导研究，以创新的方法处理工作区域的危险源

● 维持一个报告和记录存档系统，以监控与工作相关的伤害和疾病

● 建立培训计划，以保证个人职业的安全和健康

● 开发、分析、评价和支持州的职业安全和健康计划

● 为雇主提供技术帮助、培训和教育，通过合作项目来减少员工的意外和伤害

如果你是 OSHA 管理下的一名雇主，你必须：

● 履行你的责任，提供一个远离已被识别危险因素的工作环境

● 告知员工关于 OSHA 以及他们会涉及的安全和健康的事宜

● 负责任地履行 OSHA 规定的标准、规定和条例

● 熟悉强制性的 OSHA 标准

● 在员工要求查看文件时，提供标准的复印件

● 评估工作区域的环境

● 最小化或者消除潜在的危险

● 确保员工使用安全的、合理维护的工具和设备（包括适当的个人保护设备）

● 提醒员工潜在的危险

● 建立和更新操作流程，并与员工沟通这些流程

● 需要的时候提供体检

● 提供 OSHA 要求的培训

● 在 8 小时内报告任何造成死亡或 3 名及以上员工住院的意外

● 保存 OSHA 要求的与工作相关的伤害和疾病的记录，除非有其他特别原因

● 每年 2 月整月张贴前一年 OSHA 200 的复印件——职业伤害和疾病的记录和总结，除非有特别要求

● 在工作区域显眼的地方，张贴 OSHA 宣传单，宣传员工应有的权利和义务

● 现任员工、前任员工和他们的代表应得到 OSHA 200，以适合和合理的方式提供给员工

● 提供给员工医疗记录，并曝光记录

● 和 OSHA 属下的官员合作

● 不能差别对待那些合理使用 OSHA 权利的员工

● 在相关的工作区域或者附近，张贴 OSHA 标准以及相关认证的通知

● 在规定期内减少伤害事件的发生[15]

15.1.14 物资安全数据表

物资安全数据表（material safety data sheets，MSDS）——产品的化学成分、对使

用者可能存在的危险，以及厂商名字和地址的一张清单——是饭店客房部的一份重要文件。MSDS 可以在阅读区域提供给员工阅读。每一张 MSDS 应该满足以下要求：

每一张 MSDS 应该使用英语，并至少包含以下信息：

1. 列示出标签上的标识（产品名字）及成分中通用的化学名称，这些成分对健康有危害，并在成分中占了 1% 或以上，另外致癌物质也应该列出，即使它的含量只有 0.1% 或以上；

2. 混合使用时确定会产生物理危害的全部成分，以及其通用的化学名称；

3. 有害化学成分的相关物理和化学特性（例如气压，闪光点）；

4. 相关的物理危害，包括火灾、爆炸和放射性的可能性；

5. 相关的健康危害，包括接触的前兆和症状，以及任何因接触到化学品而加剧危害所需要的医疗条件；

6. 有害物质进入身体的途径；

7. OSHA 允许暴露的限制和 ACGIH 临界限制值，以及额外可应用的暴露限制；

8. 无论是在国家毒理学计划（NTP）年度报告致癌物（最新版）中列出的有害化学品，还是在国际癌症研究机构的专题论文（最新版）中或者 OSHA 发现的潜在致癌物，都需要关注；

9. 安全操作和使用所需的预防措施，包括合适的保健练习、维修和维护受污染设备的过程中的保护措施及清理溢出和泄露的程序；

10. 恰当的控制措施，例如工程控制、工作练习，或者个人防护装备；

11. 急救流程；

12. 准备 MSDS 中的相关数据，并记录最后一次更改的日期；

13. 列出化学品制造商、进口商、雇主和其他与 MSDS 相关的人员的名字、地址和联系电话，以及他们可能提供的有害化学品的额外信息和合适的急救程序。[16]

MSDS 的历史如下：

1983 年 11 月 25 日，OSHA 公布了《有害物质标准 29 CRF Part 1910》，增加了 1910.1200。这个最初的标准仅仅应用在《标准化产业分类》（SIC）的规则 20 到 39。1985 年 11 月 25 日这一要求开始生效，制造商和分销商必须提供 MSDS 给顾客。1987 年 9 月 23 日，这个标准要求延伸到包括"……工作场所中，全部与有害化学品接触的员工。"

1986 年，美国环境保护署公布了《紧急计划和社区知情权法案》，在 1988 年发布了《致癌化学品报告：社区知情权》。MSDS 的使用和推广是这些规则的重要部分。《致癌化学品报告》要求 MSDS 对化学品的报告，要按照这些规定的特定语言公布给使用者，这些化学品是这个规则的主题。这些和其他美国环境保护署的规定，都要遵守 1986 年《修正和再授权法案》中《Ⅲ C 紧急计划和社区知情权法案》（EPCRA）。[17]

15.1.15　美国残疾人承诺

《美国残疾人法案》中的一部分——适用于身体有障碍的住宿业人士——提醒行政管家准备让员工服从该法律，并提供接待。黛博拉·T·柯蒂斯（Deborah T.

Curtis）博士写了一篇关于这个主题的文章，可以帮助行政管家思考这方面的问题。这篇文章的主要内容如下：

> 最重要的准则就是必须总是尊敬和尊重地对待每一位客人。和客人直接对话，而不是对其同伴说。放轻松，其实盲人也同样会说"很高兴看见你"。

> 尝试实操的培训。在饭店使用轮椅，或者让一个员工尝试帮助另一个被蒙住眼睛的员工。如果顾客有导盲犬，不要抚摸以及和这个动物玩，它在工作，不应该被分散注意力。

> 客房部的培训应该包括教育客房服务员把客人的个人物品精确放回他们打扫客房卫生前发现该物品的位置，手持的淋浴头必须挂起来，家具必须不能移动，以及过道必须保持通行无障碍。

> 如果顾客要求被指引到他们的客房，员工应该向顾客提供手臂或者肩膀以指引，并在通过饭店设施时进行介绍。例如："电梯在你右边 20 步的位置。你的客房在电梯左边第三个门的位置。房卡槽在门把手上两英寸的地方。"

> 对于视力受损的顾客来说，可以具体计量的指引是必要的。员工应该介绍如何从客房到紧急出口，以及提示电话拨号盘上的数字，使顾客可以联系前台或呼叫其他服务。指引必须是清晰的，不要说"就在那里"。[18]

15.1.16 专业协会

美国酒店与住宿行业协会的教育机构（EI）提供一个酒店行政管家认证（certified hospitality housekeeping executive，CHHE）计划给行政管家。协会的总部在华盛顿，拥有 1 万家会员酒店，其在支持业主的运营、教育、沟通和大堂营造上的工作是卓越的。协会的网站是 www.ahla.com/index.asp，EI 的网站是 www.ei-ahla.org。

国际行政管家协会（International Executive Housekeepers Association，IEHA）位于俄亥俄州韦斯特维尔，可以通过认证行政管家（CEH）和注册行政管家（REH），让行政管家证明他们的专业能力。2010 年在 75 个分会中，国际会员有 3 500 个。IEHA 每月向它的会员提供商业刊物——《今日行政管家》。它的网站是 www.ieha.org。

15.2 饭店业中总工程师的角色

在第 2 章提到的维修部经理或者设备工程师也称总工程师，他们的责任就是负责设备的运行和维修，并且建立有效的预防性维护计划。这个职位包括以下一些责任：管理电工，水管工人，暖气装置、通风设备、空调设备的负责人，以及各种维修人员；开发建立预防性维护计划和节约能源计划；和所有部门互动，特别是客房部和前厅，维护客房最佳运作的可行性；提供建筑结构、设备和环境控制的全部知识。

15.2.1 工作分析

让我们回顾全服务型饭店的总工程师的工作分析：

上午 7：00	和夜审人员见面，回顾前一晚的设备故障，如加热器/通风设备/空调的问题。
7：30	和市场营销部一起检查今天的客房预订情况。
7：45	向第一班维修部员工问好并讨论今天的工作量。准备工作分配，并讨论完成工作分配的细节。
8：15	回顾预防性维护计划，确定哪些目标要在今天完成。
8：30	和行政管家见面以确认哪些区域存在潜在问题，需要引起维修部员工的注意。
9：00	回到办公室就新的电梯安装编写计划书。
10：30	和行政总厨一起检查新的洗碗机是否正常运作。两人一起安排餐厅员工的培训时间，以解决他们可能存在的问题。
11：00	向前厅员工询问是否有来自顾客的任何紧急情况。
11：15	为接下来一周的工作做计划。准备初步的计划表和薪金表。
中午 12：30	和建筑师共进午餐，讨论改造停车场地面的计划。
下午 1：30	和财务总监制定下个月的预算目标。获得有关上个月预算目标的反馈信息。
2：00	和总经理会面，讨论下一年的财务预算。
3：00	和第二班维修部员工见面，传递运营信息，讨论今天的工作量。准备工作分配计划，并讨论完成工作分配计划的细节。
3：30	为明天召开的安全委员会准备即将展示的能源节约计划草稿。
4：00	回应维修部员工需要维修一个漏水厕所的请求。
5：00	和宴会部经理检查空调是否能够满足今晚的需求。
5：30	给前厅经理和行政管家发邮件，列出下星期需要刷墙而不能出租的房间号码。
5：45	回顾今天完成的工作。
6：15	回顾预防性维护计划和今天哪些目标已完成。
6：45	准备明天要做的日程表。

这份工作分析显示出总工程师的工作是与维修部员工和其他饭店员工充分互动的。计划、督导和沟通是这个角色在管理团队中的必要职能。

15.2.2　岗位描述

以下是总体的岗位描述，总结了接待业中总工程师管理和运营的责任。注意，看到岗位描述中的任务时，可参考前一节的工作分析。

职务：总工程师

汇报人：总经理

计划

1. 协调全部有关加热器、通风设备、空调和食品服务设备的安全预防性维护计划。

2. 协调来自各个部门的维修单，例如客房和食品服务。

3. 准备维修部预算，包括供应商和劳动力等。

4. 根据预算的全部成本来维护成本控制程序。

5. 提出饭店的规划和发展。在行政团队中担当活跃成员的角色。

6. 调整饭店的节能计划，使饭店员工提高节能意识。

7. 制定日常的客房锁定和客房维修计划。

8. 遵守各项国家的、州的、当地的有关顾客、员工的安全与雇用的法律。

督导

1. 督导员工日常工作、准备日常的工作表、准备工作分配，如果需要的话，帮助员工开展工作。

沟通

1. 和饭店不同部门的领导沟通，关注运营的问题，例如加热器/通风设备/空调等设备的失误，饭店的顾客市场对资产设备的影响，客房部努力维持绿色状态，以及餐厅运营设备的维护需求。

2. 和饭店的员工沟通以提高节能意识。

履行以上和其他责任。

15.2.3　技术

总工程师可以使用技术，来组织和运营重要的管理活动。

Mintek 移动数据解决方法（www.mintek.com）使饭店业主和运营者能够管理五个重要的过程：预防性维护、资产管理、资本支出（CAPEX）计划、工作单，以及文件与合约管理。

这些技术提供了用详细的数据来管理一个饭店资产的机会；用饭店 PMS 监控已安排的检查；使饭店维修部内外的每一个工程师、客房部行政管家、总经理、员工以及其他相关人员能够通过浏览器基础系统来执行和监视工作单；安排部门的工作；跟踪重要文件如保单、建筑设计、维护合同等。[19]

15.2.4　管理维修部与各部门的沟通

正如之前所提到的，部门之间的沟通，对于为顾客提供接待和为饭店创造利润是很重要的，维修部也不例外。总工程师必须积极主动地与维修部、客房部、前厅、餐饮部和市场营销部之间沟通。例如，计划维修大型设备的一次停电，像扶手电梯，会立刻影响到客房部员工、行李生、送餐部员工的日常工作。类似地，一个对饭店几个楼层的地毯进行深层清洁的计划，必须提前和市场营销部、餐饮部、客房部、前厅沟通，让他们可以对可提供的客房预订和员工安排进行计划。

灾害预防已经在之前的章节中讨论过，总工程师和饭店外部的官员的合作也是另外一个重要沟通的例子。

15.2.5　能源管理

行政管家和总工程师主要关心的是他们的运营成本和运营花费，例如照明设备、加热设备和空调的使用。菲尔·斯普雷格（Phil Sprague）提供了有关这些领域的能源管理的几点想法。他主张饭店管理者雇用当地的照明、机械和电力承包商去审查饭店的照明设备、加热设备、通风设备、空调及电力设备。另外：

节能照明改造通常是饭店节能计划中最受欢迎的。要求承包商把客房、走廊、公共区域和饭店后台各自作为独立统计的范畴。例如，走廊每天24小时使用，然而客房每天仅平均使用4个小时。

通常来说，老化的（机械的）设备会让大量室外空气进入，这些空气必须加热或者冷却，包括客房里浴室排出的气体，厨房排出的气体，另外，空气交换机组在结束一天的工作后，这些设备停止运转。

五马力或者更大的电力马达，可以更换成新的能效高的电力马达，这些投资会取得很好的回报，特别是那些为每天运营24小时的走廊处理空气设备的马达。

可变动频率的传动装置可以根据饭店区域服务的需要，使马达加速或者减速。减缓20%的马达，可以减少55%的能源消耗。

有时为了矫正电力因素，有必要在饭店的主要电力储藏室安装电容，这是个企业用于测量商业顾客用电量的设备。电力合作商可以用少于2 000美元，低于一年投资回报的成本来解决这个问题。[20]

15.3　饭店业的环保

商业组织应该认真思考如何承担环境资源保护的责任。这不仅是组织应为未来一代承担的责任，也是为组织创造利润的机会。清洁用品，洗衣机、干衣机和其他洗衣房里的设备的能源，清洗床上用品和毛巾使用的水，以及每小时工人的劳动等项目节省下来的钱都是可以不断增加的。

许多饭店会在未整理的床的枕头上放一张卡片，询问客人是否需要做床服务。如果顾客参加这个计划，每天可以减少数千加仑的水、能源，以及需要的清洁用品。

伊什梅尔·门撒（Ishmael Mensah）报告说："国际旅馆环境倡导协会（IHEI）和雅高集团的调查显示，90%的饭店顾客偏爱入住爱护环境的饭店。"他补充道："在饭店，成本节约是提高环境管理实践应用（能源和水）最初的动力。"[21]

2007年12月，一些饭店业的领导企业聚在一起，开圆桌会议讨论2008年的趋势。讨论中，吉姆·巴特勒（Jim Butler），Jeffer，Mangels，Butler ＆ Marmaro LLP全球旅业集团的法律和商业指导专家，为饭店所有者、开发商、投资方提出了一些问题的解决办法，他认为随着饭店业环保事业的充分发展，2007年之后饭店业将会走下坡路。[22]之后，饭店业的环保会在为顾客入住饭店提供特色的产品中寻求价值；投资和资产管理者寻求新的方式去控制成本；总工程师寻找新的方法评估一线员工节约水电的效率，并使用环保产品，同时提供一个健康的场所。戴维·M·格林（David M. Green）是Cre 8 Hospitality的主席，这个组织专门为饭店业提供咨询和培训，他就开发环保清洁计划，为客房部管理者提出了以下一些建议。

你可以在图书、其他出版物、网站、简报中寻找环保的相关信息。

购买环保清洁产品可以浏览www.GreenSeal.org，点击"Find a Certified Product/Service"按需求搜索，寻找不同用途、不同分类的清洁和地板维护所需的产品。

使用环保纸/塑料产品可以登录网站www.GreenSeal.org，查找它们的标准。

在地毯和地毯研究所的网站（www.carpet-rug.org）可以寻找相关环保信息。这个网址会提供关于地毯和地毯研究所认可标志和绿色标签的信息。通过使用认证过的产品设备，饭店可以提高在**能源和环境设计领先者**（LEED）认证上的排名。[23]

需要提到的是万豪集团是第一家（2005 年 10 月 6 日）得到 LEED 认证的较大的美国饭店集团，获奖饭店是马里兰大学的万豪假日和会议中心（The Inn and Conference Center by Marriott）。"LEED 给了这些饭店一个'环保'认证标志，我们的顾客很容易辨认和寻找，"阿恩·索伦森（Arne Sorenson），万豪新任命的主席、首席运营官、公司高级环保理事会的副主席说，"节能和减少浪费不仅可以为饭店省钱，还有利于环境，有利于商业发展，是我们成长战略的一个重要部分。"[24]

15.3.1　能源和环境设计领先者

下面是美国绿色建筑理事会网站 www. usgbc. org 强调的一些关于 LEED 认证的要点。

LEED 是一个国际的绿色建筑认证体系，提供了第三方认证，通过测量指标检验一个建筑和团体在设计和建立过程中使用的战略是否达到节能、有效用水、减少二氧化碳排放、提高室内环境质量、对资源进行有效管理等目标，以及对资源影响的敏感性。

LEED 为建筑业主和运营者提供了一个可执行的绿色建筑设计、建造、运营和维修解决办法的框架。

LEED 适用于各种类型的建筑——商业的或是民用的。它贯穿于建筑的整个过程——设计和建造、运营和维修、租户装修，以及重大翻新。

LEED 通过识别关键领域的绩效，促进整个建筑达到可持续发展：

1. 可持续发展的选址（不鼓励在未开发的土地上建设；最小化建筑对生态系统和水道的影响；鼓励在适当区域进行园林绿化；奖励智能交通选择；控制雨水径流；减少腐蚀、光污染、热岛效应和与建筑相关的污染）；

2. 有效用水（更多有效率的应用、内部的设备与安装、外部的节水风景园）；

3. 能源和大气（监控能源使用；有效的设计和建造；有效的装置、系统和照明；区域内外的可再生和无污染资源）；

4. 材料和资源（建造和运营阶段/再使用和回收）；

5. 室内环境质量（空气质量，自然光的采集及改进音响效果）；

6. 区域和关联；

7. 意识和教育；

8. 设计中的改革和区域优先。

LEED 分数是 100 分制的，用来衡量潜在的环境影响。另外，还可以得到 10 分的奖励，其中 4 分关注区域的特定环境问题。项目必须满足所有先决条件，才能获得一个可被认证的最小分数。下面演示了这个评分。

内陆的商业 LEED

总共可能的分数	110
可持续发展的选址	21
有效用水	11
能源和大气	37

材料和资源	14
室内环境质量	17
100 分制中的得分＋10 分奖励	
合格＝40 分以上	
银牌＝50 分以上	
金牌＝60 分以上	
白金＝80 分以上	
设计中的改革	6
区域优先	4[25]

15.4　开篇困境解决方案

这是一个很普遍的问题。如果开展了恰当的培训，提供了适当的督导和激励，提供了合理的工具和设备，每人每天清洁 18 间客房这一行业标准可以保持。如果忽视这些日常基础中的任何一项，工作就不会取得成效。

☐ 本章概述

本章关注于有许多机会提供服务给顾客的行政管家。第 1 节讨论了饭店客房部如何与市场营销部协同，介绍了全服务和选择型服务饭店的客房部组织结构。用一天的工作分析描述了行政管家和总经理的关系。

接下来的一节关注了客房部的管理，包括员工客房分配和工作量，行政管家和员工对饭店所有者的重要性，分配客房给员工的方法，员工培训的重要性；介绍了客房检查的关键要素，以及如何组织，客房服务员的报告是饭店沟通链中至关重要的一环；介绍了客房部的沟通，把英语当作第二语言的员工与部门之间的沟通也是重要的一部分；介绍了布草、顾客日用品、清洁用品、家具的库存管理，以达到收益目标和顾客服务目标；同时也介绍了对偷窃的控制，并就如何解决这个问题提出了建议；讨论了饭店内洗衣房的发展计划，并就饭店内洗衣服务和外包服务进行了比较；介绍了职业安全与健康管理局和材料安全数据表，并讨论了相关管理者的责任。

要履行《美国残疾人法案》，就要鼓励未来饭店高层管理者为他们的员工准备一些实用的、针对怎样服务于那些有身体障碍的顾客的建议。本章介绍了通过专业机构提供认证的信息，如美国酒店与住宿行业协会的教育机构和国际行政管家协会。

本章第 3 节关注了总工程师的角色，回顾了日常工作分析和岗位描述。分析了帮助组织和运营维修部的技术。为了有益于顾客、饭店和组织，总工程师必须掌握如何与各个部门进行良好沟通的技巧——包括客房部、前厅、餐厅和市场营销部。

本章也讨论了行政管家和总工程师对能源管理的责任，包括对顾客和公共区域的能源检查，以控制照明、机械和电力装置。本章最后一部分强调了饭店业的环保，强调了责任、经济性和运营细节，还介绍了 LEED 认证。

☐ 关键词

顾客日常用品（amenities）　　　　　　　　客房服务员（room attendant）

深层清洁（deep cleaning）　　　　　　　　　　　MSDS）

能源和环境设计领先者（LEED）　　　　　　　　标准系统（par system）

物资安全数据表（material safety data sheets,

☐ 本章思考题

1. 琼斯先生是集团的管理者，正公务出差。他发现他的房间没有额外的毛巾，别人的旧袜子留在椅子的下面，电视机遥控器的电池没有电。这可以反映出客房部对饭店的营销计划有怎样的重要性呢？

2. 描述一家全服务饭店的组织结构。

3. 描述一家选择型服务饭店的组织结构。

4. 一个行政管家的工作分析可以告诉你什么？

5. 客房分配对饭店业主和总经理、行政管家、客房服务员来说，有什么不同？

6. 如果你必须设计一张技能清单来培训客房服务员，会包括哪些内容？

7. 你怎么看待让客房服务员自己检查他们清洁过的房间？如果你支持这个计划，你会建立什么样的保障体系使得这个系统有效？

8. 为什么客房服务员报告对夜审这么重要？

9. 你认为提供英语作为第二语言的课程有助于客房服务员工作吗？

10. 解释布草控制的标准系统。你认为提高一两个单位的标准对饭店来说是一个问题吗？

11. 顾客日用品应该怎样控制？

12. 清洁用品应该怎样控制？

13. 你应该把什么纳入计算机化的清单程序，来控制饭店的设备维护？

14. 你觉得把员工纳入减少饭店偷窃行为的计划怎么样？你会用什么激励方式来使这个计划有效？

15. 深层清洁表明什么，行政管家应该如何组织它？

16. 讨论规划饭店内的洗衣房要包括什么内容。

17. 讨论饭店内洗衣服务和外包洗衣服务的优缺点。

18. OSHA 的主要要求是什么？

19. 物资安全数据表是什么？

20. 遵守《美国残疾人法案》有哪些方式？

21. 登录美国酒店与住宿行业协会的教育机构和国际行政管家协会的网址，了解它们对行政管家认证的要求。你对这些要求怎么看？

22. 总工程师的工作分析可以告诉你什么？

23. 登录网址 www. hotel-online.com，说明软件如何帮助饭店总工程师运营他的部门。

24. 描述饭店的总工程师和其他部门沟通的重要性，给出例子。

25. 如果让你控制饭店的能源，你会从哪里开始？

26. 谈谈你对饭店业环保的看法，和同伴分享这些想法。在作中如何践行这些想法。

27. 文中关于 LEED 认证的信息将会如何支持饭店业的积极成长？

☐ 案例分析

1. 时代酒店的总经理玛格丽特要求行政管家托马斯查看最近陈列的广告牌。托马斯看了样本后说："玛格丽特，你想让我说什么？我们酒店的形象是一个门僮正在开门。那里有吸引人的话语——这里就是你的家。就这样。"玛格丽特回答道。"托马斯，我们放置广告牌不仅仅是让人走进时代酒店，而且要留他们在这里。市场营销部告诉我，酒店的洁净会带来回头客。客人想要房间异常干净——没有原因。托马斯，你能保证这些吗？广告牌将花费我们超过 25 000 美元。这笔钱我将分配到这个季度，饭店所有者希望顾客可以有第二次、第三次、第四次消费。"托马斯结束和玛格丽特的会谈后，决定制定一个计划，执行这个推广活动。他希望客房服务员能够通过培训和激励机制，从这项计划中获得提高。如果你是行政管家，你怎样执行这个计划？

2. 托马斯，时代酒店的行政管家，正在与供应商一起回顾最近五个季度的布草采购报告，他发现这些物资成本过高。另外在过去的旺季，供应商的供应并不及时。在未来两天，托马斯先生安排了与西蒙国际洗衣设备公司（Simon International Laundry Equipment）会面，来讨论外包酒店洗衣房的可行性。他应该在会议之前调查什么？

3. 李尹焕，时代酒店的总工程师，看到周边一些酒店正在申请 LEED 认证。时代酒店的总经理玛格丽特，也意识到这个趋势，也愿意去了解时代酒店怎么才能获得这一认证。玛格丽特女士决定组建一个由助理总经理、行政管家、前厅经理和餐饮部总监组成的委员会，完成相关认证。她也想要两个实习生——你和你的同学参与其中。

在第一个会议之前，她要求两个实习生去准备 LEED 认证的议程——授予机构、认证等级和主要程序。请你准备一些材料，以讨论这些相关概念。

□ 注　释

1. "Enhancing the Guest Experience," http://www.hotelmanagement-network.com/features/feature395/Hotel ManagementNetwork.com, December 1, 2005.

2. Barbara A. Worcester, "Sheets, Blankets, Pillows, Towels and Shower Curtains Are the Ambassador to the Hotel," *Hotel & Motel Management* (November 1998), http://www.hotel-online.com/SpecialReports1998/Nov98_Linens.html.

3. Alberto Santana, "Gaylord Opryland Expects $220K in Annual Housekeeping Savings, Better Guest Service Via MTech's REX," July 3, 2009, http://www.hotel-online.com/News/PR2009_3rd/Jul09_MTechGaylord.html 2009.

4. Robert J. Martin, *Professional Management of Housekeeping Operations*, 3rd ed. (New York: John Wiley & Sons, 1998), 142.

5. Harry Nobles, "Which Training Plan is Right for You?" June 9, 2009, http://www.hotel-online.com/News/PR2009_2nd/Jun09_HNoblesTraining.html, 2009.

6. Michael Hampton, "Optimizing New Employee Performance and Productivity or Getting New Hires Up to Speed Quickly," December 2003, www.hotelonline.com/News/PR2003_4th/Dec03_NewHires.html.

7. Jessica Wilbanks, "PM Hospitality Strategies Zero Defects Program Increases Unity Between the Housekeeping and Maintenance Departments," August 3, 2001, www.hotel-online.com/News/PR2001_3rd/Aug01_ZeroDefects.html.

8. Carol Kenrick, "The Outsoursing Weblog: Outsourcing Houskeeping Functions" December 26, 2006, http://www.outsourcing-weblog.com/50226711/outsourcing_housekeeping_functions.php 2006.

9. "Enhancing The Guest Experience" December 1, 2005, http://www.hotelmanagement-network.com/features/feature395/ hotelmanagement-network.com, 2005.

10. Agnes Sibal, "Hilton Garden Inn® Evolving with New Guest Room Amenities: 26" Flat Panel High-Def TVs, Ergonomic Desk Chair and New Technology Air Cell Mattresses," Hilton Garden Inn Brand Communications, February 15, 2005, www.hotel-online.com/News/PR2005_1st/Feb05_HiltonGardenInnEvolves.html.

11. Mary Beth Cutshall, "Hotel Equities Celebrates Grand Opening of the Courtyard by Marriott-Buford, Georgia," August 3, 2009, http://www.hotel-online.com/News/PR2009_3rd/Aug09_HECourtyard.html2009.

12. Cheryl Johnston, "Holiday Inn Wants Confessions, Declares Amnesty Day for Towel Snatchers," *Baltimore Sun*, Knight Ridder/Tribune Business News, August, 27, 2003, www.hotel-online.com/News/PR2003_3rd/Aug03_HITowels.html.

13. "Baring Laundry-Valet Profile," Baring Industries, 655 NW 122 Street, Miami, Florida, 33268, undated brochure. Quoted in Martin, 308–309.

14. D. E. Leger, "The Practice of Hoteliers Outsourcing Their Laundry Is Growing," *The Miami Herald*, Knight Ridder/Tribune Business News, March 29, 2004, www.hotel-online.com/News/PR2004_1st/Mar04_LaundryOutsource.html.

15. U.S. Department of Labor, Occupational Safety and Health Administration, *All About OSHA*, OSHA 2056, 2000 (Rev. ed.), 5, 6, 14.

16. Richard Gullickson, "Reference Data Sheet on Material Safety Data Sheets," May 1996, Meridian Engineering & Technology, Inc., http://www.msdssearch.com/msdshistory.htm.

17. Ibid.

18. Deborah T. Curtis, "ADA Compliant, But Ready?" May/June 2003, *The Rooms Chronicle*®, P.O. Box 2036, Niagara University, NY 14109-2036, Vol. 11, No. 2, 8-9.

19. Chris Kluis and Glenn Hasek, "Mintek Mobile Data Solutions Unveils New Website, Introduces Transcendent" May 2, 2009. Ideas & Trends, http://www.hotel-online.com/News/PR2009_2nd/May09_MintekWebsite.html.

20. Phil Sprague, "Hotel Energy Conservation Can Be Easy As 1, 2, 3" July/August 2008, *The Rooms Chronicle*®, P.O. Box 2036, Niagara University, NY 14109-2036, Vol. 16, No. 4, 10-11.

21. Ishmael Mensah, "Environmental Management Practices in US Hotels," May 2004, Cecil B. Day School of Hospitality Administration, Robinson College of Business, MSC 4A0310, Georgia State University, Atlanta, Georgia 30303, www.hotel-online.com/News/PR2004_2nd/May04_EnvironmentalPractices.html.

22. Jim Butler, "Hotel Industry Outlook 2008: A Roundtable Discussion Industry Fundamentals - Where have we been? Where are we going?" December 4, 2007, http://www.hotel-online.com/News/PR2007_4th/Dec07_RoundtableJMBM.html.

23. David M. Green, "Four Simple Steps for Housekeeping Managers Considering 'Going Green'" July/August 2008, *The Rooms Chronicle*®, P.O. Box 2036, Niagara University, NY 14109-2036, Vol. 16, No. 4, 16.

24. Stephanie Hampton, "Marriott International's Global Headquarters Building and 30 of its Hotels in Development Expected to Achieve LEED(R) Certification" May 9, 2009, http://www.hotel-online.com/News/PR2009_2nd/May09_MarriottGreen.html.

25. "Intro–What LEED Is" U.S. Green Building Council, 2009, http://www.usgbc.org/DisplayPage.aspx?CMSPageID=1988.

Hotel Front Office Management, 5th edition by James A. Bardi

ISBN: 0-470-63752-8

图书在版编目（CIP）数据

饭店前厅管理：第5版/巴尔迪著；曾国军等主译.—北京：中国人民大学出版社，2014.4
（工商管理经典译丛．旅游管理系列）
ISBN 978-7-300-18628-3

Ⅰ．①饭… Ⅱ．①巴… ②曾… Ⅲ．①饭店-商业管理 Ⅳ．①F719.2

中国版本图书馆 CIP 数据核字（2014）第 056454 号

工商管理经典译丛·旅游管理系列

饭店前厅管理（第5版）

詹姆斯·A·巴尔迪　著
曾国军　赵永秋　主译
Fandian Qianting Guanli

出版发行	中国人民大学出版社				
社　　址	北京中关村大街 31 号		**邮政编码**	100080	
电　　话	010 - 62511242（总编室）		010 - 62511770（质管部）		
	010 - 82501766（邮购部）		010 - 62514148（门市部）		
	010 - 62515195（发行公司）		010 - 62515275（盗版举报）		
网　　址	http://www.crup.com.cn				
	http://www.ttrnet.com（人大教研网）				
经　　销	新华书店				
印　　刷	涿州市星河印刷有限公司				
规　　格	185 mm×260 mm　16 开本		**版　　次**	2014 年 4 月第 1 版	
印　　张	22.25 插页 2		**印　　次**	2014 年 4 月第 1 次印刷	
字　　数	599 000		**定　　价**	49.00 元	

老师您好，若您需要与 **John Wiley** 教材配套的教辅（免费），烦请填写本表并传真给我们。也可联络 **John Wiley** 北京代表处索取本表的电子文件，填好后 **e-mail** 给我们。

原书信息

原版 ISBN：

英文书名（Title）：

版次（Edition）：

作者（Author）：

配套教辅可能包含下列一项或多项

教师用书（或指导手册）	习题解答	习题库	PPT 讲义	学生指导手册（非免费）	其他

教师信息

学校名称：

院 / 系名称：

课程名称（Course Name）：

年级 / 程度（Year / Level）：　□大专　□本科 Grade: 1 2 3 4　□硕士　□博士　□MBA □EMBA

课程性质（多选项）：□必修课　　□选修课　　□国外合作办学项目　　□指定的双语课程

学年（学期）：□春季　　□秋季　　□整学年使用　　□其他（起止月份＿＿＿＿＿＿＿）

使用的教材版本：□中文版　□英文影印（改编）版　□进口英文原版（购买价格为＿＿元）

学生：＿＿＿个班共＿＿＿人

授课教师姓名：

电话：

传真：

E-mail：

联系地址：

邮编：

WILEY - 约翰威立商务服务（北京）有限公司

John Wiley & Sons Commercial Service (Beijing) Co Ltd

北京市朝阳区太阳宫中路12A号,太阳宫大厦8层　805-808室, 邮政编码100028

Direct +86 10 8418 7815　　Fax +86 10 8418 7810

Email: iwang@wiley.com

教师教学服务说明

中国人民大学出版社工商管理分社以出版经典、高品质的工商管理、财务会计、统计、市场营销、人力资源管理、运营管理、物流管理、旅游管理等领域的各层次教材为宗旨。

为了更好地为一线教师服务，近年来工商管理分社着力建设了一批数字化、立体化的网络教学资源。教师可以通过以下方式获得免费下载教学资源的权限：

在"人大经管图书在线"（www.rdjg.com.cn）注册，下载"教师服务登记表"，或直接填写下面的"教师服务登记表"，加盖院系公章，然后邮寄或传真给我们。我们收到表格后将在一个工作日内为您开通相关资源的下载权限。

如您需要帮助，请随时与我们联络：

中国人民大学出版社工商管理分社

联系电话：010-62515735，62515749，82501704

传真：010-62515732，62514775　　　　电子邮箱：rdcbsjg@crup.com.cn

通讯地址：北京市海淀区中关村大街甲 59 号文化大厦 1501 室 （100872）

- -

教师服务登记表

姓　名		□先生　□女士	职　　称		
座机/手机			电子邮箱		
通讯地址			邮　编		
任教学校			所在院系		
所授课程	课程名称	现用教材名称	出版社	对象（本科生/研究生/MBA/其他）	学生人数
需要哪本教材的配套资源					
人大经管图书在线用户名					

院/系领导（签字）：

院/系办公室盖章